**2025**

**DÉCIMA EDIÇÃO**

**COMO PASSAR**

**HERMES CRAMACON**

*Aprenda com os autores mais experientes em OAB*

# OAB
## SEGUNDA FASE

## PRÁTICA TRABALHISTA

**Completo para OAB 2ª FASE**

**Peças** Práticas

**Questões** Discursivas

**Conteúdo** On-Line

**Exercícios** Práticos OAB/Exame Unificado Resolvidos pela OAB

**Peças** Prático-Profissionais OAB/Exame Unificado Resolvidos

**Modelos** de Peças Práticas

**WANDER GARCIA**
COORDENADOR DA COLEÇÃO

**ANA PAULA DOMPIERI**
COCOORDENADORA DA COLEÇÃ

CB034516

EDITORA FOCO

**Dados Internacionais de Catalogação na Publicação (CIP) de acordo com ISBD**

C889c

Cramacon, Hermes

    Como passar na OAB 2ª fase: prática trabalhista / Hermes Cramacon ; coordenado por Wander Garcia, Ana Paula Garcia. - 10. ed. - Indaiatuba, SP : Editora Foco, 2025.

    280 p. ; 16cm x 23cm.

    Inclui bibliografia e índice.

    ISBN: 978-65-6120-185-8

    1. Direito. 2. OAB. 3. Prática trabalhista. I. Garcia, Wander. II. Garcia, Ana Paula. III. Título.

2024-3106                                                        CDD 340    CDU 34

**Elaborado por Vagner Rodolfo da Silva - CRB-8/9410**

**Índices para Catálogo Sistemático:**

1. Direito 340   2. Direito 34

**DÉCIMA EDIÇÃO**

**COMO PASSAR**

HERMES
**CRAMACON**

APRENDA COM OS AUTORES MAIS EXPERIENTES EM OAB

# OAB

## SEGUNDA FASE

## PRÁTICA TRABALHISTA

COMPLETO PARA
**OAB**
**2ª FASE**

**Peças** Práticas

**Questões** Discursivas

**Conteúdo** On-Line

**Exercícios** Práticos OAB/Exame
Unificado Resolvidos pela OAB

**Peças** Prático-Profissionais
OAB/Exame Unificado
Resolvidos

**Modelos** de Peças Práticas

**WANDER GARCIA**
COORDENADOR DA COLEÇÃO

**ANA PAULA DOMPIERI**
COCOORDENADORA DA COLEÇÃO

2025 © Editora Foco

**Coordenador:** Wander Garcia
**Cocoordenadoras:** Ana Paula Dompieri e Paula Morishita
**Autor:** Hermes Cramacon
**Editor:** Roberta Densa
**Diretor Acadêmico:** Leonardo Pereira
**Revisora Sênior:** Georgia Dias
**Projeto Gráfico:** R2 Editorial
**Capa:** Leonardo Hermano
**Diagramação:** Ladislau Lima
**Impressão e acabamento:** FORMA CERTA

**DIREITOS AUTORAIS:** É proibida a reprodução parcial ou total desta publicação, por qualquer forma ou meio, sem a prévia autorização da Editora Foco, com exceção do teor das questões de concursos públicos que, por serem atos oficiais, não são protegidas como Direitos Autorais, na forma do Artigo 8º, IV, da Lei 9.610/1998. Referida vedação se estende às características gráficas da obra e sua editoração. A punição para a violação dos Direitos Autorais é crime previsto no Artigo 184 do Código Penal e as sanções civis às violações dos Direitos Autorais estão previstas nos Artigos 101 a 110 da Lei 9.610/1998.

**NOTAS DA EDITORA:**

**Atualizações do Conteúdo:** A presente obra é vendida como está, atualizada até a data do seu fechamento, informação que consta na página II do livro. Havendo a publicação de legislação de suma relevância, a editora, de forma discricionária, se empenhará em disponibilizar atualização futura. Os comentários das questões são de responsabilidade dos autores.

**Bônus ou *Capítulo On-line*:** Excepcionalmente, algumas obras da editora trazem conteúdo extra no *on-line*, que é parte integrante do livro, cujo acesso será disponibilizado durante a vigência da edição da obra.

**Erratas:** A Editora se compromete a disponibilizar no site www.editorafoco.com.br, na seção Atualizações, eventuais erratas por razões de erros técnicos ou de conteúdo. Solicitamos, outrossim, que o leitor faça a gentileza de colaborar com a perfeição da obra, comunicando eventual erro encontrado por meio de mensagem para contato@editorafoco.com.br. O acesso será disponibilizado durante a vigência da edição da obra.

Impresso no Brasil (11.2024)     Data de Fechamento (10.2024)

## 2025

Todos os direitos reservados à
Editora Foco Jurídico Ltda.
Avenida Itororó, 348 – Sala 05 – Cidade Nova
CEP 13334-050 – Indaiatuba – SP

E-mail: contato@editorafoco.com.br
www.editorafoco.com.br

# APRESENTAÇÃO

A 2ª fase do Exame de Ordem é extremamente técnica e requer do examinando um conhecimento de Direito Material do Trabalho e Direito Processual do Trabalho, tanto para resolver as questões discursivas, como para elaboração da peça profissional.

Apesar de ser uma prova prática-profissional, em especial a peça profissional, se mostra um pouco diferente daquela que o advogado costuma fazer no dia a dia profissional. Isso porque, o Exame de Ordem possui suas características e peculiaridades exigidas pelo examinador de Ordem.

Pensando nisso "Como Passar na OAB – Prática Trabalhista" traz um roteiro metódico de elaboração das principais peças profissionais da advocacia trabalhista, apresentando o passo a passo para preparação de cada uma dessas medidas.

Essa obra traz peças e questões com gabaritos comentadas dos Exames anteriores da banca OAB/FGV, estatística dos Exames anteriores no que se refere às peças profissionais trabalhistas e, ainda, modelos das principais peças profissionais com apontamentos dos dispositivos legais correspondentes à reforma trabalhista (Lei 13.467/2017).

Esperamos poder agradar os leitores e contribuir de alguma forma com seu aprendizado e aprovação no Exame de Ordem.

Um grande abraço.

**Hermes Cramacon**

# SUMÁRIO

## ORIENTAÇÕES AO EXAMINANDO ..................................................... 1

**1. PROVIMENTOS 144/2011, 156/2013 E 174/2016: O NOVO EXAME DE ORDEM** ................ 1

**2. PONTOS A SEREM DESTACADOS NO EDITAL DO EXAME** ........................................ 4

2.1 Materiais/procedimentos permitidos e proibidos ........................................... 4

2.2 Legislação nova e legislação revogada ........................................................ 5

2.3 Critérios de correção ................................................................................ 5

**3. DICAS DE COMO ESTUDAR** ........................................................................ 7

3.1 Tenha calma ........................................................................................... 7

3.2 Tenha em mãos todos os instrumentos de estudo e treinamento ..................... 7

3.3 1º Passo – Leitura dos enunciados das provas anteriores .............................. 8

3.4 2º Passo – Reconhecimento das leis ........................................................... 8

3.5 3º Passo – Estudo holístico dos exercícios práticos (questões discursivas) ....... 8

3.6 4º Passo – Estudo holístico das peças práticas (peças prático-profissionais) .... 9

3.7 5º Passo – Verificar o que faltou .............................................................. 9

3.8 Dicas finais para resolver os problemas ...................................................... 10

3.9 Dicas finais para o dia da prova ................................................................ 10

## COMO ENCONTRAR PEÇAS E TESES ................................................ 13

**1. BUSCA DA MEDIDA PROCESSUAL (PEÇA PRÁTICA PROFISSIONAL)** ...................... 13

1.1 Sequência de atos processuais .................................................................. 13

    1.1.1 Fase de conhecimento .................................................................... 13

    1.1.2 Fase recursal ................................................................................ 14

    1.1.3 Fase de execução .......................................................................... 14

**2. BUSCA DAS TESES** .................................................................................. 16

**3. ELABORAÇÃO E DESENVOLVIMENTO DAS TESES** ............................................ 17

## ESTRUTURAS BÁSICAS E MODELOS DE PEÇAS ................................. 19

**FLUXOGRAMA – FASE DE CONHECIMENTO** ....................................................... 19

**1. RECLAMAÇÃO TRABALHISTA** .................................................................... 20

1.1 Considerações iniciais ............................................................................. 20

    1.1.1 Competência territorial ................................................................... 20

    1.1.2 Procedimentos ............................................................................. 20

# VIII

| | | | |
|---|---|---|---|
| | 1.1.3 | Assistência judiciária e justiça gratuita | 21 |
| 1.2 | Principais teses da reclamação trabalhista | | 23 |
| | 1.2.1 | Dano material e extrapatrimonial | 23 |
| | 1.2.2 | Responsabilidade por dano extrapatrimonial | 24 |
| 1.3 | Tutela provisória de urgência: tutela antecipada ou cautelar | | 25 |
| 1.4 | Verbas rescisórias | | 26 |
| 1.5 | Reclamação trabalhista distribuída por dependência | | 28 |
| 1.6 | Requisitos da reclamação trabalhista | | 28 |
| 1.7 | Honorários advocatícios sucumbenciais | | 29 |
| | 1.7.1 | Sucumbência recíproca | 29 |
| | 1.7.2 | Honorários advocatícios sucumbenciais – justiça gratuita | 29 |
| 1.8 | Pedidos | | 30 |
| 1.9 | Elaboração de cálculos | | 30 |
| 1.10 | Valor da causa | | 30 |
| 1.11 | Estrutura da reclamação trabalhista | | 31 |
| | 1.11.1 | Modelo de reclamação trabalhista pelo rito ordinário com distribuição por dependência | 35 |
| | 1.11.2 | Modelo de reclamação trabalhista com pedido de tutela antecipada para reintegração e danos morais | 38 |
| 1.12 | Ações Especiais – Principais petições iniciais trabalhistas | | 41 |
| | 1.12.1 | Ação de consignação em pagamento | 41 |
| | 1.12.2 | Mandado de Segurança | 46 |
| | 1.12.3 | Ação rescisória | 53 |
| | 1.12.4. | Inquérito judicial para apuração de falta grave | 60 |

| | | | |
|---|---|---|---|
| **2.** | **RESPOSTAS DO RÉU** | | **65** |
| 2.1. | Exceção de incompetência territorial/relativa | | 65 |
| | 2.1.1 | Procedimento | 65 |
| | 2.1.2 | Decisão que julga a exceção de incompetência territorial | 65 |
| | 2.1.3 | Estrutura da exceção de incompetência territorial | 66 |
| | 2.1.4 | Modelo de exceção de incompetência territorial | 68 |
| 2.2 | Exceção de Impedimento e suspeição | | 69 |
| | 2.2.1 | Impedimento | 69 |
| | 2.2.2 | Suspeição | 70 |
| | 2.2.3 | Momento para arguição do impedimento ou suspeição | 70 |
| | 2.2.4 | Procedimento | 71 |
| | 2.2.5 | Estrutura das exceções de impedimento ou suspeição | 71 |
| | 2.2.6 | Modelo de impedimento | 73 |
| 2.3 | Contestação | | 74 |
| | 2.3.1 | Princípios norteadores da contestação | 74 |
| | 2.3.2 | Estrutura da contestação | 80 |

| | | |
|---|---|---|
| 2.3.3 | Modelo de contestação simples (sem reconvenção) | 83 |
| 2.3.4 | Modelo de contestação com reconvenção | 85 |

## 3. RECURSOS — 87

**FLUXOGRAMAMAPA PROCESSUAL – FASE RECURSAL** — **87**

| | | |
|---|---|---|
| 3.1 | Conceito | 88 |
| 3.2 | Efeitos dos recursos | 89 |
| | 3.2.1 Efeito devolutivo | 89 |
| | 3.2.2 Efeito suspensivo | 89 |
| 3.3 | Princípio da uniformidade do prazo recursal | 89 |
| | 3.3.1 Recursos submetidos ao prazo de 8 dias | 89 |
| | 3.3.2 Recursos NÃO submetidos ao prazo de 8 dias | 89 |
| 3.4 | Princípio da irrecorribilidade imediata das decisões interlocutórias | 90 |
| | 3.4.1 Exceções | 90 |
| 3.5 | Juízo de admissibilidade e pressupostos recursais | 90 |
| | 3.5.1 Pressupostos subjetivos ou intrínsecos | 91 |
| | 3.5.2 Pressupostos objetivos ou extrínsecos | 91 |
| 3.6 | Recursos em espécie | 93 |
| | 3.6.1 Embargos de declaração | 93 |
| | 3.6.2 Modelo de embargos de declaração | 97 |
| | 3.6.3 Recurso ordinário | 98 |
| | 3.6.4 Contrarrazões ao recurso | 109 |
| | 3.6.5 Agravo de instrumento | 114 |
| | 3.6.6 Agravo de petição | 121 |
| | 3.6.7 Agravo regimental ou agravo interno | 127 |
| | 3.6.8 Recurso de revista | 131 |
| | 3.6.9 Requisitos especiais | 134 |
| | 3.6.10 Embargos no TST | 141 |
| | 3.6.11 Recurso extraordinário | 148 |
| | 3.6.12 Recurso adesivo | 155 |
| | 3.6.13 Recurso Ordinário Constitucional – ROC | 159 |

## 4. EXECUÇÃO — 164

**FLUXOGRAMA DA EXECUÇÃO – MAPA EXECUÇÃO** — **164**

| | | |
|---|---|---|
| 4.1 | Conceito | 165 |
| 4.2 | Requisitos | 165 |
| 4.3 | Previsão legal | 165 |
| 4.4 | Legitimidade | 165 |
| | 4.4.1 Legitimidade ativa | 165 |
| | 4.4.2 Legitimidade passiva | 165 |

| 4.5 | Títulos executivos | 165 |
|---|---|---|
| | 4.5.1 Títulos executivos judiciais | 165 |
| | 4.5.2 Títulos executivos extrajudiciais | 166 |
| 4.6 | Liquidação de sentença | 166 |
| | 4.6.1 Introdução | 166 |
| | 4.6.2 Modalidades de liquidação | 166 |
| | 4.6.3 Procedimento da Liquidação por Cálculos | 166 |
| 4.7 | Impugnação à sentença de liquidação | 167 |
| 4.8 | Execução contra devedor solvente | 167 |
| | 4.8.1 Primeira fase da execução: Intimação e constrição de bens | 167 |
| | 4.8.2 Segunda fase da execução – fase de expropriação dos bens | 168 |
| 4.9 | Penhora | 169 |
| | 4.9.1 Bens impenhoráveis | 169 |
| 4.10 | Embargos a execução | 169 |
| | 4.10.1 Conceito | 169 |
| | 4.10.2 Natureza jurídica | 170 |
| | 4.10.3 Matérias arguíveis | 170 |
| | 4.10.4 Principais teses dos embargos à execução | 170 |
| | 4.10.5 Competência | 171 |
| | 4.10.6 Processamento | 172 |
| | 4.10.7 Efeitos | 172 |
| | 4.10.8 Estrutura dos embargos à execução | 172 |
| | 4.10.9 Modelo de embargos a execução | 174 |
| 4.11 | Embargos de terceiro | 175 |
| | 4.11.1 Conceito | 175 |
| | 4.11.2 Fundamento legal | 175 |
| | 4.11.3 Prazos | 175 |
| | 4.11.4 Quem é considerado terceiro | 176 |
| | 4.11.5 Distribuição por dependência | 176 |
| | 4.11.6 Embargos de terceiro por carta precatória | 176 |
| | 4.11.7 Requisitos indispensáveis na petição de embargos de terceiro | 176 |
| | 4.11.8 Decisão dos embargos de terceiro | 176 |
| | 4.11.9 Estrutura dos embargos de terceiro | 176 |
| | 4.11.10 Modelo de embargos de terceiro | 179 |

## PEÇAS PRÁTICO-PROFISSIONAIS ............ 181

## QUESTÕES SUBJETIVAS ............ 209

## EXERCÍCIOS COMPLEMENTARES – PEÇAS PROFISSIONAIS ............ 243

## EXERCÍCIOS COMPLEMENTARES GABARITOS – PEÇAS PROFISSIONAIS ...... 248

## EXERCÍCIOS COMPLEMENTARES – QUESTÕES ..................................... 252

## EXERCÍCIOS COMPLEMENTARES GABARITO – QUESTÕES ...................... 257

## ESTATÍSTICA DOS EXAMES UNIFICADOS OAB/FGV.............................. 263

# ORIENTAÇÕES
## AO EXAMINANDO

## 1. Provimentos 144/2011, 156/2013 e 174/2016: o Novo Exame de Ordem

O Conselho Federal da Ordem dos Advogados do Brasil (OAB), publicou em novembro de 2013 o Provimento 156/2013 que alterou o Provimento 144/2011, estabelecendo as normas e diretrizes do Exame de Ordem. Confira o texto integral do provimento, com as alterações dadas pelos provimentos 167/2015 e 172 e 174/2016:

**PROVIMENTO Nº 144**, de 13 de junho de 2011, com as alterações dada pelo Provimento 156/2013.

Dispõe sobre o Exame de Ordem.

O CONSELHO FEDERAL DA ORDEM DOS ADVOGADOS DO BRASIL, no uso das atribuições que lhe são conferidas pelos arts. 8º, § 1º, e 54, V, da Lei n. 8.906, de 4 de julho de 1994 – Estatuto da Advocacia e da OAB, tendo em vista o decidido nos autos da Proposição n. 2011.19.02371-02, resolve:

CAPÍTULO I
DO EXAME DE ORDEM

Art. 1º O Exame de Ordem é preparado e realizado pelo Conselho Federal da Ordem dos Advogados do Brasil – CFOAB, mediante delegação dos Conselhos Seccionais.

§ 1º A preparação e a realização do Exame de Ordem poderão ser total ou parcialmente terceirizadas, ficando a cargo do CFOAB sua coordenação e fiscalização.

§ 2º Serão realizados 03 (três) Exames de Ordem por ano.

CAPÍTULO II
DA COORDENAÇÃO NACIONAL DE EXAME DE ORDEM

Art. 2º É criada a Coordenação Nacional de Exame de Ordem, competindo-lhe organizar o Exame de Ordem, elaborar-lhe o edital e zelar por sua boa aplicação, acompanhando e supervisionando todas as etapas de sua preparação e realização. (NR. Ver Provimento n. 156/2013)

Art. 2º-A. A Coordenação Nacional de Exame de Ordem será designada pela Diretoria do Conselho Federal e será composta por:

I – 03 (três) Conselheiros Federais da OAB;

II – 03 (três) Presidentes de Conselhos Seccionais da OAB;

III – 01 (um) membro da Escola Nacional da Advocacia;

IV – 01 (um) membro da Comissão Nacional de Exame de Ordem;

V – 01 (um) membro da Comissão Nacional de Educação Jurídica;

VI – 02 (dois) Presidentes de Comissão de Estágio e Exame de Ordem de Conselhos Seccionais da OAB.

Parágrafo único. A Coordenação Nacional de Exame de Ordem contará com ao menos 02 (dois) membros por região do País e será presidida por um dos seus membros, por designação da Diretoria do Conselho Federal. (NR. Ver Provimento n.50/2013)

# CAPÍTULO III
## DA COMISSÃO NACIONAL DE EXAME DE ORDEM, DA COMISSÃO NACIONAL DE EDUCAÇÃO JURÍDICA, DO COLÉGIO DE PRESIDENTES DE COMISSÕES DE ESTÁGIO E EXAME DE ORDEM E DAS COMISSÕES DE ESTÁGIO E EXAME DE ORDEM

Art. 3º À Comissão Nacional de Exame de Ordem e à Comissão Nacional de Educação Jurídica compete atuar como órgãos consultivos e de assessoramento da Diretoria do CFOAB.

Art. 4º Ao Colégio de Presidentes de Comissões de Estágio e Exame de Ordem compete atuar como órgão consultivo e de assessoramento da Coordenação Nacional de Exame de Ordem.

Art. 5º Às Comissões de Estágio e Exame de Ordem dos Conselhos Seccionais compete fiscalizar a aplicação da prova e verificar o preenchimento dos requisitos exigidos dos examinandos quando dos pedidos de inscrição, assim como difundir as diretrizes e defender a necessidade do Exame de Ordem.

# CAPÍTULO IV
## DOS EXAMINANDOS

Art. 6º A aprovação no Exame de Ordem é requisito necessário para a inscrição nos quadros da OAB como advogado, nos termos do art. 8º, IV, da Lei 8.906/1994.

§ 1º Ficam dispensados do Exame de Ordem os postulantes oriundos da Magistratura e do Ministério Público e os bacharéis alcançados pelo art. 7º da Resolução n. 02/1994, da Diretoria do CFOAB. (NR. Ver Provimento n. 167/2015)

§ 2º Ficam dispensados do Exame de Ordem, igualmente, os advogados públicos aprovados em concurso público de provas e títulos realizado com a efetiva participação da OAB até a data da publicação do Provimento n. 174/2016-CFOAB. (NR. Ver Provimento n. 174/2016)

§ 3º Os advogados enquadrados no § 2º do presente artigo terão o prazo de 06 (seis) meses, contados a partir da data da publicação do Provimento n. 174/2016-CFOAB, para regularização de suas inscrições perante a Ordem dos Advogados do Brasil. (NR. Ver Provimento n. 174/2016)

Art. 7º O Exame de Ordem é prestado por bacharel em Direito, ainda que pendente sua colação de grau, formado em instituição regularmente credenciada.

§ 1º É facultado ao bacharel em Direito que detenha cargo ou exerça função incompatível com a advocacia prestar o Exame de Ordem, ainda que vedada a sua inscrição na OAB.

§ 2º Poderá prestar o Exame de Ordem o portador de diploma estrangeiro que tenha sido revalidado na forma prevista no art. 48, § 2º, da Lei n. 9.394, de 20 de dezembro de 1996.

§ 3º Poderão prestar o Exame de Ordem os estudantes de Direito dos últimos dois semestres ou do último ano do curso. (NR. Ver Provimento n. 156/2013)

# CAPÍTULO V
## DA BANCA EXAMINADORA E DA BANCA RECURSAL

Art. 8º A Banca Examinadora da OAB será designada pelo Coordenador Nacional do Exame de Ordem.

Parágrafo único. Compete à Banca Examinadora elaborar o Exame de Ordem ou atuar em conjunto com a pessoa jurídica contratada para a preparação, realização e correção das provas, bem como homologar os respectivos gabaritos. (NR. Ver Provimento n. 156/2013)

Art. 9º À Banca Recursal da OAB, designada pelo Coordenador Nacional do Exame de Ordem, compete decidir a respeito de recursos acerca de nulidade de questões, impugnação de gabaritos e pedidos de revisão de notas, em decisões de caráter irrecorrível, na forma do disposto em edital. (NR. Ver Provimento n. 156/2013)

§ 1º É vedada, no mesmo certame, a participação de membro da Banca Examinadora na Banca Recursal.

§ 2º Aos Conselhos Seccionais da OAB são vedadas a correção e a revisão das provas.

§ 3º Apenas o interessado inscrito no certame ou seu advogado regularmente constituído poderá apresentar impugnações e recursos sobre o Exame de Ordem. (NR. Ver Provimento n. 156/2013)

Art. 10. Serão publicados os nomes e nomes sociais daqueles que integram as Bancas Examinadora e Recursal designadas, bem como os dos coordenadores da pessoa jurídica contratada, mediante forma de divulgação definida pela Coordenação Nacional do Exame de Ordem. (NR. Ver Provimento n. 172/2016)

§ 1º A publicação dos nomes referidos neste artigo ocorrerá até 05 (cinco) dias antes da efetiva aplicação das provas da primeira e da segunda fases. (NR. Ver Provimento n. 156/2013)

ORIENTAÇÕES AO EXAMINANDO

§ 2º É vedada a participação de professores de cursos preparatórios para Exame de Ordem, bem como de parentes de examinandos, até o quarto grau, na Coordenação Nacional, na Banca Examinadora e na Banca Recursal. (NR. Ver Provimento n. 156/2013)

## CAPÍTULO VI
## DAS PROVAS

Art. 11. O Exame de Ordem, conforme estabelecido no edital do certame, será composto de 02 (duas) provas:

I – prova objetiva, sem consulta, de caráter eliminatório;

II – prova prático-profissional, permitida, exclusivamente, a consulta a legislação, súmulas, enunciados, orientações jurisprudenciais e precedentes normativos sem qualquer anotação ou comentário, na área de opção do examinando, composta de 02 (duas) partes distintas:

*a)* redação de peça profissional;

*b)* questões práticas, sob a forma de situações-problema.

§ 1º A prova objetiva conterá no máximo 80 (oitenta) questões de múltipla escolha, sendo exigido o mínimo de 50% (cinquenta por cento) de acertos para habilitação à prova prático-profissional, vedado o aproveitamento do resultado nos exames seguintes.

§ 2º Será considerado aprovado o examinando que obtiver, na prova prático-profissional, nota igual ou superior a 06 (seis) inteiros, vedado o arredondamento.

§ 3º Ao examinando que não lograr aprovação na prova prático-profissional será facultado computar o resultado obtido na prova objetiva apenas quando se submeter ao Exame de Ordem imediatamente subsequente. O valor da taxa devida, em tal hipótese, será definido em edital, atendendo a essa peculiaridade. (NR. Ver Provimento n. 156/2013)

§ 4º O conteúdo das provas do Exame de Ordem contemplará as disciplinas do Eixo de Formação Profissional, de Direitos Humanos, do Estatuto da Advocacia e da OAB e seu Regulamento Geral e do Código de Ética e Disciplina, podendo contemplar disciplinas do Eixo de Formação Fundamental. (NR. Ver Provimento n. 156/2013)

§ 5º A prova objetiva conterá, no mínimo, 15% (quinze por cento) de questões versando sobre Estatuto da Advocacia e seu Regulamento Geral, Código de Ética e Disciplina, Filosofia do Direito e Direitos Humanos. (NR. Ver Provimento n. 156/2013)

## CAPÍTULO VII
## DAS DISPOSIÇÕES FINAIS

Art. 12. O examinando prestará o Exame de Ordem no Conselho Seccional da OAB da unidade federativa na qual concluiu o curso de graduação em Direito ou na sede do seu domicílio eleitoral.

Parágrafo único. Uma vez acolhido requerimento fundamentado, dirigido à Comissão de Estágio e Exame de Ordem do Conselho Seccional de origem, o examinando poderá realizar as provas em localidade distinta daquela estabelecida no caput.

Art. 13. A aprovação no Exame de Ordem será declarada pelo CFOAB, cabendo aos Conselhos Seccionais a expedição dos respectivos certificados.

§ 1º O certificado de aprovação possui eficácia por tempo indeterminado e validade em todo o território nacional.

§ 2º O examinando aprovado somente poderá receber seu certificado de aprovação no Conselho Seccional onde prestou o Exame de Ordem, pessoalmente ou por procuração.

§ 3º É vedada a divulgação de nomes e notas de examinados não aprovados.

Art. 14. Fica revogado o Provimento n. 136, de 19 de outubro de 2009, do Conselho Federal da Ordem dos Advogados do Brasil.

Art. 15. Este Provimento entra em vigor na data de sua publicação, revogadas as disposições em contrário.

**Ophir Cavalcante Junior**
Presidente

**Marcus Vinicius Furtado Coêlho**
Conselheiro Federal – Relator

# 2. Pontos a serem destacados no edital do exame

## 2.1. Materiais/procedimentos permitidos e proibidos

O Edital do Exame Unificado da OAB vem adotando as seguintes regras em relação aos materiais:

### MATERIAL/PROCEDIMENTOS PERMITIDOS

- Legislação não comentada, não anotada e não comparada.
- Códigos, inclusive os organizados que não possuam índices estruturando roteiros de peças processuais, remissão doutrinária, jurisprudência, informativos dos tribunais ou quaisquer comentários, anotações ou comparações.
- Súmulas, Enunciados e Orientações Jurisprudenciais, inclusive organizados, desde que não estruturem roteiros de peças processuais.
- Leis de Introdução dos Códigos.
- Instruções Normativas.
- Índices remissivos, em ordem alfabética ou temáticos, desde que não estruturem roteiros de peças processuais.
- Exposição de Motivos.
- Regimento Interno.
- Resoluções dos Tribunais.
- Simples utilização de marca texto, traço ou simples remissão a artigos ou a lei.
- Separação de códigos por clipes.
- Utilização de separadores de códigos fabricados por editoras ou outras instituições ligadas ao mercado gráfico, desde que com impressão que contenha simples remissão a ramos do Direito ou a leis

**Observação:** As remissões a artigo ou lei são permitidas apenas para referenciar assuntos isolados. Quando for verificado pelo fiscal advogado que o examinando se utilizou de tal expediente com o intuito de burlar as regras de consulta previstas neste edital, formulando palavras, textos ou quaisquer outros métodos que articulem a estrutura de uma peça jurídica, o uso do material será impedido, sem prejuízo das demais sanções cabíveis ao examinando.

### MATERIAL/PROCEDIMENTOS PROIBIDOS

- Códigos comentados, anotados, comparados ou com organização de índices estruturando roteiros de peças processuais.
- Jurisprudências.
- Anotações pessoais ou transcrições.
- Cópias reprográficas (xerox).
- Utilização de marca texto, traços, símbolos, post-its ou remissões a artigos ou a lei de forma a estruturar roteiros de peças processuais e/ou anotações pessoais.
- Utilização de notas adesivas manuscritas, em branco ou impressas pelo próprio examinando.
- Utilização de separadores de códigos fabricados por editoras ou outras instituições ligadas ao mercado gráfico em branco.
- Impressos da Internet.
- Informativos de Tribunais.

- Livros de Doutrina, revistas, apostilas, calendários e anotações.
- Dicionários ou qualquer outro material de consulta.
- Legislação comentada, anotada ou comparada.
- Súmulas, Enunciados e Orientações Jurisprudenciais comentados, anotados ou comparados.

Quando possível, a critério do fiscal advogado e dos representantes da Seccional da OAB presentes no local, poderá haver o isolamento dos conteúdos proibidos, seja por grampo, fita adesiva, destacamento ou qualquer outro meio. Caso, contudo, seja constatado que a obra possui trechos proibidos de forma aleatória ou partes tais que inviabilizem o procedimento de isolamento retromencionado, o examinando poderá ter seu material recolhido pela fiscalização, sendo impedido seu uso.

Os materiais que possuírem conteúdo proibido não poderão ser utilizados durante a prova prático profissional, sendo garantida ao fiscal advogado a autonomia de requisitar os materiais de consulta para nova vistoria minuciosa durante todo o tempo de realização do Exame.

O examinando que, durante a aplicação das provas, estiver portando e/ou utilizando material proibido, ou se utilizar de qualquer expediente que vise burlar as regras deste edital, especialmente as concernentes aos materiais de consulta, terá suas provas anuladas e será automaticamente eliminado do Exame.

Por fim, é importante que o examinando leia sempre o edital publicado, pois tais regras podem sofrer algumas alterações a cada exame.

## 2.2. Legislação nova e legislação revogada

Segundo o edital do exame, "legislação com entrada em vigor após a data de publicação deste edital, bem como alterações em dispositivos legais e normativos a ele posteriores não serão objeto de avaliação nas provas do Exame de Ordem".

Repare que há dois marcos: a) data da entrada em vigor da lei (não é a data da publicação da lei, mas a data em que esta entra em vigor); b) data da publicação do edital.

Portanto, atente para esse fato quando for estudar.

## 2.3. Critérios de correção

Quando você estiver redigindo qualquer questão, seja um exercício prático (questão discursiva), seja uma peça prático-profissional (peça), lembre-se de que serão levados em conta, para os dois casos, os seguintes **critérios previstos no Edital**:

**a) adequação das respostas ao problema apresentado:**
- peça inadequada (inepta, procedimento errado): nota zero;
- resposta incoerente ou ausência de texto: nota zero;

**b) vedação de identificação do candidato:**
- o caderno de textos definitivos não poderá ser assinado, rubricado ou conter qualquer palavra ou marca que o identifique em outro local que não o apropriado (capa do caderno), sob pena de ser anulado;

**c) prova deve ser manuscrita, em letra legível, com caneta esferográfica de tinta azul ou preta:**
- letra ilegível: nota zero;

**d) respeito à extensão máxima:**
- 150 linhas na peça processual / 30 linhas em cada questão;
- fragmento de texto fora do limite: será desconsiderado;

PRÁTICA TRABALHISTA – 9ª EDIÇÃO

**e)** respeito à ordem de transcrição das respostas;

**f)** caso a prova exija assinatura, deve-se usar:

"ADVOGADO..." ou "ADVOGADO xxx"

– Penas para o desrespeito aos itens "e" e "f": nota zero;

**g)** nas peças/questões, examinando deve incluir todos dados necessários, sem identificação e com o nome do dado seguido de <u>reticências</u>:

– Ex.: Município..., Data..., OAB...;

– Omissão de dados: descontos na pontuação.

Por outro lado, apesar de não previstos textualmente no edital, temos percebido que a examinadora tem adotando, também, os seguintes critérios:

**a) objetividade:**

– as respostas devem ser claras, com frases e parágrafo curtos, e sempre na ordem direta;

**b) organização:**

– as respostas devem ter começo, meio e fim; um tema por parágrafo; e divisão em tópicos (na peça processual);

**c) coesão textual:**

– um parágrafo deve ter ligação com o outro; assim, há de se usar os conectivos (dessa forma, entretanto, assim, todavia...);

**d) correção gramatical:**

– troque palavras que você não conheça, por palavras que você conheça;

– leia o texto que você escreveu;

**e) quantidade de fundamentos:**

– Cite a premissa maior (lei), a premissa menor (fato concreto) e chegue a uma conclusão (subsunção do caso à norma e sua aplicação);

– Traga o maior número de fundamentos pertinentes; há questões que valem 1,25 pontos, sendo 0,25 para cada fundamento trazido; o examinando que fundamenta sua resposta num ponto só acaba por tirar nota 0,25 numa questão desse tipo;

– Tempestade de ideias; criatividade; qualidade + quantidade;

**f)** indicação do nome do instituto jurídico aplicável e/ou do princípio aplicável;

**g) indicação do dispositivo legal aplicável:**

– Ex.: para cada fundamento usando pelo examinando, é NECESSÁRIO citar o dispositivo legal em que se encontra esse fundamento, sob pena de perder até 0,5 ponto, a depender do caso.

Ademais, a mera indicação de dispositivo legal ou indicação de súmulas ou orientações jurisprudenciais não credenciam pontos. Em outras palavras, não basta a indicação do artigo de lei ou súmula, é preciso que o examinando interprete referido dispositivo;

**i)** indicação do entendimento jurisprudencial aplicável (súmulas ou orientações jurisprudenciais);

**j) indicação das técnicas interpretativas:**

– Ex.: interpretação sistemática, teleológica etc.

# 3. Dicas de como estudar

## 3.1. Tenha calma

Em primeiro lugar, é preciso ter bastante calma. Quem está para fazer a 2ª fase do Exame de Ordem já está, literalmente, com meio caminho andado.

A diferença é que, agora, você não terá mais que saber uma série de informações sobre as mais de quinze principais disciplinas do Direito cobradas na 1ª fase. Agora você fará uma prova delimitada, na qual aparecem questões sobre um universo muito menor que o da 1ª fase.

Além disso, há a possibilidade de consultar a legislação no momento da prova. Ah, mas antes era possível consultar qualquer livro, você diria. Pois é. Mas isso deixava muitos examinandos perdidos. Primeiro porque não sabiam o que comprar, o que levar e isso gerava estresse, além de um estrago orçamentário. Segundo porque, na hora da prova, eram tantos livros, tantas informações, que não se sabia o que fazer, por onde atacar, o que levava a uma enorme perda de tempo, comprometendo o bom desempenho no exame. E mais, o examinando deixava de fazer o mais importante, que é conhecer e usar a lei. Vi muitas provas em que o examinando só fazia citações doutrinárias, provas essas que, se tivessem feito menção às palavras-chave (aos institutos jurídicos pertinentes) e aos dispositivos legais mencionados no Padrão de Resposta da examinadora, fariam com que o examinando fosse aprovado. Mas a preocupação em arrumar a melhor citação era tão grande que se deixava de lado o mais importante, que é a lei e os consequentes fundamentos jurídicos.

Ademais, caso não o examinando não lograr aprovação na prova prático-profissional terá a faculdade de reaproveitar o resultado da prova objetiva, para fins de realização da prova prático-profissional do Exame imediatamente subsequente.

Então, fica a lembrança de que você fará um exame com temas delimitados e com a possibilidade, ainda, de contar com o apoio da lei na formulação de suas respostas, e esses são fatores muito positivos, que devem te dar tranquilidade. Aliás, você já é uma pessoa de valor, um vencedor, pois não anda fácil ser aprovado na 1ª, e você conseguiu isso.

## 3.2. Tenha em mãos todos os instrumentos de estudo e treinamento

Uma vez acalmado o ânimo, é hora de separar os materiais de estudo e de treinamento.

Você vai precisar dos seguintes materiais:

a) todos os exercícios práticos de provas anteriores do Exame Unificado da OAB **(contidos neste livro)**;

b) peças práticas de provas anteriores da Exame Unificado da OAB **(contidas neste livro)**;

c) resolução teórica e prática de todos os exercícios e peças mencionadas **(contida neste livro)**;

d) todas as Súmulas e OJ's do TST classificas e organizadas por assunto com índice remissivo, o que facilita a procura das teses;

e) explicação teórica e modelo das principais peças processuais da sua área de concentração **(contidos neste livro)**;

f) doutrina de qualidade e sistematizada sobre o direito material e o direito processual do trabalho (contida neste livro). Você também pode usar outros livros de apoio, podendo ser um livro que você já tenha da área trabalhista;

g) *Vade mecum* ou coletâneas de legislação, além de leis impressas que não estiverem no livro de legislação que tiver adquirido.

## PRÁTICA TRABALHISTA – 9ª EDIÇÃO

### 3.3. 1º Passo – Leitura dos enunciados das provas anteriores

A primeira providência que deve tomar é ler todos os exercícios e todas as peças já cobradas pelo Exame Unificado da OAB. Nesse primeiro momento não leia as resoluções teóricas dessas questões.

Repito: leia apenas os **enunciados** dos exercícios e das peças práticas. A ideia é que você tenha um "choque de realidade", usando uma linguagem mais forte. Numa linguagem mais adequada, eu diria que você, ao ler os enunciados das questões da 2ª fase, ficará **ambientado com o tipo de prova** e também ficará com as **"antenas" ligadas sobre o tipo de estudo** que fará das peças, da jurisprudência e da doutrina.

### 3.4. 2º Passo – Reconhecimento das leis

Logo após a leitura dos enunciados das questões das provas anteriores, **separe** o livro de legislação que vai usar no dia exame e **faça um bom reconhecimento** desse material.

Quando chegar o dia da prova, você deverá estar bem íntimo desse material. A ideia, aqui, não é ler cada artigo da lei, mas sim conhecer as leis materiais e processuais pertinentes, atentando-se para seus capítulos e suas temáticas. Leia o sumário dos códigos. Leia o nome dos capítulos e seções das leis que não estão dentro de um código. Procure saber como é dividida cada lei. Coloque marcações nas principais leis. Dê uma olhada no índice remissivo dos códigos e procure se ambientar com ele.

Os dois primeiros passos devem durar, no máximo, um dia estudo.

### 3.5. 3º Passo – Estudo holístico dos exercícios práticos (questões discursivas)

Você deve ter reparado que as questões discursivas presentes neste livro estão classificadas por Exame e trazem o padrão de respostas exigidas pela banca examinadora.

Deve ter reparado também que as súmulas e as orientações jurisprudenciais deste livro estão separadas por temas, o que facilita a busca das teses.

E você deve lembrar que é fundamental ter à sua disposição, além das questões e da jurisprudência que estão no livro, um bom livro de doutrina de sua área e uma coletânea de leis (*vade mecum*).

Muito bem. Agora sua tarefa é fazer cada questão discursiva (não é a *peça prática*; trata-se do *exercício prático*), uma a uma.

Primeiro leia o enunciado da questão e tente fazê-lo sozinho, como se estivesse no dia da prova. Use apenas a legislação. E não se esqueça de utilizar os **índices**!!!

Antes de fazer cada questão, é muito importante coletar todas as informações que você tem sobre o tema e que conseguiu extrair da lei.

Num primeiro momento, seu trabalho vai ser de "tempestade de ideias". Anote no rascunho tudo que for útil para desenvolver a questão, tais como dispositivos legais, princípios, entendimentos doutrinários que conhecer, entendimentos jurisprudenciais, técnicas interpretativas que pode citar etc.

Depois da tempestade de ideias, agrupe os pontos que levantou, para que sejam tratados de forma ordenada, e crie um esqueleto de resposta. Não é para fazer um rascunho da resposta e depois copiá-lo. A ideia é que faça apenas um esqueleto, um esquema para que, quando estiver escrevendo a resposta, você o faça de modo bem organizado e não esqueça ponto algum.

Quando terminar de escrever uma resposta (e somente depois disso), leia a resolução da questão que está no livro e anote no papel onde escreveu sua resposta **o que faltou nela**. Anote os fundamentos que faltaram e também a eventual falta de organização de ideias e eventuais outras

ORIENTAÇÕES AO EXAMINANDO

falhas que identificar. Nesse momento, tenha autocrítica. A ideia é você cometer cada vez menos erros a cada exercício. Depois de ler a resolução da questão presente neste livro, deverá buscar na legislação cada lei citada em nosso comentário. Leia os dispositivos citados por nós e aproveite também para conferir os dispositivos legais que têm conexão com o assunto.

Em seguida, pegue seu livro de doutrina de referência e leia o capítulo referente àquela temática.

Por fim, você deve ler todas as súmulas e precedentes jurisprudenciais referentes àquela temática, que estão devidamente classificados neste livro.

Faça isso com todas as questões discursivas (*exercícios práticos*). E anote nos livros (neste livro e no livro de doutrina de referência) tudo o que você já tiver lido. Com essa providência você já estará se preparando tanto para os *exercícios práticos* como para a *peça prática*, só não estará estudando os modelos de peça.

Ao final desse terceiro passo seu *raciocínio jurídico* estará bastante apurado, com um bom *treinamento da escrita* e também com um bom conhecimento da *lei*, da *doutrina* e da *jurisprudência*.

## 3.6. 4° Passo – Estudo holístico das peças práticas (peças prático-profissionais)

Sua tarefa, agora, é resolver todas as peças práticas que já apareceram no Exame Unificado da OAB.

Primeiro leia o enunciado do problema que pede a realização da peça prática e tente fazê-la sozinho, como se estivesse fazendo a prova. Mais uma vez use apenas a legislação. Não se esqueça de fazer a "tempestade de ideias" e o esqueleto.

Terminado o exercício, você vai ler a resolução da questão e o modelo da peça trazido no livro e anotará no papel onde escreveu sua resposta o que faltou nela. Anote os fundamentos que faltaram, a eventual falta de organização de ideias, dentre outras falhas que perceber. Lembre-se da importância da autocrítica.

Agora você deve buscar na legislação cada lei citada no comentário trazido neste livro. Leia os dispositivos citados e aproveite, mais uma vez, para ler os dispositivos legais que têm conexão com o assunto.

Em seguida, leia a jurisprudência que consta do presente livro e o livro de doutrina de sua confiança, com o objetivo de rememorar os temas que apareceram naquela peça prática, tanto na parte de direito material, como na parte de direito processual.

Faça isso com todas as peças práticas. E continue anotando nos livros tudo o que já tiver lido.

Ao final desse terceiro passo você sairá com o *raciocínio jurídico* ainda mais apurado, com uma melhora substancial na *sua escrita* e também com ótimo conhecimento da *lei*, da *doutrina* e da *jurisprudência*.

## 3.7. 5° Passo – Verificar o que faltou

Sua tarefa, agora, é verificar o que faltou. Leia os temas doutrinários que ainda não foram lidos, por não terem relação alguma com as questões resolvidas neste livro. Confira também as súmulas e orientações jurisprudenciais que restaram. Se você fizer a marcação do que foi e do que não foi lido, não haverá problema em identificar o que está faltando. Faça a marcação com um lápis. Poder ser um "x" ao lado de cada precedente jurisprudencial lido e, quanto ao livro de doutrina, faça um "x" nos temas que estão no índice do livro. Nos temas mais importantes pode fazer um "x" e um círculo. Isso permitirá que você faça uma leitura dinâmica mais perto da prova, apenas para relembrar esses pontos.

PRÁTICA TRABALHISTA – 9ª EDIÇÃO

Leia também as demais peças processuais que se encontram no livro e reserve o tempo restante para pesquisa de jurisprudência de anos anteriores e treinamento, muito treinamento. Para isso, reescreva as peças que já fez até chegar ao ponto em que sentir que pegou o jeito.

## 3.8. Dicas finais para resolver os problemas

Em resumo, recomendamos que você resolva as questões e as peças no dia da prova usando as seguintes técnicas:

a) leia o enunciado pelo menos duas vezes, a primeira para ter ideia do todo e a segunda para anotar os detalhes;

b) anote as informações, perguntas e solicitações feitas no enunciado da questão;

– Ex.: qual é o vício? / fundamente / indique o dispositivo legal;

c) busque a resposta nas leis relacionadas;

Para encontrar as teses pertinentes o ideal é que o examinando busque nos principias índices remissivos por assunto de seu material (Constituição Federal, Leis ordinárias, CLT, CPC/2015, súmulas/orientações jurisprudenciais TST, súmulas vinculantes STF), os temas abordados no problema e destacados pelo examinando. Para destacar utilize caneta marca texto.

Na busca das teses parta do termo mais amplo para o mais específico. Por exemplo: vamos imaginar que destacamos em nosso problema o termo "depósito recursal". Então, esse é o termo a ser procurado nos índices remissivos de nossos materiais de apoio. Caso não encontremos, devemos procurar nos índices outro termo, como por exemplo "preparo", tendo em vista que depósito recursal está relacionado com preparo. Caso não encontremos a palavra em nosso material, devemos ir para uma palavra mais abrangente, como por exemplo, "recursos". Note, portanto, que nesse exemplo, para encontrarmos os fundamentos legais e súmulas e/ou OJs, partimos do termo específico "depósito recursal" e não por não encontrar o termo em nos índices remissivos por assunto em nosso material de apoio, partimos para um termo mais abrangente: "preparo" e também não encontrando esse termo, partimos para outro termo ainda mais abrangente: "recursos".

d) promova uma tempestade de ideias e ANOTE TUDO o que for relacionado;

– Ex.: leis, princípios, doutrina, jurisprudência, fundamentos, exemplos etc.;

e) agrupe as ideias e crie um esqueleto de resposta, respondendo às perguntas e solicitações feitas;

f) redija;

g) revise o texto, buscando erros gramaticais.

## 3.9. Dicas finais para o dia da prova

Por fim, lembre-se que você está na reta final para a sua prova. Falta pouco. Avise aos familiares e amigos que neste último mês de preparação você estará um pouco mais ausente. Peça ajuda nesse sentido. E lembre-se também de que seu esforço será recompensado.

No dia da prova, tome os seguintes cuidados:

a) chegue com muita antecedência;

– o Edital costuma determinar o comparecimento com antecedência mínima de uma 1 hora e 30 minutos do horário de início;

b) leve mais de uma caneta permitida;

ORIENTAÇÕES AO EXAMINANDO

- a caneta deve ser azul ou preta, fabricada em material transparente;
- não será permitido o uso de borracha e corretivo;

c) leve comprovante de inscrição + documento original de identidade, com foto;

d) leve água e chocolate;

e) se ficar nervoso: se você for religioso, faça uma oração antes de iniciar a prova; outra providência muito boa, havendo ou não religiosidade, é você fazer várias respirações profundas, de olhos fechados. Trata-se de uma técnica milenar para acalmar e concentrar. Além disso, antes de ir para a prova, escute suas músicas preferidas, pois isso acalma a dá um ânimo bom.

No mais, tenha bastante foco, disciplina, perseverança e fé!

Tenho certeza de que tudo dará certo.

**Wander Garcia**
Coordenador da Coleção

# COMO ENCONTRAR
## PEÇAS E TESES

Sem sombra de dúvidas, o maior desafio da prova de segunda fase do Exame de Ordem consiste na busca de encontrar a peça profissional correta, ou seja, a medida processual adequada ao problema apresentado, bem como na busca e elaboração das teses exigidas pela Banca Examinadora.

Com isso, é de suma importância que de acordo com os dados fornecidos pelo enunciado do Exame o(a) Examinando(a) localize a medida processual correta, bem como as teses que deverão ser tratadas no caso prático apresentado.

## 1. Busca da medida processual (peça prática profissional)

Para encontrarmos a medida processual adequada a ser apresentada devemos ter em mente a sequência dos atos processuais, também conhecido como "régua processual".

Para isso, dividimos em 3 partes: a) fase de conhecimento; b) fase recursal e c) fase de execução.

Desta forma, ao lermos o enunciado devemos considerar a régua processual para encontrarmos o momento processual que o Examinador nos passa para em seguida, adotar a medida processual adequada.

### 1.1. Sequência de atos processuais

#### 1.1.1. Fase de conhecimento

1. Ajuizamento de reclamação trabalhista (art. 840 da CLT);
2. Notificação citatória da reclamada (art. 841 da CLT e súmula 16 TST);
3. Recebimento da notificação postal pela reclamada;

**Atenção!** Com o recebimento da notificação, se for o caso, inicia-se o prazo de exceção de incompetência territorial, art. 800 da CLT.

4. Audiência Trabalhista (art.849 CLT)
5. Pregão.
6. Primeira tentativa (obrigatória) de conciliação, art. 846 CLT
7. Defesa da Reclamada/contestação, art. 847 CLT
8. Instrução processual, art. 848 da CLT.
9. Manifestação/réplica do reclamante.
10. Razões Finais, art. 850 CLT.
11. Segunda tentativa (obrigatória) de conciliação, art. 850 da CLT.
12. Prolação da sentença, arts. 850, 851 e 852 CLT.

PRÁTICA TRABALHISTA – 9ª EDIÇÃO

## 1.1.2. *Fase recursal*

**1.** Sentença

**1.1** Embargos de declaração (somente em casos de omissão, contradição, obscuridade ou correção de erro material na decisão recorrida)

**2.** Recurso ordinário (interposto perante a Vara do Trabalho – juízo *a quo* – com pedido de remessa ao TRT competente)

**3.** Contrarrazões ao recurso ordinário

**4.** Primeiro juízo de admissibilidade, realizado pelo Juiz da Vara do Trabalho – juízo *a quo.*

**Atenção!** Se o recurso não for admitido no 1º juízo de admissibilidade, é cabível a interposição de agravo de instrumento, art. 897, b, CLT.

**5.** Remessa ao TRT competente

**6.** No TRT – distribuição ao Relator

**7.** Segundo juízo de admissibilidade (feito pelo Desembargador Relator)

**Atenção!** Se o recurso não for admitido no 2º juízo de admissibilidade, será cabível a interposição de agravo regimental.

**8.** Remessa a turma do TRT (composto por um Desembargador Relator e dois Desembargadores Revisores)

**9.** Prolação de acórdão pelo TRT

**9.1** Embargos de Declaração (somente em casos de omissão, contradição, obscuridade ou correção de erro material na decisão recorrida)

**10.** Recurso de Revista (interposto no TRT com pedido de remessa ao TST)

**11.** Contrarrazões ao Recurso de Revista

**12.** Primeiro juízo de admissibilidade (feito pelo TRT)

**Atenção!** Se o recurso não for admitido no 1º juízo de admissibilidade, é cabível a interposição de agravo de instrumento, art. 897, b, CLT

**13.** Remessa ao TST

**14.** No TST – distribuição ao Relator

**15.** Segundo juízo de admissibilidade (realizado pelo Ministro Relator)

**16.** Remessa a Turma

**17.** Prolação de acórdão pelo TST

**17.1** Embargos de Declaração (somente em casos de omissão, contradição, obscuridade ou correção de erro material na decisão recorrida)

**17.2** Embargos de divergência no TST (art. 894, II, CLT)

**17.3** Recurso Extraordinário ao STF

**18** Contrarrazões ao Recurso Extraordinário

**19.** Prolação de acórdão pelo STF

## 1.1.3. *Fase de execução*

**1.** Sentença ilíquida com trânsito em julgado

**2.** Cálculos (apresentados pelo calculista ou pelas partes)

3. Impugnação aos cálculos pelas partes em 8 dias (no caso de cálculos apresentados por calculista)

4. Homologação dos cálculos (sentença de liquidação)

**Atenção!** Essa sentença é irrecorrível, pois possui natureza jurídica de decisão interlocutória. A matéria poderá ser impugnada nos embargos à execução ou impugnação aos embargos a execução.

5. Mandado de citação, penhora e avaliação (MCPA), art. 880 CLT.

**Atenção!** Cumprido por oficiais de justiça. Permite-se a citação por edital, art. 880, §3º, CLT.

6. Prazo de 48 horas o executado que poderá adotar 5 comportamentos:

    **6.1 Comportamento 1:** pagamento do valor, art. 881 CLT, com termo de quitação e extinção da obrigação/ extinção da execução.

    **6.2 Comportamento 2:** Garantir a execução através do depósito da importância, art. 882 CLT.

    **6.3 Comportamento 3:** Nomeação de bens à penhora, art. 882 CLT. Seguir ordem de penhora do art. 835 CPC.

    **6.4 Comportamento 4:** Garantir a execução com seguro garantia judicial art. 882 CLT Lei 13.467/2017.

    **6.5 Comportamento 5:** Inércia do executado, penhora coativa ou forçada do oficial de justiça artigo 883 CLT.

7. Garantia da execução: garantia do juízo ou penhora de bens.

**Atenção:** A exigência de garantia ou penhora não se aplica para entidades filantrópicas e/ou àqueles que compuseram a diretoria dessas instituições.

8. Embargos à execução, art. 884 CLT.

9. Impugnação aos embargos à execução, art. 884 CLT

10. Sentença

    **10.1** Embargos de declaração (somente em casos de omissão, contradição, obscuridade ou correção de erro material na decisão recorrida)

11. Agravo de petição, art. 897, a, CLT (interposto perante a Vara do Trabalho – juízo *a quo* – com pedido de remessa ao TRT competente)

12. Contrarrazões/contraminuta ao agravo de petição, art. 900 CLT

4. Primeiro juízo de admissibilidade, realizado pelo Juiz da Vara do Trabalho – juízo *a quo*.

**Atenção!** Se o recurso não for admitido no 1º juízo de admissibilidade, é cabível a interposição de agravo de instrumento, art. 897, b, CLT.

5. Remessa ao TRT competente

6. No TRT – distribuição ao Relator

7. Segundo juízo de admissibilidade (feito pelo Desembargador Relator)

**Atenção!** Se o recurso não for admitido no 2º juízo de admissibilidade, será cabível a interposição de agravo regimental.

8. Remessa a turma do TRT (composto por um Desembargador Relator e dois Desembargadores Revisores)

9. Prolação de acórdão pelo TRT

PRÁTICA TRABALHISTA – 9ª EDIÇÃO

**9.1** Embargos de Declaração (somente em casos de omissão, contradição, obscuridade ou correção de erro material na decisão recorrida)

**10.** Recurso de Revista (interposto no TRT com pedido de remessa ao TST)

**Atenção!** Na fase de execução somente é cabível recurso de revista por ofensa direta e literal de norma da Constituição Federal, art. 896, § 2º, CLT.

**11.** Contrarrazões ao Recurso de Revista

**12.** Primeiro juízo de admissibilidade (feito pelo TRT)

**13.** Remessa ao TST

**14.** No TST – distribuição ao Relator

**15.** Segundo juízo de admissibilidade (realizado pelo Ministro Relator)

**16.** Remessa a turma

**17.** Prolação de acórdão pelo TST

 **18.1** Embargos de Declaração (somente em casos de omissão, contradição, obscuridade ou correção de erro material na decisão recorrida)

 **18.2** Embargos de divergência no TST (art. 894, II, CLT)

 **18. 3** Recurso Extraordinário ao STF

**19** Contrarrazões ao Recurso Extraordinário

**20.** Prolação de acórdão pelo STF

## 2. Busca das teses

Após encontrar a medida processual a ser tomada, ou seja, após encontrar a peça cabível, o segundo maior desafio é a busca das teses, ou seja, as questões processuais e/ou materiais que deverão ser tratadas na peça. Analisando os gabaritos das provas anteriores, certamente esse é o trecho do Exame que confere maior pontuação, seja na peça profissional, seja nas questões discursivas.

A busca das teses deverá ser feita, preferencialmente pelo índice remissivos dos materiais que a banca examinadora permite a utilização. Na esfera trabalhista, o principal diploma normativo é a Consolidação das Leis do Trabalho – CLT. O ideal é que o examinando se utilize das CLTs Organizadas, material preparado para Exames de Ordem e Concursos Públicos, que trazem em seu bojo diversas remissões no formato permitido pelo Edital do Exame ou até mesmo se utilize de Vade Mecum atualizado.

Pois bem, para procurarmos no índice remissivo do material de apoio, iremos utilizar os termos jurídicos ou situações relatadas no problema que remetam a matérias a direitos materiais e/ou processuais supostamente violados. Vejam o seguinte exemplo trazido do XXXIII Exame Unificado:

O enunciado relata: *"....no mês de março de 2020 consta uma dedução da contribuição sindical de R$ 40,00, sendo que Sheila nem sabia que havia um sindicato que a representava."*

Esse trecho trazido pelo enunciado remete ao seguinte direito: contribuição sindical. Assim, o ideal é buscar no índice do material de apoio o termo "contribuição sindical" e encontrar a informação se o desconto é permitido ou não. Caso o termo procurado não seja encontrado no índice indicamos procurar por algum sinônimo.

Com isso, encontraremos os fundamentos legais de cada tese, ou seja, o artigo de lei ou súmula do TST. Mas, de acordo com o edital do Exame não basta a indicação do fundamento legal. Isso porque no item, 3.5.11 é disposto que: *"O texto da peça profissional e as respostas às questões discursivas serão avaliados quanto à adequação ao problema apresentado, ao domínio do raciocínio jurídico, à fundamentação e sua consistência, à capacidade de interpretação e exposição e à técnica profissional demonstrada, sendo que a mera transcrição de dispositivos legais, desprovida do raciocínio jurídico, não ensejará pontuação".*

Com isso, temos que interpretar o dispositivo legal encontrado como tese, para com isso demonstrar raciocínio jurídico e capacidade de interpretação.

Portanto, no próximo item iremos aprender a desenvolver o raciocínio jurídico.

## 3. Elaboração e desenvolvimento das teses

Ao abordar cada tema/tese o examinando deve ter em mente que é necessário desenvolver um raciocínio lógico, com começo, meio e fim. Trata-se da regra do silogismo apresentada por Aristóteles. De acordo com essa regra de escrita para cada tese teremos, no mínimo, três parágrafos.

De acordo com o item 3.5.11 do edital: "O texto da peça profissional e as respostas às questões discursivas serão avaliados quanto à adequação ao problema apresentado, ao domínio do raciocínio jurídico, à fundamentação e sua consistência, à capacidade de interpretação e exposição e à técnica profissional demonstrada, sendo que a mera transcrição de dispositivos legais, desprovida do raciocínio jurídico, não ensejará pontuação."

Com isso, é essencial desenvolver raciocínio jurídico. Para isso, na elaboração das teses utilizaremos a regra do silogismo apresentada por Aristóteles. Com isso, teremos, no mínimo, três parágrafos.

No primeiro parágrafo o examinando deve fazer um exame sucinto dos fatos relacionados apenas com a tese abordada (no exemplo, adicional de periculosidade). Não são os mesmos fatos tratados no item *h*, mas apenas fatos relacionados com a tese abordada, visando uma introdução sobre o tema que será tratado o tópico.

No segundo parágrafo o examinando irá tratar o direito envolvido, mencionando o artigo de lei e explicando-o ou interpretando-o. O mais adequado não é a transcrição do dispositivo legal, mas sim sua razão, sua interpretação, ou seja, o que aquele texto de lei significa, o que ele assegura aos jurisdicionados. O examinando terá que interpretar o direito tratado na tese. Em continuação a esse parágrafo, é de suma importância que o examinando traga entendimentos consubstanciados nas súmulas ou orientações jurisprudenciais do TST. Da mesma maneira que o texto de lei, não basta sua transcrição, mas sim sua correta interpretação.

Vale lembrar, que no próprio padrão de respostas a banca examinadora informa que a simples citação legal ou jurisprudencial (súmulas ou orientações jurisprudenciais) pertinente não credencia pontuação.

No terceiro parágrafo o examinando deverá fazer a conclusão de seu raciocínio, apontando o direito que deverá ser garantido.

Assim, o examinando deverá relatar os fatos (premissa menor), fazer referência ao direito aplicável (premissa maior) para depois concluir a respeito do direito de seu cliente.

Basicamente, como exemplo de tese de periculosidade, poderíamos desenvolver o seguinte raciocínio:

PRÁTICA TRABALHISTA – 9ª EDIÇÃO

1°)Fato – premissa menor: *"Maria trabalhava em condições perigosas, pois utilizava motocicleta da empresa reclamada no desempenho de suas funções e jamais recebeu adicional ao salário"*;

2°)Direito – premissa maior: *"A CLT dispõe em seu art. 193, § 4° que as atividades do trabalhador com motocicleta são consideradas atividades perigosas.*

*Por sua vez, a Constituição Federal em seu art. 7°, XXIII, bem como o art. 193, § 1° da CLT determinam um adicional de 30% sobre o salário do trabalhador que operar em condições que a lei reconhece como perigosas"*;

3°)Conclusão: *"Dessa forma, Maria faz jus ao adicional de periculosidade com os devidos reflexos em aviso-prévio, décimo terceiro salário, férias, fundo de garantia do tempo de serviço."*

**Atenção!** Esse raciocínio deve se repetir a cada tese a ser abordada pelo examinando e poderá ser utilizado em todas as peças processuais.

# ESTRUTURAS BÁSICAS
# E MODELOS DE PEÇAS

## FLUXOGRAMA – FASE DE CONHECIMENTO

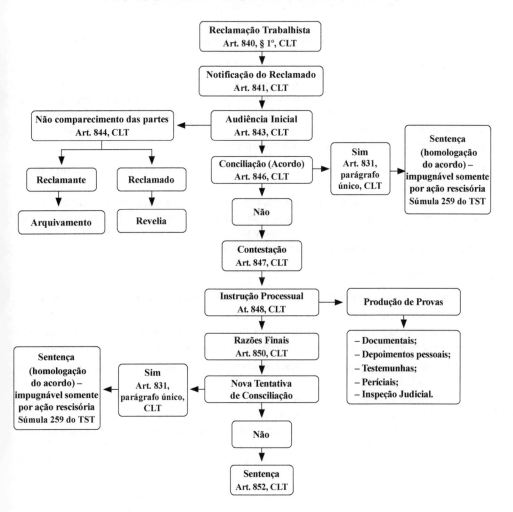

# 1. Reclamação trabalhista

## 1.1 Considerações iniciais

A petição inicial é a peça processual na qual o autor formula o pedido de tutela jurisdicional ao Estado-juiz, para que aplique o direito ao caso concreto. Na Justiça do Trabalho, a ação que o empregado pleiteia verbas trabalhistas não pagas é a Reclamação Trabalhista, prevista no art. 840 e parágrafos, da CLT.

### 1.1.1 Competência territorial

Em se tratando de uma reclamação trabalhista o primeiro detalhe que o examinando precisa se ater é quanto à competência.

A competência material, ou seja, as matérias que serão apreciadas pela Justiça do Trabalho, estão elencadas no art. 114 da CF, com a redação dada pela EC 45/2004.

A competência territorial vem disposta no art. 651 da CLT e seus parágrafos, tendo como regra geral o local da prestação dos serviços pelo reclamante, ainda que contratado em outra localidade.

#### 1.1.1.1 Agente ou viajante comercial

Em se tratando de agente ou viajante comercial a regra de competência não será a disposta no *caput* do art. 651 da CLT. Isso porque, o § 1º do próprio art. 651 CLT determina que nessas hipóteses a competência será da Junta da localidade em que a empresa tenha agência ou filial e a esta o empregado esteja subordinado e, na falta, será competente a Junta da localização em que o empregado tenha domicílio ou a localidade mais próxima.

#### 1.1.1.2 Empregador que promova realização de atividades fora do lugar do contrato de trabalho

Em se tratando de empregador que promova realização de atividades fora do lugar do contrato de trabalho, como é o caso de artistas de circo, artistas de peças teatrais, entre outras, nos termos do art. 651, § 3º, da CLT é assegurado ao empregado apresentar reclamação trabalhista no foro da celebração do contrato ou no da prestação dos serviços.

### 1.1.2 Procedimentos

Outro ponto muito importante é saber por qual procedimento a reclamação trabalhista deverá tramitar.

Nos domínios do processo do trabalho temos 4 (quatro) procedimentos, a saber: procedimento ordinário, procedimento sumário, procedimento sumaríssimo e os procedimentos especiais:

a) **procedimento ordinário**: deverá ser observado para as causas cujo valor superar 40 (quarenta) salários-mínimos;

b) **procedimento sumário**: disciplinado no art. 2º, §§ 3º e 4º, da Lei 5.584/70, objetiva maior celeridade e maior efetividade para as demandas cujo valor da causa não ultrapasse 2 (dois) salários mínimos. Essas causas se submeterão ao procedimento ordinário, com ampla produção de provas. Contudo, não se submeterão às modalidades de recursos trabalhistas. Somente será admitido recurso extraordinário para o STF em caso de violação direta à Constituição Federal;

c) **procedimento sumaríssimo**: instituído pela Lei 9.957/00, que acrescentou os arts. 852-A ao 852-I na CLT, para as lides cujo valor da causa não ultrapasse 40 (quarenta) salários mínimos; e

ESTRUTURAS BÁSICAS E MODELOS DE PEÇAS

Nas reclamações submetidas ao *procedimento sumaríssimo* o pedido deverá ser certo e determinado, necessitando, ainda, a indicação do valor correspondente. O reclamante deverá indicar, ainda, o nome correto da reclamada bem como seu correto endereço, na medida em que é vedada a citação por edital.

Caso o reclamante não atenda tais exigências, o processo será arquivado com o consequente pagamento de custas calculadas sobre o valor da causa, não sendo permitida a emenda da petição inicial.

**d) procedimentos especiais:** procedimentos que apresentam regras especiais. Há os procedimentos típicos da seara trabalhista, tais como: inquérito judicial para apuração de falta grave, dissídio coletivo, ação de cumprimento e, ainda, os procedimentos especiais constitucionais e cíveis admitidos na Justiça do Trabalho como: mandado de segurança, h*abeas corpus*, h*abeas data*, ação de consignação em pagamento, ação rescisória, ações possessórias, ação monitória etc.

### 1.1.3 Assistência judiciária e justiça gratuita

Inicialmente, não podemos confundir assistência judiciária gratuita com justiça gratuita.

Para aqueles que não têm condições de contratar advogado, o Estado confere o "benefício da Assistência Judiciária". Já para a parte que, possuindo ou não advogado, não possui condições de arcar com os gastos do processo, será permitido os benefícios da justiça gratuita.

Nos termos do art. 5º, LXXIV, da CF, "o Estado prestará assistência jurídica integral e gratuita aos que comprovarem insuficiência de recursos."

A concessão da assistência judiciária gratuita vem regulada pela Lei 1.060/1950. No entanto, o art. 14 da Lei 5.584/1970 ensina que a assistência judiciária a que se refere a Lei 1.060/1950 será prestada pelo sindicato da classe ao trabalhador, ainda que não seja associado.

Determina o § 1º do citado art. 14 que a "assistência é devida a todo aquele que perceber salário igual ou inferior ao dobro do mínimo legal, ficando assegurado igual benefício ao trabalhador de maior salário, uma vez provado que sua situação econômica não lhe permite demandar, sem prejuízo do sustento próprio ou da família."

A justiça gratuita, contudo, é um benefício que poderá ser concedido à parte que comprovar insuficiência de recursos para arcas com os gastos decorrentes de uma ação judicial, art. 790, §§ 3º e 4º, da CLT.

Em se tratando de reclamação trabalhista, é comum que a parte faça pedido de justiça gratuita. Para isso, o ideal é que o examinando abra um tópico específico para elaborar tal pedido.

Questão muito frequente por parte dos examinandos reside na dúvida em quando devemos ou não devemos elaborar o pedido de justiça gratuita.

Pois bem, o examinando apenas deverá fazer tal pedido caso o problema indique que a parte está em situação de insuficiência financeira.

A banca FGV que realiza o Exame de Ordem, no exame unificado XXII trouxe no enunciado da peça profissional como informação que a parte estava em situação de insuficiência financeira a seguinte expressão: *"Atualmente Marina está desempregada, mas, na época em que atuava na Malharia Fina, ganhava 1 salário mínimo mensal."* No Exame Unificado XXX, a banca FGV destacou que o empregado/reclamante estava desempregado e no seu contracheque recebia um salário-mínimo. Já no Exame XXXIII a banca informou que a empregada estava trabalhando, mas recebia um salário-mínimo por mês. No Exame XXXIV a banca indicou como dados para apontar

PRÁTICA TRABALHISTA – 10ª EDIÇÃO                    22

a situação econômica a seguinte informação: ..."*pois está desempregado, sem dinheiro para se manter*".

Nesses casos, ou seja, sempre que a banca examinadora demonstrar que o reclamante/autor está desempregado ou até mesmo empregado, mas possui uma situação econômica delicada ou ainda, receba salário inferior a 40% do teto dos benefícios previdenciários, o examinando deverá fazer o pedido de justiça gratuita, art. 790, §§ 3º e 4º, CLT.

Assim, sempre que a banca examinadora demonstrar que o reclamante/autor está desempregado e possui uma situação econômica delicada, o examinando deverá fazer o pedido de justiça gratuita.

Vencida a questão da indicação ou não do pedido de justiça gratuita, importante tecer alguns comentários sobre a gratuidade de justiça.

Como vimos, a assistência judiciária não se confunde com a justiça gratuita. Assim, é possível que um empregado não goze da assistência judiciária prestada pelo sindicato da classe, mas preencha os requisitos dispostos no art. 790, §§ 3º e 4º, da CLT e seja beneficiário da justiça gratuita.

Dispõe o art. 790, §§ 3º e 4º, da CLT:

"**Art. 790.**

*§ 3º É facultado aos juízes, órgãos julgadores e presidentes dos tribunais do trabalho de qualquer instância conceder, a requerimento ou de ofício, o benefício da justiça gratuita, inclusive quanto a traslados e instrumentos, àqueles que perceberem salário igual ou inferior a 40% (quarenta por cento) do limite máximo dos benefícios do Regime Geral de Previdência Social."*

*§ 4º O benefício da justiça gratuita será concedido à parte que comprovar insuficiência de recursos para o pagamento das custas do processo.*

Por meio do citado dispositivo legal, não prevalece a presunção pela mera declaração de insuficiência financeira da parte, devendo-se provar a insuficiência de recursos.

Sendo concedida a assistência judiciária, a parte gozará dos benefícios do art. 98, § 1º, CPC/2015.

Quanto ao momento para ser feito o pedido da justiça gratuita, segundo o art. 99 CPC/2015 o pedido de gratuidade da justiça pode ser formulado na petição inicial, na contestação, na petição para ingresso de terceiro no processo ou em recurso.

Com relação ao pedido na fase recursal, importante a redação da Orientação Jurisprudencial 269 da SDI 1 do TST.

OJ 269 – SDI 1 TST – JUSTIÇA GRATUITA. REQUERIMENTO DE ISENÇÃO DE DESPESAS PROCESSUAIS. MOMENTO OPORTUNO

I – O benefício da justiça gratuita pode ser requerido em qualquer tempo ou grau de jurisdição, desde que, na fase recursal, seja o requerimento formulado no prazo alusivo ao recurso;

II – Indeferido o requerimento de justiça gratuita formulado na fase recursal, cumpre ao relator fixar prazo para que o recorrente efetue o preparo (art. 99, § 7º, do CPC de 2015)

### 1.1.3.1   Assistência judiciária gratuita para pessoa jurídica

Uma vez mais, lembremos que o art. 5º, LXXIV, da CF dispõe que: "o Estado prestará assistência jurídica integral e gratuita aos que comprovarem insuficiência de recursos."

O texto constitucional, ao assegurar a assistência jurídica integral e gratuita, não distinguiu entre pessoas físicas ou jurídicas, conferindo tal garantia a todos aqueles que *"comprovarem insuficiência de recursos". Isso porque, nos termos do art. 5º, caput, da CF, todos são iguais perante a lei.*

A justiça gratuita vem regulada no art. 98 do CPC/2015 ao determinar que toda pessoa natural ou jurídica, brasileira ou estrangeira, com insuficiência de recursos para pagar as custas, as despesas processuais e os honorários advocatícios tem direito à gratuidade da justiça, na forma da lei.

ESTRUTURAS BÁSICAS E MODELOS DE PEÇAS

Com isso, o novo CPC põe fim em uma grande discussão doutrinária e positiva a jurisprudência consolidada na súmula 481 do STJ, determinando o direito à gratuidade da justiça às pessoas jurídicas.

Assim, dispõe o art. 98 do CPC/2015

*Art. 98. A pessoa natural ou jurídica, brasileira ou estrangeira, com insuficiência de recursos para pagar as custas, as despesas processuais e os honorários advocatícios tem direito à gratuidade da justiça, na forma da que entendia ser devido os benefícios da justiça gratuita às pessoas jurídicas.*

A comprovação de miserabilidade jurídica poderá ser feita por meio de documentos, como, por exemplo, balanços contábeis e imposto e renda, que comprovem a efetiva situação precária.

### 1.1.3.2  Poderes específicos do advogado para justiça gratuita

A partir de 26.06.2017 os advogados que pleitearem a concessão de assistência judiciária gratuita a seus clientes, sejam eles pessoas físicas ou jurídicas, devem ter procuração com poderes específicos para esse fim.

Essa regra está de acordo com o CPC/2015, que em seu art. 105 proíbe ao advogado firmar compromisso e assinar declaração de hipossuficiência econômica, que devem constar de cláusula específica.

## 1.2  Principais teses da reclamação trabalhista

### 1.2.1  Dano material e extrapatrimonial

**1.2.1.1 Danos patrimoniais:** são os danos materiais, cujas espécies são:

a) **Dano Emergente**: o que a pessoa efetivamente perdeu. (art. 402, CC)

b) **Lucros Cessantes**: o que a pessoa razoavelmente deixou de lucrar.

c) **Dano Estético**: é aquele que atinge a imagem exterior do trabalhador. Ex: perda de membros, cicatrizes profundas etc.;

d) **Pensão Vitalícia**: pode ser paga de uma vez ou parcelada – é o valor correspondente à perda da capacidade laborativa ou o equivalente a expectativa de trabalho e de vida em caso de falecimento do obreiro, arts. 948, 949 e 950 CC.

Atualmente prevalece o entendimento da possibilidade da cumulação de todos esses danos.

Nesse sentido, importante destacar o entendimento da súmula 37 do STJ:

SÚMULA 37 STJ – SÃO CUMULAVEIS AS INDENIZAÇÕES POR DANO MATERIAL E DANO MORAL ORIUNDOS DO MESMO FATO.

E, ainda, a súmula 387 do STJ:

SÚMULA 387 STJ – É LÍCITA A CUMULAÇÃO DAS INDENIZAÇÕES DE DANO ESTÉTICO E DANO MORAL

*Ao elaborar esses pedidos na peça profissional, é recomendável abrir um tópico para cada tese.

**1.2.1.2 Danos extrapatrimoniais:** aqueles que não atingem a matéria, patrimônio, cujas espécies são:

a) **Dano moral**: é o dano que atinge o direito da personalidade (princípio da dignidade da pessoa humana). Ex: Intimidade, vida privada, honra, imagem, nome;

b) **Dano existencial**: é aquele que atinge a existência do trabalhador em suas múltiplas dimensões, tais como: familiar, pessoal, comunitária, social etc. Ex: Jornada de trabalho extenuante ou exaustiva, trabalhos em sábados, domingos e feriados, metas impossíveis, entre outras.

PRÁTICA TRABALHISTA – 10ª EDIÇÃO

Em se tratando de reclamação trabalhista, é muito comum que o examinando necessite trabalhar tese de danos extrapatrimoniais, ou seja, dano moral e/ou dano existencial. Por isso, é importante lembrar dos fundamentos legais desse pedido.

A CF/88 trata do tema, nos art. 1º em que trata sobre a dignidade da pessoa humana e, posteriormente no art. 5º, incisos V e X.

Na legislação infraconstitucional, de acordo com a redação dada pela Lei 13.467/2017 a CLT cuida do tema nos arts. 223-A a 223-G ao dispor sobre o dano extrapatrimonial.

Nessa linha, ensina o art. 223-B da CLT que causa dano de natureza extrapatrimonial a ação ou omissão que ofenda a esfera moral ou existencial da pessoa física ou jurídica, as quais são as titulares exclusivas do direito à reparação.

O dano extrapatrimonial poderá ser sofrido por pessoas físicas (pessoas naturais) e também por pessoas jurídicas.

Nos termos do art. 223-C da CLT são os bens juridicamente tutelados inerentes à pessoa natural: a honra, a imagem, a intimidade, a liberdade de ação, a autoestima, a sexualidade, a saúde, o lazer e a integridade física são os bens juridicamente tutelados inerentes à pessoa física. Com relação as pessoas jurídicas, são bens juridicamente tutelados: a imagem, a marca, o nome, o segredo empresarial e o sigilo da correspondência inerentes à pessoa jurídica, art. 223-D da CLT.

**ATENÇÃO!** Tendo em vista a disposição contida no art. 840, § 1º, da CLT no sentido de que o pedido deve ser certo, determinado com a indicação de valores, recomendamos que o examinando não peça o dano moral por arbitramento pelo magistrado. Nesse caso é importante indicar um valor estimado. Em se tratando de Exame de Ordem indicar apenas a expressão: "R$..."

## 1.2.2 Responsabilidade por dano extrapatrimonial

Todos aqueles que tenham colaborado para a ofensa ao bem jurídico tutelado serão responsáveis pelo dano extrapatrimonial, na proporção de sua ação ou omissão.

Importante destacar que o pedido de danos extrapatrimoniais poderá ser cumulado com a indenização por danos materiais decorrentes do mesmo ato lesivo, hipótese em que, ao proferir a decisão, o juízo deverá discriminar os valores das indenizações a título de danos patrimoniais e das reparações por danos de natureza extrapatrimonial.

Ao apreciar o pedido, o juízo considerará:

a) a natureza do bem jurídico tutelado;

b) a intensidade do sofrimento ou da humilhação;

c) a possibilidade de superação física ou psicológica;

d) os reflexos pessoais e sociais da ação ou da omissão;

e) a extensão e a duração dos efeitos da ofensa;

f) as condições em que ocorreu a ofensa ou o prejuízo moral;

g) o grau de dolo ou culpa;

h) a ocorrência de retratação espontânea;

i) o esforço efetivo para minimizar a ofensa;

j) o perdão, tácito ou expresso;

k) a situação social e econômica das partes envolvidas;

l) o grau de publicidade da ofensa.

ESTRUTURAS BÁSICAS E MODELOS DE PEÇAS

Nos termos do art. 223-G, § 1º, da CLT, caso o Juízo julgue procedente o pedido, deverá fixar a reparação a ser paga com base em um dos seguintes parâmetros, sendo vedada a acumulação:

**I – ofensa de natureza leve**: até 3 vezes o último salário contratual do ofendido;

**II – ofensa de natureza média**: até 5 vezes o último salário contratual do ofendido;

**III – ofensa de natureza grave**: até 20 vezes o último salário contratual do ofendido; ou

**IV – ofensa de natureza gravíssima**: até 50 vezes o último salário contratual do ofendido.

Importante lembrar que se o ofendido for pessoa jurídica, os mesmos critérios serão levados em consideração, porém, a indenização será fixada em relação ao salário contratual do ofensor.

Na ocorrência de reincidência, entre partes idênticas, o juízo poderá elevar ao dobro o valor da indenização.

Importante lembrar que em 26 de junho de 2023 O Tribunal, por maioria, conheceu das ADIs 6.050, 6.069 e 6.082 e julgou parcialmente procedentes os pedidos para conferir interpretação conforme a Constituição, de modo a estabelecer que: 1) As redações conferidas aos arts. 223-A e 223-B, da CLT, não excluem o direito à reparação por dano moral indireto ou dano em ricochete no âmbito das relações de trabalho, a ser apreciado nos termos da legislação civil; 2) Os critérios de quantificação de reparação por dano extrapatrimonial previstos no art. 223-G, *caput* e § 1º, da CLT deverão ser observados pelo julgador como critérios orientativos de fundamentação da decisão judicial. É constitucional, porém, o arbitramento judicial do dano em valores superiores aos limites máximos dispostos nos incisos I a IV do § 1º do art. 223-G, quando consideradas as circunstâncias do caso concreto e os princípios da razoabilidade, da proporcionalidade e da igualdade

## 1.3 Tutela provisória de urgência: tutela antecipada ou cautelar

Outra tese de extrema relevância na reclamação trabalhista, sem dúvida é o pedido de tutela antecipada ou pedido liminar. No processo do trabalho, é possível o pedido de tutela provisória, arts. 294 a 311 do CPC/2015, aplicados por força do art. 769 da CLT e art. 15 do CPC/2015 e, também, conforme Instrução Normativa 39 do TST.

Na segunda fase do Exame de Ordem, geralmente as teses de tutela antecipada estão ligadas com pedido de reintegração ao emprego de um empregado que possuía estabilidade provisória e foi demitido sem justa causa. Por esse motivo, se justifica o pedido de tutela antecipada. Veja modelo no item 1.10.2.

O CPC/2015 prevê como espécies do gênero tutela provisória, a tutela de urgência (de natureza cautelar ou antecipada, que podem ser antecedente ou incidente), calcadas como o próprio nome sugere, na urgência e a tutela de evidência, calcada não na urgência, mas na evidência, ou seja, maior probabilidade do direito do reclamante.

As tutelas de urgência cautelar ou antecipada dependem de dois requisitos, quais sejam: probabilidade do direito e perigo de dano ou de risco ao resultado útil do processo, nos termos do art. 300 CPC/2015. Trata-se dos requisitos *fumus boni iuris* e *periculum in mora*.

Assim ao fazer o pedido de tutela de urgência, seja ela antecipada ou cautelar, deverá o examinando demonstrar que os requisitos para sua concessão estão devidamente preenchidos, indicando cada um deles no caso concreto.

A tutela de evidência prevista no art. 311 do CPC, por sua vez, independe da demonstração de perigo de dano ou de risco ao resultado útil do processo, nela o reclamante deverá demonstrar

PRÁTICA TRABALHISTA – 10ª EDIÇÃO

a maior probabilidade de seu direito, ou seja, deverá demonstrar a verossimilhança, plausibilidade do seu direito.

A tutela de evidência pode ser concedida sem aguardar a toda tramitação do processo, nos casos de abuso do direito de defesa ou manifesto intuito protelatório da parte ou com fundamento em uma forte probabilidade da existência do direito do autor, calcada em documentos ou por estar em consonância com súmula vinculante do STF ou em tese firmada em julgamentos de recursos repetitivos.

Nas hipóteses do art. 659, incisos IX e X, da CLT, o examinando poderá fazer o pedido de *liminar ou tutela de urgência de natureza antecipada, com fundamento no art. 300 do CPC/2015*, demonstrando os requisitos: probabilidade do direito e o perigo de dano ou o risco ao resultado útil do processo, indicando em suas razões os respectivos fundamentos legais, bem como requerer que se torne sem efeito a transferência, na hipótese do inciso IX do art. 659 da CLT ou para reintegrar o empregado ao trabalho, na hipótese do inciso X do mesmo artigo de lei.

Vale dizer que, esses pedidos também poderão ser buscados por meio de tutela de evidência, independente de urgência (*fumus boni iuris* e *periculum in mora*), desde que atendidas as disposições dos incisos do art. 311 do CPC/2015.

As tutelas provisórias poderão ser intentadas em outras situações além daquelas previstas nos incisos IX e X do art. 659 da CLT, como nas demais hipóteses de estabilidade/garantia de emprego ou mesmo para reintegrar o empregado nas hipóteses tratadas na Súmula 443 do TST.

Já a tutela de urgência de natureza cautelar visa prevenir, conservar, defender ou assegurar a eficácia de um direito. Não objetiva a satisfação de um direito, como é o caso da tutela antecipada.

A tutela cautelar pressupõe a existência de outro pedido (pedido principal – reclamação trabalhista) e pode ser requerida no bojo da reclamação trabalhista (pedido principal) ou separadamente, antes do ajuizamento da reclamação trabalhista (pedido principal), denominada de tutela cautelar antecedente.

Caso seja necessário requer uma das espécies de tutela provisória na reclamação trabalhista, o examinando deverá abrir um tópico específico para a demonstração da medida, como estudado no tem 1.1.3.

Em se tratando de tutela de urgência antecipada, nos termos do art. 300 CPC/2015 o autor deverá demonstrar a probabilidade do direito e o perigo de dano ou o risco ao resultado útil do processo, também chamado de *fumus boni iuris* e o *periculum in mora*, amoldando-os ao caso apresentado pelo problema.

A probabilidade do direito (*fumus boni iuris)* diz respeito ao próprio direito violado. Deve-se argumentar que as considerações feitas na petição inicial revelam a grande probabilidade de êxito na demanda.

Já o perigo de dano ou risco ao resultado útil do processo (*periculum in mora)* diz respeito aos prejuízos que a violação ao direito ocasiona ao reclamante. Deve-se argumentar que tais prejuízos não podem aguardar o tempo necessário até a prolação da sentença.

A tutela de evidência não requer a demonstração do *fumus boni iuris* e *periculum in mora*. Todavia, será concedida nas hipóteses dos incisos do art. 311 CPC/2015.

## 1.4 Verbas rescisórias

A tese de verbas rescisórias é outra tese muito importante pensando em uma reclamação trabalhista, pois geralmente nos exames a banca examinadora exigiu a elaboração de uma reclamação

ESTRUTURAS BÁSICAS E MODELOS DE PEÇAS

trabalhista onde o empregado envolvido no enunciado do problema foi demitido e não recebeu nenhuma verba trabalhista.

Nos termos do art. 477, *caput* e § 6º, da CLT independentemente do tipo de duração do contrato de trabalho as verbas rescisórias deverão ser pagas no prazo de 10 dias a partir do término do contrato, sob pena de ser aplicada a multa prevista no § 8º do referido dispositivo.

Geralmente, nas reclamações trabalhistas, o examinando necessita elencar as verbas rescisórias do empregado. Portanto, é importante ficar atento ao problema proposto. Isso porque as verbas rescisórias deverão ser calculadas de acordo com a forma de extinção do contrato de trabalho proposto no caso concreto.

Assim, visando facilitar o estudo do examinando, as verbas rescisórias serão devidas da seguinte forma:

a) **demissão sem justa causa:** saldo de salário; aviso-prévio; férias vencidas + 1/3 constitucional; férias simples e proporcionais + 1/3 constitucional; 13º salário integral e/ou proporcional; depósitos de FGTS de 8% sobre o salário, multa de 40% sobre os depósitos do FGTS; entrega das guias para levantamento do FGTS; entrega da guia de seguro desemprego ou indenização substitutiva, nos termos da Súmula 389 TST;

**ATENÇÃO!** Em se tratando de extinção do contrato por morte do empregado, os herdeiros ou dependentes habilitados perante o INSS poderão levantar as seguintes verbas: saldo de salário, 13º salário e férias com acréscimo de 1/3, depósitos referentes ao FGTS e, ainda, multa do art. 477 § 8º, da CLT, se as verbas forem pagas após o prazo de 10 dias. Veja Lei 6.858/1980.

**OBS: Nesse caso, não fará jus ao levantamento de seguro-desemprego e multa de 40% sobre o FGTS.**

b) **demissão por justa causa:** saldo de salário; férias simples e vencidas + 1/3 constitucional, 13º salário integral e depósitos de FGTS de 8% sobre o salário;

**Atenção!** Não há pagamento de férias proporcionais, nos termos da Súmula 171 do TST.

**Atenção!** Também, não haverá o pagamento de 13º salário proporcional, em conformidade com o art. 3º da Lei 4.090/1962.

c) **pedido de demissão:** saldo de salário; aviso prévio, se cumprido; férias vencidas + 1/3 constitucional; férias simples e proporcionais + 1/3 constitucional, 13º salário integral ou proporcional;

d) **culpa recíproca:** nesse tipo de extinção, algumas parcelas são pagas na integralidade e outras pela metade. Assim, as verbas rescisórias ficariam da seguinte maneira: saldo de salário (integral), aviso prévio (metade), 13º salário integral, 13º salário proporcional (metade), férias simples ou vencidas + adicional de 1/3(integral), férias proporcionais + adicional de 1/3 (metade), depósitos de FGTS de 8% sobre o salário (integral), multa de 40% sobre os depósitos do FGTS será pela metade, ou seja, 20%, liberação das guias para levantamento do FGTS.

e) **acordo entre as partes/distrato:** Caso as partes resolvam celebrar o distrato serão devidas as seguintes verbas trabalhistas na respectiva proporção: a) por metade: o aviso-prévio, se indenizado e a indenização sobre o saldo do FGTS e na integralidade: as demais verbas trabalhistas, como por exemplo: 13ª salário, aviso-prévio trabalhado, férias integrais ou proporcionais entre outras.

PRÁTICA TRABALHISTA – 10ª EDIÇÃO

Importante ressaltar que a extinção do contrato de trabalho por distrato permite a movimentação da conta vinculada do trabalhador no FGTS na forma do inciso I-A do art. 20 da Lei 8.036/1990, limitada até 80% (oitenta por cento) do valor dos depósitos. No entanto, não será autorizado o ingresso do empregado no Programa de Seguro-Desemprego.

Além de apontar as verbas rescisórias devidas como estudado acima, é de extrema importância que o Examinando aponte também a proporção de cada verba devida, ou seja, é necessário mostrar o número de dias de aviso-prévio, a fração de férias proporcionais etc. Veja exemplo no modelo 1.10.1.

Ainda, assim, não será necessário calcular o valor de cada verba. Veja item 1.8.

## 1.5 Reclamação trabalhista distribuída por dependência

A tese de reclamação trabalhista distribuída por dependência já foi exigida duas vezes pela banca examinadora e nesses exames os candidatos desatentos perderam preciosos pontos.

Como sabemos, em regra, a reclamação trabalhista não tem Vara do Trabalho determinada, tampouco número de processo, pois a ação ainda não foi distribuída a uma Vara do Trabalho e consequentemente não tem número de processo.

Ocorre que, caso tenha sido ajuizada uma reclamação trabalhista, regularmente distribuída à uma Vara do Trabalho, recebido número de processo e, porventura por algum motivo tenha sido extinta sem resolução de mérito (art. 485 CPC) e o autor/reclamante queira ajuizar nova demanda, essa segunda ação, após pagamento de custas, na hipótese do art. 844, §§ 2º e 3º, da CLT, deverá ser distribuída por dependência à ação anteriormente ajuizada e extinta sem resolução de mérito. Nesse caso, o examinando deverá endereçá-la para a Vara do Trabalho que tramitou a primeira ação, com indicação do número daquele processo, fazendo menção à distribuição por dependência, nos termos do art. 286, II, CPC. Para visualização do caso concreto sugerimos que o leitor estude o 34º Exame de Ordem, trazido nessa obra.

Importante lembrar que caso a primeira ação tenha sido arquivada por não comparecimento do reclamante à audiência inaugural, este será condenado ao pagamento de custas processuais ainda que beneficiário da justiça gratuita, salvo se comprovar, no prazo de quinze dias, que a ausência ocorreu por motivo legalmente justificável, na forma do art. 844, § 2º, CLT, hipótese que tal recolhimento é condição para o ajuizamento da segunda reclamação, ou seja, não poderá ajuizar a segunda demanda sem antes efetuar o recolhimento das custas processuais. Nesse caso, desde que haja informações no enunciado nesse sentido, entendemos importante que no tópico específico que informa a distribuição por dependência, informe, também, o recolhimento das custas.

Veja como fica a estrutura desse tipo de reclamação em nosso segundo modelo de peça, a seguir no item 1.11.1.

## 1.6 Requisitos da reclamação trabalhista

A reclamação trabalhista escrita, em atendimento ao disposto no art. 840, § 1º, da CLT e art. 319 do CPC/2015, deverá conter: a) a designação do juízo a quem for dirigida, ou seja, Juiz do Trabalho e a localidade ou o Juiz de Direito, nas hipóteses do art. 112 da CF; b) a qualificação completa do reclamante conforme art. 319, II do CPC/2015, acrescido do nome da mãe e número da CTPS do autor, data de nascimento, PIS; c) uma breve exposição dos fatos que resultou na desavença; d) os fundamentos legais; e) o pedido que deverá ser certo, determinado e com indicação de seu valor; f) a data e a assinatura do reclamante ou de seu representante.

O CPC/2015 traz como requisito da qualificação da parte, a indicação de seu endereço eletrônico. Assim, sempre que possível o reclamante e o reclamado deverão ser qualificados com a indicação do respectivo endereço eletrônico. No entanto, na Justiça do Trabalho prevalece a desnecessidade de tal indicação.

Vale destacar que a indicação do **valor da causa** na reclamação trabalhista é obrigatória para que se defina por qual procedimento a demanda será submetida.

Embora pelo texto consolidado não haja necessidade de pedido de produção de provas e de citação do reclamado, é imprescindível, em termos de Exame de Ordem, a indicação pelo examinando do **pedido de produção de provas** bem como o pedido de **notificação do reclamado para comparecimento em audiência**, para eventual apresentação de resposta, sob pena de revelia e confissão.

## 1.7 Honorários advocatícios sucumbenciais

Na Justiça do Trabalho admite-se o *jus postulandi* da parte, previsto no art. 791 da CLT, não necessitando que a parte esteja representada por um advogado para que possa ingressar com uma ação na Justiça do Trabalho.

Por esse motivo, se as partes estiverem fazendo uso do *jus postulandi*, não serão devidos honorários advocatícios sucumbenciais.

Todavia, caso o advogado atue em qualquer lide trabalhista, seja ela de relação de emprego ou de relação de trabalho, seja em ação rescisória ou qualquer outra ação, se tiver atuação de advogado, serão devidos os honorários sucumbenciais fixados entre o mínimo de 5% (cinco por cento) e o máximo de 15% (quinze por cento), calculados na forma do art. 791-A da CLT.

Os honorários são devidos também nas ações contra a Fazenda Pública e nas ações em que a parte estiver assistida ou substituída pelo sindicato de sua categoria.

Nessa linha, dispõe o art. 791-A da CLT:

> Art. 791-A. Ao advogado, ainda que atue em causa própria, serão devidos honorários de sucumbência, fixados entre o mínimo de 5% (cinco por cento) e o máximo de 15% (quinze por cento) sobre o valor que resultar da liquidação da sentença, do proveito econômico obtido ou, não sendo possível mensurá-lo, sobre o valor atualizado da causa.

Determina o § 2º do art. 791-A da CLT que ao fixar os honorários, o juízo observará:

I – o grau de zelo do profissional;

II – o lugar de prestação do serviço;

III – a natureza e a importância da causa;

IV – o trabalho realizado pelo advogado e o tempo exigido para o seu serviço.

### 1.7.1 Sucumbência recíproca

Na hipótese de procedência parcial, o juízo arbitrará honorários de sucumbência recíproca, vedada a compensação entre os honorários, art. 791-A, § 3º, da CLT.

Para melhor compreensão sobre o tema, imaginemos uma reclamação trabalhista em que o reclamante pleiteie dez pedidos. Caso seu pedido seja julgado parcialmente procedente, obtendo êxito em quatro desses pedidos, certo é que nos outros seis pedidos que foram julgados improcedentes, deverá arcar com os honorários sucumbenciais referentes a esses seis pedidos. Importante frisar que é vedada a compensação dos honorários sucumbenciais.

### 1.7.2 Honorários advocatícios sucumbenciais – justiça gratuita

Sendo a parte vencida beneficiária da justiça gratuita, a obrigação decorrente dos honorários advocatícios ficarão suspensas e somente serão executadas se no prazo de dois anos após o trânsito

PRÁTICA TRABALHISTA – 10ª EDIÇÃO

em julgado da decisão, o credor comprovar que a situação de insuficiência financeira do devedor deixou de existir, nos termos do art. 791-A, § 4º, CLT, após julgamento de ADI 5766.

Dispõe o art. 791-A, § 4º, CLT:

*§ 4º Vencido o beneficiário da justiça gratuita, as obrigações decorrentes de sua sucumbência ficarão sob condição suspensiva de exigibilidade e somente poderão ser executadas se, nos dois anos subsequentes ao trânsito em julgado da decisão que as certificou, o credor demonstrar que deixou de existir a situação de insuficiência de recursos que justificou a concessão de gratuidade, extinguindo-se, passado esse prazo, tais obrigações do beneficiário*

## 1.8 Pedidos

Corresponde a uma parte de suma importância para a reclamação trabalhista. É nesse trecho da peça que o examinando deverá pedir a PROCEDÊNCIA TOTAL DOS PEDIDOS.

Importante alteração trazida pela reforma trabalhista (Lei 13.467/2017) reside na indicação de valor ao pedido das ações submetidas ao procedimento ordinário.

Nos termos do art. 840, § 1º, da CLT o pedido, deverá ser certo, determinado e com indicação de seu valor. Pedido certo é aquele no qual se indica com precisão o direito pleiteado (férias, por exemplo). Pedido determinado, por sua vez, define a quantidade ou a qualidade da prestação ou obrigação exigida. Deve, ainda, fazer a indicação do valor correspondente a cada pedido. É o caso de apontar o valor do pedido de férias pleiteado, no intuito de individualizar a coisa. *Desta forma, os pedidos devem ser líquidos, com a indicação no demonstrativo de cálculo.*

Os pedidos que não atendam a essa disposição serão julgados extintos sem resolução do mérito, art. 840, § 3º, da CLT.

De acordo com a redação do art. 12, § 2º, da IN 41/2018 do TST, o valor da causa será estimado, observando-se, no que couber, o disposto nos arts. 291 a 293 do CPC, o que indica que nos pedidos o autor/reclamante poderá estimar o respectivo valor.

No entanto, para o Exame de Ordem a regra é diferente. Isso porque, há uma observação nos cadernos de prova indicando que: Nos casos em que a lei exigir liquidação de valores, o examinando deverá representá-los somente pela expressão "R$", admitindo-se que o escritório possui setor próprio ou contratado especificamente para tal fim."

## 1.9 Elaboração de cálculos

Como vimos, tanto nas reclamações submetidas ao procedimento ordinário, como nas reclamações submetidas ao procedimento sumaríssimo, o requerente deverá elaborar o pedido indicando os valores correspondentes, art. 840, §§ 1º e 3º, CLT e art. 852-B, I, CLT.

No Exame de Ordem a banca examinadora não exige do examinando a elaboração de cálculos. No caderno de prova, para elucidar essa problemática, a banca examinadora se utiliza da seguinte e expressão: "Nos casos em que a lei exigir liquidação de valores, o examinando deverá representá-los somente pela expressão "R$", admitindo-se que o escritório possui setor próprio ou contratado especificamente para tal fim.

Por essa razão, o pedido deve ser feito com a indicação do valor apenas peça expressão; "R$" como se observa nos modelos das peças, os quais remetemos o leitor.

## 1.10 Valor da causa

Para todas as ações deve ser atribuído um valor. No processo do trabalho o valor da causa servirá unicamente para determinar o procedimento que a reclamação trabalhista se sujeitará.

## ESTRUTURAS BÁSICAS E MODELOS DE PEÇAS

Dessa forma, tanto nas reclamações submetidas ao procedimento ordinário, como nas ações submetidas ao procedimento sumaríssimo a parte deverá elaborar pedido líquido e certo, com a indicação dos valores correspondentes.

Assim, para apuração do valor a ser atribuído à causa, basta que o examinando se utilize da seguinte expressão: "Dá-se à causa o valor de R$...

---

**Como identificar a peça**

Para sabermos se o enunciado requer a propositura de uma reclamação trabalhista devemos observar:

a) será o primeiro passo processual;

b) em regra, não há dados processuais (ressalvado caso de reclamação trabalhista com distribuição por dependência, onde há uma primeira reclamação extinta sem resolução de mérito);

c) seu cliente será o empregado;

d) enunciado trará apenas fatos relacionados a um contrato de trabalho em que alguns direitos trabalhistas não foram garantidos/observados pela empregadora.

---

## 1.11 Estrutura da reclamação trabalhista

A estrutura da peça visa orientar o examinando a elaboração de todas as petições iniciais. No entanto, o candidato deverá ficar atento para a peculiaridade de cada petição inicial.

Antes de começar a redigir sua peça processual fixe margens à esquerda, a fim de que se faça a paragrafação.

### a) Endereçamento

Consiste em saber a qual juízo a petição inicial é dirigida. A reclamação trabalhista é ajuizada perante o Juízo do trabalho em que o reclamante prestou serviços, ainda que contratado em outro lugar, art. 651 da CLT.

Geralmente as ações trabalhistas são de competência da Vara do Trabalho. Nesse caso fique atento para a regra de competência territorial disposta no art. 651 da CLT.

Lembre-se que a Justiça do Trabalho não é organizada em "comarcas" como a justiça comum. A organização na Justiça do Trabalho se dá por localidades e/ou regiões, nos termos do art. 674 CLT. Assim, é incorreto a indicação do termo "comarca" no endereçamento da peça.

O examinando deve ficar atento, também, aos detalhes do enunciado. Isso porque, caso o enunciado do Exame traga a localidade em que houve a prestação dos serviços, essa informação deverá ser inserida no endereçamento.

O endereçamento deve ser feito por extenso e sem conter abreviaturas, da seguinte forma:

*EXCELENTÍSSIMO SENHOR DOUTOR JUIZ DO TRABALHO DA ... VARA DO TRABALHO DE ...*

**OBS 1:** Caso o enunciado do Exame de Ordem traga informação da localidade (cidade) em que o empregado prestava serviços, tal informação deverá constar no endereçamento da peça, de modo que fique da seguinte forma, como exemplo:

*EXCELENTÍSSIMO SENHOR DOUTOR JUIZ DO TRABALHO DA ...VARA DO TRABALHO DE SÃO PAULO/SP*

**OBS 2:** Em caso de distribuição por dependência a reclamação trabalhista deverá ser endereçada à Vara do Trabalho originária, devendo indicar seu número, localidade e, em seguida, antes de iniciar a qualificação do reclamante, fazer a indicação do número do processo. Veja exemplo no modelo.

*EXCELENTÍSSIMO SENHOR DOUTOR JUIZ DO TRABALHO DA 1ª VARA DO TRABALHO DE SÃO PAULO/SP*

*PROCESSO Nº 0100217-58.2023.5.02.001 (Distribuição por dependência)*

**b) Qualificação do autor/reclamante**

A qualificação completa do Reclamante deverá ser feita abaixo do endereçamento. Recomendamos pular uma linha.

Em se tratando de petição inicial, as partes – reclamante e reclamada – deverão ser qualificadas por completo. Em hipótese alguma o examinando poderá trazer dados das partes que não estejam no problema apresentado.

Para sua melhor memorização, lembre que em uma reclamação trabalhista o autor, pessoa física, será sempre qualificado com *11 itens*, são eles: 1. Nome, 2. nacionalidade, 3. estado civil, 4. profissão, 5. nome da mãe, 6. data de nascimento, 7. portador da cédula de identidade RG número..., 8. inscrito no CPF/MF sob o número..., 9. número da CTPS, 10. número do PIS, 11. endereço completo com CEP,

Se for difícil a memorização, o autor/reclamante poderá ser qualificado nos moldes do art. 319, II, do CPC/2015, acrescido do nome da mãe, número da Carteira de Trabalho, data de nascimento e PIS.

OBS 1: Em se tratando de reclamante menor de idade deve ele ser qualificado como reclamante e, em seguida, indicar a representação ou assistência do responsável legal.

OBS 2: Em se tratando de empregado/reclamante falecido, deverá ser indicado como reclamante o espólio desse empregado, em seguida, indicar sua representação pelo inventariante.

**c) Indicação do advogado**

*por seu advogado que esta subscreve, (procuração anexa) vem à presença de Vossa Excelência...*

**d) Verbo**

*Ajuizar ou propor*

**e) Nome da peça + fundamento legal**

O examinando deverá identificar a medida processual, indicando seus respectivos fundamentos legais. Nesse caso deverá o examinando *ajuizar* ou *propor* reclamação trabalhista, nos termos do art. 840, § 1º, da CLT, combinado com o art. 319 do CPC aplicado ao processo do trabalho por força do art. 769 da CLT e art. 15 CPC/2015.

OBS: Caso a ação tramite pelo rito sumaríssimo acrescentar o art. 852-A e seguintes da CLT

## ESTRUTURAS BÁSICAS E MODELOS DE PEÇAS

### f) Procedimento

É de suma importância que o examinando mencione qual tipo de procedimento está sendo adotado: ordinário, sumaríssimo ou sumário.

### g) Qualificação do réu/reclamada/o

O próximo passo será a qualificação completa da ré/reclamada, com o endereço, inclusive o eletrônico para que receba a notificação.

Em se tratando de uma pessoa jurídica a qualificação deverá conter *4 itens*, quais sejam: 1. nome da reclamada, 2. pessoa jurídica de direito privado, 3. inscrita no CNPJ/MF sob o nº...; 4. com sede em (endereço completo, com CEP).

Pode ser que seja preciso qualificar como reclamada uma pessoa física, como por exemplo, uma reclamação trabalhista contra um empregador doméstico, ou até mesmo um empregador rural.

Nesse caso a qualificação teria *7 itens*: 1. Nome, 2. nacionalidade, 3. estado civil, 4. profissão, 5. portador da cédula de identidade RG número..., 6. inscrito no CPF/MF sob o número..., 7. endereço completo com CEP.

### h) Justiça gratuita

Esse item pode ser utilizado antes ou depois do item "dos fatos", a critério do examinando.

É neste item que o examinando deverá abrir um tópico para abordar o *pedido de justiça gratuita*, se for o caso.

Entendemos viável o pedido de justiça gratuita somente se o problema demonstrar sua necessidade. Caso contrário, não vemos necessidade de seu desenvolvimento. Nesse caso, o problema teria que trazer alguma informação que retratasse a condição de miserabilidade do autor. Veja item 1.1.3.

**DICA:** caso haja muitas teses de mérito a serem desenvolvidas na reclamação trabalhista, uma opção é colocar o pedido de justiça gratuita somente nos requerimentos finais.

### i) Questões iniciais

#### a) Prioridade de tramitação

A depender do reclamante haverá necessidade de trazer "questões iniciais", como as hipóteses de prioridade na tramitação, dispostas no art. 1048, CPC. São exemplos: idoso, pessoas portadoras de doença grave, menores de idade.

Para tal, basta que, em conformidade com o artigo 1.048, § 1º, CPC, requeira expressamente este benefício instruindo a petição com os documentos que comprovem a condição de idoso, doença grave ou menor de idade.

#### b) Distribuição por dependência

É nesse trecho da peça que deverá ser inserido o tópico referente à distribuição por dependência, quando for o caso. Remetemos o leitor ao item 1.2.4 estudado acima. Veja modelo item 1.11.2.

### j) Dos fatos

Nesse tópico, o examinando deverá fazer um breve resumo dos fatos ocorridos no problema, de, o máximo, 5 linhas. Não é recomendada a cópia *ipsis litteris* do texto do problema. Recomenda-se

PRÁTICA TRABALHISTA – 10ª EDIÇÃO 34

que o examinando traga a correta compreensão do problema apresentado, apresentando os fatos em ordem cronológica de acontecimentos, de forma resumida.

### k) Do direito – Fundamentos legais

Neste item o examinando necessita abordar suas teses. É aqui nesse trecho da petição que o examinando desenvolve as teses dos direitos violados trazidos pelo problema. Recomenda-se que para cada tese, ou seja, para cada direito tratado, o examinando se utilize de um tópico.

Assim, suponha que em uma reclamação trabalhista o examinando necessite pleitear adicional de periculosidade e horas extras. Nesse caso teremos duas teses. Tais teses devem ser abordadas em tópicos distintos, ou seja, um tópico para o adicional de periculosidade e outro tópico para horas extras.

Ao elaborar cada tese é importante que o examinando se utilize da regra do silogismo. Isso porque, nos termos do item 3.5.11 do edital do Exame de Ordem o texto da peça profissional será avaliado quanto à adequação ao problema apresentado, ao domínio do raciocínio jurídico, à fundamentação e sua consistência, à capacidade de interpretação e exposição e à técnica profissional demonstrada, sendo que a mera transcrição de dispositivos legais, desprovida de justificativa da resposta e de desenvolvimento do raciocínio jurídico, não ensejará pontuação

Para uma boa redação e orientações sobre como procurar as teses, remetemos o leitor ao item 3.8 – Orientações ao Examinando (p. 10).

### l) Pedido

O examinando deverá elaborar seus pedidos observando sempre os direitos tratados em sua peça profissional. Todas as teses abordadas deverão ser tratadas como pedido, pleiteando ao final, a procedência total dos pedidos.

Para isso, basta que o examinando "repita" a *conclusão* de cada tese trabalhada. Veja nosso modelo.

Nas reclamações trabalhistas, seja de procedimento ordinário, seja de procedimento sumaríssimo, há necessidade de os pedidos serem certos, determinados com a indicação do valor correspondente.

Nas ações sujeitas ao procedimento ordinário, os pedidos que não atendam essa determinação, nos termos do art. 840, § 3º, da CLT, serão julgados extintos sem resolução do mérito.

### m) Requerimentos finais

Após a elaboração dos pedidos, nos requerimentos finais o examinando deverá requerer:

i) a notificação do réu para comparecimento em audiência para apresentação de resposta, sob pena de revelia e confissão.

ii) a produção de provas, por todos os meios em direito admitidos.

iii) a condenação ao pagamento de custas processuais e honorários advocatícios na forma de art. 791-A da CLT.

iv) concessão dos benefícios da justiça gratuita, nos termos do art. 790, §§ 3º e 4º, da CLT.

v) prioridade de tramitação (se for o caso)

## 35 ESTRUTURAS BÁSICAS E MODELOS DE PEÇAS

**n) Valor da causa**

O examinando deve atribuir um valor à causa.

Exemplo: *Dá-se à causa o valor de R$*

**o) Encerramento**

Nesse item o examinando irá encerrar a sua peça processual, colocando local e data, e a assinatura do advogado.

Importante lembrar que o examinando não poderá assinar a medida processual. Deverá mencionar apenas a expressão "advogado OAB".

### 1.11.1 Modelo de reclamação trabalhista pelo rito ordinário com distribuição por dependência

*Início da peça*

EXCELENTÍSSIMO SENHOR DOUTOR JUIZ DO TRABALHO DA 1ª VARA DO TRABALHO DE SÃO PAULO/SP

*PROCESSO Nº 0100217-58.2023.5.02.001 (Distribuição por dependência)*

RECLAMANTE, nacionalidade, estado civil, profissão, nome da mãe, data de nascimento, portador da cédula de identidade RG número..., inscrito no CPF/MF sob o número..., número da CTPS e série, número do PIS, endereço completo com CEP, por seu advogado que esta subscreve, com escritório em (endereço completo com CEP), onde receberá futuras notificações, vem à presença de Vossa Excelência propor pelo procedimento ordinário RECLAMAÇÃO TRABALHISTA com fulcro no artigo 840, § 1º, da CLT, combinado com artigo 319 do CPC, aplicado ao processo do trabalho por força do art. 769 da CLT e art. 15 CPC em face de RECLAMADA, pessoa jurídica de direito privado, inscrita no CNPJ/MF sob o nº..., endereço eletrônico, com sede na (endereço completo com CEP), pelos motivos de fato e de direito que passa a aduzir.

**DA DISTRIBUIÇÃO POR DEPENDÊNCIA**

Nos termos do art. 286, II, CPC a presente reclamação trabalhista é distribuída por dependência ao processo nº 0100217-58.2023.5.02.001 em trâmite perante a 1ª Vara do Trabalho de São Paulo/SP, tendo sido recolhido as custas processuais pertinentes, em atendimento ao disposto no art. 844, §§ 2º e 3º, CLT.

**DA JUSTIÇA GRATUITA**

O reclamante não possui condições de pagar as custas advindas do processo sem prejuízo do sustento próprio e de sua família, na medida em que encontra-se desempregado, e mesmo quando em atividade recebia 1 salário mínimo.

Nos termos do art. 790, § 3º, da CLT é permitido ao Juiz, mediante requerimento da parte, conceder os benefícios da justiça gratuita, àqueles que perceberem salário igual ou inferior a 40% (quarenta por cento) do limite máximo dos benefícios do Regime Geral de Previdência Social. Nesse mesmo sentido, o legislador dispõe no § 4º do art. 790 da CLT que o benefício

PRÁTICA TRABALHISTA – 10ª EDIÇÃO

da gratuidade de justiça será concedido àquele que comprovar insuficiência de recursos para o pagamento das custas do processo.

Dessa forma, requer sejam deferidos os benefícios da justiça gratuita.

*Obs.: Essa tese somente deverá ser elaborada caso o enunciado traga dados que demonstrem a insuficiência financeira da parte.*

### DOS FATOS

O reclamante foi admitido em 15/01/2016 pela empresa reclamada, para trabalhar das 8h00 às 18h00 de segunda a sexta-feira, com uma hora para intervalo e refeição. Foi demitido sem justa causa em 21/06/2023 sem receber qualquer valor relativo às verbas rescisórias.

### DO DIREITO

### DO ADICIONAL DE PERICULOSIDADE

Para o desempenho de suas atividades a Reclamante sempre se utilizou de motocicleta fornecida pela própria empresa reclamada e jamais receber qualquer adicional ao salário por exercer suas funções nessas condições.

A CLT dispõe em seu art. 193, § 4º, de acordo com a Lei 12.997/2014 que as atividades do trabalhador com motocicleta são consideradas perigosas. Por sua vez, a Constituição Federal em seu art. 7º, inciso, XXIII ensina ser um direito de todo trabalhador a percepção de um adicional em sua remuneração sempre que laborar em condições consideradas perigosas, nos termos da lei. Nessa linha, o art. 193, § 1º da CLT determina um adicional de 30% sobre o salário do trabalhador que operar em condições que a lei reconhece como perigosas.

Desta forma, requer a condenação da empresa reclamada ao pagamento de adicional de periculosidade referente a todo o período laborado e seus reflexos em aviso-prévio, descanso semanal remunerado, 13º salário, férias e depósitos do FGTS e multa de 40%.

### DA HORA EXTRA

O Reclamante, ao longo do contrato de trabalho, sempre laborou das 8h00 às 18h00, de segunda a sexta-feira, com uma hora de intervalo para refeição e descanso sem nunca receber qualquer adicional pelo trabalhado efetuado no horário extraordinário.

O art. 7º, XIII, da CF estabelece a jornada máxima de trabalho não poderá ser superior a 8 (oito) horas diárias e 44 (quarenta e quatro) semanais. Nessa mesma linha estabelece o art. 58 da CLT. Assim, ultrapassada a jornada de trabalho estabelecida pelo dispositivo constitucional, o legislador assegura no art. 7º, XVI, da CF que a remuneração desse período seja superior, no mínimo, 50% sobre o salário nominal.

Desta forma, requer a condenação da empresa reclamada ao pagamento de horas extras com adicional de 50% sobre seu salário nominal e reflexos em aviso prévio, descanso semanal remunerado, 13º salário, férias e depósitos do FGTS e multa de 40%.

### DO NÃO RECEBIMENTO DAS VERBAS RESCISÓRIAS

O reclamante foi demitido imotivadamente sem a concessão de aviso prévio em 21/06/2023 e até a presente data não recebeu as verbas rescisórias devidas.

Estabelece o art. 477, § 6º, da CLT que o pagamento das verbas rescisórias deverá ser efetuado até o 10º dia contado da extinção do contrato. Nessa linha, não sendo observado o

ESTRUTURAS BÁSICAS E MODELOS DE PEÇAS

prazo estipulado o § 8º do mesmo dispositivo legal determinado que o empregador deverá pagar uma multa equivalente ao valor do salário do obreiro.

Dessa forma, a condenação da reclamada ao pagamento das verbas rescisórias abaixo relacionadas, bem como da multa disposta no art. 477, § 8º, da CLT no importe de um salário do obreiro.

## DOS PEDIDOS

Diante de todo o exposto, requer o Reclamante a procedência total dos pedidos para:

**a)** condenar a reclamada ao pagamento do adicional de periculosidade no percentual de 30% sobre seu salário por todo o período trabalho, bem como de seus reflexos em aviso-prévio, descanso semanal remunerado, 13º salário, férias e depósitos do FGTS e multa de 40%.....................................................................................................................R$

**b)** condenar a reclamada ao pagamento de 1 hora extra diária, bem como de seus reflexos em aviso-prévio, descanso semanal remunerado, 13º salário, férias e depósitos do FGTS e multa de 40%................................................................................................................R$

**c)** condenar a reclamada ao pagamento das seguintes verbas:

Saldo de salário: 21 dias do mês de junho de 2023.................................................R$

Aviso-prévio proporcional: 51 dias.........................................................................R$

férias simples + 1/3 ................................................................................................R$

férias proporcionais + 1/3: 07/12 avos ..................................................................R$

13º proporcional: 07/12 avos...................................................................................R$

FGTS sobre as verbas rescisórias ...........................................................................R$

multa de 40% FGTS.................................................................................................R$

Guias para saque do FGTS

Guias para liberação do Seguro-Desemprego

Multa do art. 477, § 8º, CLT....................................................................................R$

**d)** os benefícios da Justiça Gratuita, por não ter o reclamante condições de suportar os gastos do processo, nos termos do art. 790, §§ 3º e 4º, da CLT. (montar esse pedido somente se houve a tese de justiça gratuita).

## DOS REQUERIMENTOS FINAIS

a) Requer provar o alegado por todos os meios de prova em direito admitido, especialmente através de perícia.

b) Requer, ainda, a notificação postal da Reclamada para, em querendo, apresentar defesa, ou sofrer os efeitos da revelia e confissão.

c) Condenação da reclamada ao pagamento de custas processuais e honorários advocatícios sucumbenciais, na forma do art. 791-A da CLT.

Dá-se à causa o valor de R$

Nestes termos, pede deferimento.

Local e data

Nome do advogado OAB/...nº ...

*Fim da peça*

## 1.11.2 Modelo de reclamação trabalhista com pedido de tutela antecipada para reintegração e danos morais

*Início da peça*

EXCELENTÍSSIMO SENHOR DOUTOR JUIZ DO TRABALHO DA VARA DO TRABALHO DE SÃO CAETANO DO SUL/SP.

MARINA SILVA, nacionalidade, estado civil, auxiliar de enfermagem, nome da mãe, data de nascimento, portadora da cédula de identidade RG número..., inscrita no CPF/MF sob o número..., número da CTPS e série, número do PIS, endereço eletrônico, endereço completo com CEP, por seu advogado que esta subscreve com endereço completo, onde receberá futuras notificações, vem à presença de Vossa Excelência, propor pelo procedimento ordinário, RECLAMAÇÃO TRABALHISTA, com fulcro no art. 840, § 1º, da CLT combinado com o art.319 e seguintes do CPC/2015, aplicados subsidiariamente ao processo do trabalho por força do art. 769 da CLT e art. 15 CPC/2015, em face de HOSPITAL SANTO RODRIGO LTDA., pessoa jurídica de direito privado, inscrito no CNPJ sob o número..., endereço eletrônico, com sede na (endereço completo com CEP), pelos motivos de fato e de direito a seguir expostos:

### DOS FATOS

A reclamante iniciou suas atividades laborativas na reclamada em 18/12/2022, exercendo as funções de auxiliar de enfermagem, com jornada de trabalho de 12 x 36, autorizada em Convenção Coletiva da categoria, recebendo o valor de um salário-mínimo mensal. Foi demitida sem justa causa em 20/04/2024 recebendo todas as verbas rescisórias devidas.

### DA JUSTIÇA GRATUITA

A reclamante não possui condições de pagar as custas advindas do processo sem prejuízo do sustento próprio e de sua família, na medida em que encontra-se desempregada, e mesmo quando em atividade recebia 1 salário-mínimo mensal.

Nos termos do art. 790, § 3º, da CLT é permitido ao Juiz, mediante requerimento da parte, conceder os benefícios da justiça gratuita, àqueles que perceberem salário igual ou inferior a 40% (quarenta por cento) do limite máximo dos benefícios do Regime Geral de Previdência Social. Nessa mesmo sentido, o legislador dispõe no § 4º do art. 790 da CLT que o benefício da gratuidade de justiça será concedido àquele que comprovar insuficiência de recursos para o pagamento das custas do processo.

Dessa forma, requer sejam deferidos os benefícios da justiça gratuita.

*Obs.: Essa tese somente deverá ser elaborada caso o enunciado traga dados que demonstrem a insuficiência financeira da parte.*

### DA ESTABILIDADE DA GESTANTE

Em 25 de março de 2024, a reclamante descobriu que estava grávida, com 7 semanas de gestação. Porém, em 20/04/2024 foi demitida imotivadamente.

O artigo 10, inciso II, letra "b", do ADCT, assegura à gestante, a estabilidade no emprego, desde a confirmação da gravidez até cinco meses após o parto, sendo vedada ao reclamado a despedida, salvo em caso de justa causa. Nesse sentido, o TST firmou entendimento na súmula

ESTRUTURAS BÁSICAS E MODELOS DE PEÇAS

244, III que a gestante possui garantia no emprego, ainda que sua admissão tenha sido em contrato com prazo determinado.

Dessa forma, tendo a reclamante estabilidade no emprego, não poderia sofrer despedida arbitrária, devendo a reclamada ser reintegrada em suas funções, com ressarcimento integral de todo o período de afastamento, mediante pagamento das remunerações devidas.

Caso não seja possível a reintegração da reclamante aos quadros de atividade da empresa, requer, nos moldes do art. 4°, inciso II, da Lei 9.029/1995 a percepção, em dobro, da remuneração do período de afastamento.

## DA TUTELA DE URGÊNCIA

Determina o art. 300 do CPC/2015 que a tutela de urgência será concedida quando houver elementos que evidenciem a probabilidade do direito e o perigo de dano ou o risco ao resultado útil do processo.

Portanto, são requisitos: a probabilidade do direito e o perigo de dano ou o risco ao resultado útil do processo. A probabilidade do direito, no presente caso, consiste no flagrante desrespeito com a norma positivada no art. 10, II, "b", do ADCT, que veda a dispensa da empregada gestante. O perigo de dano ou o risco ao resultado útil do processo, no presente caso, consiste no dano financeiro pelo fato de não estar recebendo o salário mensal, em um momento em que necessita de alimentação adequada, cuidados adequados, acompanhamento médico, entre outros fatores que poderão comprometer o seu estado gestacional.

Dessa forma, demonstrados a probabilidade do direito e o perigo de dano ou o risco ao resultado útil do processo, deve ser concedida a tutela de urgência de natureza antecipada, determinando a imediata reintegração ao emprego ou caso não seja possível ou não recomendável, nos termos do art. 4°, inciso II, da Lei 9.029/1995 a percepção, em dobro, da remuneração do período de afastamento.

## DA JORNADA DE TRABALHO E INTERVALO PARA DESCANSO E ALIMEN-TAÇÃO

O reclamante fazia regime de compensação de jornada de trabalho no regime de 12 x 36, autorizada em Convenção Coletiva da categoria, na forma do art. 59-A da CLT, contudo, gozando apenas de 30 minutos de intervalos para refeição e descanso. Ensina o art. 59-A da CLT em sua parte final que havendo estipulação de jornada de 12 horas de trabalho por 36 horas de descanso, deverão ser observados ou indenizados os intervalos para repouso e alimentação.

Nessa linha, dispõe o art. 71 da CLT que em qualquer trabalho contínuo, cuja duração exceda de 6 (seis) horas, será obrigatória a concessão de um intervalo para repouso e/ou alimentação, o qual será, no mínimo, de 1 (uma) hora. O art. 71, § 4°, da CLT determina que a não concessão ou a concessão parcial do intervalo intrajornada mínimo supracitado, implicará o pagamento, de natureza indenizatória, apenas do período suprimido, com acréscimo de 50% (cinquenta por cento) sobre o valor da remuneração da hora normal de trabalho.

Dessa forma, requer o pagamento, de natureza indenizatória, do período de 30 minutos suprimido, com acréscimo de 50% sobre o valor da remuneração da hora normal de trabalho, nos termos do art. 71, § 4°, da CLT.

## DOS DANOS MORAIS

Importante salientar que com a Reforma do Judiciário em virtude da Emenda Constitucional 45/2004, a Justiça do Trabalho é competente para julgar as ações de indenização por dano moral decorrentes da relação de trabalho, nos moldes do artigo 114, inciso VI da CF, bem como a Súmula 392 do TST.

PRÁTICA TRABALHISTA – 10ª EDIÇÃO

Pois bem, a reclamante foi dispensada aos berros, sendo chamada de burra na frente de diversos funcionários da empresa, causando incomensurável vergonha e humilhação.

O artigo 5°, incisos V e X, da CF ensina serem invioláveis a intimidade, a vida privada, a honra e a imagem das pessoas, assegurado o direito de indenização pelo dano moral decorrente de sua violação. Nesse sentido, o art. 223-B da CLT ensina que causa dano de natureza extrapatrimonial a ação ou omissão que ofenda a esfera moral ou existencial da pessoa física ou jurídica, as quais são as titulares exclusivas do direito à reparação.

São responsáveis pelo dano extrapatrimonial todos os que tenham colaborado para a ofensa ao bem jurídico tutelado, na proporção da ação ou da omissão, na forma do art. 223-E da CLT. Portanto, deve recair sobre a empresa reclamada a responsabilidade pela indenização do dano apontado.

Dessa forma, face o manifesto constrangimento sofrido pela reclamante, deve o magistrado levar em consideração os elementos trazidos pelo art. 223-G da CLT, fixando a reparação a ser paga como ofensa gravíssima, na forma do § 1°, IV, do mesmo art. 223G da CLT, fixando como indenização o valor de R$ ..., referentes a cinquenta vezes o último salário contratual da ofendida.

## DO PEDIDO

Diante do exposto, requer a reclamante a procedência total dos pedidos para:

**a)** A concessão de tutela antecipada, determinando a imediata reintegração da empregada ao emprego;

**b)** Ao final a concessão definitiva da tutela determinando a reintegração em definitivo da empregada;

**c)** Caso não seja possível a reintegração, a conversão em indenização em dobro...................R$

**d)** 30 minutos como horas extras indenizatórias por não concessão do intervalo intrajornada, acrescida de 50% ...................................................................................... R$

**e)** Condenar a reclamada ao pagamento de indenização por danos morais................... R$

**f)** Concessão dos benefícios da justiça gratuita.

## DOS REQUERIMENTOS

**a)** Requer provar o alegado por todos os meios de prova em direito admitido, especialmente através de perícia.

**b)** Requer, ainda, a notificação postal da reclamada para, em querendo, comparecer à audiência e apresentar resposta.

**c)** Condenação ao pagamento de honorários advocatícios sucumbenciais, na forma do art. 791-A da CLT.

Dá-se à causa o valor de R$ ...

Nesses termos, pede deferimento

Local e data

Nome do advogado OAB/...n° ...

*Fim da peça*

ESTRUTURAS BÁSICAS E MODELOS DE PEÇAS

## 1.12 Ações Especiais – Principais petições iniciais trabalhistas

Dentre as petições iniciais com maior incidência nos exames de ordem, podemos destacar:

### 1.12.1 Ação de consignação em pagamento

A ação de consignação em pagamento foi pedida duas vezes pela banca FGV, tendo sido objeto nos Exames X e XXIX.

Prevista no art. 539 do CPC, a ação de consignação em pagamento é a medida processual na qual o devedor demanda contra o credor, objetivando o pagamento e o consequente reconhecimento judicial do adimplemento da obrigação. Trata-se de uma ação de rito especial prevista no CPC que tem como objetivo extinguir uma obrigação através da quitação. Possui estrutura de uma petição inicial, sendo utilizada quando existir dúvida sobre quem pagar ou recusa no pagamento.

Por não possuir previsão legal na CLT, aplica-se a regra do direito processual civil prevista nos arts. 539 e seguintes, por força do art. 769 da CLT e art. 15 do CPC, que preveem que nos casos omissos, o direito processual comum será fonte supletiva e subsidiária do direito processual do trabalho.

O pagamento por consignação será cabível nas hipóteses previstas no art. 335 do Código Civil.

*Art. 335. A consignação tem lugar:*

*I – se o credor não puder, ou, sem justa causa, recusar receber o pagamento, ou dar quitação na devida forma;*

*II – se o credor não for, nem mandar receber a coisa no lugar, tempo e condição devidos;*

*III – se o credor for incapaz de receber, for desconhecido, declarado ausente, ou residir em lugar incerto ou de acesso perigoso ou difícil;*

*IV – se ocorrer dúvida sobre quem deva legitimamente receber o objeto do pagamento;*

*V – se pender litígio sobre o objeto do pagamento.*

#### 1.12.1.1 Principais hipóteses

Nos domínios do processo do trabalho as hipóteses mais comuns de ação de consignação em pagamento são:

a) **Não comparecimento do empregado para receber as verbas devidas**: hipótese em que o empregado não comparece no local e data para receber as verbas devidas e nem envia alguém para receber;

b) **Morte ou ausência do empregado**: hipótese em que o empregador se vê na dúvida de quem são os legítimos herdeiros ou dependentes cadastrados no INSS que deverão receber as verbas rescisórias do seu ex-empregado;

c) **Recusa do empregado a receber ou dar quitação**: hipótese em que o empregado se recusa a receber de seu empregador determinados valores.

#### 1.12.1.2 Peculiaridades

Poderão propor a ação o devedor, que poderá ser tanto o empregado como o empregador, ou o terceiro interessado no pagamento da dívida.

A ação de consignação deverá ser proposta observando-se a regra disposta no art. 651 da CLT, ou seja, local da prestação de serviços, não se aplicando a norma contida no art. 540 do CPC/2015.

Nos termos do art. 542 do CPC/2015, a petição inicial, o autor/consignante deverá requerer o depósito da quantia e/ou da coisa e realizá-lo no prazo de cinco dias, contados do deferimento da medida. Não realizando o depósito nesse período o processo será extinto sem resolução do mérito.

PRÁTICA TRABALHISTA – 10ª EDIÇÃO                    42

Deverá o consignante especificar, de forma líquida e certa, cada parcela consignada na ação.

Uma vez realizado o depósito, o Juiz do Trabalho designará audiência, notificando o consignado para levantar a quantia depositada ou oferecer resposta, nos termos do art. 542, II, CPC/2015.

Caso o consignado levante a importância depositada, estará reconhecendo a procedência do pedido do consignante, o réu será condenado ao pagamento das custas e dos honorários advocatícios, na forma do art. 546, parágrafo único, do CPC, extinguindo-se o processo com resolução do mérito, art. 487, III, *a*, CPC/2015.

Não concordando com os valores depositados, o consignado apresentará sua contestação. Na contestação sua resposta ficará restrita às matérias descritas no art. 544 do CPC/2015.

*Art. 544. Na contestação, o réu poderá alegar que:*

*I – não houve recusa ou mora em receber a quantia ou a coisa devida;*

*II – foi justa a recusa;*

*III – o depósito não se efetuou no prazo ou no lugar do pagamento;*

*IV – o depósito não é integral.*

*Parágrafo único. No caso do inciso IV, a alegação somente será admissível se o réu indicar o montante que entende devido.*

*Art. 545. Alegada a insuficiência do depósito, é lícito ao autor completá-lo, em 10 (dez) dias, salvo se corresponder a prestação cujo inadimplemento acarrete a rescisão do contrato.*

Uma vez contestada, a ação de consignação em pagamento, seguir-se-á o procedimento ordinário, ressaltando que proferida a sentença o recurso cabível será o recurso ordinário, na forma do art. 895, I, da CLT.

---

**Como identificar a peça**

Para identificarmos se o enunciado requer a propositura de ação de consignação em pagamento devemos levar em consideração:

a) não há ação em curso;

b) geralmente nosso cliente é o empregador;

c) empregador objetiva pagar/quitar sua obrigação trabalhista e/ou devolver bens do empregado;

d) empregador não sabe a quem pagar (empregado falecido) ou;

e) empregado não foi receber verbas trabalhistas, nem mandou alguém para receber.

---

### 1.12.1.3 Estrutura da ação de consignação em pagamento

#### a) Endereçamento

A ação de consignação deve ser dirigida ao Juiz da Vara do Trabalho da localidade em que o empregado prestou serviços, nos termos do art. 651 da CLT.

#### b) Qualificação do consignante

A qualificação completa do Consignante deverá ser feita abaixo do endereçamento. Recomendamos pular uma linha.

Lembre-se que consignante normalmente é uma pessoa jurídica e deverá ser qualificada da seguinte maneira: pessoa jurídica de direito privado, inscrita no CNPJ/MF sob o nº, endereço eletrônico, com sede na (endereço completo com CEP).

## c) Indicação do advogado

*"por seu advogado que esta subscreve, (procuração anexa), vem à presença de Vossa Excelência..."*

## d) Identificação da medida processual – nome da peça e fundamentos legais

O examinando deverá identificar a medida processual, indicando seus respectivos fundamentos legais.

Em se tratando de uma ação de consignação, o examinando não poderá se esquecer de fundamentar sua medida no art. 539 e seguintes do CPC/2015, aplicável por força do art. 769 da CLT e art. 15 CPC/2015.

## e) Qualificação do consignado

O próximo passo será a qualificação completa do consignado. Geralmente o consignado é o empregado, pessoa física, devendo ser qualificado como réu se utilizando da regra dos 11 itens: 1. Nome, 2. nacionalidade, 3. estado civil, 4. profissão, 5. nome da mãe, 6. data de nascimento, 7. portador da cédula de identidade RG número..., 8. inscrito no CPF/MF sob o número..., 9. número da CTPS, 10. número do PIS,; 11. endereço completo com CEP, para que receba a notificação.

## f) Dos fatos

Nesse tópico o examinando deverá fazer um breve resumo dos fatos ocorridos no problema.

Não é recomendada a cópia *ipsis litteris* do texto do problema. Recomenda-se que o examinando traga a correta compreensão do problema apresentado.

## g) Do cabimento da ação de consignação em pagamento

Nesse item o examinando deverá fundamentar a recusa, desconhecimento ou impossibilidade de efetuar o pagamento. Em outras palavras, deverá fundamentar o motivo do ajuizamento da consignação em pagamento (art. 335 do CC)

## h) Direitos e/ou bens devidos ao empregado

Nesse item o examinando deverá indicar/discriminar todas as verbas rescisórias devidas e se for o caso, o depósito de bens do empregado que se encontram em poder da empresa.

Importante lembrar que a consignação pode objetivar não somente o depósito de quantia em dinheiro, mas também a consignação de coisa ou bem, art. 539, *caput*, do CPC. Aliás, em seus gabaritos nos Exames X e XXIX que foi pedida a ação de consignação em pagamento, a banca FGV indicou a necessidade de consignar bens do antigo empregado, como camisetas, fotografias, e a própria CTPS, por exemplo.

O examinando deve ficar atento, pois a elaboração da conta com os valores rescisórios devidos dependerá do tipo de demissão do emprego. Veja no item 1.1.5 o tipo de demissão e as respectivas verbas.

A consignação dos valores referentes a multa do art. 477, § 8º, da CLT dependerá do enunciado trazido pela banca examinadora. Assim, importante ficar atento com datas trazidas pelo enunciado, que podem apontar que a empresa já está em mora, ou seja, foi ultrapassado o prazo de 10 dias contados da extinção do contrato de trabalho, ou se a ação está sendo proposta dentro desse prazo legal.

Outro detalhe importante diz respeito ao pedido de baixa na CTPS do empregado. Assim, caso o enunciado traga a informação de que não foi feita a anotação de baixa na CPTS, deverá a consignante realizar tal pedido.

PRÁTICA TRABALHISTA – 10ª EDIÇÃO

Importante ressaltar que também deverá ser feito o depósito dos formulários de seguro desemprego, se for o caso.

### i) Pedido

O examinando deverá requerer a procedência do pedido para quitação ou extinção da obrigação, nos termos do art. 334 do CC e art. 546 do CPC.

Deverá fazer o requerimento de depósito dos valores e/ou bens devidos, no prazo de 5 dias, bem como a citação do consignatário para levantar o depósito ou apresentar contestação no prazo legal.

### j) Requerimentos finais

Deverá requerer a produção de provas, por todos os meios em direito admitidos.

A condenação ao pagamento de honorários advocatícios sucumbenciais, na forma do art. 791-A da CLT.

### k) Valor da causa

Indicar valor da causa. O valor da causa na ação de consignação em pagamento corresponde ao valor a ser consignado.

### l) Encerramento

Termos em que, pede deferimento.

Local, data,

Advogado/OAB

## 1.12.1.4 Modelo de ação de consignação em pagamento

*Início da peça*

EXCELENTÍSSIMO SENHOR DOUTOR JUIZ DO TRABALHO DA... VARA DO TRABALHO DE...

NOME DO CONSIGNANTE, pessoa jurídica de direito privado, inscrita no CNPJ/MF sob o nº..., endereço eletrônico, com sede na (endereço completo com CEP), por seu advogado que esta subscreve (procuração anexa), vem à presença de Vossa Excelência propor, pelo rito especial AÇÃO DE CONSIGNAÇÃO EM PAGAMENTO com fulcro no art. 539 e seguintes do CPC/2015, em face de NOME DO CONSIGNADO, nacionalidade, estado civil, profissão, nome da mãe, data de nascimento, portador da cédula de identidade RG número..., inscrito no CPF/MF sob o número..., número da CTPS e série, número do PIS, endereço eletrônico, endereço completo com CEP, pelos motivos de fato e de direito que passa a aduzir.

### DO CONTRATO DE TRABALHO

O examinando deverá trazer um breve resumo dos fatos ocorridos, sem abordar nenhum fato estranho ao problema. (máximo 5 linhas)

## DO CABIMENTO DA CONSIGNAÇÃO EM PAGAMENTO

Ao ser dispensado sem justo motivo, o Empregado recebeu aviso prévio indenizado, tendo sido informado de que deveria comparecer à sede da Autora em dez dias, para o recebimento de suas verbas rescisórias.

No entanto, na data estipulada, o Réu não compareceu na empresa. Nos termos do art. 335, II, do Código Civil, a consignação em pagamento tem lugar sempre que o credor não for, nem mandar receber a coisa no lugar, tempo e condição devidos.

Desta forma, requer a consignante sejam consignados os valores e bens referentes às verbas rescisórias discriminadas a seguir: (*discriminar as verbas rescisórias devidas, como por exemplo:*)

Saldo de salário (21 dias).........................................................................................R$

Aviso-prévio indenizado de 33 dias: .........................................................................R$

Férias proporcionais 5/12 avos, acrescida de 1/3......................................................R$

13º salário proporcional de 4/12 avos........................................................................R$

Depósito da indenização de 40% sobre o FGTS........................................................R$

Depósito das guias para saque do FGTS OU do TRCT

Depósito dos formulários de seguro desemprego

Depósito da camisa do clube de futebol

Depósito das fotografias

Portanto, requer seja a presente conhecida, evitando que se constitua em mora a Autora e impedindo a aplicação da multa do § 8º, do artigo 477, da CLT.

*OBS: este último parágrafo somente deverá ser elaborado se o problema apontar que o prazo de 10 dias do art. 477, § 6º, da CLT ainda não foi ultrapassado no ato do ajuizamento da consignação em pagamento. Caso já tenha sido ultrapassado o prazo de 10 dias, o examinando deverá incluir nas verbas apontadas a multa do art. 477, § 8º, CLT.*

### DOS PEDIDOS

Diante do exposto requer a consignante;

a) procedência total do pedido para quitação e extinção da obrigação, na forma do art. 334 do CC e art. 546 do CPC,

b) o depósito das parcelas devidas,

c) a citação do consignatário para levantar o depósito ou apresentar contestação no prazo legal.

### REQUERIMENTOS FINAIS

a) Requer provar o alegado por todos os meios de prova em direito admitido.

b) A condenação ao pagamento de honorários advocatícios sucumbenciais na forma do art. 791-A da CLT.

Dá-se à causa o valor de R$ ...

Nestes termos, pede deferimento.

Local e data

Nome do advogado

OAB/...nº...

*Fim da peça*

PRÁTICA TRABALHISTA – 10ª EDIÇÃO                               46

## 1.12.2 Mandado de Segurança

O Mandado de Segurança foi pedido somente uma vez pela banca FGV, tendo sido objeto no Exame XXXVI.

Previsto no art. 5º, incisos LXIX e LXX, da CF e regulado pela Lei 12.016/2009, trata-se de um remédio constitucional posto à disposição de toda pessoa física ou jurídica, ou mesmo órgão da administração pública com capacidade processual, cuja competência material da Justiça do Trabalho vem disposta no art. 114, IV, CF.

Conforme dispõe o art. 1º da Lei 12.016/2009, o mandado de segurança será concedido para proteger direito líquido e certo, não amparado por *habeas corpus* ou *habeas data*, sempre que, ilegalmente ou com abuso de poder, qualquer pessoa física ou jurídica sofrer violação ou houver justo receio de sofrê-la por parte de autoridade, seja de que categoria for e sejam quais forem as funções que exerça.

Equiparam-se às autoridades, os representantes ou órgãos de partidos políticos e os administradores de entidades autárquicas, bem como os dirigentes de pessoas jurídicas ou as pessoas naturais no exercício de atribuições do poder público, somente no que disser respeito a essas atribuições, como por exemplo, o ato do diretor de uma universidade.

Assim, o mandado de segurança será sempre impetrado contra o ATO da autoridade coatora, que poderá ser uma autoridade pública ou um agente privado no exercício de função pública.

Considerando a urgência da impetração e da comunicação da decisão, o art. 4º da Lei nº 12.016/2009 admite o uso de *fax* e de outros meios eletrônicos para a impetração do Mandado de Segurança.

A Lei 12.016/2009 restringe a impetração de Mandado de Segurança quando a decisão, seja ela judicial ou administrativa, for passível de impugnação por meio de recurso. Além disso, caso o ato taxado de ilegal já tiver transitado em julgado não se admitirá a utilização do Mandado de Segurança. Nesse sentido remetemos o leitor a leitura da OJ 99 da SDI 2 do TST.

Assim, nos termos do art. 5º da Lei 12.016/2009 não se concederá mandado de segurança quando se tratar:

I – de ato do qual caiba recurso administrativo com efeito suspensivo, independentemente de caução;

II – de decisão judicial da qual caiba recurso com efeito suspensivo;

III – de decisão judicial transitada em julgado.

### 1.12.2.1 Requisitos

A petição inicial do Mandado de Segurança, não se submete ao art. 840 da CLT, devendo observar os requisitos dos arts. 319 e 320 do CPC/2015, com a indicação do valor da causa, nos termos do art. 291 CPC/2015.

Como vimos, deverá acompanhar a petição os documentos que comprovam a alegação. Isso porque o mandado de segurança não admite a produção de provas, na medida em que os fatos devem ser provados de imediato, mediante prova documental. Isso significa que o direito líquido e certo é condição da ação para a impetração do mandado de segurança.

De acordo com o entendimento majoritário da doutrina e jurisprudência, deverá o impetrante indicar o dispositivo legal violado, tendo em vista que ao Mandado de Segurança não se aplica o princípio *juria novit curia*.

### 1.12.2.2 Decisão interlocutória

Nos domínios do processo do trabalho vigora, em regra, o princípio da irrecorribilidade imediata das decisões interlocutórias, ou seja, contra as decisões interlocutórias não é cabível a interposição de recurso de imediato, devendo a parte aguardar a prolação da decisão definitiva para, em sede de preliminar em recurso ordinário, atacar tal decisão interlocutória, art. 893, § 1º, CLT. As exceções a essa regra estão dispostas na súmula 214 do TST e art. 855-A, § 1º, II e III, CLT.

Todavia, caso a decisão interlocutória fira direito líquido e certo da parte, face à irrecorribilidade da decisão, será possível a impetração de Mandado de Segurança para sanar tal violação.

Vale frisar que não é qualquer decisão interlocutória que desafia a impetração do Mandado de Segurança, sendo necessário que ela viole direito líquido e certo.

Um exemplo clássico está previsto na súmula 414 do TST, que assim dispõe:

*SUM-414 MANDADO DE SEGURANÇA. TUTELA PROVISÓRIA CONCEDIDA ANTES OU NA SENTENÇA (nova redação em decorrência do CPC de 2015) – Res. 217/2017, DEJT divulgado em 20, 24 e 25.04.2017*

*I – A tutela provisória concedida na sentença não comporta impugnação pela via do mandado de segurança, por ser impugnável mediante recurso ordinário. É admissível a obtenção de efeito suspensivo ao recurso ordinário mediante requerimento dirigido ao tribunal, ao relator ou ao presidente ou ao vice-presidente do tribunal recorrido, por aplicação subsidiária ao processo do trabalho do artigo 1.029, § 5º, do CPC de 2015.*

*II – No caso de a tutela provisória haver sido concedida ou indeferida antes da sentença, cabe mandado de segurança, em face da inexistência de recurso próprio.*

*III – A superveniência da sentença, nos autos originários, faz perder o objeto do mandado de segurança que impugnava a concessão ou o indeferimento da tutela provisória.*

Com isso, temos que, na segunda fase do Exame de Ordem, <u>especialmente como uma peça profissional</u>, o Mandado de Segurança é comumente utilizado para atacar as decisões interlocutórias que violem direito líquido e certo da parte interessada. Também se admite a impetração do Mandado de Segurança em razão das decisões do Juiz do Trabalho proferidas na execução trabalhista, que violem direito líquido e certo e não admitam a interposição de agravo de petição.

Desta forma, caso preferida uma decisão interlocutória que não admita recurso de imediato, ou seja, exceções apontadas na súmula 214 do TST e art. 855-A, § 1º, CLT e haja violação de direito líquido e certo (em termos do Exame de Ordem, aquele previsto em lei) a medida cabível para reverter a decisão será o Mandado de Segurança.

### 1.12.2.3 Competência/endereçamento

Com relação à competência funcional para o processamento do mandado de segurança, ela poderá ser do Juiz do Trabalho, do TRT – Tribunal Regional do Trabalho e, ainda, do TST – Tribunal Superior do Trabalho.

Assim, será da competência do Juiz do Trabalho os mandados de segurança impetrados contra ato praticado por autoridade fiscalizadora das relações de trabalho.

A competência será do TRT sempre que a autoridade coatora for as seguintes: a) o juiz da vara do trabalho; b) o diretor da secretaria ou os demais funcionários; c) o juiz de direito, nas hipóteses do art. 112 da CF e, ainda, contra ato de juízes e funcionários do próprio TRT. Vide, também, súmula 433 STF.

Por último, a competência será do TST nos mandados de segurança contra atos do Presidente do Tribunal ou de qualquer dos Ministros.

PRÁTICA TRABALHISTA – 10ª EDIÇÃO

### 1.12.2.4 Terceiro interessado

Importante ter em mente que, sendo o ato praticado por um juiz nos autos de um processo em andamento, o impetrante deverá requerer a intimação da parte adversa para, como terceiro interessado, integre a lide como litisconsorte passivo. Nesse sentido, veja súmula 631 STF.

### 1.12.2.5 Prazo/tempestividade

Nos termos do art. 23 da Lei 12.016/2009, o direito de requerer Mandado de Segurança extinguir-se-á decorridos 120 (cento e vinte) dias, contados da ciência, pelo interessado, do ato impugnado taxado de ilegal ou abusivo. Trata-se, portanto, de prazo decadencial e não prescricional. Essa informação deverá constar no corpo da peça profissional. Veja modelo.

### 1.12.2.6 Direito líquido e certo violado

São as teses do Mandado de Segurança. Em outras palavras, as teses estarão ligadas à direitos líquidos e certos violados.

Como no Mandado de Segurança discute-se um direito líquido e certo, entendido como sendo aquele cujos fatos são comprovados de plano, não se admite a produção de provas. O impetrante necessita propor a ação mandamental com toda prova documental existente (prova pré-constituída), em conformidade com a Súmula 415 do TST. O direito líquido e certo é visto como uma condição da ação para o mandado de segurança.

Em termos do Exame de Ordem, o direito líquido e certo violado consistirá, via de regra, em algum direito que a lei assegura à parte interessada, mas que não foi observado pelo magistrado, como por exemplo a possibilidade de indicação de assistente técnico previsto no art. 465, § 1º, II, CPC e Art. 826 CLT ou Art. 3º, parágrafo único da Lei 5.584/70 que foi indeferida pelo magistrado; direito da parte na apresentação de quesitos, art. 465, § 1º, III, do CPC que foi indeferido pelo magistrado e exigência do magistrado na antecipação de honorários periciais art. 790-B, § 3º, CLT e OJ 98 SDI-2 TST, como foram objetos do 36º Exame de Ordem Unificado. Nesse caso, como o ato coator foi praticado pelo Juiz do Trabalho, a competência para apreciação do Mandado de Segurança será do Tribunal Regional do Trabalho – TRT.

Poderá ocorrer, eventualmente, do ato coator abusivo ou ilegal ser um auto de infração lavrado pelo Auditor Fiscal do Trabalho pelo suposto descumprimento de normas de higiene e segurança do trabalho, por exemplo. Nesse caso, porém, a competência para apreciação do Mandado de Segurança será do Juiz do Trabalho, órgão de primeiro grau e não do Tribunal Regional do Trabalho – TRT, como no exemplo anterior.

### 1.12.2.7 Liminar/tutela antecipada

A petição inicial do mandado de segurança poderá ter pedido de liminar, nos termos do art. 7º, III, da Lei 12.016/2009, quando houver fundamento relevante e do ato impugnado puder resultar a ineficácia da medida, caso seja finalmente deferida. Em outras palavras, o examinando deve demonstrar a presença do *fumus boni iuris* e do *periculum in mora.* Deverá demonstrar que a autoridade coatora agiu com ilegalidade ou abuso de poder, violando o direito líquido e certo do impetrante.

### 1.12.2.8 Honorários advocatícios

Nos termos do art. 25 da Lei 12.016/2009 não há condenação em honorários advocatícios no Mandado de Segurança.

---

**Como identificar a peça**

Para sabermos se o enunciado requer a impetração de um Mandado de Segurança, devemos observar:

a) prolação de uma decisão interlocutória que não admite interposição de recurso, proferida por Juiz do Trabalho, Desembargador do TRT ou Ministro do TST; OU

b) prática de ato abusivo ou ilegal de autoridade de órgão de fiscalização do trabalho ou até mesmo de funcionários da Justiça do Trabalho (diretor de secretaria etc.);

b) direito líquido e certo violado (geralmente um direito previsto na lei que não foi garantido pela autoridade coatora;

c) prova pré-constituída (não se admite produção de prova);

d) o ato abusivo ou ilegal não pode admitir a interposição de recurso.

### 1.12.2.9 Estrutura do mandado de segurança

#### a) Endereçamento

Consiste em saber o juízo a quem a petição inicial do Mandado de Segurança será dirigida. Nos domínios do processo do trabalho o mandado de segurança poderá ser de competência:

1) da Vara do Trabalho (Excelentíssimo Senhor Doutor Juiz do Trabalho da ... Vara do Trabalho de..., geralmente quando a autoridade coatora for agente fiscalizador das relações de trabalho;
2) do TRT (Excelentíssimo Senhor Desembargador Presidente do Egrégio Tribunal Regional do Trabalho da... Região), quando a autoridade coatora for o Juiz da Vara do Trabalho; diretor da secretaria ou os demais funcionários; Juiz de Direito, nas hipóteses do art. 112 da CF e, ainda, contra ato de Juízes e funcionários do próprio TRT; e
3) do TST (Excelentíssimo Senhor Ministro Presidente do Tribunal Superior do Trabalho), contra atos do Presidente do Tribunal ou por qualquer dos Ministros.

#### b) Qualificação do impetrante

A qualificação completa do Impetrante deverá ser feita abaixo do endereçamento.

O impetrante deverá ser qualificado por completo nos moldes do art. 319, II, do CPC/2015.

#### c) Indicação do advogado

*"por seu advogado que esta subscreve, com escritório em (endereço completo com CEP), onde receberá futuras notificações, vem à presença de Vossa Excelência..."*

#### d) Identificação da medida processual – nome da peça e fundamentos legais

O examinando deverá identificar a medida processual, indicando seus respectivos fundamentos legais, no caso os arts. 5º, LXIX, e 114, IV, da CF, e a Lei 12.016/2009.

Como vimos, desde que preenchidos os requisitos do *fumus boni iuris* e do *periculum in mora*, admite-se o pedido de medida liminar, art. 7º, III, da Lei 12.016/2009. Nesse caso, o examinando deverá adicionar ao nome do *mandamus* a expressão: "com pedido de liminar", de modo que o nome da ação será: "mandado de segurança com pedido de liminar".

#### e) Identificação da autoridade coatora (impetrado)

A autoridade coatora não será qualificada como o réu em uma reclamação trabalhista, bastando, nos termos do art. 6º da Lei 12.016/2009, a identificação da autoridade coatora e a indicação da pessoa jurídica que esta integra, à qual se acha vinculada ou da qual exerce atribuições.

PRÁTICA TRABALHISTA – 10ª EDIÇÃO

### f) Indicação do terceiro interessado e processo

O terceiro interessado no Mandado de Segurança é a parte contrária/adversa ao impetrante na ação que se originou o ato coator (ilegal ou abusivo) impugnado e deverá ser indicado no corpo da peça.

Exemplo: em uma reclamação trabalhista que "A" move contra "B", o Juiz do Trabalho prefere ato ilegal ou abusivo em desfavor de "B" ou seja, que prejudica "B". Este, portanto, irá impetrar Mandado de Segurança contra o ato praticado pelo Juiz (autoridade coatora), e indicar "A" como terceiro interessado.

Além da indicação do nome do terceiro interessado, é importante, também, que o impetrante faça a indicação do número do processo em que foi praticado o ato. Veja modelo.

### g) Dos fatos

Nesse tópico o examinando deverá fazer um breve resumo dos fatos ocorridos no problema de no máximo 5 linhas.

Não é recomendada a cópia *ipsis litteris* do texto do problema. Recomenda-se que o examinando traga a correta compreensão do problema apresentado.

### h) Tempestividade da medida

O examinando deverá indicar que a ação está sendo impetrada dentro do prazo legal/decadencial de 120 dias estipulado no art. 23 da Lei 12.016/2009.

### i) Direito líquido e certo violado

São as teses do Mandado de Segurança. Em outras palavras, as teses estarão ligadas a direitos líquidos e certos violados. Em termos do Exame de Ordem o direito líquido e certo violado consistirá, via de regra, em algum direito que a lei assegura à parte interessada, mas que não foi observado pelo magistrado.

Deverá o impetrante indicar o dispositivo legal violado. Por tratar-se de uma condição da ação para o mandado de segurança, o direito líquido e certo deverá ser demonstrado de plano pelo impetrante, mediante a apresentação de provas documentais.

Dessa forma, deverá o examinando indicar o dispositivo de lei violado, explicando o fundamento daquele dispositivo, ou seja, o examinando deverá interpretar o dispositivo legal tido como violado.

### j) Liminar

O examinando deverá abrir um tópico específico para a demonstração da medida liminar. Deverá, nos termos do art. 7º, III, da Lei 12.016/2009, demonstrar o fundamento relevante (*fumus boni iuris*) e o possível resultado de ineficácia da medida, caso seja finalmente deferida (*periculum in mora*), amoldando-os ao caso apresentado pelo problema.

O *fumus boni iuris* irá representar o próprio direito violado ao passo que o *periculum in mora* nos prejuízos que o direito líquido e certo violado poderá ocasionar ao impetrante.

### k) Pedidos

O examinando deverá pedir a concessão da medida liminar para suspender o ato ilegal praticado pela autoridade coatora.

Posteriormente, deverá requerer a concessão definitiva da segurança, confirmando a medida liminar, na forma do art. 1º ou 13 da Lei 12.016/2009.

**ATENÇÃO!** Não é necessário abrir um tópico específico para elencar os "requerimentos finais", basta dar continuidade aos pedidos. Veja modelos a seguir.

### l) Requerimentos

O examinando deverá requerer, ainda:

A intimação da autoridade coatora para que, no prazo de 10 (dez) dias, preste as devidas informações, art. 7º, I, da Lei 12.016/2009;

Ciência do feito ao órgão de representação judicial da pessoa jurídica interessada, enviando-lhe cópia da inicial sem documentos, para que, querendo, ingresse no feito, nos termos do art. 7, II, da Lei 12.016/2009.

Após a prestação de informações pela autoridade coatora, a intimação do Ministério Público do Trabalho para que apresente sua opinião sobre o feito no prazo de 10 (dez) dias, nos termos do art. 12 da Lei 12.016/2009.

Requer a juntada de documentos como prova pré-constituída.

**ATENÇÃO!** Tendo em vista que não há produção de provas no Mandado de Segurança, as provas devem ser feitas de plano, já que, no mandado de segurança, a prova deve ser pré-constituída. Portanto, não se pede produção de provas, mas apenas a juntada de documentos como prova pré-constituída.

Caso seja necessário, deverá requerer a intimação do terceiro interessado para que integre a lide.

**ATENÇÃO!** Não há pedido de honorários advocatícios sucumbenciais, nos termos do art. 25 da Lei 12.016/2009

### m) Valor da causa

Para toda causa deve ser atribuído um valor.

No mandado de segurança o examinando deverá apenas fazer menção ao valor da causa, sem quantificar qualquer valor.

### n) Encerramento

Nesse item o examinando irá encerrar a sua peça processual, colocando o local e a data e a assinatura do advogado. Importante lembrar que o examinando não poderá assinar a medida processual, deverá mencionar apenas a expressão "advogado OAB".

## .12.2.10 Modelo de mandado de segurança

*Início da peça*

EXCELENTÍSSIMO SENHOR DOUTOR DESEMBARGADOR PRESIDENTE DO EGRÉGIO TRIBUNAL REGIONAL DO TRABALHO DA ... REGIÃO.

IMPETRANTE, nacionalidade, profissão, estado civil, portador da cédula de identidade RG nº..., inscrito no CPF/MF sob o nº, número da CTPS, endereço eletrônico, com endereço sito na (endereço completo com CEP), por seu advogado que esta subscreve, endereço completo, onde receberá as futuras intimações, vem à presença de Vossa Excelência impetrar MANDADO DE SEGURANÇA COM PEDIDO LIMINAR com fulcro no art. 5º, LXIX da CF combinado com os arts. 319 e 320 do CPC, e as disposições da Lei 12.016/2009, em face do ato proferido pelo JUÍZO DO TRABALHO DA ... VARA DO TRABALHO DE ..., nos autos da reclamação trabalhista proposta por FULANO DE TAL – terceiro interessado, processo n° ..., pelos motivos de fato e de direito que passa a aduzir.

## I – RESUMO DOS FATOS

O examinando deverá fazer um breve relato dos fatos ocorridos, sem abordar nenhum fato estranho ao problema.

## II – TEMPESTIVIDADE

Informa o impetrante que o presente mandado de segurança está sendo impetrado dentro do prazo decadencial de 120 dias disposto no art. 23 da Lei 12.016/2009.

## III – DIREITO LÍQUIDO E CERTO VIOLADO E DO ATO ABUSIVO

### i. DA ANTECIPAÇÃO DE HONORÁRIOS PERICIAIS

O ilustre magistrado determinou que a empresa antecipasse os honorários periciais em 10 dias, sob pena de execução forçada e que a prova técnica somente tivesse início após o depósito.

No entanto, a antecipação de honorários periciais é vedado, conforme o Art. 790-B, § 3°, da CLT e a OJ 98 SDI-2 do TST, sob pena de violação do direito de ampla defesa e contraditório disposto no art. 5°, LV, da CF.

Dessa forma, requer o impetrante a concessão da segurança para que o Juízo se abstenha da exigência da antecipação dos valores referentes aos honorários periciais.

### ii. PROIBIÇÃO DE APRESENTAÇÃO DE ASSISTENTE TÉCNICO

Em audiência o magistrado proibiu que o impetrante indicasse assistentes técnicos.

Contudo, nos termos do art. 465, §1°, II, CPC e Art. 826 CLT é direito da parte a indicação de assistente técnico, sob pena de violação ao direito de ampla defesa e contraditório disposto no art. 5°, LV, da CF. Nesse mesmo sentido, ensina o Art. 3°, parágrafo único da Lei 5.584/70.

Desta forma, requer a concessão da segurança para que seja permitido ao impetrante a indicação de assistente técnico.

## IV – DA MEDIDA LIMINAR

Demonstrado os direitos líquidos e certos violados e a evidente ilegalidade no ato praticado pelo meritíssimo juízo, surge a necessidade da concessão da medida liminar, nos termos do art. 7°, III, da Lei 12.016/2009.

O fundamento relevante ou *fumus boni iuris* se caracteriza pelo flagrante desrespeito à norma positivada no Art. 790-B, § 3°, da CLT que veda a antecipação dos honorários periciais, bem como à norma prevista no art. art. 465, § 1°, II, CPC e Art. 826 CLT que permite a indicação de assistente técnico.

Já o possível resultado de ineficácia da medida, caso seja finalmente deferida, ou seja, o *periculum in mora* surge na medida em que a manutenção da ordem judicial de 1° grau pode acarretar sério prejuízo para a sociedade empresária porque não poderá arcar com a folha de pagamento de seus funcionários.

Dessa forma, demonstrado o *fumus boni iuris* e o *periculum in mora*, deve ser concedida a medida liminar determinando-se a imediata suspensão da exigência de antecipação de honorários periciais, bem como seja permitido ao impetrante a indicação de assistente técnico.

## V – DOS PEDIDOS

Diante do exposto requer o Impetrante:

## 53 ESTRUTURAS BÁSICAS E MODELOS DE PEÇAS

a) o deferimento da medida liminar para suspender o ato ilegal praticado pelo meritíssimo Juiz da ... Vara do Trabalho de ..., determinando a possibilidade de indicação de assistente técnico, bem como a suspensão da exigência da antecipação de honorários periciais;

b) a concessão da segurança em definitivo, confirmando a liminar deferida, nos termos dos arts. 1º e art. 13 da Lei 12.019/2009.

## VI – DOS REQUERIMENTOS

Requer a intimação da autoridade coatora para que, no prazo de 10 (dez) dias, preste as devidas informações, e a ciência ao órgão de representação judicial da pessoa jurídica da qual faz parte a autoridade coatora para que, querendo, ingresse no feito.

Requer, ainda, que após a prestação de informações pela autoridade coatora, seja feita a intimação do Ministério Público do Trabalho para que apresente sua opinião sobre o feito no prazo de 10 (dez) dias, nos termos do art. 12 da Lei 12.016/2009.

Requer, a ciência do feito ao órgão de representação judicial da pessoa jurídica interessada, enviando-lhe cópia da inicial sem documentos, para que, querendo, ingresse no feito, nos termos do art. 7º, II, da Lei 12.016/2009.

Requer, a juntada de prova documental pré-constituída.

Requer, ainda, a intimação do terceiro interessado para que integre a lide.

Dá-se à causa o valor de R$...

Nestes termos, pede deferimento.
Local e data: ...
Nome do advogado
OAB/... nº ...

*Fim da peça*

## 1.12.3 Ação rescisória

Disciplinada no art. 836 da CLT e com aplicação subsidiária dos arts. 966 e seguintes do CPC/2015, a ação rescisória é uma ação que objetiva o desfazimento dos efeitos de decisão (sentença ou acórdão) já transitada em julgado, tendo em vista a existência de vícios.

Em outras palavras, é a ação que tem como objetivo rescindir ou invalidar uma decisão de mérito (sentença ou acórdão) proferida de uma ação trabalhista, já transitada em julgado, desfazendo, assim, tal decisão.

### 1.12.3.1 Hipóteses de cabimento

As hipóteses de cabimento da ação rescisória estão elencadas no art. 966 do CPC, aplicado ao processo do trabalho por força do art. 769 da CLT e art. 15 do CPC.

São elas:

*Art. 966. A decisão de mérito, transitada em julgado, pode ser rescindida quando:*

*I – se verificar que foi proferida por força de prevaricação, concussão ou corrupção do juiz;*

*II – for proferida por juiz impedido ou por juízo absolutamente incompetente;*

*III – resultar de dolo ou coação da parte vencedora em detrimento da parte vencida ou, ainda, de simulação ou colusão entre as partes, a fim de fraudar a lei;*

PRÁTICA TRABALHISTA – 10ª EDIÇÃO

*IV – ofender a coisa julgada;*

*V – violar manifestamente norma jurídica;*

*VI – for fundada em prova cuja falsidade tenha sido apurada em processo criminal ou venha a ser demonstrada na própria ação rescisória;*

*VII – obtiver o autor, posteriormente ao trânsito em julgado, prova nova cuja existência ignorava ou de que não pôde fazer uso, capaz, por si só, de lhe assegurar pronunciamento favorável;*

*VIII – for fundada em erro de fato verificável do exame dos autos.*

*§ 1º Há erro de fato quando a decisão rescindenda admitir fato inexistente ou quando considerar inexistente fato efetivamente ocorrido, sendo indispensável, em ambos os casos, que o fato não represente ponto controvertido sobre o qual o juiz deveria ter se pronunciado.*

Importante frisar que o rol disposto no art. 966 do CPC/2015 é exaustivo, ou seja, trata-se de rol *numerus clausus.*

Nos domínios do processo do trabalho, o termo de conciliação previsto no parágrafo único do art. 831 da CLT somente poderá ser impugnado por ação rescisória, nos termos da Súmula 259 do TST.

A principal hipótese de cabimento para a ação rescisória é aquela indicada no inciso V do art. 966 do CPC, qual seja, violação de norma jurídica.

Nessa hipótese o autor deverá indicar corretamente a norma jurídica infringida, na forma da súmula 408 TST, não se admitindo quando se tratar de decisão que adota interpretação controvertida nos tribunais, de acordo com a Súmula 343 do STF.

Desta forma, se o autor alegar que a decisão transitada em julgado violou o art. 71, § 4º, da CLT, não pode indicar o art. 73, § 4º, da CLT.

Ademais, importante frisar que na ação rescisória, à luz da súmula 410 do TST não se admite o reexame de fatos e provas.

### 1.12.3.2 Requisitos

Para a propositura da ação rescisória dois requisitos são necessários:

#### a) Decisão de mérito

Nos termos do art. 966 do CPC a decisão de mérito, transitada em julgado, poderá ser objeto de ação rescisória. Por decisão de mérito devemos entender: sentenças, acórdãos e decisões interlocutórias.

Em regra, apenas se pode atacar a decisão de mérito, ou seja, processos extintos com a resolução do mérito, nos termos do art. 487 e incisos do CPC/2015, já transitada em julgado, pois somente tal sentença produz coisa julgada material.

Todavia, o art. 966, § 2º do CPC/2015 admite ser rescindível a decisão transitada em julgado que, embora não seja de mérito, impeça nova proposição de demanda ou de decisão que impeça a admissibilidade do recurso correspondente.

Assim, poderá ser objeto de ação rescisória as decisões interlocutórias de mérito, sentenças e acórdãos, desde que transitadas em julgado.

Não poderá ser objeto de ação rescisória as sentenças normativas, em conformidade com a Súmula 397 do TST.

#### b) Trânsito em julgado da decisão

A decisão deve ter transitado em julgado, ou seja, não poderá haver a possibilidade do manejo de recurso.

O TST não admite a ação rescisória preventiva, ou seja, aquela ajuizada antes do trânsito em julgado da sentença, nos termos da súmula 299, III, TST.

### 1.12.3.3 Requisitos da petição inicial

A petição inicial será elaborada com observância dos requisitos essenciais do art. 319, devendo o autor cumular o pedido de rescisão com o de novo julgamento da causa, nas hipóteses dos incisos I, III, V, VI, VII, VIII do art. 966 do CPC/2015. Porém, nas hipóteses dos incisos II e IV, o Tribunal exercerá apenas o juízo rescindente.

Vale lembrar que nos termos do art. 836 da CLT a petição inicial deverá estar acompanhada do comprovante de realização do depósito prévio de 20% do valor dado à causa.

### 1.12.3.4 Legitimidade

Nos termos do art. 967 do CPC têm legitimidade para propor a ação rescisória:

a) quem foi parte no processo ou o seu sucessor a título universal ou singular;

b) o terceiro juridicamente interessado;

c) o Ministério Público:

* se não foi ouvido no processo em que lhe era obrigatória a intervenção;
* quando a decisão rescindenda é o efeito de simulação ou de colusão das partes, a fim de fraudar a lei;
* em outros casos em que se imponha sua atuação;

d) aquele que não foi ouvido no processo em que lhe era obrigatória a intervenção.

### 1.12.3.5 Competência/endereçamento

A competência funcional para o processamento da ação rescisória será:

**a) TRT**: quando a decisão rescindenda for de Juiz do Trabalho ou de acórdão do próprio Tribunal.

**b) TST**: quando a decisão rescindenda for do próprio TST.

De acordo com o art. 975 do CPC/2015 o direito de propor ação rescisória se extingue em 2 (dois) anos, contados do trânsito em julgado da última decisão proferida no processo, seja de mérito ou não.

### 1.12.3.6 Prazo/tempestividade

A ação rescisória deve ser ajuizada dentro do prazo decadencial de 2 anos, contados do trânsito em julgado da última decisão proferida no processo, nos termos do art. 975 CPC.

Contudo, se fundada a ação for proposta com base em "prova nova" (inciso VII do art. 966), o termo inicial do prazo será a data de descoberta da prova nova, observado o prazo máximo de 5 (cinco) anos, contado do trânsito em julgado da última decisão proferida no processo.

Já nas hipóteses de simulação ou de colusão das partes, o prazo começará a contar, para o terceiro prejudicado e para o Ministério Público, que não interveio no processo, a partir do momento em que têm ciência da simulação ou da colusão.

### 1.12.3.7 Depósito prévio

O art. 836 da CLT, com a redação dada pela Lei 11.495/2007, determina que o autor da ação rescisória deverá realizar um depósito prévio de 20% do valor da causa, salvo prova de miserabili-

PRÁTICA TRABALHISTA – 10ª EDIÇÃO                    56

dade do autor. Assim, por possuir norma específica não se aplica ao processo do trabalho depósito prévio de 5% disposto no art. 968, II, CPC.

Vele dizer, ainda, nos termos do art. 968, § 3º, CPC que além dos casos previstos no art. 330 do CPC, a petição inicial será indeferida quando não efetuado o depósito.

O depósito prévio não será exigido da massa falida e quando o autor perceber salário igual ou inferior ao dobro do mínimo legal, ou declarar, sob as penas da lei, que não está em condições de pagar as custas do processo sem prejuízo do sustento próprio ou de sua família.

### 1.12.3.8 Tutela antecipada

Nos termos do art. 969 do CPC a propositura da ação rescisória não impede o cumprimento da decisão rescindenda, ressalvada a concessão de tutela provisória, ou seja, não há efeito suspensivo no ajuizamento da ação rescisória.

Dessa forma, caso o autor aponte elementos que evidenciem a probabilidade do direito e o perigo de dano ou o risco ao resultado útil do processo no cumprimento da decisão a ser rescindida, poderá o Tribunal, na forma do art. 300 do CPC, conceder tutela provisória para o não cumprimento da decisão.

A súmula 405 do TST ensina que: "Em face do que dispõem a MP 1.984-22/2000 e o art. 969 do CPC de 2015, é cabível o pedido de tutela provisória formulado na petição inicial de ação rescisória ou na fase recursal, visando a suspender a execução da decisão rescindenda."

---

**Como identificar a peça**

Para sabermos se o enunciado requer o ajuizamento de uma ação rescisória, devemos observar:

a) o último ato do processo será, em regra, decisão de mérito (sentença ou acórdão) transitada em julgado, ou seja, que não admite interposição de recurso.

b) enunciado trará informações de um processo que já houve decisão transitada em julgado, mas com informação de algum dos vícios existentes no rol do art. 966 do CPC. Dentre elas as mais prováveis são: violação de lei, decisão proferida por Juiz absolutamente incompetente ou Juiz impedido.

---

### 1.12.3.9 Estrutura da ação rescisória

#### a) Endereçamento

Consiste em saber o juiz a quem a petição inicial é dirigida. Nos domínios do processo do trabalho a ação rescisória poderá ser distribuída:

1) ao TRT *(Excelentíssimo Senhor Doutor Desembargador Presidente do Tribunal Regional do Trabalho da ... região)* quando a decisão rescindenda for de Juiz do Trabalho ou de acórdão do próprio Tribunal Regional ou

2) dirigida ao TST *(Excelentíssimo Senhor Ministro Presidente do Colendo Tribunal Superior do Trabalho)* quando a decisão rescindenda for do próprio TST.

O endereçamento deve ser feito por extenso e sem conter abreviaturas.

#### b) Qualificação do autor

A qualificação completa do Autor deverá ser feita abaixo do endereçamento. Recomendamos pular uma linha.

O autor deverá ser qualificado da mesma maneira que na petição inicial. Em se tratando de pessoa física, a qualificação será da seguinte maneira: nome do autor, nacionalidade, profissão, estado civil, nome da mãe, portador da cédula de identidade RG nº..., inscrito no CPF/MF sob o

ESTRUTURAS BÁSICAS E MODELOS DE PEÇAS

n°, número da CTPS, endereço eletrônico, com endereço sito na (endereço completo com CEP), por seu advogado... Em se tratando de pessoa jurídica: nome, pessoa jurídica de direito privado, inscrita no CNPJ/MF sob o n°..., endereço eletrônico, com sede na (endereço completo com CEP).

Importante lembrar que em se tratando de menor de idade, deverá ele ser representado (absolutamente incapaz) ou assistido (relativamente incapaz)

### c) Indicação do advogado

*"por seu advogado que esta subscreve, com escritório em (endereço completo com CEP), onde receberá futuras notificações, vem à presença de Vossa Excelência..."*

### d) Identificação da medida processual – nome da peça e fundamentos legais

O examinando deverá identificar a medida processual, indicando seus respectivos fundamentos legais. Em se tratando de ação rescisória, o examinando deverá indicar o art. 836 da CLT e art. 966 do CPC/2015. Porém, não basta a mera indicação do art. 966 do CPC/2015. É de suma importância que o examinando indique qual inciso do dispositivo legal fundamenta sua ação.

### e) Qualificação do réu

O próximo passo será a qualificação completa do réu.

### f) Depósito prévio

Nesse item específico para a ação rescisória é imprescindível, sob pena de indeferimento da medida, a menção à realização do depósito prévio de 20% do valor dado à causa, em conformidade com o art. 836 da CLT.

**ATENÇÃO!** Caso seja hipótese de isenção do depósito, recomendamos que tal informação conste no corpo da peça.

### g) Dos fatos

Nesse tópico o examinando deverá fazer um breve resumo dos fatos ocorridos no problema.

Não é recomendada a cópia *ipsis litteris* do texto do problema. Recomenda-se que o examinando traga a correta compreensão do problema apresentado.

### h) Do prazo – Tempestividade

Nesse tópico deverá o examinando informar que a ação rescisória está sendo proposta dentro do prazo decadencial de 2 (dois) anos, esculpido no art. 975 do CPC/2015.

### i) Cabimento-violação literal da lei (teses)

Nesse item o examinando deverá demonstrar o cabimento da ação rescisória, ou seja, deverá pontar o dispositivo de lei violado.

É nesse item que o examinando irá desenvolver a tese de sua ação rescisória. Deverá observar a regra do silogismo. Assim, o examinando demonstrará o cabimento da ação e, em seguida, demonstrará que a sentença ou acórdão rescindendo violou o dispositivo de lei e, que, portanto, merece ser rescindida e rejulgados os pedidos.

PRÁTICA TRABALHISTA – 10ª EDIÇÃO

**ATENÇÃO!** O autor pode cumular o pedido de rescisão com o de novo julgamento da causa, nas hipóteses dos incisos I, III, V, VI, VII, VIII do art. 966 do CPC/2015. Porém, nas hipóteses dos incisos II e IV, o Tribunal exercerá apenas o juízo rescindente.

### j) Tutela provisória

Caso o autor aponte elementos que evidenciem a probabilidade do direito e o perigo de dano ou o risco ao resultado útil do processo no cumprimento da decisão a ser rescindida, poderá o Tribunal na forma do arts. 300 e 969 do CPC conceder tutela provisória para o não cumprimento da decisão. Nesse mesmo sentido, ensina a súmula 405 TST.

### k) Pedido

Na ação rescisória o autor deverá pedir a procedência total dos pedidos para:

a) rescisão do acórdão;

b) o novo julgamento da lide.

### l) Requerimentos finais

Nos requerimentos finais o examinando deverá requerer a citação do réu para contestar a presente ação. Atenção! Não se recomenda falar sobre a revelia e confissão, tendo em vista que na ação rescisória busca-se a anulação de coisa julgada, que é matéria de ordem pública, não se operando, portanto, os efeitos da revelia, nos termos da Súmula 398 do TST.

Deverá o examinando requerer a condenação em honorários advocatícios sucumbenciais, na forma do art. 791-A da CLT.

Deverá requerer a produção de provas, por todos os meios em direito admitidos.

### m) Valor da causa

O examinando deve conferir valor à causa.

O valor da causa na ação rescisória será, no caso de improcedência, o valor dado à causa do processo originário ou aquele que for fixado pelo Juiz. No caso de procedência, total ou parcial, ao respectivo valor arbitrado à condenação.

### n) Encerramento

Nesse item o examinando irá encerrar a sua peça processual, colocando o local e a data e a assinatura do advogado. Importante lembrar que o examinando não poderá assinar a medida processual.

#### 1.12.3.10 Modelo de ação rescisória

*Início da peça*

EXCELENTÍSSIMO SENHOR DOUTOR DESEMBARGADOR PRESIDENTE DO EGRÉGIO TRIBUNAL REGIONAL DO TRABALHO DA... REGIÃO.

AUTOR, nacionalidade, estado civil, profissão, nome da mãe, data de nascimento, portador da cédula de identidade RG número..., inscrito no CPF/MF sob o número..., número da CTPS e série, número do PIS, endereço eletrônico, endereço completo com CEP, por seu advogado que esta subscreve, endereço completo, onde receberá as futuras intimações, vem à presença de Vossa Excelência propor AÇÃO RESCISÓRIA com fulcro no art. 836 da CLT e art. 966, V do CPC, em face de RÉU, pessoa jurídica de direito privado, inscrita no CNPJ/MF sob o nº..., endereço eletrônico, com sede na (endereço completo com CEP), pelos motivos de fato e de direito que passa a aduzir.

## I – DEPÓSITO PRÉVIO

Informa o autor que procedeu ao recolhimento do depósito prévio no valor de 20% do valor dado à causa em atendimento ao disposto no art. 836 da CLT.

## II – RESUMO DO PROCESSO RESCINDENDO

Em execução de sentença após descumprimento da determinação do Juiz para indicação de novo endereço da empresa executada os autos foram enviados ao arquivo. Após o decurso de 3 anos o processo foi desarquivado e determinado a penhora de ativos financeiros da empresa executada. Após garantia do juízo foram opostos embargos à execução arguindo a prescrição intercorrente. A decisão de primeiro grau julgou improcedente os embargos à execução sob a alegação da inaplicabilidade da prescrição intercorrente ao processo do trabalho, decisão que foi mantida pelo Tribunal Regional do Trabalho da ...Região no julgamento do agravo de petição, tendo a decisão transitado em julgado.

## III – DO PRAZO – TEMPESTIVIDADE

Informa o autor que o venerando acórdão rescindendo transitou em julgado em .../.../...

Assim, verifica-se que a presente ação está sendo proposta dentro do prazo decadencial de 2 (dois) anos, que ocorreria em ..../.../..... em conformidade com o art. 975 do CPC/2015, aplicado por força do art. 769 da CLT e art. 15 CPC.

## IV – DO CABIMENTO DA AÇÃO RESCISÓRIA

O venerando acórdão rescindendo negou provimento ao agravo de petição interposto pela reclamada em grau de execução de sentença que não acolheu pedido de prescrição intercorrente arguido pela executada, sob o argumento de inaplicabilidade ao processo do trabalho.

No entanto, com o advento da Reforma Trabalhista (Lei 13.467/2017) foi introduzido o art. 11-A da CLT que prevê a aplicação da prescrição intercorrente ao processo do trabalho no prazo de 2 anos, a contar do descumprimento de determinação judicial no curso da execução, na forma do § 1º do art. 11-A da CLT. Resta claro, portanto, a violação manifesta da norma jurídica disposta no art. 11-A *caput* e § 1º, da CLT.

Dessa forma, requer o autor a rescisão do julgado e o novo julgamento da lide para que seja considerada a aplicabilidade da prescrição intercorrente no caso em debate.

## V – DA TUTELA PROVISÓRIA DE URGÊNCIA

Nos termos da súmula 405 do TST é permitida a concessão de tutela provisória em ação rescisória.

Pois bem, determina o art. 300 do CPC/2015 que a tutela de urgência será concedida quando houver elementos que evidenciem a probabilidade do direito e o perigo de dano ou o risco ao resultado útil do processo.

Portanto, são requisitos: a probabilidade do direito e o perigo de dano ou o risco ao resultado útil do processo. A probabilidade do direito, no presente caso, consiste no flagrante desrespeito com a norma positivada no art. 11-A, *caput* e § 1º, da CLT, que permite a aplicação da pres-crição intercorrente ao processo do trabalho no prazo de 2 anos, a contar do descumprimento de determinação judicial no curso da execução. O perigo de dano ou o risco ao resultado útil

PRÁTICA TRABALHISTA – 10ª EDIÇÃO

do processo, no presente caso, consiste no dano financeiro que a empresa autora em razão da execução sofrida.

Dessa forma, demonstrados a probabilidade do direito e o perigo de dano ou o risco ao resultado útil do processo, deve ser concedida a tutela de urgência de natureza antecipada, determinando a imediata suspensão da decisão rescindenda.

## VI – DOS PEDIDOS

Diante do exposto requer a procedência total dos pedidos para:

a) concessão da tutela de urgência de natureza antecipada determinando a imediata suspensão da decisão rescindenda.

b) ao final a concessão em definitivo para a rescisão do acórdão rescindendo proferido pelo Colendo Tribunal Regional do Trabalho da ...Região;

b) o novo julgamento da lide para que seja considerada a aplicabilidade da prescrição intercorrente ao processo do trabalho.

## VII – DOS REQUERIMENTOS

Requer provar o alegado por todos os meios de prova em direito admitido.

Requer, ainda, a notificação da empresa ré para, em querendo, apresentar defesa no prazo legal.

A condenação ao pagamento das custas processuais e honorários advocatícios em 15%, na forma do art. 791-A da CLT.

Dá-se à causa o valor de R$...

Nestes termos, pede deferimento.
Local e data: ...
Nome do advogado
OAB... nº...

*Fim da peça*

## 1.12.4 Inquérito judicial para apuração de falta grave

Previsto nos arts. 853 a 855 da CLT, o inquérito judicial para apuração de falta grave é uma ação ajuizada pelo empregador, objetivando a resolução do contrato de trabalho de seu empregado, que não pode ser despedido arbitrariamente por ser detentor de estabilidade, por cometimento de falta grave.

Determina o art. 494 da CLT que o empregado estável que cometer falta grave poderá ser suspenso de suas atividades, mas a dispensa apenas será válida após o processamento do inquérito judicial que apurar falta grave do empregado.

O inquérito judicial para apuração de falta grave se mostra necessário apenas nos seguintes casos de estabilidade:

a) Dirigente sindical, nos termos do art. 8º, VIII, da CF e art. 543, § 3º, da CLT;

b) Empregados eleitos membros de comissão de conciliação prévia, nos termos do art. 625-B, § 1º, da CLT;

ESTRUTURAS BÁSICAS E MODELOS DE PEÇAS

c) Empregados membros do Conselho Nacional de Previdência Social – CNPS, nos termos do art. 3º, § 7º da Lei 8.213/1991;

d) Empregados eleitos diretores de sociedades cooperativas, nos termos do art. 55 da Lei 5.764/1971;

e) Representantes dos trabalhadores no Conselho Curador do FGTS, nos termos do art. 3º, § 9º, da Lei 8.036/1990.

Importante lembrar que os casos de falta grave estão elencados no art. 482 da CLT, são eles: ato de improbidade; incontinência de conduta ou mau procedimento; desídia no desempenho das respectivas funções; embriaguez habitual ou em serviço; violação de segredo da empresa; ato de indisciplina ou de insubordinação; e abandono de emprego, dentre outras condutas.

Para os empregados domésticos, as hipóteses de justa causa estão elencadas no art. 27 da LC 150/2015.

Pela própria redação do art. 494 da CLT, a suspensão do empregado acusado de falta grave é faculdade do empregador. Por essa razão o inquérito deverá ser proposto no prazo decadencial de 30 (trinta) dias contados da data da suspensão ou do cometimento da falta grave.

Importante destacar que por se tratar de uma faculdade do empregador, a suspensão pode não ser exercida, hipótese em que o inquérito deverá ser ajuizado com o mais breve possível, sob pena de configuração do perdão tácito. Analogicamente se utiliza o prazo de 30 dias.

Determina o art. 495 da CLT que, se não for reconhecida a existência de falta grave, o empregador será obrigado a reintegrar o empregado no serviço e a pagar-lhe os salários a que teria direito no período da suspensão. Todavia, comprovada a prática da falta grave pelo empregado, o contrato será considerado rompido desde a data da suspensão do empregado.

No entanto, sendo desaconselhável a reintegração do empregado, devido a incompatibilidade entre os litigantes, poderá o juiz converter a reintegração em indenização dobrada em favor do empregado, nos termos dos arts. 496 e 497 da CLT.

O inquérito judicial deverá ser proposto perante a Vara do Trabalho ou Juiz de Direito (neste caso, nas hipóteses do art. 112 da CF), podendo a parte indicar até 6 (seis) testemunhas.

---

**Como identificar a peça**

a) Seu cliente será a empresa;

b) O empregado será detentor de estabilidade provisória que requer o ajuizamento de inquérito judicial;

c) Empregado estável cometeu uma falta grave;

d) Será o primeiro ato processual;

e) Pode ter ou não ter a suspensão do empregado;

f) Deve ser exercida no prazo de 30 dias (se houver suspensão do empregado) ou o mais breve possível (não havendo suspensão do empregado)

---

## 1.12.4.1 Estrutura do inquérito judicial para apuração de falta grave

### a) Endereçamento

Consiste em saber o juiz a quem a petição inicial é dirigida. O inquérito judicial será endereçado para a Vara do Trabalho ou Juiz de Direito nas hipóteses do art. 112 da CF.

O endereçamento deve ser feito por extenso e sem conter abreviaturas da seguinte forma:

PRÁTICA TRABALHISTA – 10ª EDIÇÃO

"EXCELENTÍSSIMO SENHOR DOUTOR JUIZ DO TRABALHO DA ...VARA DO TRA-BALHO DE ..."

### b) Qualificação do requerente/autor

A qualificação completa do Autor deverá ser feita abaixo do endereçamento. Recomendamos pular uma linha.

O requerente deverá ser qualificado da mesma maneira que na petição inicial, ou seja, conforme o art. 319, II, do CPC/2015.

Por se tratar de inquérito o requerente será uma pessoa jurídica e deverá ser qualificada da seguinte maneira: pessoa jurídica de direito privado, inscrita no CNPJ/MF sob o n°..., endereço eletrônico, com sede na (endereço completo com CEP).

### c) Indicação do advogado

*"por seu advogado que esta subscreve, com escritório em (endereço completo com CEP), onde receberá futuras notificações, vem à presença de Vossa Excelência..."*

### d) Identificação da medida processual – nome da peça e fundamentos legais

O examinando deverá identificar a medida processual, indicando seus respectivos fundamentos legais. Em se tratando inquérito judicial, o examinando deverá indicar os arts. 494, se for o caso, e o art. 853, ambos da CLT.

Recomenda-se que o examinando destaque o nome da peça, colocando-o centralizado e com letras maiúsculas e de forma.

### e) Qualificação do requerido/réu

O próximo passo será a qualificação completa do requerido, indicando seu endereço para que receba a notificação.

Como o requerido é uma pessoa física, **a qualificação será da seguinte maneira:** nome do requerido, nacionalidade, profissão, estado civil, nome da mãe, portador da cédula de identidade RG n°..., inscrito no CPF/MF sob o n°, número da CTPS, endereço eletrônico, com endereço sito na (endereço completo com CEP), por seu advogado, com escritório na ..., onde receberá futuras notificações..."

### f) Dos fatos

Nesse tópico o examinando deverá fazer um breve resumo dos fatos ocorridos no problema.

Não é recomendada a cópia *ipsis litteris* do texto do problema. Recomenda-se que o examinando traga a correta compreensão do problema apresentado.

É importante lembrar que o examinando não poderá deixar de indicar qual falta grave o requerido cometeu.

### g) Tempestividade

Informar que o inquérito judicial para apuração de falta grave está sendo ajuizado dentro do prazo decadencial de 30 dias, na forma do art. 853 da CLT.

### h) Mérito

Nesse item o examinando irá desenvolver a tese de seu inquérito judicial. Nesse caso a tese será o cometimento da falta grave por parte do empregado.

Recomendamos que nesse tópico o examinando faça o silogismo já apontado. Assim, deverá iniciar falando sobre a estabilidade do requerido; em seguida deverá dizer que aquele que tem estabilidade apenas poderá ser demitido após inquérito judicial. Logo em seguida, o examinando trará a baila a hipótese de falta grave cometida pelo empregado, nunca se esquecendo de explicá-la.

**i) Pedido**

Deverá o examinando requerer a procedência total dos pedidos, para reconhecer a justa causa de... (exemplo ato de improbidade) tipificada no art. 482, *a*, da CLT, com o fim de rescindir o contrato de trabalho do requerido desde a data da suspensão ou da falta grave cometida (caso de não suspensão do empregado).

**j) Requerimentos finais**

Nos requerimentos finais o examinando deverá requerer a notificação do requerido, para que apresente defesa, sob pena de revelia e confissão.

Deverá requerer também a produção de provas, por todos os meios em direito admitidos.

Deverá requerer a condenação em honorários advocatícios, art. 791-A CLT

**k) Valor da causa**

O examinando deve conferir valor à causa. Deverá o examinando apenas mencionar o valor da causa, de maneira que fique da seguinte forma: "Dá-se à causa o valor de R$..."

Obs.: Veja art. 292, II, do CPC/2015.

**l) Encerramento**

Nesse item o examinando irá encerrar a sua peça processual, colocando o local, a data e campo para a assinatura do advogado. Importante lembrar que o examinando não poderá assinar a medida processual deverá mencionar apenas a expressão "advogado OAB".

### 1.12.4.2 Modelo de inquérito judicial para apuração de falta grave

*Início da peça*

EXCELENTÍSSIMO SENHOR DOUTOR JUIZ DO TRABALHO DA... VARA DO TRABALHO DE... .

EMPRESA REQUERENTE, pessoa jurídica de direito privado, inscrita no CNPJ/MF sob o nº..., com sede na (endereço completo com CEP), por seu advogado que esta subscreve, endereço completo, onde receberá as futuras intimações, vem à presença de Vossa Excelência propor INQUÉRITO JUDICIAL PARA APURAÇÃO DE FALTA GRAVE com fulcro no art. 853 da CLT, combinado com art. 319 do CPC/2015, em face de REQUERIDO, nacionalidade, estado civil, profissão, nome da mãe, data de nascimento, portador da cédula de identidade RG número..., inscrito no CPF/MF sob o número..., número da CTPS e série, número do PIS, endereço eletrônico, endereço completo com CEP, pelos motivos de fato e de direito que passa a aduzir.

## I – DO CONTRATO DE TRABALHO

O examinando deverá trazer um resumo dos fatos ocorridos, sem abordar nenhum fato estranho ao problema.

## II – TEMPESTIVIDADE

Informa o autor que o inquérito judicial para apuração de falta grave está sendo ajuizado dentro do prazo decadencial de 30 dias, na forma do art. 853 da CLT.

## III - DA FALTA GRAVE

O Requerido é portador da estabilidade de (*escrever o tipo de estabilidade*) disposta no artigo (*colocar o dispositivo legal*).

No entanto, (colocar a falta grave, art. 482 da CLT, cometida pelo empregado e sua fundamentação), ocasionando a sua suspensão, nos termos do artigo 853 da CLT, para apuração da falta cometida.

Portanto, é a presente para apurar a falta grave cometida pelo Requerido, justificando, assim, a rescisão por justo motivo de seu contrato de trabalho, que é o que se pretende ao final deste.

## IV – DOS PEDIDOS

Diante do exposto requer a requerente, a procedência total do presente inquérito para apuração de falta grave para reconhecer a justa causa tipificada no art. 482 (indicar alínea) e declarar a rescisão do contrato de trabalho do Requerido, desde a data da suspensão do empregado.

## V – DOS REQUERIMENTOS

Requer provar o alegado por todos os meios de prova em direito admitido.

Requer, ainda, a notificação do requerido para, em querendo, apresentar defesa, sob pena de revelia e confissão.

A condenação ao pagamento das custas processuais e honorários advocatícios em 15%, na forma do art. 791-A da CLT.

Dá-se à causa o valor de R$...

Nestes termos, pede deferimento.


Local e data

Nome do advogado

OAB/... nº...

*Fim da peça*

## 2. Respostas do réu

São formas de resposta do réu:

a) Exceção de incompetência territorial (art. 800 da CLT);

b) Exceção de impedimento ou suspeição (art. 801 da CLT e arts. 144 e 145 do CPC);

c) Contestação (art. 847 da CLT).

### 2.1 Exceção de incompetência territorial/relativa

Nos termos do art. 651 da CLT, em regra, a reclamação deverá ser proposta na localidade em que o empregado prestou serviços. As exceções estão dispostas nos parágrafos do referido dispositivo legal.

Contudo, caso o reclamante não obedeça a citada disposição legal, poderá a reclamada nos termos do art. 800 da CLT oferecer exceção de incompetência territorial.

Importante lembrar que, nos domínios do processo do trabalho a incompetência territorial não poderá ser tratada como matéria preliminar de contestação, na forma do art. 337, II, CPC, tendo em vista que há procedimento específico na seara trabalhista.

#### 2.1.1 Procedimento

A exceção de incompetência territorial deverá ser apresentada no prazo de cinco dias a contar da notificação, antes da audiência e em peça que sinalize a existência desta exceção, devendo instruí-la com as provas necessárias. Ultrapassado o prazo, a matéria estará preclusa, não podendo o reclamado fazê-lo em audiência. Protocolada a petição, o processo ficará suspenso, ficando suspenso também o prazo prescricional.

A audiência inicialmente designada não irá ocorrer até que se decida a exceção de incompetência.

Apresentada a exceção, os autos serão imediatamente conclusos ao juiz, que intimará o reclamante e, se existentes, os litisconsortes, para manifestação no prazo comum de cinco dias. Caso entender necessária a produção de prova oral, o juízo designará audiência, garantindo o direito de o excipiente e de suas testemunhas serem ouvidos, por carta precatória, no juízo que este houver indicado como competente.

Uma vez decidida a exceção de incompetência territorial, o processo retomará seu curso perante o juízo competente, com a designação de audiência, a apresentação de defesa e a instrução processual.

Dessa forma, rejeitada a exceção de incompetência, o processo continuará com seu curso normal no local de ajuizamento da reclamação trabalhista. Se acolhida, os autos serão remetidos à localidade competente para prosseguimento do feito com designação de audiência.

#### 2.1.2 Decisão que julga a exceção de incompetência territorial

A decisão que julga/aprecia a exceção de incompetência territorial é classificada como uma decisão interlocutória. Em regra, nos termos do art. 893, § 1º, da CLT as decisões interlocutórias não ensejam a interposição de recurso imediato.

Assim, se rejeitada a exceção de incompetência, o processo continuará com seu curso normal no local de ajuizamento da reclamação trabalhista. Nessa hipótese não será admitida a interposição de recurso de imediato.

Todavia, se acolhida a exceção, o processo será remetido ao foro competente para prosseguimento do feito na localidade correta. Caso a decisão de acolhimento da exceção de incompetência remeta os autos para localidade pertencente a TRT distinto daquele em que inicialmente a reclamação foi

PRÁTICA TRABALHISTA – 10ª EDIÇÃO

distribuída, será recorrível de imediato, mediante recurso ordinário (art. 895, I, CLT), na forma da súmula 214, *c*, do TST. No entanto, caso seja acolhida a medida e os autos remetidos à localidade pertencente ao mesmo TRT, não será cabível a interposição de recurso.

---

**Como identificar a peça**

Para sabermos se o enunciado requer a apresentação de uma exceção de incompetência territorial devemos observar:

a) Seu cliente será o reclamado/réu;

b) Houve ajuizamento de reclamação trabalhista fora da regra de competência territorial que, em regra é estabelecida pela localidade da prestação de serviços, art. 651 CLT;

c) Ao invés de contestar, no prazo de 5 dias contados do recebimento da notificação deverá ser apresentada a exceção de incompetência territorial.

---

## 2.1.3 Estrutura da exceção de incompetência territorial

### a) Endereçamento

A exceção de incompetência territorial deverá ser dirigida ao juízo onde a reclamação trabalhista foi proposta, indicando o número da vara e a localidade apenas se o problema trouxer esses dados. Caso contrário, esses dados devem ser substituídos por reticências ou "xxx conforme item 3.5.9 do Edital do Exame de Ordem.". Por exemplo: "Excelentíssimo Senhor Doutor Juiz do Trabalho da ... Vara do Trabalho de ..."

O endereçamento deve ser feito por extenso e sem conter abreviaturas.

### b) Número do processo

Deverá indicar o número do processo abaixo do endereçamento. Recomendamos pular uma linha.

Caso o problema forneça esse dado deverá constar na petição. Não sendo fornecido esse elemento, o examinando deverá optar por inserir reticências, conforme item 3.5.9 do Edital do Exame de Ordem. Por exemplo: "Processo nº..."

### c) Qualificação do excipiente

O excipiente, autor da exceção, deverá ser qualificado por completo, tendo em vista que esta é a sua primeira manifestação nos autos e muitas vezes a qualificação dada pelo reclamante é imprecisa.

Vale lembrar que o examinando não poderá inserir na qualificação qualquer dado que não esteja no problema, sob pena de identificação da prova e, por consequência, sua anulação.

A excipiente, normalmente será uma empresa e deverá ser qualificada da mesma maneira que na petição inicial, ou seja, conforme o art. 319, II, do CPC.

Sendo a excipiente uma pessoa jurídica a qualificação terá *4 itens*: nome da excipiente, pessoa jurídica de direito privado, inscrita no CNPJ/MF sob o nº..., com sede na (endereço completo com CEP).

Pode ser que seja preciso qualificar a excipiente como uma pessoa física, como por exemplo, uma reclamação trabalhista contra um empregador doméstico.

Nesse caso a qualificação teria *7 itens*: 1. Nome, 2. nacionalidade, 3. estado civil, 4. profissão, 5. portador da cédula de identidade RG número..., 6. inscrito no CPF/MF sob o número..., 7.

endereço completo com CEP, por seu advogado que esta subscreve, endereço completo com CEP onde receberá futuras notificações, vem à presença de Vossa Excelência..."

### d) Indicação do advogado

*"por seu advogado que esta subscreve, com escritório em (endereço completo com CEP), onde receberá futuras notificações, vem à presença de Vossa Excelência..."*

### e) Identificação da medida processual

O examinando deverá identificar a medida processual, indicando seus respectivos fundamentos legais. Em se tratando de exceção de incompetência territorial, o examinando deverá ficar atento, pois deverá fundamentar sua petição no art. 800 da CLT.

### f) tempestividade

Importante indicar que a medida processual está sendo apresentada no prazo legal de 5 dias, de acordo com o art. 800 da CLT.

### g) Qualificação do excepto

Na exceção de incompetência territorial, o excepto é o autor da reclamação trabalhista. Nesse sentido, não necessita de qualificação, tendo em vista que já foi devidamente qualificado em sua peça inaugural. O examinando deverá se utilizar da seguinte expressão: "excepto, já qualificado nos autos".

### h) Fatos

Nesse tópico o examinando deverá fazer um breve resumo dos fatos ocorridos no problema.

Não é recomendada a cópia *ipsis litteris* do texto do problema. Recomenda-se que o examinando traga a correta compreensão do problema apresentado.

### i) Tempestividade

Embora já tenhamos indicado a tempestividade da medida no item f, importante abrir um tópico específico para tratar da tempestividade da medida. Nesse trecho basta indicar que a medida processual está sendo apresentada no prazo legal de 5 dias, conforme art. 800 da CLT.

### j) Direito/Fundamentação

Nesse item o examinando irá abordar sua tese de defesa.

Em se tratando de exceção de incompetência territorial o examinando utilizará como tese a regra de competência tratada no caput do art. 651 da CLT ou então as exceções trazidas nos parágrafos do mesmo dispositivo.

Vale lembrar que para melhor desenvolver a fundamentação é necessário que o examinando se utilize do método do silogismo, já apresentado.

### k) Pedido

O examinando deverá pedir o recebimento da exceção de incompetência territorial, com a consequente suspensão do processo, na forma do art. 800, § 1º, da CLT, e, ao final, seu acolhi-

PRÁTICA TRABALHISTA – 10ª EDIÇÃO
68

mento determinando a remessa dos autos ao juízo competente, com a designação de audiência e apresentação de defesa.

### l) Requerimentos finais

Nos requerimentos finais o examinando deverá apenas requerer a produção de provas, por todos os meios em direito admitidos.

Intimação do reclamante/excepto e, se existentes, os litisconsortes, para manifestação no prazo comum de 5 dias.

**ATENÇÃO!** Por se tratar de um incidente processual, não há condenação em honorários advocatícios sucumbenciais.

### m) Encerramento

Nesse item o examinando irá encerrar a sua peça processual, colocando o local, a data e o campo para a assinatura do advogado. Importante lembrar que o examinando não poderá assinar a medida processual deverá mencionar apenas a expressão "advogado OAB".

## 2.1.4 Modelo de exceção de incompetência territorial

*Início da peça*

EXCELENTÍSSIMO SENHOR DOUTOR JUIZ DO TRABALHO DA... VARA DO TRABALHO DE SÃO PAULO -CAPITAL

Processo nº...

EXCIPIENTE, pessoa jurídica de direito privado, inscrita no CNPJ/MF sob o nº..., com sede na (endereço completo com CEP), por seu advogado que esta subscreve, endereço completo, onde receberá as futuras intimações, vem à presença de Vossa Excelência, tempestivamente no prazo de 5 dias, nos autos da Reclamação Trabalhista movida por RECLAMANTE, apresentar EXCEÇÃO DE INCOMPETÊNCIA TERRITORIAL com fulcro no art. 800 da CLT, em face de EXCEPTO já qualificado nos autos, pelos motivos de fato e de direito que passa a aduzir.

### I – DO RESUMO DA DEMANDA

O examinando deverá trazer um resumo dos fatos ocorridos, sem abordar nenhum fato estranho no problema.

### II – TEMPESTIVIDADE

Informa o excipiente que a presente exceção de incompetência territorial está sendo apresentada dentro do prazo legal de 5 dias contados da data do recebimento da notificação, conforme determina o art. 800 da CLT.

### III – DA INCOMPETÊNCIA DO JUÍZO

O reclamante/excepto sempre laborou para a empresa reclamada/excipiente na cidade de São Caetano do Sul/SP, pertencente a 2ª Região. No entanto, distribuiu a presente reclamação na cidade de São Paulo – Capital, também pertencente a 2ª Região.

Ocorre que, nos moldes do art. 651 da CLT a reclamação trabalhista deverá ser proposta na localidade em que o reclamante/empregado prestar serviços. Referido dispositivo legal preserva a regra de competência territorial para o ajuizamento de reclamação trabalhista.

ESTRUTURAS BÁSICAS E MODELOS DE PEÇAS

Dessa forma, requer o acolhimento da exceção de incompetência territorial, reconhecendo a incompetência desse juízo, remetendo-se os autos ao juízo competente de São Caetano do Sul – São Paulo.

**IV – DO PEDIDO**

Diante do exposto requer:

a) recebimento da exceção de incompetência territorial, com a consequente suspensão do processo, na forma do art. 800, § 1º, da CLT, e, ao final, seu acolhimento determinando a remessa dos autos ao juízo competente de São Caetano do Sul/SP, com a designação de audiência e apresentação de defesa.

b) Requer a intimação do excepto/reclamante para apresentar sua manifestação no prazo legal de 5 dias, na forma do art. 800, § 2º, da CLT.

c) protesta provar o alegado por todos os meios de prova em direito admitido, em especial provas orais se o Juiz entender necessário.

Nestes termos, pede deferimento.

Local e data

Nome do advogado

OAB/... nº...

*Fim da peça*

## 2.2 Exceção de Impedimento e suspeição

Previstas no art. 799 da CLT constituem espécies de defesa que têm como fim atacar a parcialidade do juiz vinculado para processar e julgar a lide, tendo como finalidade assegurar que o processo seja apreciado por um juiz imparcial.

Dessa forma, poderão ser apresentadas pelo reclamante ou reclamada alegação de impedimento ou suspeição.

Importante destacar que não apenas a reclamada poderá apresentar as alegações de impedimento e suspeição, mas também o reclamante, que fará por meio de petição específica sempre que no curso do processo verificar a ocorrência de um dos motivos de impedimento ou suspeição.

As hipóteses de impedimento e suspeição estão indicadas no art. 801 da CLT. Por existir previsão parcial na norma consolidada, será aplicável o direito processual civil de forma subsidiária e supletiva, art. 769 da CLT e arts. 15 , 144 e 145 do CPC.

### 2.2.1 Impedimento

O impedimento diz respeito à perda de imparcialidade do juiz por critérios objetivos, ou seja, critérios que possam ser demonstrados de forma objetiva como por exemplo: pela apresentação de documentos, como se dá no caso de parentesco por consanguinidade.

O impedimento está disciplinado no art. 144 do CPC. A seguir, serão transcritos referidos artigos, com destaques para as principais hipóteses.

*Art. 144 do CPC. Há impedimento do juiz, sendo-lhe vedado exercer suas funções no processo:*

*I – em que interveio como mandatário da parte, oficiou como perito, funcionou como membro do Ministério Público ou prestou depoimento como testemunha;*

*II – de que conheceu em outro grau de jurisdição, tendo proferido decisão;*

PRÁTICA TRABALHISTA – 10ª EDIÇÃO

*III – quando nele estiver postulando, como defensor público, advogado ou membro do Ministério Público, seu cônjuge ou companheiro, ou qualquer parente, consanguíneo ou afim, em linha reta ou colateral, até o terceiro grau, inclusive;*

*IV – quando for parte no processo ele próprio, seu cônjuge ou companheiro, ou parente, consanguíneo ou afim, em linha reta ou colateral, até o terceiro grau, inclusive;*

*V – quando for sócio ou membro de direção ou de administração de pessoa jurídica parte no processo;*

*VI – quando for herdeiro presuntivo, donatário ou empregador de qualquer das partes;*

*VII – em que figure como parte instituição de ensino com a qual tenha relação de emprego ou decorrente de contrato de prestação de serviços;*

*VIII – em que figure como parte cliente do escritório de advocacia de seu cônjuge, companheiro ou parente, consanguíneo ou afim, em linha reta ou colateral, até o terceiro grau, inclusive, mesmo que patrocinado por advogado de outro escritório;*

*IX – quando promover ação contra a parte ou seu advogado.*

## 2.2.2 Suspeição

Já a suspeição do juiz diz respeito à perda de imparcialidade quando sua causa geradora possua natureza subjetiva, ou seja, necessite de um elemento subjetivo para que possa ser aferida. Por exemplo, quando há alegação de amizade íntima.

As hipóteses de suspeição estão dispostas no art. 801 da CLT e art. 145 do CPC (com ressalva feita quanto ao parentesco).

A seguir, serão transcritos referidos artigos, com destaques doas principais hipóteses.

*Art. 801 da CLT. O juiz, presidente ou vogal, é obrigado a dar-se por suspeito, e pode ser recusado, por algum dos seguintes motivos, em relação à pessoa dos litigantes:*

*a) inimizade pessoal;*

*b) amizade íntima;*

*c) parentesco por consanguinidade ou afinidade até o terceiro grau civil (hipótese de impedimento);*

d) interesse particular na causa.

*Parágrafo único. Se o recusante houver praticado algum ato pelo qual haja consentido na pessoa do juiz, não mais poderá alegar exceção de suspeição, salvo sobrevindo novo motivo. A suspeição não será também admitida, se do processo constar que o recusante deixou de alegá-la anteriormente, quando já a conhecia, ou que, depois de conhecida, aceitou o juiz recusado ou, finalmente, se procurou de propósito o motivo de que ela se originou.*

*Art. 145 do CPC. Há suspeição do juiz:*

*I – amigo íntimo ou inimigo de qualquer das partes ou de seus advogados;*

*II – que receber presentes de pessoas que tiverem interesse na causa antes ou depois de iniciado o processo, que aconselhar alguma das partes acerca do objeto da causa ou que subministrar meios para atender às despesas do litígio;*

*III – quando qualquer das partes for sua credora ou devedora, de seu cônjuge ou companheiro ou de parentes destes, em linha reta até o terceiro grau, inclusive;*

*IV – interessado no julgamento do processo em favor de qualquer das partes.*

## 2.2.3 Momento para arguição do impedimento ou suspeição

Embora parte da doutrina sustente a necessidade das alegações de impedimento ou suspeição serem apresentadas por meio de petição específica, de acordo com a posição majoritária dos TRTs de todo Brasil em razão dos princípios da informalidade, simplicidade e *jus postulandi* da parte, admite-se a apresentação das alegações de impedimento e suspeição por parte do reclamado no bojo da contestação (em sede de preliminar) sempre que o motivo ensejador já exista quando da oportunidade de sua apresentação.

No entanto, sempre que a ciência do motivo ensejador da suspeição ou impedimento se der após contestada a ação, poderá o réu apresentar as exceções de impedimento e suspeição por petição específica nos próprios autos, na primeira vez em que a parte tiver de falar nos autos ou em audiência, nos termos do art. 795 da CLT.

## 2.2.4 Procedimento

Oferecida a petição de impedimento ou suspeição, o juiz poderá tomar dois caminhos. Poderá o magistrado reconhecer a causa de impedimento ou suspeição, hipótese em que ordenará a remessa dos autos ao seu substituto legal ou, não se dando por suspeito ou impedido, no prazo de 15 dias, art. 146, § 1º, CPC/2015, dará as suas razões, acompanhadas de documentos e de rol de testemunhas, se houver, ordenando a remessa dos autos ao Tribunal para julgamento.

**ATENÇÃO!** A estrutura seguinte se prestará apenas para a hipótese de ciência do motivo ensejador da suspeição ou impedimento ocorrer após contestada a ação.

---

**Como identificar a peça**

Para sabermos se o enunciado requer a elaboração de uma petição específica de exceção de suspeição ou impedimento devemos observar:

Enunciado apresentará perda da imparcialidade do Juiz baseada em uma das situações de impedimento (art. 144 CPC) ou de suspeição (art. 145 do CPC);

Seu cliente pode ser o reclamante ou a reclamada;

Para elaboração da exceção de impedimento ou suspeição como peça autônoma, a ação deverá estar contestada.

---

## 2.2.5 Estrutura das exceções de impedimento ou suspeição

### a) Endereçamento

Deverá ser dirigida ao juízo onde a reclamação trabalhista estiver tramitando, indicando o número da vara e a localidade apenas se o problema trouxer esses dados. Caso contrário, esses dados devem ser substituídos por reticências, conforme item 3.5.9 do Edital do Exame de Ordem. Por exemplo: "Excelentíssimo Senhor Doutor Juiz do Trabalho da ... Vara do Trabalho de ..."

O endereçamento deve ser feito por extenso e sem conter abreviaturas.

### b) Número do processo

Deverá indicar o número do processo abaixo do endereçamento. Recomendamos pular uma linha.

Caso o problema forneça esse dado deverá constar na petição. Não sendo fornecido esse elemento, o examinando deverá optar por inserir reticências, conforme item 3.5.9 do Edital do Exame de Ordem. Por exemplo: "Processo nº..."

### c) Qualificação do requerente/excipiente

O requerente não precisará ser qualificado, tendo em vista que pela nova sistemática processual será feita em petição específica para esse fim, apresentada nos próprios autos, sem a necessidade de processo específico. Portanto, não há necessidade de distribuição por dependência.

PRÁTICA TRABALHISTA – 10ª EDIÇÃO

Ademais, nesse caso já existe contestação apresentada, sendo certo que a qualificação da parte já foi realizada.

Desse modo, o examinando deverá se utilizar da expressão "requerente, já qualificado nos autos..."

### d) Indicação do advogado

*"por seu advogado que esta subscreve, com escritório em (endereço completo com CEP), onde receberá futuras notificações, vem à presença de Vossa Excelência..."*

### e) Identificação da medida processual

O examinando deverá identificar a medida processual, indicando seus respectivos fundamentos legais. Em se tratando de impedimento ou suspeição, o examinando deverá ficar atento, pois deverá fundamentar sua petição nos arts. 799 e seguintes da CLT e arts. 144 ou 145 e art. 146 do CPC/2015.

### f) Qualificação do excepto

Na petição de impedimento e suspeição, o excepto não é o autor da reclamação trabalhista, mas sim o juiz da causa. Nesse sentido, ao qualificar a parte contrária, o examinando deverá qualificar o juiz da causa da seguinte maneira: "... em face do Meritíssimo Juiz do Trabalho da ...Vara do Trabalho (nome do Juiz, se o problema indicar)..."

### g) Fatos

Nesse tópico o examinando deverá fazer um breve resumo dos fatos ocorridos no problema.

Não é recomendada a cópia *ipsis litteris* do texto do problema. Recomenda-se que o examinando traga a correta compreensão do problema apresentado.

### h) Fundamentação

Nesse item o examinando irá abordar sua tese de defesa.

Em se tratando de impedimento o examinando utilizará uma das causas indicadas nos incisos do art. 144 CPC/2015; já para suspeição as hipóteses trazidas pelos incisos do art. 145 CPC/2015, casos em que há a perda da imparcialidade do juiz.

Vale lembrar que para melhor desenvolver a fundamentação é necessário que o examinando se utilize do método do silogismo, já apresentado.

### i) Pedido

O examinando deverá pedir o acolhimento do impedimento ou suspeição, para que o juiz se declare suspeito ou impedido, conforme o caso, remetendo-se os autos ao substituto legal ou se assim não entender, que apresente suas razões no prazo de 15 dias, a teor do art. 146, § 1º, CPC/2015, ordenando a remessa do incidente ao Egrégio Tribunal Regional do Trabalho da ... Região para apreciação do pedido.

### j) Requerimentos finais

Nos requerimentos finais o examinando deverá apenas requerer a produção de provas, por todos os meios em direito admitidos.

**ATENÇÃO!** Por se tratar de um incidente processual, não há condenação em honorários advocatícios sucumbenciais.

### k) Encerramento

Nesse item o examinando irá encerrar a sua peça processual, colocando o local, a data e o campo para a assinatura do advogado. Importante lembrar que o examinando não poderá assinar a medida processual, deverá mencionar apenas a expressão "advogado OAB".

## 2.2.6 Modelo de impedimento

O presente modelo de impedimento também poderá ser utilizado para elaboração de suspeição, modificando somente a hipótese de cabimento, nome da peça e seu fundamento legal.

*Início da peça*

EXCELENTÍSSIMO SENHOR DOUTOR JUIZ DO TRABALHO DA... VARA DO TRABALHO DE...

*(10 linhas)*

Processo nº...

EXCIPIENTE, pessoa jurídica de direito privado, inscrita no CNPJ/MF sob o nº..., com sede na (endereço completo com CEP), por seu advogado que esta subscreve, com escritório em (endereço completo com CEP), onde receberá futuras notificações, vem à presença de Vossa Excelência, nos autos da Reclamação Trabalhista movida por RECLAMANTE, arguir IMPE-DIMENTO com fulcro no art. 801 da CLT e art. 144, IV, do CPC, em face do MERITÍSSIMO JUIZ DO TRABALHO DA ...VARA DO TRABALHO DE ... (nome do Juiz), pelos motivos de fato e de direito que passa a aduzir.

**I – DO RESUMO DA DEMANDA**

O examinando deverá trazer um resumo dos fatos ocorridos, sem abordar nenhum fato estranho no problema.

**II – DO IMPEDIMENTO DO JUIZ**

Verifica-se nos autos que o reclamante é parente colateral, em segundo grau, do Meritís-simo Juiz, conforme documentos que instruem a presente exceção.

Portanto, nos moldes do art. 801, alínea "c", da CLT e art. 144, IV, do CPC, aplicado ao processo do trabalho nos termos do art. 769 da CLT e art. 15 do CPC, o Meritíssimo Juiz Do Trabalho encontra-se proibido de exercer suas funções por ser impedido para apreciar a demanda em foco.

Dessa forma, requer que este Meritíssimo Juiz se declare impedido, remetendo-se os autos ao substituto legal ou se assim não entender, que determine sua remessa ao Egrégio Tribunal Regional do Trabalho da ... Região para julgamento da presente exceção.

**III – DO PEDIDO**

a) Seja acatada a exceção de impedimento arguida, reconhecendo o impedimento/sus-peição do Juiz do Trabalho da...Vara do Trabalho de ..., ordenando a remessa dos autos ao substituto legal,

PRÁTICA TRABALHISTA – 10ª EDIÇÃO

b) se assim não entender, que preste suas razões no prazo de 15 dias, ordenando em seguida a remessa do incidente ao Egrégio Tribunal Regional do Trabalho da ... Região.

Protesta provar o alegado por todos os meios de prova em direito admitido.

Nestes termos, pede deferimento.

Local e data

Nome do advogado

OAB/... nº...

## 2.3 Contestação

A contestação está prevista no art. 847 da CLT e nos arts. 336 e seguintes do CPC/2015, aplicados de forma subsidiária ao processo do trabalho, por força do art. 769 da CLT e art. 15 do CPC/2015. Trata-se do principal meio de defesa do réu, que exerce seu direito constitucional de defesa e contraditório.

Na contestação deverá ser alegada toda a matéria de defesa, expondo as razões de fato e de direito, com que o direito do autor é impugnado.

### 2.3.1 Princípios norteadores da contestação

Dois princípios orientam a contestação: princípio da impugnação especificada e o princípio da eventualidade.

*a) Princípio da impugnação especificada:* estabelece que o reclamado impugne todos os pedidos formulados pelo reclamante, ou seja, todos os pedidos devem ser impugnados, sob pena de serem tidos como incontroversos. Os valores incontroversos deverão ser pagos pelo reclamado na própria audiência sob pena de multa de 50% sobre o valor incontroverso, nos termos do art. 467 da CLT.

*b) Princípio da eventualidade:* determina que todos os meios de defesa (preliminares, prejudiciais, mérito e reconvenção) sejam apresentados em uma única oportunidade, possibilitando ao magistrado, caso não aceite um deles, que reconheça os demais.

#### 2.3.1.1 Matérias arguíveis na contestação

O reclamado deverá apresentar todas suas teses de defesa, mesmo que elas sejam contrárias entre si, pois caso o juiz não acate uma, poderá acatar a outra. Caso o reclamado não atue dessa maneira, sofrerá os efeitos da preclusão.

Na contestação poderão ser apresentadas os seguintes tipos de defesas, **nessa ordem**:

1º) Preliminares;

2º) Prejudicias de mérito (prescrição bienal e quinquenal, em especial);]

3º) Mérito;

4º) Reconvenção.

#### 2.3.1.2 Preliminares

Defesas processuais. Trata-se das matérias preliminares ao mérito que estão elencadas no art. 337 do CPC que deverão ser apreciadas pelo magistrado antes mesmo de adentrar a análise do mérito da demanda. São elas:

**a) inexistência ou nulidade da citação**

Na Justiça do Trabalho, na fase de conhecimento, utiliza-se o termo notificação, também conhecida como "notificação citatória. A regra de citação/notificação está disposta no art. 841 da

ESTRUTURAS BÁSICAS E MODELOS DE PEÇAS

CLT que ensina que o reclamado será notificado para comparecer à audiência inaugural que deverá ocorrer com prazo mínimo de 5 dias. Assim, entre a data de recebimento da notificação pela reclamada e a data da audiência deve existir um prazo mínimo de 5 dias, sob pena de nulidade do ato.

Nessa hipótese o examinando deverá fazer pedido de nulidade de citação com o pedido de adiamento da audiência e designação de nova data para a audiência.

**OBS:** não recomendamos o pedido de extinção sem resolução de mérito.

### b) incompetência absoluta e relativa:

*Incompetência relativa*

Cumpre destacar que como modalidade de *incompetência relativa* na Justiça do Trabalho temos apenas a incompetência territorial. Pois bem, a incompetência relativa/territorial não será alegada como preliminar de contestação, devendo ser apresentada em petição autônoma de exceção de incompetência territorial, na forma do art. 800 da CLT. Vide item 2.1

### *Incompetência absoluta*

Em se tratando de contestação de uma reclamação trabalhista, a incompetência absoluta remete a ideia de incompetência material. As matérias que podem ser apreciadas pela Justiça do Trabalho estão elencadas no art. 114 da CF. Caso o reclamante faça pedidos de matérias que não são de competência da Justiça do Trabalho, surgirá a tese de incompetência material da Justiça do Trabalho. Como principais exemplos de incompetência da Justiça do Trabalho podemos citar: a) Incompetência para a cobrança de pedidos de recolhimento de contribuições previdenciárias que não foram efetuadas durante o contrato de trabalho (art. 114, VIII, CF e Súmula Vinculante 53 do STF); b) incompetência material para apreciação de ações envolvendo servidores estatutários (art. 114, I, CF e ADI 3395 STF); c) incompetência para processar e julgar ações que envolvam matérias criminais/penais (art. 114, I e IX, da CF e ADI 3684 STF); d) incompetência para ações que objetivam cobrança de honorários de profissional liberal (art. 114, I, CF e Súmula 363 do STJ), entre outras.

Havendo incompetência material da Justiça do Trabalho, o pedido a ser elaborado será de extinção sem resolução do mérito, quanto ao pedido para o qual a Justiça do Trabalho é incompetente, na forma do art. 485, IV, do CPC.

**c) incorreção do valor da causa:** tendo em vista que nos termos do art. 840, § 1º, CLT o reclamante deve fazer a liquidação dos pedidos, indicando o valor correspondente a cada um deles, não havendo relação da somatória dos pedidos com aquele atribuído como valor da causa, surgirá a tese de preliminar de incorreção do valor da causa.

Havendo tese de incorreção do valor da causa, o pedido a ser realizado será de que a reclamada faça a adequação do valor.

**d) inépcia da petição inicial:** ocorre inépcia da petição inicial quando presente uma das hipóteses do art. 330, § 1º, do CPC, qual seja: falta de pedido ou causa de pedir (art. 330, § 1º, I, CPC); pedido indeterminado (art. 330, § 1º, II, CPC); da narração dos fatos não decorrer logicamente a conclusão (art. 330, § 1º, III, CPC); pedidos incompatíveis entre si (art. 330, § 1º, IV, CPC). Especificamente esta preliminar tem aplicação frequente no Exame de Ordem; como por exemplo, se há pedido de horas extras, mas o empregado não narra a duração de seu trabalho, ou seja, há pedido, mas não há causa de pedir. Outrossim, pode estar presente a causa de pedir, mas não existir pedido,

PRÁTICA TRABALHISTA – 10ª EDIÇÃO

como na hipótese de narrar fatos que levariam ao pedido de equiparação salarial, mas não faz tal pedido. A inépcia da inicial por pedidos incompatíveis entre si ocorrerá principalmente na hipótese de *pedidos cumulados*, como por exemplo o empregado estável que pede, de forma cumulada, a rescisão indireta do contrato, por culpa exclusiva da reclamada (art. 483 da CLT) e a condenadação para que reclamada se abstenha de demitir sem justa causa no período da estabilidade provisória garantida às empregadas gestantes. Nesse caso, o que se busca é a rescisão do contrato por culpa do empregador ou a permanência do contrato por conta da estabilidade provisória? Isso mostra a incompatibilidade entre os pedidos.

Havendo tese de inépcia da petição inicial, deverá suscitar preliminar de inépcia em relação ao pedido, com a extinção sem resolução do mérito, art. 485, I, CPC.

**ATENÇÃO!** Com base no princípio da eventualidade, sempre que de acordo com as informações do problema for evidenciado que embora a petição inicial seja inepta, mas houver elementos/informações que possam dar ensejo à defesa direta de mérito, é importante que o examinante refute tal pedido, também como tese de mérito.

**e) perempção:** na Justiça do Trabalho há perempção provisória, ou seja, perda do direito de propor nova reclamação trabalhista pelo período de 6 meses, em duas hipóteses:

i: quando, após apresentar reclamação trabalhista verbal (art. 840, § 2º, CLT), o reclamante não retorna em 5 dias para reduzi-la a termo (art. 731 CLT);

ii: quando o reclamante dá causa a dois arquivamentos seguidos, por ausência à audiência prevista no art. 844 CLT (art. 732 CLT).

Havendo tese de perempção, o examinando deverá fazer pedido de extinção sem resolução do mérito, na forma do art. 485, V, do CPC

**f) litispendência:** nos termos do art. 337, §§ 1º e 3º, CPC há litispendência quando se reproduz ação anteriormente ajuizada já em curso. Havendo duas ações em curso há de continuar a ação que foi primeiramente distribuída, sendo que a segunda ação deverá ser extinta sem resolução de mérito. É importante ressaltar que ambas as ações devem estar simultaneamente em curso. Caso uma delas já tenha transitado em julgado, o caso não será de litispendência, mas sim de coisa julgada.

Havendo tese de litispendência, o examinando deverá fazer pedido de extinção sem resolução do mérito, na forma do art. 485, V, do CPC

**g) coisa julgada:** nos termos do art. 337, § 4º, CPC há coisa julgada quando se repete ação que já foi decidida por decisão transitada em julgado.

**ATENÇÃO!** A coisa julgada pode se caracterizar por todos os pedidos de uma ação ou apenas parte desses pedidos já julgados.

Havendo tese de coisa julgada, o examinando deverá fazer pedido de extinção sem resolução do mérito, na forma do art. 485, V, do CPC.

**h) conexão:** nos termos do art. 55 do CPC reputam-se conexas 2 (duas) ou mais ações quando lhes for comum o pedido ou a causa de pedir.

Havendo tese de conexão o examinando deverá requer a reunião das ações, conforme art. 55 do CPC.

i) **incapacidade da parte, defeito de representação ou falta de autorização:** diz respeito a capacidade civil, como ocorre no caso do menor de idade, que deve ser representado ou assistido por seus responsáveis legais; o espólio, que deve ser representado pelo inventariante, entre outros.

Havendo tese de incapacidade da parte o examinando deverá fazer pedido de extinção sem resolução de mérito, art. 485, VI, do CPC

j) **convenção de arbitragem:** no direito individual do trabalho a arbitragem é permitida somente na hipótese do art. 507-A da CLT, ou seja, nos contratos individuais de trabalho cuja remuneração for superior a duas vezes o limite máximo estabelecido para os benefícios do Regime Geral de Previdência Social, em que tiver sido pactuada cláusula compromissória de arbitragem, desde que por iniciativa do empregado ou mediante a sua concordância expressa.

Havendo tese de convenção de arbitragem, deverá o examinando requerer o reconhecimento da validade da cláusula arbitral e a competência do juízo arbitral, com a extinção sem resolução de mérito, art. 485, VII, CPC.

k) **ausência de legitimidade ou de interesse processual:** em outras palavras trata-se de ausência de uma das condições da ação, na forma do art. 17 do CPC. Como exemplos podemos citar a ilegitimidade passiva da empresa que alega não fazer parte do grupo econômico, ou ainda, não ter participado de relação de terceirização.

Havendo tese de incapacidade da parte o examinando deverá fazer pedido de extinção sem resolução de mérito, art. 485, VI, do CPC.

l) **falta de caução ou de outra prestação que a lei exige como preliminar:** hipótese que a lei processual (ou outra legislação) condicione o exercício da ação ao cumprimento de determinada condição de procedibilidade. Como exemplo poemos citar a necessidade do recolhimento de custas para ajuizamento de nova reclamação trabalhista quando arquivada por ser o reclamante ausente na audiência inaugural, art. 844, §§ 2º e 3º, CLT e, ainda, ausência do recolhimento do depósito prévio de 20% do valor da causa para ajuizamento da ação rescisória, art. 836 CLT.

Havendo tese de falta de caução ou prestação exigida por lei o examinando deverá fazer pedido de extinção sem resolução de mérito, art. 485, X, do CPC.

m) **indevida concessão do benefício de gratuidade de justiça:** para a concessão da justiça gratuita, é preciso que a parte receba salário igual ou inferior a 40% do limite máximo dos benefícios do RGPS, art. 790, § 3º, CLT ou comprove a insuficiência de recursos, art. 790, § 4º, da CLT. Caso tenha sido concedida a justiça gratuita sem o atendimento de tais requisitos, poderá ser requerida a cassação da concessão do benefício.

Havendo tese de indevida concessão da justiça gratuita, deverá o examinando requerer a revisão da decisão para cassar de concessão do benefício.

### 2.3.1.2.1 Suspeição e impedimento do Juiz como matéria preliminar em contestação

Além das preliminares dispostas no art. 337 do CPC, pode ser objeto de defesa preliminar em contestação as causas de impedimento e suspeição do Juiz. As causas ensejadoras de impedimento e suspeição estão dispostas no art. 801 da CLT e arts. 144 e 145 do CPC

Isso porque, de acordo com a posição majoritária dos TRTs de todo Brasil em razão dos princípios da informalidade, simplicidade e *jus postulandi* da parte, admite-se a apresentação das alegações de impedimento e suspeição por parte do reclamado no bojo da contestação (em sede de

PRÁTICA TRABALHISTA – 10ª EDIÇÃO 78

preliminar) sempre que o motivo ensejador já existir quando da oportunidade de sua apresentação. Caso o motivo ensejador apareça após contestada a ação, deverá ser apresentada petição apartada específica alegando causa de impedimento ou suspeição do Juiz.

Sobre as causas de impedimento e suspeição do Juiz remetemos o leitor ao item 2.2.

Havendo tese de impedimento ou suspeição do Juiz o examinando deverá requerer o acolhimento do impedimento ou suspeição, para que o juiz se declare suspeito ou impedido, conforme o caso, remetendo-se os autos ao substituto legal ou se assim não entender, que apresente suas razões no prazo de 15 dias, a teor do art. 146, § 1°, CPC/2015, ordenando a remessa do incidente ao Egrégio Tribunal Regional do Trabalho da ... Região para apreciação do pedido.

### 2.3.1.3 Prejudiciais de mérito

Após a análise e desenvolvimento das matérias preliminares, deve a parte interessada arguir as prejudiciais de mérito, também conhecidas como defesas indiretas de mérito. São matérias que impedem/prejudicam o exame do mérito da causa e, uma vez acatadas pelo juiz, acarretam extinção do processo com resolução do mérito, nos termos do art. 487 do CPC/2015. São elas:

a) prescrição (bienal e/ou quainquenal);

b) decadência;

c) compensação e

d) retenção.

Sem dúvida, na seara trabalhista em se tratando de contestação a mais importante delas é a prescrição bienal e quinquenal.

DICA: Sempre que o enunciado trouxer informações referentes à data, em especial data de contratação, data de extinção do contrato e data de ajuizamento de ação, há grande probabilidade de existir tese de prescrição.

#### 2.3.1.3.1 Prescrição bienal e quinquenal

A prescrição encontra-se disciplinada no art. 7°, XXIX, da CF:

*Art. 7°. (...)*

*XXIX – ação, quanto aos créditos resultantes das relações de trabalho, com prazo prescricional de cinco anos para os trabalhadores urbanos e rurais, até o limite de dois anos após a extinção do contrato de trabalho.*

Na CLT a prescrição vem disposta no art. 11, que assim dispõe:

*Art. 11. A pretensão quanto a créditos resultantes das relações de trabalho prescreve em cinco anos para os trabalhadores urbanos e rurais, até o limite de dois anos após a extinção do contrato de trabalho.*

Nesse sentido, ensina a súmula 308, I, do TST:

SUM-308 PRESCRIÇÃO QUINQUENAL

I. Respeitado o biênio subsequente à cessação contratual, a prescrição da ação trabalhista concerne às pretensões imediatamente anteriores a cinco anos, contados da data do ajuizamento da reclamação e, não, às anteriores ao quinquênio da data da extinção do contrato.

**ATENÇÃO!** O disposto neste artigo não se aplica às ações que tenham por objeto anotações para fins de prova junto à Previdência Social, na forma do art. 11, § 1°, da CLT.

Vale dizer que, tratando-se de pretensão que envolva pedido de prestações sucessivas, isto é, as que se prolongam no tempo, ou seja, se repetem mês a mês, decorrente de alteração ou descumprimento do pactuado, a prescrição é total, exceto quando o direito à parcela esteja também assegurado por preceito de lei.

No âmbito trabalhista, duas regras de prescrição devem ser observadas. São elas:

**Prescrição bienal**

A prescrição bienal refere-se ao direito de o trabalhador postular seus direitos após a extinção do contrato de trabalho. O reclamante deverá obedecer à prescrição bienal, ou seja, deverá ingressar com reclamação trabalhista no prazo de 2 (dois) anos contados do término do contrato de trabalho.

Havendo tese de prescrição bienal, deverá o examinando requerer seu acolhimento, declarando prescritos a totalidade dos créditos trabalhistas, com extinção com resolução de mérito, art. 487, II, CPC.

**Prescrição quinquenal**

Já a prescrição quinquenal se refere às lesões a direitos ocorridas durante a vigência do contrato. Nessa linha, uma vez extinto o contrato de trabalho, o obreiro terá prazo de 2 (dois) anos para pleitear seus direitos na Justiça do Trabalho. Todavia, poderá reclamar os 5 (cinco) anos que antecedem à propositura da reclamação trabalhista.

Havendo tese de prescrição quinquenal, deverá o examinando requerer seu acolhimento, declarando prescritos os créditos trabalhistas anteriores a (indicar o período prescrito, veja modelo), com extinção com resolução de mérito, art. 487, II, CPC.

**ATENÇÃO!** Vale destacar que a prescrição bienal e/ou quinquenal pode ser alegada em instância ordinária, como ensina a súmula 153 do TST. Assim, ainda que a prescrição não seja alegada em contestação, não haverá preclusão de tal matéria, que poderá ser alegada, por exemplo em sede de razões finais (art. 850 CLT) ou ainda, em sede de recurso ordinário (art. 895, I, CLT)

### 2.3.1.4 Defesas diretas de mérito

Ultrapassadas as matérias preliminares e as prejudiciais de mérito, deverá o examinando passar para a defesa direta de mérito, onde se impugna diretamente o pedido do autor.

Nessa modalidade de defesa o reclamado impugna diretamente os pedidos formulados pelo autor/reclamante, indicando o fundamento legal pertinente que embasa a pretensão de improcedência dos pedidos do autor/reclamante.

Nesse tópico o reclamado deverá atacar diretamente todos os pedidos feitos pelo reclamante sob pena de ser tido como incontroverso. Nesse caso, nos termos do art. 467 da CLT os pedidos incontroversos deverão ser pagos no dia da audiência, sob pena de multa de 50% do valor.

Para cada tese, o examinando deverá abir um tópico específico.

Em cada tese de mérito deverá o examinando requer a improcedência do pedido.

### 2.3.1.5 Reconvenção

Ultrapassadas as matérias de defesa do reclamado (preliminares, prejudiciais e méritos) poderá o reclamado apresentar reconvenção. Deverá o examinando abrir um novo tópico para tratar da reconvenção.

Trata-se de modalidade de resposta do réu, concernente a um ataque, e não a uma defesa. Embora esteja dentro da contestação, possui natureza jurídica de "ação", proposta pelo réu/reclamado (chamado de reconvinte), em face do autor/reclamante (chamado de reconvindo) no corpo da contestação. Nessa modalidade de resposta o réu/reclamado não busca defender-se, mas sim atacar, ou seja, formular uma pretensão contra o autor/reclamante da ação principal (reclamação trabalhista)

Caso haja matéria de defesa, deverá ser apresentada com a contestação em seu bojo, nos termos do art. 343 do CPC, aplicado ao processo do trabalho por força do art. 769 da CLT e art. 15

PRÁTICA TRABALHISTA – 10ª EDIÇÃO

do CPC. Importante destacar que, o § 6º do art. 343 do CPC, prevê que a reconvenção pode ser apresentada independente da contestação. Em tal hipótese, será peça autônoma; o nome da peça será reconvenção, a fundamentação legal será o art. 343 do CPC e a estrutura é semelhante a de uma petição inicial.

Para ser admitida deve preencher os seguintes requisitos:

a) o juízo da causa principal deve ser absolutamente competente para apreciar, além da ação principal, a matéria proposta na própria reconvenção;

b) deve haver compatibilidade entre os procedimentos aplicáveis à ação principal e à reconvenção, art. 327, § 1º, III, do CPC/2015;

c) deve haver conexão entre as ações, ou seja, quando lhes for comum o objeto ou a causa de pedir, art. 55 do CPC/2015.

Geralmente, as teses de reconvenção estão relacionadas com danos, sejam eles patrimoniais art. 462, § 1º, da CLT e arts. 186 e 927 do CC e/ou extrapatrimoniais, arts. 223-A a G da CLT.

No XXV Exame Unificado a banca examinadora exigiu a elaboração de uma tese de reconvenção na contestação. Nessa oportunidade, o caso tratava da situação em que a empregada havia arremessado pedras contra o prédio da empresa, vindo a quebrar vidraças, causando danos de R$ 300,00. Por essa razão, a empresa deveria requerer o ressarcimento do valor de R$ 300,00 relativo ao vidro quebrado.

Portanto, a reconvenção deverá ser ofertada caso exista pretensão do reclamado em face do reclamante. Na estrutura da peça a reconvenção será a última tese da contestação, devendo ser inserida após a última defesa direta de mérito. Veja modelo.

**Atenção!** Por possuir natureza jurídica de ação, nos termos dos arts. 291 e 292 do CPC/2015 à reconvenção também deverá ser atribuído o valor da causa. Outrossim, autoriza o pedido de condenação da parte contrária (reclamante) ao pagamento de honorários advocatícios, art. 791-A, § 5º, CLT.

Havendo tese de reconvenção, deverá o examinando requerer a procedência da reconvenção para condenar o reclamante/reconvindo.

## 2.3.2 Estrutura da contestação

OBS: A presente estrutura se refere a uma contestação com tese de preliminar, prescrição, mérito e reconvenção. Caso no exercício a ser resolvido não haja uma dessas teses, basta não indicá-la no corpo da peça.

### 1. Endereçamento

A contestação deverá ser dirigida ao juízo da localidade onde a reclamação trabalhista estiver tramitando, indicando o número da vara e a localidade apenas se o problema trouxer esses dados. Caso contrário, esses dados devem ser substituídos por reticências, conforme item 3.5.9 do Edital do Exame de Ordem. Por exemplo: "Excelentíssimo Senhor Doutor Juiz do Trabalho da ... Vara do Trabalho de ..."

O endereçamento deve ser feito por extenso e sem conter abreviaturas.

### 2. Número do processo

Deverá indicar o número do processo abaixo do endereçamento.

ESTRUTURAS BÁSICAS E MODELOS DE PEÇAS

Caso o problema forneça esse dado deverá constar na petição. Não sendo fornecido esse elemento, o examinando deverá optar por inserir reticências, conforme item 3.5.9 do Edital do Exame de Ordem. Por exemplo: "Processo nº..."

### 3. Qualificação do reclamado

O reclamado deverá ser qualificado em sua peça contestatória na medida em que é a sua primeira manifestação nos autos e muitas vezes a qualificação dada pelo reclamante é imprecisa.

Vale lembrar que o examinando não poderá inserir na qualificação qualquer dado que não esteja no problema, sob pena de identificação da prova e, por consequência, sua anulação.

O reclamado, normalmente uma empresa, deverá ser qualificado da mesma maneira que na petição inicial, ou seja, conforme o art. 319, II, do CPC.

Sendo a reclamada uma pessoa jurídica a qualificação terá *4 itens*: (1) nome da reclamada, (2) pessoa jurídica de direito privado, (3) inscrita no CNPJ/MF sob o nº..., , (4) com sede na (endereço completo com CEP).

Pode ser que seja preciso qualificar a reclamada como uma pessoa física, como por exemplo, uma reclamação trabalhista contra um empregador doméstico ou empregador rural.

Nesse caso a qualificação teria *7 itens*: 1. Nome, 2. nacionalidade, 3. estado civil, 4. profissão, 5. portador da cédula de identidade RG número..., 6. inscrito no CPF/MF sob o número..., 7. endereço completo com CEP,

### 4. Indicação do advogado

"por seu advogado que esta subscreve, endereço completo com CEP onde receberá futuras notificações, vem à presença de Vossa Excelência..."

### 5. Identificação da medida processual e fundamentação legal

O examinando deverá identificar a medida processual, indicando seus respectivos fundamentos legais. Em se tratando de contestação, o examinando deverá indicar o art. 847 da CLT, combinado com os arts. 336 e seguintes do CPC/2015.

### 6. Qualificação do reclamante

O reclamante não necessita de qualificação, tendo em vista que já foi devidamente qualificado em sua peça inaugural. O examinando deverá se utilizar da seguinte expressão: "reclamante, já qualificado nos autos".

### 7. Fatos

Nesse tópico o examinando deverá fazer um breve resumo dos fatos ocorridos no problema.

Não é recomendada a cópia *ipsis litteris* do texto do problema. Recomenda-se que o examinando traga a correta compreensão do problema apresentado.

### 8. Preliminares

Nesse item o examinando deverá apresentar sua defesa processual, se for o caso. Assim, antes de impugnar o mérito da demanda, poderá discutir os vícios processuais previstos no art. 337 do CPC.

PRÁTICA TRABALHISTA – 10ª EDIÇÃO

Ademais, seguindo a nova sistemática processual que prevê a regra da defesa simplificada, bem como o entendimento majoritário que admite as exceções de impedimento e suspeição no bojo da contestação, nesse item o examinando poderá fazer tais arguições.

Sobre as argumentações e pedido de cada uma das preliminares, remetemos o leitor ao item 2.3.1.1

### 9. Prejudicial de mérito

Nesse item o examinando deverá abordar as prejudiciais de mérito, como a prescrição, decadência, compensação e retenção.

Sobre as argumentações e pedido da prescrição bienal e/ou quinquenal, remetemos o leitor ao item 2.3.1.2

### 10. Mérito

Nesse item o examinando deverá esgotar suas teses de defesa. Para orientações sobre como procurar as teses, remetemos o leitor ao item 3.8 – Orientações ao examinando (p. 10).

Ultrapassadas as matérias preliminares previstas no art. 337 do CPC/2015 e as prejudiciais de mérito como prescrição, decadência, compensação e retenção, deverá o examinando impugnar o direito propriamente pleiteado na petição inicial.

Assim, em obediência aos princípios da impugnação especificada/específica e da eventualidade, o examinando deverá impugnar todos os pedidos elaborados na petição inicial.

Recomenda-se que para cada direito rebatido o examinando abra um tópico desenvolvendo dentro dele o silogismo, como no exemplo a seguir:

1º)O Reclamante pleiteia o pagamento de horas suplementares com o respectivo adicional, por laborar acima do limite previsto na Constituição Federal, exercendo seu labor em atividade externa.

2º)No entanto, o art. 62, inciso II, da CLT ensina que as regras de proteção de duração do trabalho não são aplicáveis aos trabalhadores que exercem atividade externa, que torna incompatível a fixação de horários, não fazendo jus ao pedido de horas extras.

3º)Dessa forma, requer a improcedência do pedido.

### 11. Reconvenção

A reconvenção somente deverá ser oferecida caso exista pretensão da reclamada em face do reclamante.

Apontar possibilidade de propor reconvenção no corpo da contestação, art. 343 CPC.

Desenvolver teses. Geralmente, as teses estão relacionadas com danos (patrimoniais e/ou extrapatrimoniais) causados pelo empregado ao empregador. Vide arts. 462, § 1º, CLT, arts. 223-A a G da CLT e arts. 186 e 927 CC.

Concluir a tese pedindo a procedência da reconvenção para condenar o reclamante ao pagamento dos danos causados.

**ATENÇÃO!** Esse tópico somente será desenvolvido se existir tese de reconvenção, geralmente relacionada com pretensão do reclamado contra o reclamante com objetivo de obter reparação de danos causados.

Remetemos o leitor ao item 2.3.1.4

## 12. Pedido

Deverá o examinando pedir:

a) Acolhimento das preliminares;

b) Acolhimento das prejudiciais de mérito;

c) no mérito a improcedência total dos pedidos.

Caso haja tese de reconvenção o examinando deverá pedir sua procedência.

## 13. Requerimentos finais

Nos requerimentos finais o examinando deverá requerer:

a) a produção de provas, por todos os meios em direito admitidos.

b) pagamento de custas processuais e honorários advocatícios na ordem de 15%, na forma do art. 791-A da CLT.

c) pagamento de honorários advocatícios na reconvenção, art. 791-A, § 5º, da CLT. (*somente em caso de reconvenção*).

d) intimação do reclamante para apresentar defesa à reconvenção; (*somente em caso de reconvenção*).

**ATENÇÃO!** Tais requerimentos somente deverão constar se existir tese de de reconvenção.

## 14. Valor da causa

"Dá-se à reconvenção o valor da causa de R$...

*OBS: somente deve ter valor da causa em se tratando de contestação com reconvenção."*

**ATENÇÃO!**

## 15. Encerramento

Nesse item o examinando irá encerrar a sua peça processual, colocando o local, a data e o campo para a assinatura do advogado. É importante lembrar que o examinando não poderá assinar a medida processual deverá mencionar apenas a expressão "advogado OAB".

## 2.3.3 *Modelo de contestação simples (sem reconvenção)*

*Início da peça*

EXCELENTÍSSIMO SENHOR DOUTOR JUIZ DO TRABALHO DA 1ª VARA DO TRABALHO DE SÃO PAULO/SP

PROCESSO Nº 0100217-58.2023.5.02.001

RECLAMADA, pessoa jurídica de direito privado, inscrita no CNPJ/MF sob o nº...,com sede na (endereço completo com CEP) por seu advogado que esta subscreve vem à presença de Vossa Excelência, nos autos da Reclamação Trabalhista que lhe move RECLAMANTE, já qualificado nos autos, apresentar CONTESTAÇÃO com fulcro no art. 847 da CLT combinado com art. 336 e seguintes do CPC, pelos motivos de fato e de direito que passa a aduzir.

## I – RESUMO DA INICIAL

O Reclamante laborou para a Reclamada. Não satisfeito, ingressou com a presente reclamação trabalhista.

## PRELIMINARMENTE – INÉPCIA DA PETIÇÃO INICIAL

Inicialmente, nos termos do art. 337, IV, do CPC/2015 a Reclamada argui inépcia parcial da petição inicial.

O art. 330, § 1º, I, do CPC ensina ser inepta a petição inicial quando ausentes a causa de pedir ou o pedido. Nessa linha, deixou o reclamante de apontar a causa de pedir, referente aos fatos capazes de caracterizar seu pedido de equiparação salarial. E, ainda, o reclamante não indicou o nome do paradigma, o que determina o indeferimento da petição inicial, na forma do art. 330, I, CPC.

Dessa maneira, requer, o acolhimento da preliminar de inépcia da inicial por ausência de causa de pedir, com extinção sem resolução do mérito, com fulcro no art. 485, I, CPC.

## PREJUDICIAL DE MÉRITO – PRESCRIÇÃO QUINQUENAL

Em 15 de março de 2024 o reclamante ajuizou reclamação trabalhista pleiteando, em suma, horas extras e o respectivo adicional, sustentando ter laborado para a empresa reclamada no período de 15 de maio de 2011 a 15 de maio de 2023.

O art. 7º, XXIX, da CF ensina que ao ajuizar reclamação trabalhista o obreiro poderá reclamar apenas os créditos dos 5 (cinco) anos que antecedem a propositura da reclamação trabalhista. Nesse mesmo sentido dispõe o art. 11 da CLT. O Tribunal Superior do Trabalho, através do entendimento cristalizado na Súmula 308, item I, do TST, ensina que, respeitado o biênio subsequente à cessação contratual, a prescrição da ação trabalhista concerne às pretensões imediatamente anteriores a cinco anos, contados da data do ajuizamento da reclamação e, não, às anteriores ao quinquênio da data da extinção do contrato.

Dessa forma, requer seja acolhida a prescrição quinquenal, declarando prescritos os créditos anteriores a 15 de maio de 2018, julgando extinta tal pretensão com resolução do mérito, nos termos do art. 487, II, do CPC.

## IV – MÉRITO

## DO NÃO CABIMENTO DAS HORAS EXTRAS

O reclamante pleiteia o recebimento de horas extras e o respectivo adicional por trabalhar como gerente geral de agência bancária, acima do limite previsto na Constituição Federal

No entanto, dispõe o art. 62, II, da CLT que os gerentes, considerados aqueles que exercem cargo de confiança não estão protegidos pela regra do regime da duração de trabalho, podendo laborar acima do limite previsto em nossa Constituição Federal. Nesse sentido o TST firmou entendimento cristalizado na Súmula 287 em que ao gerente-geral de agência bancária, presume-se o exercício de encargo de gestão, aplicando-se-lhe a regra disposta no art. 62 da CLT.

Dessa forma, requer a improcedência do pedido de horas extras.

## V - DOS PEDIDOS

Diante do exposto requer

a) o acolhimento da preliminar de inépcia da inicial por ausência de causa de pedir, com extinção sem resolução do mérito, com fulcro no art. 485, I, CPC;

b) seja acolhida a prescrição quinquenal, declarando prescritos os créditos anteriores a 15 de maio de 2018, julgando extinta tal pretensão com resolução do mérito, nos termos do art. 487, II, do CPC;

c) no mérito, a improcedência total dos pedidos.

**REQUERIMENTOS FINAIS**

A produção de provas por todos os meios em direito admitidos;

A condenação ao pagamento de honorários advocatícios sucumbenciais, na forma do art. 791-A da CLT.

Nestes termos, pede deferimento.

Local e data: ...

AdvogadoOAB/...n° ...

*Fim da peça*

## 2.3.4 Modelo de contestação com reconvenção

*Início da peça*

EXCELENTÍSSIMO SENHOR DOUTOR JUIZ DO TRABALHO DA 1ª VARA DO TRABALHO DE SÃO PAULO/SP

PROCESSO Nº 0100217-58.2023.5.02.001

MARADONA EMPREENDIMENTOS LTDA., pessoa jurídica de direito privado, inscrita no CNPJ sob o nº ..., endereço completo e CEP, por seu advogado que esta subscreve, (procuração anexa), endereço completo, onde receberá futuras notificações, vem, à presença de Vossa Excelência, com fundamentos nos arts. 847 da CLT combinado com arts. 336 e seguintes do CPC/2015 aplicados por força do art. 769 da CLT e art. 15 CPC/2015, apresentar CONTESTAÇÃO nos autos da Reclamação Trabalhista movida por JOÃO, já qualificado nos autos, pelos fatos e fundamentos jurídicos que passa a expor:

**DOS FATOS**

O Reclamante laborou para a Reclamada. Não satisfeito, ingressou com a presente reclamação trabalhista.

**PRELIMINARMENTE – INÉPCIA DA PETIÇÃO INICIAL**

Inicialmente, nos termos do art. 337, IV, do CPC/2015 a Reclamada argui inépcia parcial da petição inicial.

O art. 330, § 1º, I, do CPC ensina ser inepta a petição inicial quando ausentes a causa de pedir ou o pedido. Nessa linha, deixou o reclamante de apontar a causa de pedir, referente aos fatos capazes de caracterizar seu pedido de equiparação salarial. E, ainda, o reclamante não indicou o nome do paradigma, o que determina o indeferimento da petição inicial, na forma do art. 330, I, CPC.

Dessa maneira, requer, o acolhimento da preliminar de inépcia da inicial por ausência de causa de pedir, com extinção sem resolução do mérito, com fulcro no art. 485, I, CPC.;

**PREJUDICIAL DE MÉRITO – PRESCRIÇÃO BIENAL**

Em 15 de maio de 2024 o reclamante ajuizou reclamação trabalhista pleiteando, em suma, horas extras e o respectivo adicional, sustentando ter laborado para a empresa reclamada no período de 15 de maio de 2020 a 15 de março de 2022.

PRÁTICA TRABALHISTA – 10ª EDIÇÃO

O art. 7º, XXIX, da CF ensina que o empregado terá o prazo prescricional de 2 anos a contar da data de extinção do contrato de trabalho para pleitear os créditos decorrentes do contrato de trabalho. Nesse mesmo sentido dispõe o art. 11 da CLT. Assim, verifica-se no caso em debate que o reclamante não observou o prazo de prescrição bienal.

Dessa forma, requer seja acolhida a prescrição bienal, declarando prescritos a totalidade dos créditos trabalhistas, julgando extinta tal pretensão com resolução do mérito, nos termos do art. 487, II, do CPC.

## DO NÃO CABIMENTO DAS HORAS EXTRAS

O reclamante pleiteia horas extras e o respectivo adicional sob o argumento de que na condição de gerente, pelo menos duas vezes na semana iniciava seu labor as 8h, estendendo sua jornada até às 20h.

Razão não assiste ao reclamante, tendo em vista sua função de gerente, exercendo poderes de mando, está excluído do capítulo de duração do trabalho, não fazendo jus ao pedido de horas extras.

Dessa forma, requer a improcedência do pedido de horas extras e adicional.

## DA RECONVENÇÃO

Nos termos do art. 343 do CPC, aplicado ao processo do trabalho por força do art. 769 da CLT e art. 15 do CPC/2015, é lícito à reclamada a apresentação de reconvenção.

Ao ser informado sobre o cumprimento do aviso-prévio, o reclamante adotou uma conduta violenta, gritando, dizendo-se injustiçado. Nesse momento foi solicitado o auxílio dos seguranças da empresa reclamada, momento que o reclamante pegou uma pedra do chão e arremessou contra a vidraça do prédio da empresa, causando danos no importe de R$ 300,00 (trezentos reais) como se observa pelas notas fiscais acostadas aos autos.

Nos termos do art. 186 do CC aquele que, por ação violar direito e causar dano a outrem comete ato ilícito. Nesse sentido dispõe o art. 927 do CC que aquele que, por ato ilícito causar dano a outrem, fica obrigado a repará-lo. Já o art. 462, § 1º, da CLT ensina que em caso de dano causado pelo empregado, o desconto será lícito na ocorrência de dolo, ou seja, sempre que houver intenção do empregado em causar dano ao empregador, deverá ele reparar o dano.

Dessa forma, requer a procedência da reconvenção para condenar o reclamante/reconvindo ao pagamento do valor de R$ 300,00 (trezentos reais) relativos aos danos causados a reclamada/reconvinte.

## DOS PEDIDOS

Diante do exposto requer:

**a)** o acolhimento da preliminar de inépcia da inicial por ausência de causa de pedir, com extinção sem resolução do mérito, com fulcro no art. 485, I, CPC;

**b)** seja acolhida a prescrição bienal, declarando prescritos a totalidade dos créditos trabalhistas, julgando extinta tal pretensão com resolução do mérito, nos termos do art. 487, II, do CPC.

**c)** no mérito a improcedência total dos pedidos;

d) a procedência da reconvenção para condenar o reclamante/reconvindo ao pagamento do valor de R$ 300,00 (trezentos reais) relativos aos danos causados a reclamada/reconvinte.

**e)** condenação do reclamante ao pagamento de honorários advocatícios na ação principal, nos termos do art. 791-A da CLT;

ESTRUTURAS BÁSICAS E MODELOS DE PEÇAS

f) condenação ao pagamento de honorários advocatícios sucumbenciais na reconvenção, art. 791-A, § 5º, da CLT.

g) a intimação do autor/reconvindo para apresentar defesa à reconvenção no prazo legal;

**h)** contados da data do recebimento da notificação

Dá-se à reconvenção o valor da causa de R$...

Termos em que, pede deferimento.
Local e data
Advogado/OAB

*Fim da peça*

## 3. Recursos

**FLUXOGRAMA
MAPA PROCESSUAL – FASE RECURSAL**

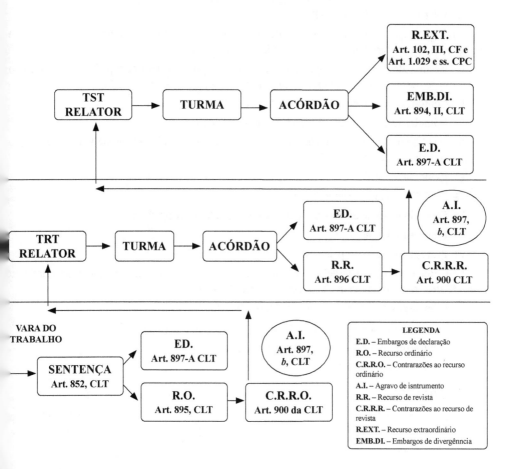

PRÁTICA TRABALHISTA – 10ª EDIÇÃO

1. Sentença

1.1 Embargos de declaração (somente em casos de omissão, contradição, obscuridade ou correção de erro material na decisão recorrida, art. 897-A CLT)

2. Recurso ordinário, art. 895, I, CLT (interposto perante a Vara do Trabalho – juízo a quo - com pedido de remessa ao TRT competente)

3. Contrarrazões ao recurso ordinário – art. 900 CLT

4. Primeiro juízo de admissibilidade, realizado pelo Juiz da Vara do Trabalho – juízo a quo.

Atenção! Se o recurso não for admitido no 1º juízo de admissibilidade, é cabível a interposição de agravo de instrumento, art. 897, b, CLT.

5. Remessa ao TRT competente

6. No TRT – distribuição ao Relator

7. Segundo juízo de admissibilidade (feito pelo Desembargador Relator – juízo ad quem)

Atenção! Se o recurso não for admitido no 2º juízo de admissibilidade, será cabível a interposição de agravo regimental.

8. Remessa à turma do TRT (composto por um Desembargador Relator e dois Desembargadores Revisores)

9. Prolação de acórdão pelo TRT

9.1 Embargos de Declaração (somente em casos de omissão, contradição, obscuridade ou correção de erro material na decisão recorrida – art. 897-A CLT)

10. Recurso de Revista, art. 896, a, b ou c, CLT (interposto no TRT com pedido de remessa ao TST). Em se tratando de procedimento sumaríssimo, vide art. 896, § 9º, CLT)

11. Contrarrazões ao Recurso de Revista, art. 900 CLT

12. Primeiro juízo de admissibilidade (feito pelo TRT)

Atenção! Se o recurso não for admitido no 1º juízo de admissibilidade, é cabível a interposição de agravo de instrumento, art. 897, b, CLT.

13. Remessa ao TST

14. No TST – distribuição ao Relator

15. Segundo juízo de admissibilidade (realizado pelo Ministro Relator)

16. Remessa à Turma

17. Prolação de acórdão pelo TST

17.1 Embargos de Declaração (somente em casos de omissão, contradição, obscuridade ou correção de erro material na decisão recorrida, art. 897-A CLT)

17.2 Embargos de divergência no TST (art. 894, II, CLT)

17.3 Recurso Extraordinário ao STF (art. 102, III, CF e art. 1.029 CPC)

18. Contrarrazões ao Recurso Extraordinário (art. 1.030 CPC)

19. Prolação de acórdão pelo STF

## 3.1 Conceito

Para o ilustre professor Fredie Didier (2009, p. 19) "recurso é o remédio voluntário idôneo a ensejar, dentro do mesmo processo, a reforma, a invalidação, o esclarecimento ou a integração de decisão judicial que se impugna."

## 3.2 Efeitos dos recursos

### 3.2.1 Efeito devolutivo

Estabelece o art. 899 da CLT que os recursos trabalhistas serão dotados, em regra, de efeito meramente devolutivo, sendo possível a execução provisória até a penhora.

O efeito devolutivo ensina que a matéria impugnada pelo recorrente será reexaminada pelo órgão superior hierárquico. O efeito devolutivo, portanto, devolve o exame da questão impugnada ao órgão superior hierárquico.

### 3.2.2 Efeito suspensivo

O efeito suspensivo impede a produção imediata dos efeitos da decisão. Em outras palavras, podemos dizer que, uma vez interposto o recurso, dotado desse efeito, a execução da sentença ficará suspensa.

Recebido um recurso no efeito suspensivo, a decisão impugnada não poderá ser executada, devendo a parte interessada aguardar o julgamento do recurso pela instância superior.

Nos domínios do processo do trabalho poderá ser atribuído efeito suspensivo às decisões das Turmas dos Tribunais do Trabalho, no julgamento em processos coletivos, em conformidade com o art. 7º da Lei 7.701/1988.

Não obstante, em regra, os recursos trabalhistas possuem unicamente o efeito devolutivo, permitindo a execução provisória até a penhora, ou seja, não se admite o efeito suspensivo.

Caso a parte pretenda a obtenção de efeito suspensivo, deverá formular pedido dirigido ao Tribunal, ao relator ou ao Presidente ou Vice-presidente do tribunal recorrido, por aplicação subsidiária do art. 1.029, § 5º, CPC ao processo do trabalho, como ensina a parte final da Súmula 414, I, do TST.

## 3.3 Princípio da uniformidade do prazo recursal

No Processo do Trabalho, em regra, os recursos são interpostos e contrarrazoados no prazo de 8 dias. Neste sentido, artigo 6º da Lei 5.584/70 e artigo 900 da Consolidação das Leis do Trabalho. Os prazos são computados em dias úteis, na forma do art. 775 da CLT.

### 3.3.1 Recursos submetidos ao prazo de 8 dias

**a) Recurso Ordinário**: art. 895 da CLT;

**b) Agravo de Instrumento**: art. 897, "b" da CLT;

**c) Agravo Interno ou Regimental**: art. 1.021 do CPC e Súmula 435 do TST.

**d) Recurso de Revista**: art. 896 CLT;

**e) Embargos no TST**: art. 894 da CLT;

**f) Agravo de Petição**: art. 897, "a" da CLT

### 3.3.2 Recursos NÃO submetidos ao prazo de 8 dias

**a) Embargos de Declaração**: art. 897-A da CLT, opostos no prazo de 5 dias.

**b) Recurso Extraordinário para o STF**: art. 102, III, CF, interposto no prazo de 15 dias.

**c) Recurso Ordinário Constitucional (ROC)**: art. 102, II, CF, interposto no prazo de 15 dias.

**d) Pedido/Recurso de Revisão**: art. 2º, § 1º e 2º da Lei 5.584/70, interposto no prazo de quarenta e oito horas e previsto no artigo

PRÁTICA TRABALHISTA – 10ª EDIÇÃO

Observações

As contrarrazões devem ser apresentadas no mesmo prazo que se aplica ao recurso principal, conforme artigo 900 da Consolidação das Leis do Trabalho.

A Fazenda Pública dispõe de prazo em dobro para recorrer, conforme artigo 1º, III do Decreto Lei 779/69.

Da mesma forma, o Ministério Público dispõe de prazo em dobro para se manifestar, conforme artigo 180 do Código de Processo Civil.

Não se aplica ao Processo do Trabalho a regra do prazo em dobro do artigo 229 do CPC relativo aos litisconsortes com advogados diferentes de diferentes escritórios por conta do princípio da celeridade, conforme OJ 310 da SDI-1 do Tribunal Superior do Trabalho.

## 3.4 Princípio da irrecorribilidade imediata das decisões interlocutórias

Em regra, no Processo do Trabalho as decisões interlocutórias não podem ser objeto de recurso imediato. Nos termos dos artigos 799, § 2º e 893, § 1º da CLT só recorreremos, em regra, das decisões interlocutórias na oportunidade de apresentar recurso em face da decisão definitiva ou terminativa.

Havendo decisão de questões no curso da audiência, a parte interessada deve efetuar o seu protesto, art. 795 CLT.

### 3.4.1 Exceções

Como vimos, em regra, as decisões interlocutórias são irrecorríveis de imediato, art. 893, § 1º, da CLT. Porém, em alguns casos a decisão interlocutória admite a interposição de recurso imediato, como ensina a súmula 214 TST:

SUM-214 DECISÃO INTERLOCUTÓRIA. IRRECORRIBILIDADE – Na Justiça do Trabalho, nos termos do art. 893, § 1º, da CLT, as decisões interlocutórias não ensejam recurso imediato, salvo nas hipóteses de decisão:

a) de Tribunal Regional do Trabalho contrária à Súmula ou Orientação Jurisprudencial do Tribunal Superior do Trabalho;

b) suscetível de impugnação mediante recurso para o mesmo Tribunal;

c) que acolhe exceção de incompetência territorial, com a remessa dos autos para Tribunal Regional distinto daquele a que se vincula o juízo excepcionado, consoante o disposto no art. 799, § 2º, da CLT.

Outrossim, nos termos do art. 855-A, § 1º, incisos II e III, da CLT admitem a interposição de recurso imediato as decisões interlocutórias:

Art. 855-A. Aplica-se ao processo do trabalho o incidente de desconsideração da personalidade jurídica previsto nos arts. 133 a 137 da Lei no 13.105, de 16 de março de 2015 – Código de Processo Civil.

§ 1º Da decisão interlocutória que acolher ou rejeitar o incidente:

(...)

II – na fase de execução, cabe agravo de petição, independentemente de garantia do juízo;

III – cabe agravo interno se proferida pelo relator em incidente instaurado originariamente no tribunal.

## 3.5 Juízo de admissibilidade e pressupostos recursais

A admissibilidade da matéria impugnada no recurso está condicionada ao preenchimento de determinados pressupostos, conhecidos como requisitos de admissibilidade. São os pressupostos objetivos ou extrínsecos e os pressupostos subjetivos ou intrínsecos.

O não atendimento a esses pressupostos ensejará na inadmissibilidade ou não conhecimento do recurso, prejudicando a análise do seu mérito, ou seja, a análise da matéria impugnada.

ESTRUTURAS BÁSICAS E MODELOS DE PEÇAS

Esse exame de admissibilidade será realizado em dois momentos distintos: perante o juízo *a quo* quando da interposição do recurso e na chegada das contrarrazões recursais e, num segundo momento, perante o juízo *ad quem*, realizado pelo Desembargador relator, quando o recurso for remetido para a instância superior.

## 3.5.1 Pressupostos subjetivos ou intrínsecos

São eles: legitimidade, capacidade e interesse.

### 3.5.1.1 Legitimidade

Em conformidade com o estabelecido no art. 996 do CPC/2015 o recurso pode ser apresentado pela parte vencida, qualquer terceiro prejudicado e, ainda, pelo Ministério Público.

### 3.5.1.2 Capacidade

A parte deve se encontrar no pleno exercício de suas capacidades mentais, em conformidade com os arts. 3°, 4° e 5° do Código Civil.

### 3.5.1.3 Interesse

Para ter interesse recursal deve o recuso ser útil e necessário à parte, sob pena de não ser conhecido. O interesse não significa mera sucumbência, mas sim o binômio: necessidade e utilidade.

## 3.5.2 Pressupostos objetivos ou extrínsecos

São eles: representação, recorribilidade do ato, adequação, tempestividade e preparo.

### 3.5.2.1 Representação

O recurso deve estar assinado pela própria parte, quando estiver fazendo uso do *jus postulandi,* ou por seu advogado, munido de procuração ou mesmo investido de mandato tácito, previsto no art. 791, § 3°, CLT.

Nos termos da Súmula 425 do TST, os recursos de competência do Tribunal Superior do Trabalho, não são alcançados pelo *jus postulandi* disposto no art. 791 da CLT.

### 3.5.2.2 Recorribilidade do ato

O ato deve ser recorrível.

Em regra, apenas as sentenças e acórdãos são recorríveis. No entanto, a Súmula 214 do TST traz em seu bojo algumas exceções em que decisões interlocutórias poderão ser objeto de recursos.

### 3.5.2.3 Adequação

Não basta que o ato seja recorrível, o recurso utilizado deve estar em conformidade com a decisão, ou seja, para cada ato processual há um recurso adequado e próprio para atacá-lo.

### 3.5.2.4 Tempestividade

O recurso deve ser interposto no prazo legal sob pena de não ser conhecido. Vale lembrar que em regra os recursos trabalhistas têm prazo unificado de 8 (oito) dias, salvo os embargos de declaração, 5 (cinco) dias, recurso extraordinário para o STF, no prazo de 15 (quinze) dias, Recurso Ordinário Constitucional – ROC, 15 dias e o pedido de revisão do valor da causa, nos dissídios de alçada, cujo prazo é de 48 horas.

PRÁTICA TRABALHISTA – 10ª EDIÇÃO

### 3.5.2.5 Preparo

Para o preenchimento desse pressuposto, exige-se que o recorrente recolha as custas e realize o depósito recursal, sob pena do recurso ser considerado deserto. Portanto, o pressuposto do preparo se subdivide em custas e depósito recursal.

**ATENÇÃO!** O depósito recursal não é exigível quando o recorrente for o empregado.

#### 3.5.2.5.1 Custas

As custas correspondem ao pagamento das despesas com porte de remessa e retorno dos autos e as despesas postais e serão pagas pelo vencido após o trânsito em julgado da decisão.

As custas serão pagas pelo recorrente, seja o empregado, seja o empregador.

No caso de empregador recorrente deverá pagar as custas processuais nos casos de decisão de total ou parcial procedência para o autor.

No entanto, ficará dispensado do recolhimento caso tenha o benefício da justiça gratuita, art. 790-A da CLT. Vale lembrar que os benefícios da justiça gratuita podem ser concedidos à pessoa jurídica que comprove dificuldades financeiras, nos termos do art. 98 CPC/2015.[1]

Sendo o *empregado* recorrente, apenas pagará as custas caso a sentença seja de total improcedência ou se o processo for extinto sem resolução do mérito e não for beneficiário da justiça gratuita, art. 789, II, CLT.

Além dos beneficiários de justiça gratuita, são isentos do pagamento de custas a União, os Estados, o Distrito Federal, os Municípios e as respectivas autarquias e fundações públicas federais, estaduais ou municipais que não explorem atividade econômica e o Ministério Público do Trabalho, art. 790-A da CLT.

O TST consubstanciou entendimento na Súmula 86 no sentido de que não ocorre deserção de recurso da massa falida por falta de pagamento de custas ou de depósito do valor da condenação.

Vale ressaltar, todavia, que essa isenção não alcança as entidades fiscalizadoras do exercício profissional, como por exemplo, a OAB, CREA e, inclusive, às empresas em liquidação extrajudicial, parte final da Súmula 86 do TST.

Os privilégios e isenções não abrangem, ainda, as sociedades de economia mista e as empresas públicas, em conformidade com o art. 173, § 1º, da CF e Súmula 170 do TST.

#### 3.5.2.5.2 Depósito recursal

O depósito recursal possui natureza jurídica de garantia de juízo, ou seja, objetiva garantir o pagamento de uma futura execução promovida pelo empregado, contra o empregador. Consequentemente o depósito recursal apenas será devido pelo empregador que queira interpor recurso. O empregado não efetuará depósito recursal para a interposição de qualquer recurso.

Também em razão de sua natureza jurídica somente é exigido quando houver condenação em dinheiro, em conformidade com a Súmula 161 do TST.

A cada novo recurso deve ser feito um novo depósito recursal, nos termos da súmula 128, I, do TST. Atingido o valor da condenação, nenhum depósito será exigível, na medida em que a execução estará garantida, em conformidade com o entendimento da súmula 128, II, do TST.

De acordo com a redação do art. 899, § 4º, da CLT o depósito recursal será feito em conta vinculada ao juízo e corrigido com os mesmos índices da poupança. No entanto, tal dispositivo legal foi objeto de ADI e ADC, sendo certo que no julgamento das ADCs 58 e 59, ADIs 5867, 5867

ESTRUTURAS BÁSICAS E MODELOS DE PEÇAS

e 6021 o STF determinou que os depósitos trabalhistas a partir do ajuizamento da ação devem ser atualizados pela taxa SELIC.

Deve ser comprovado o recolhimento do depósito recursal no prazo alusivo ao recurso, nos termos do art. 7º da Lei 5.584/1970 e Súmula 245 do TST. Importante lembrar que para o agravo de instrumento, em que é exigido depósito recursal de 50% do recurso o qual se pretende destrancar, nos termos do art. 899, § 7º, da CLT deverá ser feito no ato da interposição do agravo de instrumento, sob pena de deserção.

**ATENÇÃO!** Nos termos do § 8º do art. 899 da CLT quando o agravo de instrumento tiver a finalidade de destrancar recurso de revista que se insurge contra decisão que contraria a jurisprudência uniforme do Tribunal Superior do Trabalho, consubstanciada nas suas súmulas ou em orientação jurisprudencial, não haverá obrigatoriedade de se efetuar o depósito referido.

Importante lembrar que o depósito recursal poderá ser substituído por fiança bancária ou seguro garantia judicial, art. 899, § 11, CLT.

Por fim, cumpre destacar que em conformidade com a OJ 140 da SDI 1 do TST em caso de recolhimento insuficiente das custas processuais ou do depósito recursal, somente haverá deserção do recurso se, concedido o prazo de 5 (cinco) dias previsto no § 2º do art. 1.007 do CPC de 2015, o recorrente não complementar e comprovar o valor devido.

### Depósito recursal pela metade

O valor do depósito recursal será reduzido pela metade para entidades sem fins lucrativos, empregadores domésticos, microempreendedores individuais, microempresas e empresas de pequeno porte, art. 899, § 9º, da CLT.

### Isenção de depósito recursal

Nos termos do art. 899, § 10 da CLT são isentos do recolhimento do depósito recursal os beneficiários da justiça gratuita, as entidades filantrópicas e as empresas em recuperação judicial.

Outrossim, a massa falida também está dispensada de efetuar o recolhimento de depósito recursal e custas. Isso porque, nos termos da súmula 86 do TST não ocorre deserção de recurso da massa falida por falta de pagamento de custas ou de depósito do valor da condenação. Esse privilégio, todavia, não se aplica à empresa em liquidação extrajudicial.

### Recursos dispensados de depósito recursal

Não há depósito recursal para os seguintes recursos: agravo de petição, salvo de houver necessidade de complementação, em conformidade com a Súmula 128, II, do TST, agravo regimental, embargos de declaração e o pedido de revisão.

## 3.6 Recursos em espécie

### 3.6.1 Embargos de declaração

#### 3.6.1.1 Conceito

Trata-se de recurso que objetiva o aperfeiçoamento de uma decisão judicial (decisão interlocutória, sentença e acórdãos).

PRÁTICA TRABALHISTA – 10ª EDIÇÃO 94

### 3.6.1.2 Previsão legal

Art. 897-A da CLT e arts. 1.022 a 1.026 do CPC.

### 3.6.1.3 Hipóteses de cabimento

**a) Omissão:** A omissão se caracteriza quando a decisão judicial deixa de apreciar alguma questão que o juiz deveria tratar de ofício ou a requerimento da parte. Ou seja, quando o juiz não se manifesta sobre argumento capaz de influir no julgamento.

Neste tema é importante a leitura do art. 489, § 1º do CPC, visto que esse artigo prevê um rol de quando a decisão é considerada não fundamentada. Ex: Considera-se omissa a sentença que acolhe os pedidos do reclamante e não se manifesta sobre a tese da prescrição bienal apresentada pela reclamada.

**b) Contradição:** Caracteriza-se quando a decisão judicial é contraditória em relação aos seus fundamentos e dispositivo.

Exemplo 1: A sentença acolhe a prescrição bienal e condena a empresa a pagar horas extras.

Exemplo 2: A sentença reconhece a falta grave e determina a reintegração do dirigente sindical.

A decisão do juiz contrária à prova dos autos não cabe embargos de declaração, pois a contradição é contrária aos próprios termos.

Obs: Não há que se falar em embargos de declaração quando houver contradição entre a decisão e as provas. Nesse caso, caberá Recurso Ordinário.

**c) Obscuridade:** Configura-se quando a decisão judicial não expressa com clareza os seus comandos. "O operador do direito lê a sentença e não entende o seu conteúdo".

**d) Erro Material:** Trata-se de um erro de digitação ou um erro de conta, por exemplo: na sentença o juiz troca o nome da reclamada.

Obs: A CLT prevê que o erro material pode ser sanado por simples petição (art. 897-A, § 1º da CLT).

**e) Manifesto equívoco na análise dos pressupostos recursais extrínsecos/objetivos:** na análise dos pressupostos recursais, pressupõe a existência de um recurso e a análise manifestamente incorreta de seus pressupostos extrínsecos.

Os pressupostos extrínsecos/objetivos são: Regularidade formal (adequação, representação e recorribilidade do ato); Tempestividade e preparo, ou seja, recolhimento de custas e/ou depósito recursal.

**ATENÇÃO!** A questão a ser enfrentada é o conceito de "manifesto equívoco no exame dos pressupostos extrínsecos do recurso", pois essa expressão carrega um caráter subjetivo.

Esse tema já foi cobrado na 2ª fase em questões discursivas, no Exame XXXVI. Nessa ocasião a Banca FGV aceitou com resposta correta a oposição de embargos de declaração, na forma do Art. 897-A da CLT, por manifesto equívoco no exame dos pressupostos extrínsecos do recurso ou interposição de interposto agravo de instrumento, na forma do Art. 897, alínea *b*, da CLT.

**f) Prequestionamento:** Admite-se embargos de declaração com fins exclusivos de prequestionamento.

O prequestionamento consiste em um pressuposto recursal específico do recurso de revista, dos embargos no TST e do Recurso Extraordinário e que se caracteriza quando a decisão judicial, da qual se recorre, tiver se manifestado sobre a matéria apresentada no recurso. Assim, os embargos à execução visam sanar uma omissão.

ESTRUTURAS BÁSICAS E MODELOS DE PEÇAS

Imagine que uma reclamante, gestante, ajuíza uma reclamação trabalhista, a despeito do desconhecimento do estado gravídico e o contrato por prazo determinado. O juiz profere uma decisão de improcedência e a empregada interpõe recurso ordinário. O TRT julgou o recurso tão somente em relação ao desconhecimento do estado gravídico pelo empregador, se omitindo em relação ao prazo de estabilidade e ao contrato por prazo determinado. Diante dessa omissão, a empregada terá que opor embargos de declaração para sanar a omissão, antes de interposição de recurso de revista.

Previsão do Prequestionamento – *Súmula 297, TST/ art. 896, § 1º-A, inciso I e IV da CLT.*

**ATENÇÃO!** Os embargos de declaração não estão sujeitos ao pagamento de custas e/ou depósito recursal.

### 3.6.1.4 Efeito modificativo dos embargos de declaração

Em regra, os embargos de declaração não visam a modificação do julgado, mas somente sanar o vício da omissão, contradição, obscuridade ou correção de erro material. No entanto, admite-se a oposição de embargos de declaração para a obtenção de efeito modificativo do julgado, em casos de omissão contradição ou, ainda, manifesto equívoco no exame dos pressupostos extrínsecos de admissibilidade dos recursos.

Em regra, não há contrarrazões aos embargos de declaração. Porém, caso haja pedido de efeito modificativo o juiz do Tribunal deverá abrir o prazo para oferecimento das contrarrazões, sob pena de nulidade. Nesse sentido dispõe o art. 897-A, § 2º, da CLT e a Orientação Jurisprudencial 142 da SDI 1 do TST.

Como exemplo, citamos a hipótese de uma sentença de total procedência dos pedidos de uma reclamação trabalhista em que o Juiz foi omisso em relação a tese de prescrição alegada pela parte reclamada.

Como o Juiz foi omisso em relação a essa tese, deverá a parte opor embargos de declaração para sanar tal omissão. Nesse caso, havendo manifestação do Juiz acerca da prescrição e acolhimento da matéria, a reclamação trabalhista que em um primeiro momento havia sido julgada procedente, após o acolhimento dos embargos de declaração será modificada e julgada improcedente face a prescrição. Nesse caso temos a ocorrência do efeito modificativo dos embargos de declaração.

### 3.6.1.5 Efeito interruptivo

A oposição de embargos de declaração interrompe o prazo para a propositura de outros recursos para ambas as partes, em conformidade com o art. 897-A, § 3º, da CLT.

---

**Como identificar a peça**

a) em regra, sentença ou acórdão que contenha: omissão, contradição, obscuridade com relação a algum ponto que o Juiz não se pronunciou, ou ainda, que contenha erro material ou

b) acórdão sem prequestionamento (hipótese em que os EDs servirão apenas para prequestionamento)

---

### 3.6.1.6 Estrutura dos embargos de declaração

O examinando deverá ficar atento, na medida em que o recurso de embargos de declaração é o único composto de apenas uma peça.

PRÁTICA TRABALHISTA – 10ª EDIÇÃO

## a) Endereçamento

Os embargos de declaração deverão ser endereçados ao juiz prolator da decisão impugnada. Podendo ser endereçados para a Vara do Trabalho, TRT ou TST, devendo ser elaborado em conformidade com o endereçamento padrão seguinte:

a) À Vara do Trabalho: "EXCELENTÍSSIMO SENHOR DOUTOR JUIZ DO TRABALHO DA ... VARA DO TRABALHO DE..."

b) Ao TRT: "EXCELENTÍSSIMO SENHOR DOUTOR DESEMBARGADOR PRESIDENTE DO EGRÉGIO TRIBUNAL REGIONAL DO TRABALHO DA...REGIÃO"

c) Ao TST: "EXCELENTÍSSIMO SENHOR DOUTOR MINISTRO PRESIDENTE DO COLENDO TRIBUNAL SUPERIOR DO TRABALHO"

## b) Indicação do número do processo

Caso o problema forneça esse dado deverá constar no corpo da medida. Não sendo fornecido esse elemento, o examinando deverá optar por inserir reticências ou "xxx", conforme item 3.5.9 do Edital do Exame de Ordem. Por exemplo: "Processo nº..."

## c) Qualificação das partes

Embargante e embargado não necessitam de qualificação, tendo em vista que já estão qualificados nos autos.

## d) Indicação do advogado

*"por seu advogado que esta subscreve, com escritório em (endereço completo com CEP), onde receberá futuras notificações, vem à presença de Vossa Excelência...*

## e) Identificação da medida processual – nome da peça e fundamentos legais

O examinando deverá identificar a medida processual, indicando seus respectivos fundamentos legais. Em se tratando de embargos de declaração o examinando deverá indicar o art. 897-A da CLT combinado com os arts. 1.022 e seguintes do CPC/2015

## f) Fatos

Nesse tópico o examinando deverá fazer um breve resumo dos fatos ocorridos no problema.

## g) Tempestividade

Informar que os embargos estão sendo opostos no prazo de 5 dias, na forma do art. 897-A CLT.

## h) Indicação do erro, ponto omisso, contraditório, obscuro ou erro material

Nesse item o examinando deverá destacar os trechos da sentença ou acórdão impugnado, que demonstram o erro, a omissão, a contradição, obscuridade ou erro material.

Após destacar os pontos da sentença ou do acórdão, o examinando deverá argumentar o motivo da omissão, a contradição ou obscuridade para em seguida, concluir seu raciocínio.

O examinando deverá se utilizar do seguinte silogismo:

**1º)**Sentença/acórdão omisso: o examinando deverá apontar os trechos da sentença/acórdão omisso;

**2º)**Fundamentação: a sentença/acórdão é omisso na medida em que não foram analisados os pedidos contidos na defesa;

**3º)**Conclusão: desta forma, resta clara a omissão no julgado.

### i) Efeito modificativo

Caso exista possibilidade de efeito modificativo, o examinando deverá abrir um tópico específico para tratar do tema. Veja modelo. Vide súmula 278 TST e OJ 142 SDI 1 TST.

**ATENÇÃO!** Esse tópico existirá somente quando tiver possibilidade de efeito modificativo na decisão, geralmente em casos de omissão e contradição.

### j) Requerimentos Finais

O examinando deverá requerer o conhecimento e provimento do recurso para sanar a omissão, contradição ou obscuridade da sentença/acórdão.

Deve ser requerida a intimação da parte contrária para apresentação de resposta aos embargos de declaração, tendo em vista a possibilidade de efeito modificativo. *(somente em caso de efeito modificativo)*

### k) Encerramento

Nesse item o examinando irá encerrar o recurso, colocando o local e a data e a assinatura do advogado. Importante lembrar que o examinando não poderá assinar a medida processual, deverá mencionar apenas a expressão "advogado OAB".

## 3.6.2 Modelo de embargos de declaração

*Início da peça*

EXCELENTÍSSIMO SENHOR DOUTOR JUIZ DO TRABALHO DA 1ª VARA DO TRABALHO DE SÃO PAULO/SP.

Processo nº 0100217-58.2023.5.02.001

NOME DO EMBARGANTE, por seu advogado que esta subscreve, com escritório em (endereço completo com CEP), onde receberá futuras notificações, nos autos da Reclamação Trabalhista que lhe move NOME DO EMBARGADO, vem à presença de Vossa Excelência, opor EMBARGOS DE DECLARAÇÃO com fulcro no art. 897-A da CLT combinado com art. 1.022, inciso I *ou* II, do CPC, pelos motivos de fato e direito a seguir expostos:

### I – DOS FATOS

O examinando deverá trazer um resumo dos fatos ocorridos, sem abordar nenhum fato estranho no problema.

### II – TEMPESTIVIDADE

Informa o Embargante que os presentes Embargos de Declaração são opostos dentro do prazo de 5 dias, conforme art. 897-A da CLT.

PRÁTICA TRABALHISTA – 10ª EDIÇÃO

## II – DA OMISSÃO DA DECISÃO

A reclamada aduziu em sua peça contestatória, dentre outros, o pedido de reconhecimento da prescrição bienal disposta no art. 7º, XXIX, da CF.

No entanto, com o devido respeito, a reclamada observa que a respeitável sentença que julgou totalmente procedente o pedido do reclamante foi omissa em relação ao pedido de reconhecimento de prescrição bienal, na medida em que não houve manifestação por parte desse Douto Magistrado acerca da aludida tese prescricional.

Dessa forma, resta clara a omissão no julgado que merece ser sanada por esse eminente Juiz.

## III – DO EFEITO MODIFICATIVO

O art. 897-A da CLT prevê o efeito modificativo do julgado quando a decisão embargada contiver omissão, contradição ou manifesto equívoco no exame dos pressupostos extrínsecos do recurso.

Nessas hipóteses por representar reforma na decisão, determina o § 2º do art. 897-A da CLT que a intimação da parte adversa para oferecimento de resposta no prazo de 5 dias. Nesse mesmo sentido, ensina a jurisprudência consubstanciada na OJ 142, I, da SDI 1 do TST.

Dessa forma, requer a intimação do reclamante para que no prazo legal ofereça sua resposta.

*Atenção! Esse tópico deverá ser utilizado apenas se o problema indicar a possibilidade de efeito modificativo.*

## IV – REQUERIMENTOS FINAIS

Isto posto, requer o conhecimento e provimento do presente recurso para que seja sanada a omissão apontada na respeitável sentença.

Requer, ainda, a intimação do embargado para que ofereça resposta aos embargos de declaração no prazo legal.

Local e data
Nome do advogado
OAB/... nº...

*Fim da peça*

## 3.6.3 *Recurso ordinário*

### 3.6.3.1 Hipóteses de cabimento

Previsto no art. 895 da CLT, o recurso ordinário é cabível:

**a) das decisões definitivas ou terminativas das Varas e Juízos.**

De acordo com a redação do art. 895, I, da CLT, é cabível Recurso Ordinário para o TRT das decisões definitivas (processos extintos com resolução do mérito, art. 487 do CPC/2015) e decisões terminativas (extintos sem a resolução do mérito, art. 485 CPC/2015).

**b) das decisões definitivas ou terminativas dos Tribunais Regionais, em processos de sua competência originária, no prazo de 8 (oito) dias, quer nos dissídios individuais, quer nos dissídios coletivos.**

## ESTRUTURAS BÁSICAS E MODELOS DE PEÇAS

De acordo com a redação do art. 895, II, da CLT é cabível Recurso Ordinário para o TST das decisões definitivas (processos extintos com resolução do mérito, art. 487 do CPC/2015) e decisões terminativas (extintos sem a resolução do mérito, art. 485 CPC/2015), quer seja em dissídios individuais, como por exemplo ação rescisória e Mandado de Segurança iniciados no TRT, por exemplo; quer seja em dissídios coletivos de competência do TRT.

O recurso ordinário é cabível, ainda, nas seguintes hipóteses:

**c) Recurso ordinário contra decisões interlocutórias terminativas de feito**

Em regra, nos termos do art. 893, § 1º, da CLT as decisões interlocutórias não admitem interposição de recurso imediato, devendo a parte interessada aguardar a prolação da decisão (sentença/ acórdão) para então interpor recurso.

No entanto, algumas decisões interlocutórias terminativas de feito admitem interposição de recurso ordinário imediato. São elas:

**I) Decisão interlocutória que declara a incompetência material da Justiça do Trabalho:** a decisão do juiz que declara a incompetência absoluta da Justiça do Trabalho e determina a remessa dos autos à Justiça Comum, em conformidade com o art. 799, § 2º, da CLT é recorrível de imediato por meio de recurso ordinário.

**II) Decisão interlocutória que acolhe a incompetência territorial:** se refere à decisão que acolhe exceção de incompetência territorial, com a remessa dos autos para Tribunal Regional do Trabalho distinto daquele a que se vincula o juízo excepcionado, em conformidade com a Súmula 214, *item c*, do TST. Tal decisão é recorrível de imediato via recurso ordinário.

**ATENÇÃO!** Caso haja o acolhimento da exceção de incompetência territorial, com remessa dos autos a uma localidade pertencente a mesma Região do TRT, não será cabível a interposição de recurso imediato.

### 3.6.3.2 Efeito suspensivo

Em regra, os recursos trabalhistas são dotados unicamente de efeito, nos termos do art. 899 da CLT.

No entanto, caso a parte interessada queira atribuir efeito suspensivo ao recurso deverá fazer um requerimento dirigido ao tribunal, na figura do Relator ou ao Presidente ou ao Vice-presidente do Tribunal recorrido, por aplicação subsidiária ao processo do trabalho do art. 1.029, § 5º, do CPC/2015, conforme entendimento cristalizado na súmula 414, I, do TST.

### 3.6.3.3 Teses a serem abordadas em sede de recurso ordinário

Como estudado acima, de acordo com a redação do art. 895 da CLT, o recurso ordinário será interposto em face das decisões definitivas (com resolução de mérito), decisões terminativas (sem resolução de mérito) e, ainda, as outras decisões interlocutórias terminativas de feito, em conformidade com o art. 799, § 2º, CLT e Súmula 214 do TST.

Dessa forma, em grau de recurso ordinário, poderá o examinando impugnar 4 (quatro) importantíssimos pontos, são eles:

*I) Preliminar – decisões interlocutórias que não foram impugnadas por força do art. 893, § 1º, CLT*

PRÁTICA TRABALHISTA – 10ª EDIÇÃO    100

A regra do art. 893, § 1º, da CLT proíbe a interposição de recurso imediato contra decisões interlocutórias pela parte que se sentir prejudicada. Ensina o texto de lei que a decisão interlocutória deverá ser impugnada no recurso da decisão definitiva.

Dessa forma, a decisão interlocutória que não pôde ser impugnada oportunamente, será refutada em sede de recurso ordinário, como preliminar, desde que a parte interessada tenha feito o protesto antipreclusivo previsto no art. 795 da CLT.

Podemos lembrar como exemplo um caso muito solicitado pelo examinador de Ordem: imaginem um processo em que o juiz indeferiu a oitiva de uma testemunha imprescindível para a parte. Esse indeferimento constitui uma decisão interlocutória, que nos termos do art. 893, § 1º, CLT não poderá ser impugnada de imediato. A parte interessada deverá manifestar seu protesto em audiência (art. 795 CLT) para, em sede de preliminar de recurso ordinário, impugnar tal decisão.

Assim, a parte deverá impugnar o indeferimento da oitiva da testemunha em preliminar de recurso ordinário, fundamentando suas razões na tese de cerceamento de defesa, em conformidade com o art. 5º, LV, da CF e art. 369 CPC.

Nesse caso, a tese adotada é de *nulidade da sentença*, com fulcro no cerceamento de defesa. Essa tese deverá ser tratada preliminarmente em relação às demais matérias do recurso.

Nesse caso, deverá ser pedido a decretação da nulidade da decisão, com remessa dos autos à vara de origem para oitiva da testemunha e prolação de nova sentença.

**ATENÇÃO!** Para que exista a tese aqui estudada, deve o enunciado trazer a narrativa de uma decisão interlocutória seguida de sentença, ou seja, nesse caso o último andamento processual é a sentença.

Caso o enunciado trate uma hipótese da prolação que o último andamento processual foi uma decisão interlocutória que violou um direito líquido e certo da parte *(como por exemplo: a não concessão de liminar para reintegrar dirigente sindical detentor de estabilidade - art. 8º, VIII, da CF e art. 543, § 3º, da CLT)*, a medida adequada será a impetração de mandado de segurança. Vide item 1.12.2 - Mandado de Segurança.

### II) Preliminar – Vícios durante a instrução processual

Após a propositura da reclamação trabalhista, uma série de atos devem ser observados pelo magistrado, como por exemplo, o oferecimento da proposta de conciliação, prazo para apresentação de razões finais etc.

Nesses casos, há ofensa/violação ao direito de ampla defesa e contraditório, previsto no art. 5º, LV, CF e, ainda, aos arts. 846 e 850 da CLT.

Dessa forma, não obedecido os trâmites processuais na fase de conhecimento, deve o examinando pedir a decretação da nulidade da decisão com remessa dos autos à vara de origem para oitiva da testemunha e prolação de novo sentença.

### III – Preliminares do art. 337 do CPC

A sentença recorrida pode ter negado/indeferido alguma matéria preliminar alegada em contestação pela Reclamada.

Nesse caso, tal matéria terá impugnada no recurso ordinário com o título "Preliminar" indicando qual hipótese, como por exemplo: "PRELIMINAR – INÉPCIA DA PETIÇÃO INICIAL"

Nesse caso, o pedido será o conhecimento e provimento do recurso para acolher a preliminar com a reforma da decisão.

### IV) Prescrição bienal ou quinquenal

ESTRUTURAS BÁSICAS E MODELOS DE PEÇAS

A prescrição bienal ou quinquenal estudada no item 2.3.1.2.1 também pode ser objeto de tese no recurso ordinário em duas hipóteses:

a) a primeira delas é aquela em que o Juiz do Trabalho não tenha acolhido seu pedido feito em contestação pela reclamada;

b) a segunda se refere ao pedido de reconhecimento de prescrição feita, não em contestação, mas sim em razões finais ou até mesmo pela primeira vez em sede de recurso ordinário. Tal pedido de acolhimento de prescrição pode ser acatado, pois embora não tenha sido feito em contestação, não ocorre a preclusão da matéria, tendo em vista que nos termos da Súmula 153 do TST a prescrição pode ser arguida em instância ordinária.

Nesse caso, o pedido será de conhecimento e provimento do recurso para acolher a prescrição bienal e/ou quinquenal, com a reforma da decisão.

### V – Teses de mérito

Vencidas as teses estudadas acima, deverá o examinando abordar as teses de mérito da decisão, em que será formulado pedido de reforma da decisão.

A tese de reforma do julgado será utilizada pelo examinando, não para apontar/impugnar vícios no julgado como vimos nas teses de nulidades, mas sim quando não concordarmos com o decidido pelo magistrado.

Imaginem, por exemplo, que um empregado de atividade externa pleiteia o recebimento de horas extras. Como se sabe, o trabalhador em atividade externa não faz jus ao recebimento de horas extras por não estar abrangido pelo capítulo da duração do trabalho (art. 62, II, CLT) e, consequentemente, não possui controle de sua jornada de trabalho. Mesmo assim, entende o magistrado em condenar a empresa ao pagamento de horas extras.

Nota-se que não há vício de nulidade da sentença, mas apenas entendimento diverso ao estabelecido em lei.

Nessa hipótese, deverá o examinando requerer a reforma do julgado.

Nesse trecho da peça o examinando deverá ficar atento para rebater todos os pedidos que foram julgados contra sua vontade, ou seja, em se tratando de recorrente/reclamada deverão ser impugnados todos os pedidos julgados procedentes, ao passo que em se tratando de recorrente/ reclamante deverão ser impugnados todos os pedidos julgados procedentes.

---

**Como identificar a peça**

O último ato processual será uma sentença, na hipótese do Recurso Ordinário baseado no art. 895, I, CLT ou um acórdão proferido pelo TRT se for de competência originária desse Tribunal, na hipótese do art. 895, II, CLT.

---

### 3.6.3.4 Estrutura do recurso ordinário

O recurso ordinário será elaborado em duas peças: peça de interposição e peça de razões recursais.

### 1 – Petição de interposição

### a) Endereçamento

A peça de interposição do recurso ordinário será dirigida ao juiz prolator da decisão impugnada (juízo *a quo*). Assim, será endereçada para a Juiz do Trabalho da Vara do Trabalho nas hipóteses do inciso I do art. 895 da CLT ou ao TRT nas hipóteses do inciso II do mesmo dispositivo, devendo ser elaborado em conformidade com o endereçamento padrão.

PRÁTICA TRABALHISTA – 10ª EDIÇÃO

102

*Endereçamento ao Juiz do Trabalho da Vara do Trabalho (art. 895, I, CLT)*
"EXCELENTÍSSIMO SENHOR DOUTOR JUIZ DO TRABALHO DA ...VARA DO TRABALHO DE ..."
*Endereçamento ao Tribunal Regional do Trabalho (art. 895, II, CLT)*
"EXCELENTÍSSIMO SENHOR DESEMBARGADOR PRESIDENTE DO EGRÉGIO TRIBUNAL REGIONAL DO TRABALHO DA ...REGIÃO"

**b) Indicação do número do processo**

Deverá indicar o número do processo.

Caso o problema forneça esse dado deverá constar na petição. Não sendo fornecido esse elemento, o examinando deverá optar por inserir reticências ou "xxx", conforme item 3.5.9 do Edital do Exame de Ordem. Por exemplo: "Processo nº..."

**c) Qualificação das partes (recorrente e recorrido)**

Recomenda-se que na peça de interposição do recurso que as partes sejam tratadas de acordo com os dados fornecidos no enunciado, considerando recorrente e recorrido.

No recurso ordinário você será advogado do recorrente, portanto primeiramente deve ser feita sua qualificação e posteriormente a qualificação do recorrido.

**d) Indicação do advogado**

*"por seu advogado que esta subscreve (procuração anexa), vem à presença de Vossa Excelência..."*

**e) Tempestividade**

Informar que o recurso está sendo interposto no prazo de 8 dias.

**f) Inconformismo**

*"não se conformando com a respeitável sentença..."*

**g) Identificação da medida processual – nome da peça e fundamentos legais**

O examinando deverá identificar a medida processual, indicando seus respectivos fundamentos legais.

No recurso ordinário o examinando deverá ficar atento para a correta indicação do fundamento legal. Isso porque o recurso poderá ter como fundamento o art. 895, I, da CLT, nos recursos contra decisões proferidas por juízes do Trabalho da Vara do Trabalho; ou fundamento no art. 895, II, da CLT, para os recursos interpostos contra as decisões proferidas pelos TRTs nos processos de sua competência originária.

**h) Indicar as razões recursais anexas**

*"...de acordo com as razões recursais anexas..."*

### i) Informar recolhimento de custas e depósito recursal

O examinando deverá informar o recolhimento das custas processuais e do depósito recursal, quando forem o caso.

*"Informa o recorrente o recolhimento de custas processuais e depósito recursal, conforme guias de recolhimento anexas."*

**ATENÇÃO!** Caso seja hipótese de isenção de custas e depósito recursal ou hipótese de recolhimento parcial de depósito recursal, o examinando deverá informar tal condição. Veja Item 3.5.2.5.2

*Exemplo 1:* Informa o recorrente que por ser beneficiário da justiça gratuita deixa de efetuar o recolhimento de custas processuais, na forma do art. 790-A da CLT, bem como do depósito recursal, nos termos do art. 899, § 10, da CLT.

*Exemplo 2:* Informa o recorrente o recolhimento de custas processuais e o depósito recursal em 50%, por se tratar de microempresa, nos termos do art. 899, § 9º, da CLT.

### j) Intimação do recorrido para contrarrazões

Deverá requerer a intimação do recorrido para apresentar contrarrazões ao recurso, na forma do art. 900 da CLT.

### k) Recebimento e remessa ao Tribunal competente

Deverá requerer o recebimento e remessa do recurso ao Tribunal competente.

Em se tratando de Recurso Ordinário interposto com base no art. 895, I, CLT recomenda-se que o examinando indique o número da Região do Tribunal Regional do Trabalho competente.

Em se tratando de Recurso Ordinário interposto com base no art. 895, II, CLT recomenda-se que o examinando indique o TST, a fim de demonstrar maior conhecimento na matéria.

Para encontrar o número da Região do TRT competente de acordo com o Estado da Federação, veja o art. 674 CLT.

### l) Encerramento

Nesse item o examinando irá encerrar o recurso, colocando o local e a data e a assinatura do advogado. Importante lembrar que o examinando não poderá assinar a medida processual deverá mencionar apenas a expressão "advogado OAB".

### 2 – Peça de razões do recurso ordinário

Finalizada a peça de interposição, deverá o examinando iniciar a peça de razões recursais.

Importante lembrar que o examinando não precisa fazer as razões recursais em outra página. Recomenda-se que ao terminar a peça de interposição o examinando pule uma linha e inicie, diretamente, a peça de razões recursais, de acordo com o modelo proposto.

### a) Encaminhamento - Preâmbulo

Deverá fazer o seguinte "encaminhamento padrão":

*RAZÕES DE RECURSO ORDINÁRIO*
*RECORRENTE: XXX*

PRÁTICA TRABALHISTA – 10ª EDIÇÃO                    104

*RECORRIDO: XXX*

*ORIGEM: XXX Vara do Trabalho de XXX*

*PROCESSO Nº: XXX*

*Nobres Julgadores, Colenda Turma, Egrégio Tribunal.*

### b) Pressupostos recursais ou Requisitos de admissibilidade recursal

Mencionar que no recurso estão preenchidos os pressupostos recursais objetivos (extrínsecos) e subjetivos (intrínsecos).

*"Informa o recorrente que os pressupostos intrínsecos quais sejam: capacidade, legitimidade e interesse, bem como os pressupostos extrínsecos, quais sejam: regularidade formal, interposto no prazo de 8 dias e o recolhimento de custas processuais e depósito recursal, conforme guias de recolhimento anexas estão devidamente preenchidos."*

### c) Resumo da controvérsia

Nesse tópico o examinando deverá fazer um breve resumo dos fatos ocorridos no problema.

Não é recomendada a cópia *ipsis litteris* do texto do problema. Recomenda-se que o examinando traga a correta compreensão do problema apresentado.

### d) Fundamentos jurídicos

Nesse trecho deverão ser tratadas as teses trazidas pelo enunciado.

Aqui o examinando deverá dar um título para cada tese que se pretende arguir.

Como vimos no item 3.5.3.1 acima estudado, poderão existir teses de: preliminares, prescrição e mérito.

Nesse item o examinando deverá esgotar suas teses mostrando o inconformismo com a decisão impugnada. Para orientações sobre como procurar as teses remetemos o leitor ao item 3.8 – Orientações ao examinando.

Recomenda-se que para cada tese, ou seja, para cada direito rebatido, o examinando se utilize de um tópico.

Assim, suponha que em uma sentença devam ser impugnados os temas: adicional de insalubridade e férias. Assim, o examinando teria duas teses que seriam abordadas em tópicos distintos, ou seja, um para o adicional de insalubridade e outro tópico para as férias.

Para elaboração/desenvolvimento das teses, o examinando deverá se utilizar do sistema de "silogismo", estudado no item 3 do capítulo de "Como encontrar peças e teses."

Assim, o examinando deverá relatar os fatos (premissa menor), fazer referência ao direito aplicável (premissa maior) para depois concluir a respeito do direito de seu cliente, como por exemplo:

*DO NÃO CABIMENTO DE FÉRIAS*

**1º)(Fato – premissa menor):** *A sentença condenou a reclamada ao pagamento de férias com acréscimo de 1/3.*

**2º)(Direito – premissa maior):** *No entanto, dispõe o art. 133, IV, da CLT que o empregado que no curso do período aquisitivo tiver percebido da Previdência Social prestações de acidente de trabalho por mais de 6 (seis) meses, embora descontínuos, não tem direito as férias. Por essa razão, não faz jus a percepção de férias com acréscimo de 1/3*

**3º)Conclusão**: *Desta forma, requer a reforma da sentença.*

Importante lembrar que se a sua tese for de nulidade por cerceamento de defesa, o pedido não será de reforma, mas sim de declaração da nulidade com remessa dos autos à Vara de origem para prolação de nova decisão. Veja modelo.

### e) Requerimentos finais/Pedido

O examinando SEMPRE deverá requerer o conhecimento e provimento do recurso. Porém, o pedido dependerá de sua tese. Assim, caso a tese seja de nulidade, o examinando deverá requerer o conhecimento e provimento do recurso para declaração de nulidade da sentença ou acórdão, remetendo-se os autos para vara de origem para prolação de nova decisão.

Não existindo tese de nulidade o examinando deverá requerer o conhecimento e provimento do recurso para a reforma da sentença ou acórdão.

ATENÇÃO! Sempre que houver teses de preliminar e/ou prescrição, tal pedido deverá ser renovado, sob pena de perda de pontos pelo examinando. Veja modelo.

### f) Encerramento

Nesse item o examinando irá encerrar a sua peça processual, colocando o local e a data e a assinatura do advogado. Importante lembrar que o examinando não poderá assinar a medida processual deverá mencionar apenas a expressão "advogado OAB".

### 3.6.3.5  Modelo de recurso ordinário com tese de reforma da decisão

OBS: Os modelos abaixo foram feitos com a empresa recorrente. Caso seja o empregado recorrente, basta fazer a alteração dos nomes.

*Início da peça*

EXCELENTÍSSIMO SENHOR DOUTOR JUIZ DO TRABALHO DA 1ª VARA DO TRABALHO DE SÃO PAULO

PROCESSO Nº 0100217-58.2023.5.02.001

EMPRESA X, já qualificada nos autos da Reclamação trabalhista que lhe move FULANO DE TAL, por seu advogado que esta subscreve (procuração anexa) vem à presença de Vossa Excelência, tempestivamente no prazo de 8 dias, não se conformando com a respeitável sentença prolatada, interpor RECURSO ORDINÁRIO com fulcro no artigo 895, I, da CLT, consubstanciado nas razões recursais anexas.

Informa o recorrente o recolhimento de custas processuais e depósito recursal, conforme guias de recolhimento anexas.

Requer, a intimação do recorrido para que apresente contrarrazões ao recurso, na forma do art. 900 da CLT.

Requer o recebimento e remessa do presente recurso ao Tribunal Regional do Trabalho da 2ª Região.

Termos em que, pede deferimento.

Local e data:...
Advogado
OAB/... . nº ...

# RAZÕES DE RECURSO ORDINÁRIO

RECORRENTE: EMPRESA X
RECORRIDO: FULANO DE TAL
Processo: 0100217-58.2023.5.02.001
Origem: 1ª Vara do Trabalho de São Paulo

Nobres Julgadores! Colenda Turma! Egrégio Tribunal!

## I – PRESSUPOSTOS RECURSAIS

Informa o recorrente que os pressupostos intrínsecos quais sejam: capacidade, legitimidade e interesse, bem como os pressupostos extrínsecos, quais sejam: regularidade formal, recurso interposto no prazo de 8 dias e o recolhimento de custas processuais e depósito recursal, conforme guias de recolhimento anexas estão devidamente preenchidos.

Dessa forma, requer que o presente recurso seja conhecido e tenha o seu mérito apreciado.

## II – RESUMO DA CONTROVÉRSIA

O examinando deverá trazer um resumo dos fatos ocorridos, sem abordar nenhum fato estranho ao problema.

## III – FUNDAMENTOS JURÍDICOS

### DO NÃO CABIMENTO DAS HORAS EXTRAS

O empregado/recorrido exerceu cargo de confiança na empresa, ainda assim a sentença condenou a recorrente ao pagamento de horas extras ao recorrido.

Nos termos do art. 62, II, CLT os empregados que exercem cargo de confiança não estão abrangidos pelo regime da duração do trabalho, podendo laborar acima do limite legal, em razão do cargo que ocupa na empresa, razão pela qual não fazem jus à percepção de horas extras.

Dessa forma, requer a reforma da sentença.

## IV – REQUERIMENTOS FINAIS

Diante do exposto, requer o conhecimento e provimento do presente recurso para reforma da sentença, julgando totalmente improcedente a demanda.

Local e data: ...
Nome do advogado
OAB/... nº ...

*Fim da peça*

### 3.6.3.6 Modelo de recurso ordinário com tese de nulidade por cerceamento de defesa e prescrição

*Início da peça*

EXCELENTÍSSIMO SENHOR DOUTOR JUIZ DO TRABALHO DA 1ª VARA DO TRABALHO DE SÃO PAULO/SP

Processo nº 0100217-58.2023.5.02.001

EMPRESA X, já qualificada nos autos da Reclamação trabalhista que lhe move FULANO DE TAL, por seu advogado que esta subscreve (procuração anexa) vem à presença de Vossa Excelência, tempestivamente no prazo de 8 dias, não se conformando com a respeitável sentença prolatada, interpor RECURSO ORDINÁRIO com fulcro no artigo 895, I, da CLT, consubstanciado nas razões recursais anexas.

Informa o recorrente o recolhimento de custas processuais e depósito recursal, conforme guias de recolhimento anexas.

Requer, a intimação do recorrido para que apresente contrarrazões ao recurso, na forma do art. 900 da CLT.

Requer o recebimento e remessa do presente recurso ao Tribunal Regional do Trabalho da 2ª Região.

Termos em que, pede deferimento.

Local, data:...
Advogado
OAB/... nº ...

### RAZÕES DE RECURSO ORDINÁRIO

Recorrente: EMPRESA X
Recorrido: FULANO DE TAL
Processo nº 0100217-58.2023.5.02.001
Origem: 1ª Vara do Trabalho de São Paulo/SP
Egrégio Tribunal, Colenda Turma, Nobres Julgadores!

#### I – PRESSUPOSTOS RECURSAIS

Informa o recorrente que os pressupostos intrínsecos quais sejam: capacidade, legitimidade e interesse, bem como os pressupostos extrínsecos, quais sejam: regularidade formal, recurso interposto no prazo de 8 dias e o recolhimento de custas processuais e depósito recursal, conforme guias de recolhimento anexas estão devidamente preenchidos.

Dessa forma, requer que o presente recurso seja conhecido e tenha o seu mérito apreciado.

#### II – RESUMO DA CONTROVÉRSIA

Alegando ter trabalhado para a reclamada no período compreendido entre 15.03.2017 a 03.05.2023, o reclamante ajuizou reclamação trabalhista em 07.07.2024, pleiteando o pagamento de horas extras de todo o período laboral. Em audiência, foi recebida a contestação da reclamada. Sob protesto, a reclamada teve indeferida a oitiva de sua única testemunha. Encerrada a instrução processual, foram apresentadas razões finais, oportunidade em que a Reclamada sustentou a aplicação de prescrição quinquenal. Em seguida, foi proferida sentença julgando totalmente procedente o pedido do reclamante.

### III – PRELIMINARMENTE – DO CERCEAMENTO DE DEFESA

Sob protesto, a reclamada teve indeferida a oitiva de sua única testemunha pelo Magistrado *a quo.*

Em seu art. 5º inciso LV, a CF, assegura aos litigantes o direito ao contraditório e à ampla defesa, com os meios e recursos a ela inerentes. Dentre esses meios inclui-se a produção de provas. Nesse mesmo sentido, ensina o art. 369 do CPC que as partes têm o direito de empregar todos os meios legais de provas. Assim, o indeferimento ao pedido em audiência para a oitiva de sua única testemunha que seria essencial para esclarecer o ponto crucial sobre a inexistência da excessiva sobrejornada, viola o direito de defesa garantido pela Constituição Federal.

Dessa forma, requer seja declarada a nulidade da sentença, face ao cerceamento de defesa, devendo os autos retornarem à vara de origem para a regular oitiva da testemunha, proferindo-se nova decisão.

### IV – DA PRESCRIÇÃO QUINQUENAL

O reclamante sustenta ter trabalhado para a reclamada no período compreendido entre 15.03.2017 a 03.05.2023 e ajuizou Reclamação Trabalhista em 07.07.2024. Em sentença, não foi conhecida a prejudicial de prescrição parcial porque suscitada pela Reclamada em razões finais, e não na contestação, ocorrendo, na ótica do magistrado, preclusão.

Ocorre que, nos termos da súmula 153 do TST a alegação de prescrição quinquenal foi tempestiva e deve ser conhecida, ainda que alegada em razões finais, visto que foi arguida em instância ordinária. Nos termos do art. 7º, XXIX, da CF e art. 11 da CLT, a prescrição quinquenal concerne as pretensões dos 5 anos anteriores ao ajuizamento da reclamação. Nesse mesmo sentido, é o entendimento disposto na Súmula 308, I, do TST.

Dessa forma, requer seja reconhecida a prescrição quinquenal, julgando extintas as pretensões anteriores a 07.07.2019, apreciando o mérito, nos termos do art. 487, II, CPC/2015.

### V – DO NÃO CABIMENTO DAS HORAS EXTRAS

Foi deferido o pagamento de 1 hora extra diária, com adicional de 50%, pelo intervalo interjornada desrespeitado, pois o juiz se convenceu que o autor trabalhava de segunda a sexta-feira, das 8h às 20h, com intervalo de 1 hora para refeição.

No entanto, o intervalo interjornada de 11 horas disposto no art. 66 da CLT foi respeitado, tendo em vista que o reclamante terminada sua jornada às 20h e iniciava uma nova jornada às 8h, fazendo, assim, um intervalo interjornada de 12 horas.

Dessa forma, requer a reforma da sentença.

### VI – REQUERIMENTOS FINAIS

Diante do exposto, requer o conhecimento e provimento do presente recurso para:

a) acolher a preliminar de cerceamento de defesa, declarando a nulidade da decisão, remetendo os autos à vara de origem para oitiva da testemunha e prolação de nova decisão.

b) Requer, ainda, o acolhimento da prejudicial de prescrição quinquenal e no mérito, a reforma da sentença.

Local e data
Nome do advogado
OAB/... nº ...

*Fim da peça*

## 3.6.4 Contrarrazões ao recurso

### 3.6.4.1 Conceito

Prevista no art. 900 da CLT trata-se de uma peça apresentada pelo rocorrido em resposta ao recurso interposto pelo recorrente. Tem como objetivo impugnar, refutar as alegações de nulidade e/ou reforma feitos pelo recorrente nas razões do recurso interposto.

Nas contrarrazões ao recurso devemos pedir para que a sentença seja mantida por suas razões e fundamentos. Em outras palavras, o julgamento foi favorável à parte que está apresentando as contrarrazões, por essa razão devemos pedir que a sentença seja mantida.

Assim como nos recursos a peça de contrarrazões também é composta da peça de interposição e razões recursais.

As contrarrazões estão relacionadas ao recurso ordinário, recurso de revista, agravo de petição etc.

### 3.6.4.2 Preparo

Por ser resposta ao recurso, as contrarrazões não se sujeitam ao recolhimento de preparo (custas e depósito recursal).

### 3.6.4.3 Preliminares

Dois grupos de preliminares podem existir nas contrarrazões.

**a) Preliminar de não conhecimento do recurso**

As preliminares de não conhecimento em contrarrazões aos recursos estão relacionadas com o não preenchimento dos pressupostos recursais intrínsecos quais sejam: capacidade, legitimidade e interesse ou mesmo o não preenchimento dos pressupostos extrínsecos, quais sejam: regularidade formal (adequação, representação e recorribilidade do ato), tempestividade, hipótese em que se alegará a intempestividdae do recurso, ou a ausência do recolhimento de custas processuais e/ou depósito recursal, hipótese em que se alegará a deserção do recurso.

Sobre os pressupostos extrínsecos remetemos o leitor ao item 3.5.2.

Nesses casos o examinando deve pedir para que o recurso interposto não seja conhecido.

**b) Preliminar de nulidade – cerceamento de defesa**

Ainda que a sentença tenha sido favorável ao recorrido, pode ele ter a necessidade de alegar eventual cerceamento de defesa ocorrido na fase cognitiva. Isso porque, em uma eventual reforma do recurso interposto pela parte contrária, pode o recorrido ser prejudicado com tal decisão. Por esse motivo é importante que sustente eventual cerceamento de defesa, que geralmente estão relacionados com impossibilidade de produção de prova, seja ela testemunhal, pericial etc., hipótese em que deverá fundamentar a tese no art. 5º, LV, CF e art. 369 CPC.

---

**Como identificar a peça**

O último andamento processual será a interposição de um recurso ordinário (ou qualquer outro recurso) e você como advogado do recorrido deverá adotar a medida processual cabível, qual seja, contrarrazões ao recurso.

---

### 3.6.4.4 Estrutura das contrarrazões ao recurso ordinário

**ATENÇÃO!** Utilizamos no modelo contrarrazões ao recurso ordinário. O mesmo modelo poderá ser utilizado como contrarrazões a outros recursos, devendo ser feitas as adequações pertinentes ao recurso.

PRÁTICA TRABALHISTA – 10ª EDIÇÃO

As contrarrazões ao recurso serão elaboradas em duas peças: peça de interposição e peça de razões contrarrazões recursais.

## 1 – Petição de interposição

### a) Endereçamento

A peça de interposição das contrarrazões ao recurso ordinário será dirigida ao juiz prolator da decisão impugnada (juízo *a quo*).

### b) Indicação do número do processo

Deverá indicar o número do processo abaixo do endereçamento.

Caso o problema forneça esse dado deverá constar na petição. Não sendo fornecido esse elemento, o examinando deverá optar por inserir reticências ou "xxx", conforme item 3.5.9 do Edital do Exame de Ordem. Por exemplo: "Processo nº..."

### c) Qualificação das partes

Recomenda-se que na peça de interposição do recurso que as partes sejam tratadas de acordo com os dados fornecidos no enunciado, considerando recorrido e recorrente.

As partes não necessitam de qualificação, tendo em vista já estarem qualificados nos autos.

**Atenção!** Nessa peça você figura como advogado do recorrido. Portanto, a qualificação deverá começar por ele.

### d) Indicação do advogado

*"por seu advogado que esta subscreve (procuração anexa), vem à presença de Vossa Excelência..."*

### e) Tempestividade

Informar que as contrarrazões estão sendo oferecidas no prazo legal de 8 dias, na forma do art. 900 da CLT.

**ATENÇÃO!** As contrarrazões de recursos com prazo de 15 dias deverão ser oferecidas também no prazo de 15 dias, tendo em vista que o prazo para contrarrazões será o mesmo prazo que a parte teve para interpor o recurso, art. 900 da CLT.

### f) Identificação da medida processual – nome da peça e fundamentos legais

As contrarrazões de quaisquer recursos são fundamentadas no art. 900 da CLT.

### g) Ausência de pressupostos recursais

Nas contrarrazões a parte recorrida NÃO deve fazer recolhimento de custas processuais e depósito recursal. Porém, poderá sustentar na peça de interposição a ausência dos pressupostos recursais que eventualmente não foram preenchidos pelo recorrente, dentre eles os mais importantes: tempestividade e recolhimento de custas e depósito recursal.

ESTRUTURAS BÁSICAS E MODELOS DE PEÇAS

Entendemos importante tal indicação na peça de interposição, tendo em vista que há o primeiro juízo de admissibilidade que é exercido pelo juízo *a quo*.

Nesse caso, devemos pedir o não conhecimento do recurso interposto.

### h) Requerimentos finais

Deverá, ainda, requerer em caso de admissibilidade do recurso, o recebimento e encaminhamento das contrarrazões ao Tribunal competente. Recomenda-se que o examinando indique o Tribunal competente, seja o TRT, seja o TST, a fim de demonstrar maior conhecimento na matéria.

Para encontrar o TRT competente, verifique o art. 674 CLT.

**ATENÇÃO!** Por ser resposta ao recurso, não há pagamento de custas e depósito recursal.

### i) Encerramento

Nesse item o examinando irá encerrar o recurso, colocando o local e a data e a assinatura do advogado. Importante lembrar que o examinando não poderá assinar a medida processual, deverá mencionar apenas a expressão "advogado OAB".

## 2 – Peça de contrarrazões do recurso ordinário

Finalizada a peça de interposição, deverá o examinando iniciar a peça de razões recursais.

Importante lembrar que o examinando não precisa fazer as razões recursais em outra página. Recomenda-se que ao terminar a peça de interposição o examinando inicie, diretamente, a peça de razões recursais, de acordo com o modelo proposto.

### a) Encaminhamento

O examinando deverá fazer o "encaminhamento padrão":

CONTRARRAZÕES AO RECURSO ORDINÁRIO

RECORRIDO: FULANO DE TAL

RECORRENTE: EMPRESA X

PROCESSO: 0100217-58.2023.5.02.001

ORIGEM: 1ª Vara do Trabalho de São Paulo/SP

Egrégio Tribunal, Colenda Turma, Nobres Julgadores!

### b) Resumo da controvérsia

Nesse tópico o examinando deverá fazer um breve resumo dos fatos ocorridos no problema.

Não é recomendada a cópia *ipsis litteris* do texto do problema. Recomenda-se que o examinando traga a correta compreensão do problema apresentado.

### c) Preliminares

### I – Preliminar de não conhecimento do recurso

Indicar eventual não preenchimento de pressupostos recursais pela recorrente, como por exemplo ausência de custas e/ou depósito recursal, ou intempestividade do recurso. Veja item 3.4.5.2

### II – Preliminar de nulidade – cerceamento de defesa

Apontar eventual preliminar de cerceamento de defesa.

### d) Razões – teses

Nesse trecho, o examinando deverá rebater/impugnar todas as teses feitas pelo recorrente de nulidade e/ou reforma da sentença. Recomendamos iniciar, preferencialmente pelas teses de nulidade e em seguida, as teses de reforma.

**ATENÇÃO!** O pedido a ser feito é para que a sentença seja mantida.

### e) Conclusão

Deverá requerer o acolhimento das preliminares para não conhecimento do recurso e eventual preliminar de cerceamento de defesa.

Caso o recurso seja conhecido, no mérito deverá requerer que seja negado provimento ao recurso interposto para que a sentença seja mantida na íntegra.

### f) Encerramento

Encerrar a peça processual, colocando o local e a data e a assinatura do advogado.

Importante lembrar que o examinando não poderá assinar a medida processual, deverá mencionar apenas a expressão "advogado OAB".

### 3.6.4.5 Modelo de contrarrazões ao recurso ordinário

OBS: O modelo abaixo foi feito com o empregado recorrido. Caso seja o empresa recorrida, basta fazer a alteração dos nomes.

*Início da peça*

EXCELENTÍSSIMO SENHOR DOUTOR JUIZ DO TRABALHO DA 1ª VARA DO TRABALHO DE SÃO PAULO/SP

Processo nº 0100217-58.2023.5.02.001

FULANO DE TAL, já qualificado nos autos da Reclamação trabalhista que move em face de EMPRESA X, por seu advogado que esta subscreve (procuração anexa) vem à presença de Vossa Excelência, tempestivamente no prazo de 8 dias, oferecer CONTRARRAZÕES AO RECURSO ORDINÁRIO com fulcro no artigo 900 da CLT, consubstanciado nas razões anexas.

Informa o recorrido que o recurso ordinário é intempestivo, pois foi interposto no prazo de 15 dias, não observando o prazo legal de 8 dias, razão pela qual não deve ser conhecido.

Informa, ainda, que o recurso foi interposto sem o comprovante de recolhimento do depósito recursal, razão pela qual não pode ser conhecido por ser considerado deserto.

Em caso de conhecimento do recurso, requer o recebimento das contrarrazões e sua remessa ao Egrégio Tribunal Regional do Trabalho da 2ª Região.

Termos em que, pede deferimento.

Local e data:...

Advogado

OAB/... . nº ...

## CONTRARRAZÕES DE RECURSO ORDINÁRIO

Recorrida: FULANO DE TAL
Recorrente: EMPRESA X
Processo: 0100217-58.2023.5.02.001
Origem: 1ª Vara do Trabalho de São Paulo/SP
Egrégio Tribunal, Colenda Turma, Nobres Julgadores!

### II – RESUMO DA CONTROVÉRSIA

O examinando deverá trazer um resumo dos fatos ocorridos, sem abordar nenhum fato estranho ao problema.

### III – PRELIMINARMENTE – DA INTEMPESTIVIDADE DO RECURSO

O recurso foi interposto 15 dias após a publicação da sentença.

Nos termos do art. 895, I, da CLT combinado com o art. 775 da CLT o recurso ordinário deverá ser interposto no prazo de 8 dias úteis.

Dessa forma, requer seja acolhida a preliminar, reconhecendo a intempestividade do recurso interposto, para que não seja conhecido.

### III – PRELIMINARMENTE – DA AUSÊNCIA DE RECOLHIMENTO DE DEPÓSITO RECURSAL

O recurso foi interposto sem o comprovante de recolhimento do depósito recursal.

Nos termos do art. 7º da Lei 5.584/1970 e Súmula 245 do TST deve ser comprovado o recolhimento do depósito recursal no prazo alusivo ao recurso.

Desta forma, requer seja acolhida a preliminar, reconhecendo a deserção do recurso, para que não seja conhecimento.

### IV – PRELIMINARMENTE – DO CERCEAMENTO DE DEFESA

Sob protesto, o reclamante teve indeferida a oitiva de sua única testemunha pelo Magistrado *a quo*.

Em seu art. 5º inciso LV, a CF, assegura aos litigantes o direito ao contraditório e à ampla defesa, com os meios e recursos a ela inerentes. Dentre esses meios inclui-se a produção de provas. Nesse mesmo sentido, ensina o art. 369 do CPC que as partes têm o direito de empregar todos os meios legais de provas. Assim, o indeferimento ao pedido em audiência para a oitiva de sua única testemunha que seria essencial para esclarecer o ponto crucial sobre a existência da excessiva sobrejornada, viola o direito de defesa garantido pela Constituição Federal.

Dessa forma, requer em caso de conhecimento do recurso, seja declarada a nulidade da sentença, face ao cerceamento de defesa, devendo os autos retornarem à vara de origem para a regular oitiva da testemunha, proferindo-se nova decisão.

### V – MÉRITO – DO CABIMENTO DAS HORAS EXTRAS

O recorrente pleiteia a reforma da sentença que reconheceu o teletrabalho exercido pelo Recorrente e julgou improcedente o pedido de horas extras.

Segundo dispõe o art. 62, III, CLT, somente os empregados que exercem suas atividades em teletrabalho por produção ou por tarefa estão excluídos do regime da duração do trabalho e não os teletrabalhadores por jornada, que não podem laborar acima do limite legal. Assim, caso ultrapassado o limite legal para jornada de trabalho previsto no art. 7º, XIII, CF e art. 58

PRÁTICA TRABALHISTA – 10ª EDIÇÃO

da CLT, deverá esse período ser remunerado como horas extras, com acréscimo de 50%, na forma do ar. 7º, XVI, CF.

Dessa forma, deve a respeitável sentença ser mantida para julgar procedente o pedido de horas extras.

### IV – CONCLUSÃO

Pelo exposto, requer a recorrida o acolhimento das preliminares suscitadas, para o não conhecimento do recurso. Caso o presente recurso seja conhecido, requer o acolhimento da preliminar de cerceamento de defesa, declarando nula a sentença, com remessa dos autos à vara de origem para oitiva da testemunha e prolação de nova decisão e no mérito, para que a sentença seja mantida na íntegra.

Local e data: ...
Nome do advogado
OAB/... nº ...

## 3.6.5   Agravo de instrumento

### 3.6.5.1   Conceito

Previsto no art. 897, *b*, da CLT, o agravo de instrumento é cabível, no prazo de 8 (oito) dias, para impugnar os as decisões proferidas pelo juízo *a quo,* no 1º juízo de admissibilidade recursal, que negarem seguimento a recursos.

Assim, cabe agravo de instrumento em face de decisões que negarem seguimento a recurso ordinário, recurso de revista, recurso adesivo, agravo de petição, recurso extraordinário e, inclusive, ao próprio agravo de instrumento, sempre no 1º juízo de admissibilidade.

O agravo de instrumento será processado em autos apartados, sendo composto pela peça de interposição e pelas razões recursais. Deverá ser interposto perante o juízo prolator da decisão que indeferiu o recurso e será julgado pelo Tribunal que seria competente para conhecer do recurso trancado, em conformidade com o art. 897, § 4º, da CLT.

**Atenção!** Negado seguimento ao recurso de embargos no TST não será cabível agravo de instrumento, mas sim agravo regimental, nos termos do art. 265 do Regimento Interno do TST.

O agravo de instrumento existente no direito processual do trabalho em nada se confunde com aquele agravo de instrumento do direito processual civil. Isso porque, nos domínios do processo do trabalho o agravo de instrumento se presta, unicamente, para destrancar recursos e não para atacar decisões interlocutórias como no processo civil, nas hipóteses do art. 1.015 CPC/2015, haja vista que para o processo do trabalho as decisões interlocutórias são irrecorríveis de imediato, nos termos do art. 893, § 1º, da CLT.

### 3.6.5.2   Efeito regressivo do agravo de instrumento

O agravo de instrumento será interposto perante o juízo prolator da decisão que indeferiu o recurso, admitindo-se o juízo de retratação, denominado efeito regressivo do agravo de instrumento. Por meio desse efeito, é permitido ao juízo *a quo* reconsiderar a decisão agravada, sendo admitido o recurso que havia sido denegado. Nesse caso, o recurso trancado terá seu prosseguimento regular, intimando-se a parte contrária para apresentar de contrarrazões ao recurso principal.

Todavia, não sendo exercido o juízo de retratação, o agravado será intimado para que, no prazo de 8 dias, ofereça ao mesmo tempo contraminuta (contrarrazões) ao agravo de instrumento e, também, contrarrazões ao recurso principal, devendo instruí-lo com as peças que entender necessárias para o julgamento imediato de ambos os recursos, na forma do art. 897, § 6º, da CLT.

## 115 ESTRUTURAS BÁSICAS E MODELOS DE PEÇAS

Em seguida, o agravo de instrumento será remetido para apreciação pelo Tribunal *ad quem*. Caso seja negado provimento ao agravo de instrumento, não caberá novo recurso contra tal decisão, exceto o recurso de embargos de declaração. Caso seja dado provimento ao agravo de instrumento, a Turma deliberará sobre o julgamento do recurso principal, observando-se, se for o caso, daí em diante, o procedimento relativo a esse recurso.

### 3.6.5.3 Formação do instrumento – requisito de admissibilidade

Nos termos do art. 897, § 5º, da CLT, sob pena de não conhecimento, as partes promoverão a formação do instrumento do agravo de modo a possibilitar, caso provido, o imediato julgamento do recurso denegado, instruindo a petição de interposição obrigatoriamente com as seguintes peças: cópias da decisão agravada, da certidão da respectiva intimação, das procurações outorgadas aos advogados do agravante e do agravado, da petição inicial, da contestação, da decisão originária, da comprovação do depósito recursal e do recolhimento das custas e facultativamente, com aquelas peças que entender necessárias para o julgamento do apelo.

A obrigatoriedade em formar o instrumento não se aplica, todavia, ao agravo de instrumento dirigido ao Tribunal Superior do Trabalho.

### 3.6.5.4 Preparo

Vale ressaltar que de acordo com a edição da Lei 12.275/2010 que incluiu o § 7º ao art. 899 da CLT, no ato da interposição do recurso, o agravante deverá efetuar depósito recursal correspondente a 50% (cinquenta por cento) do valor do depósito do recurso ao qual se pretende destrancar. Portanto, em se tratando de agravo de instrumento não se aplica o disposto na Súmula 245 do TST, que assim estabelece: "O depósito recursal deve ser feito e comprovado no prazo alusivo ao recurso. A interposição antecipada deste não prejudica a dilação legal." Isto porque o § 7º do art. 899 da CLT dispõe que o depósito será efetuado "no ato da interposição", razão pela qual não se pode falar em comprovação depois da interposição do recurso.

Em se tratando de fase de execução, ou seja, agravo de instrumento para destrancar agravo de petição ou recurso de revista na fase de execução, haverá necessidade de recolhimento de custas no valor de R$ 44,26, nos termos do art. 789-A, III, da CLT. Já o depósito recursal somente será exigido se o juízo ainda não estiver totalmente garantido (Súmula 128, II, do TST).

**Atenção!** Nos termos do § 8º do art. 899 da CLT quando o agravo de instrumento tiver a finalidade de destrancar recurso de revista que se insurge contra decisão que contraria a jurisprudência uniforme do Tribunal Superior do Trabalho, consubstanciada nas suas súmulas ou em orientação jurisprudencial, não haverá obrigatoriedade de se efetuar o depósito recursal.

**OBS:** Em se tratando de agravo de instrumento que objetiva destrancar recurso extraordinário perante o STF, não há que se falar em depósito recursal, pois para esse recurso aplica-se o disposto nos arts. 544 e 545 do CPC e não a CLT.

---

**Como identificar a peça**

O último dado processual será que a parte recorreu de uma decisão (sentença ou acórdão), mas o recurso não foi conhecido ou ou foi negado seu seguimento pelo juízo prolator da decisão, e que seu cliente deseja que o recurso seja destrancado e apreciado.

---

### 3.6.5.5 Estrutura do agravo de instrumento

O agravo de instrumento será elaborado em duas peças: peça de interposição e peça de razões recursais.

PRÁTICA TRABALHISTA – 10ª EDIÇÃO 116

### 1 – Petição de interposição
Inicialmente o examinando deverá elaborar a petição de interposição do recurso de agravo de instrumento.

#### a) Endereçamento
A peça de interposição do agravo de instrumento será dirigida ao juiz prolator da decisão que negou seguimento ao recurso. Assim, poderá ser endereçada para a Vara do Trabalho ou TRT, devendo ser elaborado em conformidade com o endereçamento padrão.

*Endereçamento ao Juiz do Trabalho da Vara do Trabalho:*

"EXCELENTÍSSIMO SENHOR DOUTOR JUIZ DO TRABALHO DA ...VARA DO TRA-BALHO DE ..."

*Endereçamento ao Tribunal Regional do Trabalho*

"EXCELENTÍSSIMO SENHOR DESEMBARGADOR PRESIDENTE DO EGRÉGIO TRI-BUNAL REGIONAL DO TRABALHO DA ...REGIÃO"

#### b) Indicação do número do processo
Deverá indicar o número do processo abaixo do endereçamento. Não sendo fornecido esse dado pelo enunciado, o examinando deverá optar por inserir reticências ou xxx, conforme item 3.5.9 do Edital do Exame de Ordem. Por exemplo: "Processo nº..."

#### c) Qualificação do agravante e agravado
Agravante e agravado não necessitam de qualificação completa, tendo em vista já estarem qualificados nos autos.

#### d) Indicação do advogado
*"por seu advogado que esta subscreve (procuração anexa)*

#### e) Tempestividade
Informar que a tempestividade de 8 dias do recurso.

#### f) Inconformismo
*"não se conformando com a respeitável decisão que negou seguimento ao recurso xxx" (indicar recurso trancado)*

#### g) Identificação da medida processual – nome da peça e fundamentos legais
O examinando deverá identificar a medida processual, indicando seus respectivos fundamentos legais.

No agravo de instrumento o examinando deverá se utilizar do art. 897, "b", da CLT.

#### h) Indicar as razões recursais anexas
*"...de acordo com as razões recursais anexas..."*

ESTRUTURAS BÁSICAS E MODELOS DE PEÇAS

### i) Realização do depósito recursal

Nesse item o examinando deverá comprovar o recolhimento do depósito recursal correspondente a 50% (cinquenta por cento) do valor do depósito do recurso ao qual se pretende destrancar, nos termos do art. 899, § 7º, da CLT.

### j) Cópias para formação do instrumento

Nesse item o examinando deverá informar a juntada das peças necessárias obrigatórias e facultativas, para formação do instrumento, elencadas no art. 897, § 5º, da CLT.

### k) Indicação do efeito regressivo

Deverá requerer o conhecimento do agravo de instrumento, reconsiderando-se a decisão que negou seguimento ao recurso.

### l) Intimação do agravado para contraminuta e contrarrazões ao recurso principal

Caso não haja a aplicação do efeito regressivo, pedir subsidiariamente a intimação do agravado pera apresentação de contraminuta ao agravo de instrumento, bem como contrarrazões ao recurso principal (recurso trancado), na forma do art. 900 da CLT.

### m) Recebimento e remessa

Deverá requerer o recebimento e remessa do agravo de instrumento e recurso principal ao Tribunal competente.

Recomenda-se que o examinando indique o Tribunal competente, seja o TRT, seja o TST, a fim de demonstrar maior conhecimento na matéria.

### n) Encerramento

Nesse item o examinando irá encerrar o recurso, colocando o local e a data e a assinatura do advogado. Importante lembrar que o examinando não poderá assinar a medida processual deverá mencionar apenas a expressão "advogado OAB".

### 2 – Razões do agravo de instrumento

Após encerrar a petição de interposição, o examinando deverá elaborar a petição de razões ecursais.

Importante lembrar que o examinando não precisa fazer as razões recursais em outra página. Recomenda-se que ao terminar a peça de interposição o examinando inicie, diretamente, a peça de razões recursais.

### a) Encaminhamento

O examinando deverá fazer o "encaminhamento padrão":

RAZÕES DO AGRAVO DE INSTRUMENTO

AGRAVANTE: EMPRESA X

AGRAVADO: FULANO DE TAL

PROCESSO: 0100217-58.2023.5.02.001
ORIGEM: 1ª Vara do Trabalho de São Paulo/SP
Egrégio Tribunal, Colenda Turma, Nobres Julgadores!

## b) Pressupostos recursais e Requisitos de admissibilidade recursal

Mencionar que o recurso preenche os pressupostos recursais extrínsecos e intrínsecos, bem como está instruído com cópias obrigatórias do art. 897, § 5º, da CLT.

*"Informa o recorrente que os pressupostos intrínsecos quais sejam: capacidade, legitimidade e interesse, bem como os pressupostos extrínsecos, quais sejam: regularidade formal, recurso interposto no prazo de 8 dias, bem como na forma do art. 897, § 5º, I, da CLT, está instruído com cópias da decisão agravada, da certidão da respectiva intimação, das procurações outorgadas aos advogados do agravante e do agravado, da petição inicial, da contestação, da decisão originária, do depósito recursal referente ao recurso que se pretende destrancar, da comprovação do recolhimento das custas e do depósito recursal de 50%, art. 899, § 7º, da CLT, conforme guias de recolhimento anexas."*

## c) Resumo da controvérsia

Nesse tópico o examinando deverá fazer um breve resumo dos fatos ocorridos no problema.

## d) Da admimissibilidade do recurso

Nesse item o examinando deve estar atento para o mérito do agravo de instrumento que se limita ao seguimento do recurso trancado, ou seja, limita-se à invalidade da decisão denegatória do recurso, que estará relacionada com o não preenchimento de um ou mais pressupostos intrínsecos ou extrínsecos do recurso.

Dessa forma, a tese do agravante ficará limitada ao seguimento do recurso que foi trancado, ou seja, que teve negado o seguimento, por ausência de um dos pressupostos recursais subjetivos/intrínsecos, como a capacidade, legitimidade ou interesse ou pela ausência de pressupostos objetivos/extrínsecos, quais sejam: recorribilidade do ato, representação, adequação, tempestividade e preparo.

O examinando deverá nesse tópico demonstrar os motivos pelos quais o recurso teve o seguimento negado/não admitido, mas deve ser destrancado, na medida em que preencheu os pressupostos recursais, devendo o recurso ser apreciado pelo Tribunal, ou seja, deverá apontar o preenchimento dos pressupostos recursais tidos como não preenchidos.

## e) Pedido

Nesse item o examinando deverá requerer o conhecimento e provimento do agravo de instrumento, com a reforma da decisão, para que o recurso principal seja conhecido e tenha seu mérito apreciado.

## f) Encerramento

Nesse item o examinando irá encerrar a sua peça processual, colocando o local e a data e a assinatura do advogado. Importante lembrar que o examinando não poderá assinar a medida processual deverá mencionar apenas a expressão "advogado OAB".

### 3.6.5.6 Modelo de agravo de instrumento

OBS: O modelo abaixo foi feito com a empresa sendo a agravante. Caso seja o agravante seja o empregado, basta fazer a alteração dos nomes.

*Início da peça*

EXCELENTÍSSIMO SENHOR DOUTOR JUIZ DO TRABALHO DA 1ª VARA DO TRABALHO DE SÃO PAULO/SP

Processo nº 0100217-58.2023.5.02.001

EMPRESA X, já qualificada nos autos da Reclamação trabalhista que lhe move FULANO DE TAL, por seu advogado que esta subscreve (procuração anexa) vem à presença de Vossa Excelência, tempestivamente no prazo de 8 dias, não se conformando com a respeitável decisão que denegou seguimento ao recurso ordinário interpor AGRAVO DE INSTRUMENTO com fulcro no art. 897, *b*, da CLT, consubstanciado nas razões recursais anexas.

Informa o recorrente o recolhimento de custas processuais e depósito recursal de 50% do recurso ordinário que se pretende destrancar, na forma do art. 899, § 7º, da CLT, conforme guias de recolhimento anexas.

Informa, ainda, que nesse ato traz as cópias das peças necessárias à formação do instrumento quais sejam:

1) Decisão agravada;

2) Certidão da respectiva intimação;

3) Procurações outorgadas aos advogados do agravante e do agravado;

4) Petição inicial;

5) Contestação;

6) Decisão originária;

7) Comprovante de recolhimento do depósito recursal do recurso principal;

8) Comprovante de recolhimento das custas processuais do recurso principal;

9) Peças facultativas.

Requer o conhecimento do agravo de instrumento, reconsiderando-se a decisão que negou seguimento ao recurso ou caso não seja esse o entendimento de Vossa Excelência a intimação do agravado para apresentação de contraminuta ao agravo de instrumento, bem como contrarrazões ao recurso ordinário trancado, na forma do art. 900 da CLT.

Requer, por fim, o recebimento e remessa do presente recurso ao Tribunal Regional do Trabalho da 2ª Região.

Termos em que, pede deferimento.

Local e data:...

Nome do advogado

OAB/... nº...

## RAZÕES DE AGRAVO DE INSTRUMENTO

AGRAVANTE: EMPRESA X

AGRAVADO: FULANO DE TAL

Processo nº: 0100217-58.2023.5.02.001

Origem: 1ª Vara do Trabalho de São Paulo/SP

# PRÁTICA TRABALHISTA – 10ª EDIÇÃO

Egrégio Tribunal, Colenda Turma, Nobres Julgadores!

## I – PRESSUPOSTOS RECURSAIS

Informa o recorrente que os pressupostos intrínsecos quais sejam: capacidade, legitimidade e interesse, bem como os pressupostos extrínsecos, quais sejam: regularidade formal, recurso interposto no prazo de 8 dias, bem como na forma do art. 897, § 5º, I, da CLT, está instruído com cópias da decisão agravada, da certidão da respectiva intimação, das procurações outorgadas aos advogados do agravante e do agravado, da petição inicial, da contestação, da decisão originária, do depósito recursal referente ao recurso que se pretende destrancar, da comprovação do recolhimento das custas e do depósito recursal de 50%, art. 899, § 7º, da CLT, conforme guias de recolhimento anexas.

Dessa forma, espera o recorrente que o presente recurso seja conhecido e tenha o seu mérito apreciado.

## II – BREVE SÍNTESE DA CONTROVÉRSIA

O examinando deverá trazer um resumo dos fatos ocorridos, sem abordar nenhum fato estranho no problema.

## III – DA REFORMA DA DECISÃO – ADMISSIBILIDADE DO RECURSO

Foi interposto recurso ordinário que teve o seguimento negado sob a alegação de intempestividade, por ter sido interposto no 9º dia após a publicação da sentença

Ocorre que o recurso o último dia do prazo foi feriado nacional, o que não foi observado pelo juízo de origem. Verifica-se que o recurso foi interposto dentro do prazo legal, na medida em que o oitavo e último dia do prazo recursal coincidiu com a data de 07 de setembro, feriado nacional em que se comemora a Independência do Brasil, alargando o prazo final para o primeiro dia útil seguinte, ou seja, dia 08 de setembro, data em que o recurso ordinário trancado foi interposto.

Nos termos do art. 775, parágrafo único, da CLT os prazos que tenham vencimento em dia de feriado terminarão no primeiro dia útil seguinte. Em outras palavras, o prazo será considera prorrogado para o primeiro dia útil seguinte.

Portanto, equivocada a respeitável decisão que não conheceu do recurso ordinário interposto pelo agravante por intempestividade, na medida em que foi interposto dentro do prazo legal de oito dias úteis, em conformidade com o art. 897 da CLT.

## IV – CONCLUSÃO

Diante do exposto requerer o conhecimento e provimento do agravo de instrumento, com a reforma da decisão, para que o recurso ordinário trancado seja conhecido, determinando-se a apreciação de seu mérito.

Local e data...

Nome do advogado

OAB/... nº...

*Fim da peça*

## 3.6.6 Agravo de petição

### 3.6.6.1 Conceito

Previsto no art. 897, *a*, da CLT, o agravo de petição é o recurso cabível, no prazo de 8 (oito) dias, em face das decisões do Juiz do Trabalho proferidas na fase de execução de sentença. Dessa forma, não existe agravo de petição na fase de conhecimento.

DICA: o agravo de petição funciona como um recurso ordinário, porém na fase de execução. Assim, na fase de execução contra sentenças, não é cabível recurso ordinário, mas sim agravo de petição.

### 3.6.6.2 Pressuposto de admissibilidade específico

O art. 897, § 1º, da CLT traz um requisito especial para a admissibilidade do agravo de petição. Trata-se da delimitação de matérias e valores.

Para que o recurso seja admitido deverá o agravante delimitar as matérias impugnadas e os valores controversos, a fim de que se proceda à execução definitiva da parte não impugnada.

### 3.6.6.3 Processamento

Deverá ser interposto no prazo de 8 (oito) dias perante o juiz da vara do trabalho em que estiver tramitando a execução.

### 3.6.6.4 Preparo

Como estudado "preparo" consiste no recolhimento de custas e depósito recursal. Em regra, no agravo de petição não há depósito recursal, pois o juízo já está garantido, sendo certo que tal exigência viola os incisos II e LV do art. 5º, CF que consagram, respectivamente o princípio da legalidade, bem como o princípio do contraditório e ampla defesa. Já as custas serão pagas ao final pelo executado, nos termos do art. 789-A, IV, da CLT.

Contudo, excepcionalmente haverá necessidade do recolhimento do depósito recursal sempre que houver necessidade de complementação de valor já garantido, por ocasião de elevação no valor do débito, como por exemplo aumento do valor da condenação, é o que ensina a Súmula 128, II, do TST.

### 3.6.6.5 Hipóteses de cabimento

O agravo de petição é o recurso cabível, no prazo de 8 (oito) dias, em face das decisões do Juiz do Trabalho proferidas na fase de execução de sentença. Assim, é possível a interposição do agravo de instrumento nas seguintes hipóteses:

**a)** sentença que julgou embargos à execução/embargos do devedor;

**b)** sentença que julgou embargos de terceiro;

**c)** decisão que julgou exceção de pré-executividade

**d)** contra a decisão interlocutória que acolher ou rejeitar o incidente de desconsideração da personalidade jurídica, na fase de execução, nos termos do art. 855-A, § 1º, II, da CLT.

---

**Como identificar a peça**

O último andamento processual trazido pelo enunciado será uma sentença que julgou embargos à execução ou embargos de terceiro. Pode ocorrer também do último andamento processual trazido pelo enunciado ser decisão sobre exceção de pré-executividade ou até mesmo decisão interlocutória que acolher ou rejeitar o incidente de desconsideração da personalidade jurídica, na fase de execução.

PRÁTICA TRABALHISTA – 10ª EDIÇÃO

### 3.6.6.6 Estrutura do agravo de petição

O agravo de petição será elaborado em duas peças: peça de interposição e peça de razões recursais.

*1 – Petição de interposição*

Inicialmente o examinando deverá elaborar a petição de interposição do recurso de agravo de petição.

#### a) Endereçamento

A peça de interposição do agravo de petição será dirigida ao juízo em que estiver tramitando a execução, devendo ser dirigida à Vara do Trabalho.

"EXCELENTÍSSIMO SENHOR DOUTOR JUIZ DO TRABALHO DA ...VARA DO TRABALHO DE ..."

#### b) Indicação do número do processo

Deverá indicar o número do processo abaixo do endereçamento. Recomendamos pular uma linha. Caso o problema forneça esse dado deverá constar na petição. Não sendo fornecido esse elemento, o examinando deverá optar por inserir reticências ou "xxx", conforme item 3.5.9 do Edital do Exame de Ordem. Por exemplo: "Processo n°..."

#### c) Qualificação das partes

Recomenda-se que na peça de interposição do recurso as partes sejam tratadas de acordo com os dados fornecidos na peça. As partes não necessitam de qualificação, tendo em vista que já estão qualificados nos autos.

#### d) Indicação do advogado

*"por seu advogado que esta subscreve (procuração anexa), vem à presença de Vossa Excelência..."*

#### e) Tempestividade

Informar que o recurso está sendo interposto no prazo de 8 dias.

#### f) Inconformismo

*"não se conformando com a respeitável sentença..."*

#### g) Identificação da medida processual – nome da peça e fundamentos legais

O examinando deverá identificar a medida processual, indicando seus respectivos fundamentos legais.

O agravo de petição deverá ser fundamentado de acordo com o art. 897, *a*, da CLT.

#### h) Indicar as razões recursais anexas

*"...de acordo com as razões recursais anexas..."*

### i) Recolhimento de custas e depósito recursal

Em regra, o agravo de petição NÃO está sujeito ao preparo, razão pela qual o examinando não deverá mencionar a juntada das guias comprobatórias de custas processuais e do depósito recursal. (Veja item 3.5.6.4 acima estudado). Nesse caso, recomenda-se, no entanto, que o examinando se utilize da seguinte expressão:

*"Informa o agravante que deixa de juntar as guias de recolhimento de custas, pois estas serão pagas ao final pelo Executado, nos termos do art. 789-A da CLT. Deixa de efetuar o Depósito Recursal, pois já garantido o juízo, conforme súmula 128, item II do TST".*

Caso haja a necessidade de complementação do valor já garantido (súmula 128, II, TST), recomenda-se que o examinando se utilize da seguinte expressão:

*Informa o agravante a complementação do valor referente ao depósito recursal, na forma da súmula 128, II, do TST. Informa, ainda, que deixa de juntar as guias de recolhimento de custas, pois estas serão pagas ao final pelo Executado, nos termos do art. 789-A da CLT.*

### j) Delimitação de matérias e valores

Em atendimento ao disposto art. 897, § 1º, da CLT, deverá o examinando delimitar as matérias e valores impugnados, sob pena de não conhecimento do recurso.

Basta a indicação de que se impugna a matéria xxx, no valor de R$...

### k) Intimação do recorrido para contrarrazões

Deverá requerer a intimação do recorrido para apresentar contrarrazões ao recurso, na forma do art. 900 da CLT.

### l) Recebimento e remessa ao Tribunal competente

Deverá requerer o recebimento e remessa do recurso ao Tribunal competente.

Para encontrar o número da Região do TRT competente de acordo com o Estado da Federação, veja o art. 674 CLT.

### m) Encerramento

Nesse item o examinando irá encerrar o recurso, colocando o local e a data e a assinatura do advogado. Importante lembrar que o examinando não poderá assinar a medida processual deverá mencionar apenas a expressão "advogado OAB".

## 2 – Petição de razões do agravo de petição

Após encerrar a petição de interposição, o examinando deverá elaborar a petição de razões recursais.

Importante lembrar que o examinando não precisa fazer as razões recursais em outra página. Recomenda-se que ao terminar a peça de interposição o examinando inicie, diretamente, a peça de razões recursais.

### a) Encaminhamento

O examinando deverá fazer o "encaminhamento padrão":

RAZÕES DE AGRAVO DE PETIÇÃO

AGRAVANTE: xxx

AGRAVADO: xxx

Processo nº: 0100217-58.2023.5.02.001

Origem: 1ª Vara do Trabalho de São Paulo/SP

Egrégio Tribunal, Colenda Turma, Nobres Julgadores!

**b) Pressupostos recursais ou Requisitos de admissibilidade recursal.**

Mencionar que no recurso estão preenchidos os pressupostos recursais objetivos (extrínsecos) e subjetivos (intrínsecos).

*"Informa o recorrente que os pressupostos intrínsecos quais sejam: capacidade, legitimidade e interesse, bem como os pressupostos extrínsecos, quais sejam: regularidade formal, recurso interposto no prazo de 8 dias e o recolhimento de custas processuais e depósito recursal, conforme guias de recolhimento anexas estão devidamente preenchidos."*

**c) Resumo da controvérsia**

Nesse tópico o examinando deverá fazer um breve resumo dos fatos ocorridos no problema.

**d) Delimitação de matérias e valores**

Indicar as matérias e valores impugnados no agravo de petição.

**e) Fundamentos jurídicos**

Fazer referência ao direito aplicável, demonstrando suas razões e, posteriormente, concluir o raciocínio quanto a aplicação ou não do direito.

No agravo de petição o agravante impugnará os pedidos julgados procedentes nos embargos à execução ou embargos de terceiro ou ainda, decisão sobre exceção de pré-executividade ou por último, decisão interlocutória que acolheu ou rejeitou o incidente de desconsideração da personalidade jurídica, na fase de execução.

**f) Requerimentos finais**

Nesse item o examinando deverá pedir o conhecimento e o provimento do recurso para reformar da sentença.

**g) Encerramento**

Nesse item o examinando irá encerrar a sua peça processual, colocando o local e a data e a assinatura do advogado. Importante lembrar que o examinando não poderá assinar a medida processual, deverá mencionar apenas a expressão "advogado OAB".

### 3.6.6.7 Modelo de agravo de petição

*Início da peça*

EXCELENTÍSSIMO SENHOR DOUTOR JUIZ DO TRABALHO DA 1ª VARA DO TRABALHO DE SÃO PAULO/SP

Processo nº 0100217-58.2023.5.02.001

FULANO DE TAL, já qualificado nos autos da Reclamação trabalhista, em fase de execução, que move em face de BELTRANO, por seu advogado que esta subscreve (procuração anexa) vem à presença de Vossa Excelência, tempestivamente no prazo de 8 dias, não se conformando com a respeitável sentença prolatada, interpor AGRAVO DE PETIÇÃO, com fulcro no art. 897, *a*, da CLT, consubstanciado nas razões em anexo.

Informa o agravante que deixa de juntar as guias de recolhimento de custas, pois estas serão pagas ao final pelo Executado, nos termos do art. 789-A da CLT. Deixa de efetuar o Depósito Recursal, pois já garantido o juízo, conforme súmula 128, item II do TST.

Nos termos do art. 897, § 1º, da CLT, informa o agravante que o presente recurso tem como objeto a possibilidade de penhora do imóvel bem de família, no valor de R$ 123.000,00; cálculo de férias de acordo com o último salário no valor de R$...

Requer, a intimação do agravado para que apresente contrarrazões ao recurso, na forma do art. 900 da CLT.

Requer o recebimento e remessa do presente recurso ao Tribunal Regional do Trabalho da 2ª Região.

Termos em que, pede deferimento.
Local e data:...
Nome do advogado
OAB/... nº...

## RAZÕES DE AGRAVO DE PETIÇÃO

AGRAVANTE: FULANO DE TAL
AGRAVADO: BELTRANO
Processo nº 0100217-58.2023.5.02.001
Origem: 1ª Vara do Trabalho de São Paulo/SP
Egrégio Tribunal!
Colenda Turma!
Nobres Julgadores!

### I – PRESSUPOSTOS RECURSAIS

*Informa o recorrente que os pressupostos intrínsecos quais sejam: capacidade, legitimidade e interesse, bem como os pressupostos extrínsecos, quais sejam: regularidade formal, recurso interposto no prazo de 8 dias e o recolhimento de custas processuais e depósito recursal, conforme guias de recolhimento anexas estão devidamente preenchidos.*

Dessa forma, espera o recorrente que o presente recurso seja conhecido e tenha o seu mérito apreciado.

## II – RESUMO DA CONTROVÉRSIA

O examinando deverá trazer um resumo dos fatos ocorridos, sem abordar nenhum fato estranho no problema.

## III – DAS MATÉRIAS E VALORES IMPUGNADOS

Nos termos do art. 897, § 1°, da CLT, informa o agravante que o presente recurso tem como objeto a possibilidade de penhora do imóvel bem de família, no valor de R$ 123.000,00; cálculo de férias de acordo com o último salário no valor de R$...

## IV – DA POSSIBILIDADE DE PENHORA DO BEM DE FAMÍLIA

A sentença que julgou os embargos à execução entendeu impenhorável o imóvel de maior valor da agravada, tendo em vista possuir outro imóvel em bairro próximo, de menor valor (R$ 70.000,00), onde também reside com sua família porque fica mais próximo ao seu emprego.

No entanto, tendo a executada dois imóveis, a impenhorabilidade alcançará o de menor valor e não o imóvel de maior valor, nos termos do art. 5°, parágrafo único, da Lei n° 8.009/90.

Desta forma, requer a reforma da sentença, determinando-se a penhora sobre o imóvel de maior valor da agravada.

## VI – CÁLCULO DAS FÉRIAS

A sentença julgou procedente os embargos à execução, deferindo o recálculo das férias para acompanhar o valor do salário pago ao longo do tempo, e não da última remuneração.

Ocorre que, de acordo com o entendimento disposto na súmula 7 do TST, todas as férias deverão ser calculadas pela última remuneração do empregado.

Desta forma, requer a reforma da sentença para determinar o cálculo das férias de acordo com a última remuneração do empregado.

## V – REQUERIMENTOS FINAIS

Diante do exposto, requer a agravante o conhecimento e provimento do recurso para a reforma da sentença.

Local..., data...

Nome do advogado

OAB/... n° ...

*Fim da peça*

ESTRUTURAS BÁSICAS E MODELOS DE PEÇAS

## 3.6.7 Agravo regimental ou agravo interno

### 3.6.7.1 Cabimento

O agravo regimental/interno é cabível em face das seguintes decisões monocráticas:

**a)** em face de decisões monocráticas dos juízes relatores dos Tribunais Regionais (Desembargadores) ou do Tribunal Superior do Trabalho (Ministros),

**b)** em face da decisão monocrática do Presidente do TST que negar seguimento ao recurso de embargos previsto no art. 894 da CLT,

**c)** em face da decisão proferida pelo relator em incidente instaurado originariamente no tribunal, conforme art. 855-A, § 1º, III, CLT.

**ATENÇÃO!** Não cabe agravo interno ou agravo regimental contra decisão proferida pelo órgão Colegiado, ou seja, Turma ou Seção. Somente será cabível agravo interno em face de decisão for monocrática, não sendo possível a aplicação da fungibilidade recursal, conforme OJ n. 412 da SDI1 do TST.

DICA para identificar o agravo regimental é a palavra "decisão monocrática."

### 3.6.7.2 Previsão legal

O agravo regimental encontra-se previsto no art. 1.021 do CPC; Lei 7.701/1988 e, ainda, nos regimentos internos dos Tribunais Regionais e do Tribunal Superior do Trabalho, arts. 265 e 266 do Regimento Interno do TST e art. 1º, § 2º, IN 39/2016 do TST.

### 3.6.7.3 Prazo

O prazo para interposição do agravo regimental varia de acordo com o regimento interno de cada Tribunal, que, de modo geral, fixam o prazo de 8 (oito) dias para sua interposição. No TST, de acordo com o art. 265 de seu regimento interno, o prazo é de 8 (oito) dias para a interposição do agravo regimental para o Pleno do TST. No TRT da 2ª Região está esculpido nos arts. 175 e 176 com prazo de 8 (oito) dias.

### 3.6.7.4 Processamento

O agravo regimental deverá ser interposto perante o Desembargador ou Ministro relator que prolatou a decisão, devendo o agravante requerer o juízo de retratação (efeito regressivo), ou seja, a possibilidade de reconsideração do Relator que proferiu, no âmbito do Tribunal. Caso não haja retratação, deverá providenciar o encaminhamento ao órgão competente para a apreciação do agravo, qual seja, a Turma ou o Pleno do Tribunal, a depender do respectivo regimento interno, não havendo oportunidade para apresentação de contrarrazões, tampouco sustentação oral.

Caso não haja disposição no regimento interno do tribunal sobre a necessidade da formação do instrumento, não há necessidade de o agravante trazer cópias dos autos principais para a formação do instrumento, como ocorre no agravo de instrumento.

### 3.6.7.5 Preparo

O agravo regimental não está sujeito ao recolhimento de custas e depósito recursal, não havendo, portanto, o pressuposto extrínseco do preparo.

---

**Como identificar a peça**

O último ato processual será uma decisão monocrática de relator no TRT ou no TST.

PRÁTICA TRABALHISTA – 10ª EDIÇÃO

### 3.6.7.6 Estrutura do agravo regimental

O agravo interno será elaborado em duas peças: peça de interposição e peça de razões recursais.

**1 – Petição de interposição**

Inicialmente o examinando deverá elaborar a petição de interposição do recurso de agravo regimental.

#### a) Endereçamento

A peça de interposição do agravo regimental será dirigida ao Desembargador ou Ministro Relator prolator da decisão monocrática impugnada, COM INDICAÇÃO DE SEU NOME E RELATOR DO RECURSO (que pretende impugnar), podendo ser endereçada ao TRT ou ao TST. Deverá ser elaborado em conformidade com o endereçamento padrão.

*Endereçamento ao Tribunal Regional do Trabalho*

"EXCELENTÍSSIMO SENHOR DESEMBARGADOR FULANO DE TAL DO EGRÉGIO TRIBUNAL REGIONAL DO TRABALHO DA ...REGIÃO RELATOR DO RECURSO TAL..."

*Endereçamento ao Tribunal Superior do Trabalho*

"EXCELENTÍSSIMO SENHOR MINISTRO FULANO DE TAL DO COLENDO TRIBUNAL SUPERIOR DO TRABALHO RELATOR DO RECURSO TAL..."

#### b) Indicação do número do processo

Fazer indicação do número do processo. Caso o problema forneça esse dado, deverá constar no corpo da medida. Não sendo fornecido esse elemento, o examinando deverá optar por inserir reticências ou "xxx", conforme item 3.5.9 do Edital do Exame de Ordem. Por exemplo: "Processo nº..."

#### c) Qualificação do agravante e agravado

Agravante e agravado não necessitam de qualificação completa, tendo em vista já estarem qualificados nos autos.

#### d) Indicação do advogado

*"por seu advogado que esta subscreve (procuração anexa)"*

#### e) Tempestividade

Informar que a tempestividade de 8 dias do recurso.

#### f) Inconformismo

*"não se conformando com a respeitável decisão monocrática"*

#### g) Identificação da medida processual – nome da peça e fundamentos legais

O examinando deverá identificar a medida processual, indicando seu respectivo fundamento legal.

Em se tratando de agravo regimental para o TST, o examinando deverá fundamentar sua medida no art. 1.021 do CPC.

## h) Indicar as razões recursais anexas

*"...de acordo com as razões recursais anexas..."*

## i) Indicação do efeito regressivo

Deverá requerer o conhecimento do agravo interno, reconsiderando-se a decisão monocrática.

## j) Intimação do agravado para contraminuta

Caso não haja a aplicação do efeito regressivo, pedir subsidiariamente a intimação do agravado pera apresentação de contraminuta ao agravo interno, na forma do art. 900 da CLT.

## k) Recebimento e remessa

Deverá requerer o recebimento e remessa do agravo interno ao órgão colegiado competente para apreciação.

## l) Encerramento

Nesse item o examinando irá encerrar o recurso, colocando o local e a data e a assinatura do advogado. Importante lembrar que o examinando não poderá assinar a medida processual, deverá mencionar apenas a expressão "advogado OAB".

## 2 – Peça de razões do agravo regimental

Após encerrar a petição de interposição, o examinando deverá elaborar a petição de razões recursais.

Importante lembrar que o examinando não precisa elaborar as razões recursais em outra página. Recomenda-se que ao terminar a peça de interposição, o examinando inicie, diretamente, a peça de razões recursais.

## a) Encaminhamento

O examinando deverá fazer o "encaminhamento padrão":

RAZÕES DE AGRAVO REGIMENTAL

AGRAVANTE: XXX

AGRAVADO: XXX

ORIGEM: XXX

PROCESSO Nº: XXX

Egrégio Tribunal, Colenda Turma, Nobres Julgadores!

## b) Pressupostos recursais ou Requisitos de admissibilidade recursal.

*Informa o recorrente que os pressupostos intrínsecos quais sejam: capacidade, legitimidade e interesse, bem como os pressupostos extrínsecos, quais sejam: regularidade formal, recurso interposto no prazo de 8 dias estão devidamente preenchidos.*

PRÁTICA TRABALHISTA – 10ª EDIÇÃO

Dessa forma, espera o recorrente que o presente recurso seja conhecido e tenha o seu mérito apreciado.

### c) Resumo da controvérsia

Nesse tópico o examinando deverá fazer um breve resumo dos fatos ocorridos no problema.

### d) Reforma da decisão

Nesse item o examinando deverá informar as razões da reforma da decisão, utilizando-se do silogismo.

### e) Requerimentos Finais

Nesse item o examinando deverá pedir o conhecimento e provimento do recurso para reforma da decisão monocrática.

### f) Encerramento

Nesse item o examinando irá encerrar a sua peça processual, colocando o local e a data e assinatura do advogado. Importante lembrar que o examinando não poderá assinar a medida processual deverá mencionar apenas a expressão "advogado OAB".

#### 3.6.7.7 Modelo de agravo regimental/interno

*Início da peça*

EXCELENTÍSSIMO SENHOR DOUTOR DESEMBARGADOR RELATOR DA 1ª TURMA DO TRIBUNAL REGIONAL DO TRABALHO DA 2ª REGIÃO DR. FULANO DE TAL

Processo nº 0100217-58.2023.5.02.001

FULANO DE TAL, já qualificado nos autos do Mandado de Segurança impetrado nos autos da Reclamação trabalhista movida em face de EMPRESA X, por seu advogado que esta subscreve (procuração anexa) vem à presença de Vossa Excelência, tempestivamente no prazo de 8 dias, não se conformando com a respeitável decisão monocrática que indeferiu liminar/tutela provisória para suspensão da exigência de antecipação de honorários periciais AGRAVO INTERNO com fulcro no art. 1.021 do CPC, consubstanciado nas razões recursais anexas.

Requer o conhecimento do agravo interno, reconsiderando-se decisão monocrática que indeferiu liminar/tutela provisória para suspensão da exigência de antecipação de honorários periciais ou caso não seja esse o entendimento de Vossa Excelência a intimação do agravado para apresentação de contraminuta ao agravo interno, na forma do art. 900 da CLT.

Requer, por fim, o recebimento e remessa do presente recurso Órgão Colegiado competente para apreciação.

Termos em que, pede deferimento.

Local e data:...

Nome do advogado

OAB/... nº...

# RAZÕES DE AGRAVO INTERNO

AGRAVANTE: BELTRANO
AGRAVADO: FULANO DE TAL
Processo nº: 0100217-58.2023.5.02.001
Origem: 1ª Turma do Tribunal Regional do Trabalho da 2ª Região
Egrégio Tribunal, Colenda Turma, Nobres Julgadores!

## I – PRESSUPOSTOS RECURSAIS

Informa o recorrente que os pressupostos intrínsecos quais sejam: capacidade, legitimidade e interesse, bem como os pressupostos extrínsecos, quais sejam: regularidade formal, recurso interposto no prazo de 8 dias estão devidamente preenchidos.

Dessa forma, espera o recorrente que o presente recurso seja conhecido e tenha o seu mérito apreciado.

## II – BREVE SÍNTESE DA CONTROVÉRSIA

O examinando deverá trazer um resumo dos fatos ocorridos, sem abordar nenhum fato estranho no problema.

## III – DA SUSPENSÃO DA EXIGÊNCIA DE ANTECIPAÇÃO DE HONORÁRIOS PERICIAIS

Foi impetrado Mandado de Segurança com pedido liminar contra decisão do Juiz do Trabalho da 1ª Vara do Trabalho de São Paulo/SP que indeferiu pedido para suspensão da exigência de antecipação de honorários periciais. Em decisão monocrática o Relator da 1ª Turma do Tribunal indeferiu liminar/tutela provisória para suspensão da exigência de antecipação de honorários periciais.

Nos termos do art. Art. 790-B, § 3º, CLT é proibido exigir antecipação de honorários periciais. Nesse sentido é o entendimento disposto na OJ 98 SDI-2 TST.

Portanto, equivocada a respeitável monocrática que ndeferiu liminar/tutela provisória para suspensão da exigência de antecipação de honorários periciais.

## IV – REQUERIMENTOS FINAIS

Diante do exposto requerer o conhecimento e provimento do agravo interno para reforma da decisão monocrática.

Local e data...
Nome do advogado
OAB/... nº...

*Fim da peça*

## 3.6.8 Recurso de revista

### 3.6.8.1 Conceito

Previsto no art. 896 da CLT, o recurso de revista é um recurso de natureza extraordinária que visa atacar decisões proferidas pelos TRTs em dissídios individuais em grau de recurso ordinário.

PRÁTICA TRABALHISTA – 10ª EDIÇÃO   132

Tem como objetivo uniformizar a interpretação jurisprudencial dos Tribunais acerca da legislação constitucional, federal e estadual e, ainda, a aplicabilidade de determinados instrumentos normativos como: acordo coletivo, convenção coletiva, sentença normativa e regulamento de empresa.

Por possuir natureza extraordinária, o recurso de revista não se admite o reexame de matéria fática e probatória, em conformidade com a Súmula 126 do TST.

**ATENÇÃO!** Em conformidade com o entendimento disposto na súmula 425 do TST o *jus postulandi* não se aplica para interposição do recurso de revista, sendo obrigatória a representação por advogado.

### 3.6.8.2 Hipóteses de cabimento

As hipóteses de cabimento do recurso de revista variam de acordo com o procedimento e fase processual.

#### 3.6.8.2.1 Procedimento ordinário

No procedimento ordinário o recurso de revista é cabível nas hipóteses trazidas nas alíneas *a*, *b* e *c* do art. 896 da CLT.

**Alínea *a* - *Divergência na interpretação de lei federal***

A alínea "a" do art. 896 da CLT prevê duas hipóteses de cabimento do recurso de revista, quais sejam:

**I.** divergência jurisprudencial na interpretação de lei federal e

**II.** contrariedade à súmula ou OJs do TST ou entre súmula vinculante do STF.

Na primeira hipótese, a divergência capaz de ensejar o cabimento do recurso de revista deve ser oriunda dos órgãos da Justiça do Trabalho.

Além disso, deve ser atual, não se considerando como tal a ultrapassada por súmula do TST ou do STF, ou superada por iterativa e notória jurisprudência do TST, nos termos do art. 896, § 7º, da CLT.

Assim, caberá recurso de revista com fulcro na primeira parte da alínea "a" do art. 896 da CLT sempre que o acórdão guerreado interpretar uma lei federal de forma diversa à interpretação dada ao mesmo dispositivo de lei federal por outro Tribunal Regional do Trabalho, por meio de suas decisões, súmulas ou tese jurídica prevalecente, ou pela Seção de Dissídios Individuais do TST.

Portanto, em outras palavras, estamos diante de uma hipótese de divergência jurisprudencial na interpretação de lei federal, entre o acórdão recorrido, proferido por um TRT no julgamento de um recurso ordinário e decisões, inclusive de tese jurídica prevalecente ou súmulas de TRT distinto àquele que proferiu a decisão recorrida; divergência entre o acórdão recorrido e decisão da SDI (Seção de Dissídios Individuais) do TST.

**Alínea *a* – *Contrariedade entre súmula ou orientação jurisprudencial do TST ou entre súmula vinculante do STF***

A 2ª parte da alínea "a" do art. 896 da CLT prevê a possibilidade de manejo do recurso de revista por contrariedade entre o acórdão recorrido e súmula ou orientação jurisprudencial do TST ou ainda entre súmula vinculante do STF.

Nessa hipótese, a interposição do recurso de revista se justifica tendo em vista que o acórdão recorrido contém fundamentação que contraria súmula ou orientação jurisprudencial do TST ou, ainda, se o acórdão recorrido contrariar súmula vinculante do STF.

133 ESTRUTURAS BÁSICAS E MODELOS DE PEÇAS

Nos termos do art. 896, § 1º-A, II, da CLT a parte deverá indicar, de forma explícita e fundamentada, contrariedade a dispositivo de lei, súmula ou orientação jurisprudencial do Tribunal Superior do Trabalho que conflite com a decisão regional, sob pena de não conhecimento do recurso.

*Alínea b – recurso de revista por divergência na interpretação de lei estadual, convenção coletiva, sentença normativa ou regulamento de empresa.*

A alínea b do art. 896 da CLT prevê a hipótese de cabimento do recurso de revista por divergência na interpretação de lei estadual, convenção coletiva, sentença normativa ou regulamento de empresa.

Nessa hipótese a divergência que dá ensejo ao recurso de revista ocorre na interpretação de lei estadual, convenção coletiva, sentença normativa ou regulamento de empresa. Assim, caso o acórdão interprete uma dessas espécies normativas de forma diversa à interpretação dada ao mesmo dispositivo de lei federal, por outro Tribunal Regional do Trabalho; pela SDI, por meio de suas orientações jurisprudenciais ou súmula do TST, caberá o recurso de revista com fulcro na alínea *b.*

**Alínea *c* – recurso de revista por violação de literal dispositivo de lei federal ou da Constituição Federal**

Nessa hipótese o acórdão guerreado viola diretamente dispositivo de lei federal ou afronta direta a Constituição Federal. Nessa hipótese não há divergência jurisprudencial, mas sim violação à lei federal ou CF.

A decisão recorrida deve tratar da matéria explicitamente, surgindo assim a necessidade do prequestionamento.

**Tese de Preliminar por cerceamento de defesa**

O cerceamento de defesa, comumente provocado pelo indeferimento de produção de provas, em especial a prova testemunhal, pode ser objeto de tese no recurso de revista por violação à Constituição Federal.

Assim, o indeferimento da prova testemunhal que a parte demonstrar ser apta a corroborar com suas alegações caracteriza cerceamento de defesa, considerando-se que a faculdade do Juiz em verificar a conveniência das provas não afasta o direito ao contraditório e à ampla de defesa, previsto no art. 5º, LV, CF.

Importante lembrar que admite-se os embargos de declaração com fins de prequestionamento, de acordo com a Súmula 98 do STJ.

### 3.6.8.2.2 Procedimento sumaríssimo

Nos termos do art. 896, § 9º, da CLT, nas causas sujeitas ao procedimento sumaríssimo, somente será admitido recurso de revista, nas seguintes hipóteses:

a) por contrariedade a súmula de jurisprudência uniforme do Tribunal Superior do Trabalho ou

b) a súmula vinculante do Supremo Tribunal Federal e

c) por violação direta da Constituição Federal.

No procedimento sumaríssimo não se admite recurso de revista por contrariedade à orientação jurisprudencial, em conformidade com a Súmula 442 do TST.

### 3.6.8.2.3 Fase de execução de sentença

A atual legislação permite a interposição do recurso de revista, nas execuções em geral, SOMENTE em face das decisões que ofendam a Constituição Federal, nos termos do § 2º do art. 896 da CLT.

PRÁTICA TRABALHISTA – 10ª EDIÇÃO **134**

**ATENÇÃO!** O recurso de revista na fase de execução não necessita de recolhimento de depósito recursal, salvo se houve aumento no valor da condenação.

O recurso de revista na fase de execução será cabível em face da sentença que julgou o agravo de petição.

**3.6.8.2.4** Execução fiscal e outras controvérsias de execução que envolvam a Certidão Negativa de Débitos Trabalhistas – CNDT

Ademais, nas execuções fiscais e nas outras controvérsias de execução que envolvam a Certidão Negativa de Débitos Trabalhistas – CNDT (documento obrigatório desde 4 de janeiro de 2012 para participação em licitações públicas e também uma importante ferramenta nas negociações imobiliárias) o recurso de revista é admitido por:

a) violação à lei federal,

b) por divergência jurisprudencial e

c) por ofensa à Constituição Federal.

### 3.6.9 Requisitos especiais

Ao interpor o recurso de revista, além dos pressupostos gerais de admissibilidade dos recursos, o examinando deverá, ainda, preencher mais três pressupostos especiais, a saber: a) transcendência, b) prequestionamento e c) exposições dispostas no art. 896, § 1º-A, na CLT.

#### 3.6.9.1 Prequestionamento

Diz-se prequestionada a matéria ou questão quando na decisão impugnada tivera sido adotada, explicitamente, tese a respeito. Se não houve o expresso enfrentamento da matéria, exige-se que oposição de embargos de declaração com fins de prequestionamento, nos termos da Súmula 297, I, do TST.

#### 3.6.9.2 Transcendência

A transcendência nos remete a repercussão, ou seja, a questão debatida no recurso deverá ter repercussão nos aspectos econômicos, jurídicos, políticos e social. Sem o preenchimento desses pressupostos o recurso não será conhecido.

**O art. 896-A traz em seu § 1º os indicadores de transcendência, a saber:**

*Art. 896-A.*

*§ 1º São indicadores de transcendência, entre outros:*

*I – econômica, o elevado valor da causa;*

*II – política, o desrespeito da instância recorrida à jurisprudência sumulada do Tribunal Superior do Trabalho ou do Supremo Tribunal Federal;*

*III – social, a postulação, por reclamante-recorrente, de direito social constitucionalmente assegurado;*

*IV – jurídica, a existência de questão nova em torno da interpretação da legislação trabalhista.*

Importante destacar que o pressuposto do prequestionamento deverá constar tanto na petição de interposição, pois o primeiro juízo de admissibilidade analisa o preenchimento de tal pressuposto, como na petição de razões recursais.

A transcendência, por sua vez, deverá constar somente na petição de razões recursais, pois somente o juízo *ad quem* analisa tal pressuposto.

#### 3.6.9.3 Indicação do trecho da decisão recorrida que consubstancia o prequestionamento

Nos termos do art. 896, § 1º-A, I, da CLT deve ser indicado trecho da decisão recorrida que consubstancia o prequestionamento, seja, por exemplo, por meio de transcrição de parte da decisão

ESTRUTURAS BÁSICAS E MODELOS DE PEÇAS

ou sinalizando o número de página e parágrafo do acórdão do Tribunal Regional que se encontra o trecho da matéria impugnada.

### 3.6.9.4 Preparo

O preparo compreende o recolhimento de custas processuais e depósito recursal.

No recurso de revista, em regra, não há o recolhimento de custas processuais, tendo em vista a parte já ter efetuado o recolhimento no recurso anterior. No entanto, se houver majoração da condenação a parte deverá efetuar o recolhimento da diferença das custas.

Dessa forma, haverá apenas recolhimento do depósito recursal por parte do empregador, na medida em que o empregado não efetua o recolhimento de depósito recursal.

---

#### Como identificar a peça

Em se tratando de recurso de revista no procedimento comum ou sumaríssimo, o último andamento processual trazido pelo enunciado será a prolação de um acórdão no julgamento de um recurso ordinário.

Em se tratando de recurso de revista na fase de execução o último andamento processual trazido pelo enunciado será a prolação de um acórdão no julgamento de um agravo de petição.

Você será advogado do recorrente.

---

### 3.6.9.5 Estrutura do recurso de revista

#### 1 – Petição de interposição

Inicialmente o examinando deverá elaborar a petição de interposição do recurso de revista.

#### a) Endereçamento

A peça de interposição do recurso de revista será dirigida ao Juiz Presidente do Tribunal Regional recorrido, ou seja, ao Desembargador Presidente do TRT, devendo ser elaborado em conformidade com o endereçamento padrão.

"EXCELENTÍSSIMO SENHOR DESEMBARGADOR PRESIDENTE DO EGRÉGIO TRIBUNAL REGIONAL DO TRABALHO DA ...REGIÃO"

#### b) Indicação do número do processo

Deverá indicar o número do processo abaixo do endereçamento.

Caso o problema forneça esse dado, deverá constar na petição. Não sendo fornecido esse elemento, o examinando deverá optar por inserir reticências, conforme item 3.5.9 do Edital do Exame de Ordem. Por exemplo: "Processo nº..."

#### c) Qualificação das partes

Recomenda-se que na peça de interposição do recurso que as partes sejam tratadas de acordo com os dados fornecidos no enunciado, considerando recorrente e recorrido.

As partes não necessitam de qualificação, tendo em vista já estarem qualificados nos autos.

#### d) Indicação do advogado

*"por seu advogado que esta subscreve (procuração anexa), vem à presença de Vossa Excelência..."*

PRÁTICA TRABALHISTA – 10ª EDIÇÃO — 136

### e) Tempestividade

Informar que o recurso está sendo interposto no prazo de 8 dias.

### f) Inconformismo

*"não se conformando com a respeitável acórdão..."*

### g) Identificação da medida processual – nome da peça e fundamentos legais

O examinando deverá identificar a medida processual, indicando seus respectivos fundamentos legais.

No recurso de revista o examinando deverá ficar atento para a correta indicação do fundamento legal. Isso porque o recurso terá como fundamento legal para as causas de procedimento ordinário, o art. 896, alíneas *a, b* ou *c,* da CLT.

Terá como fundamento o art. 896, § 9º, da CLT, para as causas de procedimento sumaríssimo.

Terá como fundamento, o art. 896, § 2º ou 10, da CLT, caso a ação esteja em fase de execução de sentença.

### h) Indicar as razões recursais anexas

*"...de acordo com as razões recursais anexas..."*

### i) Informar recolhimento de custas e depósito recursal

Como vimos, em regra, não há o recolhimento das custas processuais, tendo em vista o recolhimento no recurso anteriormente interposto. Porém, recomendamos que o examinando informe o recolhimento das custas processuais e do depósito recursal, quando forem o caso, se utilizando do seguinte padrão:

"Informa o recorrente o recolhimento de custas processuais e depósito recursal, conforme guias de recolhimento anexas."

**ATENÇÃO!** Caso seja hipótese de isenção de custas e depósito recursal ou, ainda, hipótese de recolhimento parcial de depósito recursal, o examinando deverá informar tal condição. Veja Item 3.5.2.5.2

*Exemplo 1:* Informa o recorrente que por ser beneficiário da justiça gratuita deixa de efetuar o recolhimento de custas processuais, na forma do art. 790-A da CLT, bem como do depósito recursal, nos termos do art. 899, § 10, da CLT.

*Exemplo 2:* Informa o recorrente que deixa de efetuar o recolhimento de custas processuais, tendo em vista o recolhimento no recurso ordinário e não haver majoração da condenação. Informa o recolhimento do depósito recursal em 50%, por se tratar de microempresa, nos termos do art. 899, § 9º, da CLT.

### j) Prequestionamento

Deverá informar que a matéria está prequestionada. Ver súmula 297 TST e art. 896, § 1º-A, I, da CLT

### k) Intimação do recorrido para contrarrazões

Deverá requerer a intimação do recorrido para apresentar contrarrazões ao recurso, na forma do art. 900 da CLT.

### l) Recebimento e remessa ao Tribunal Superior do Trabalho

Deverá requerer o recebimento e remessa do recurso ao Tribunal Superior do Trabalho – TST.

### m) Encerramento

Nesse item o examinando irá encerrar o recurso, colocando o local e a data e a assinatura do advogado. Importante lembrar que o examinando não poderá assinar a medida processual, devendo mencionar apenas a expressão "advogado OAB."

### 2 – Razões do recurso de revista

Após encerrar a petição de interposição, o examinando deverá elaborar a petição de razões recursais.

É importante lembrar que o examinando não precisa fazer as razões recursais em outra página. Recomenda-se que ao terminar a peça de interposição o examinando inicie, diretamente, a peça de razões recursais.

### a) Encaminhamento

O examinando deverá fazer o "encaminhamento padrão":

RAZÕES DE RECURSO DE REVISTA

RECORRENTE: XXX

RECORRIDO: XXX

PROCESSO Nº: XXX

ORIGEM: XXX

Egrégio Tribunal, Colenda Turma, Ínclitos Ministros!

### b) Pressupostos recursais ou Requisitos de admissibilidade recursal

Mencionar, ainda que de forma sucinta, que no presente recurso estão preenchidos os pressupostos recursais objetivos (extrínsecos) e subjetivos (intrínsecos).

"Informa o recorrente que os pressupostos intrínsecos quais sejam: capacidade, legitimidade e interesse, bem como os pressupostos extrínsecos, quais sejam: regularidade formal, recurso interposto no prazo de 8 dias e o recolhimento de custas e depósito recursal, conforme guias de recolhimento anexas estão devidamente preenchidos."

### c) Resumo da controvérsia

Nesse tópico o examinando deverá fazer um breve resumo dos fatos ocorridos no problema.

### d) Transcendência

Recomenda-se que o examinando abra um tópico específico apenas para informar que a matéria impugnada oferece transcendência. Veja art. 896-A da CLT.

PRÁTICA TRABALHISTA – 10ª EDIÇÃO

O examinando deverá, ainda, ajustar a hipótese de transcendência a uma das hipóteses trazidas nos incisos do § 1º do art. 896-A da CLT.

### e) Prequestionamento

Recomenda-se que o examinando abra um tópico específico para informar que a matéria está devidamente prequestionada, em conformidade com a súmula 297 TST, com indicação do trecho da decisão recorrida que consubstancia o prequestionamento da controvérsia objeto do recurso de revista, em obediência ao art. 896, § 1º-A, I, CLT.

### f) Fundamentos jurídicos - Teses

Esse item deverá ser nomeado pelo examinando de acordo com a hipótese de cabimento do recurso que estiver elaborando. O examinando que, por exemplo, for elaborar um recurso de revista que tenha como fundamento a alínea "c" do art. 896 da CLT, deverá dar como nome ao tópico: "Da afronta direta à Constituição Federal".

Caso o recurso tenha como fundamento duas alíneas, recomendamos que o examinando se utilize de tópicos distintos para cada uma delas.

**ATENÇÃO!** Em atendimento ao art. 896, § 1º-A da CLT, o examinando deverá transcrever nas razões recursais, as ementas e/ou trechos dos acórdãos trazidos à configuração da divergência ou violação.

O examinando deverá se utilizar do silogismo. Assim, deverá relatar os fatos (premissa menor); indicar o trecho da decisão que contém o prequestionameno; fazer referência ao direito aplicável (premissa maior) para em seguida concluir a tese. NO recurso de revista podemos dizer que, em suma, cada tese será composta de 4 parágrafos, por exemplo:

1º) *Fato:* O acórdão impugnado manteve a sentença proferida no recurso ordinário que indeferiu a oitiva de testemunha, entendendo ser faculdade do magistrado em verificar a pertinência das provas.

2º) **Indicação do trecho**: Em obediência ao art. 896, § 1º-A, I, da CLT o recorrente indica o trecho do acórdão que indica o prequestionamento objeto do presente recurso; "...o Juiz possui a faculdade em verificar a pertinência das provas, não havendo, portanto cerceamento de defesa."

3º) *Fundamento jurídico/Direito:* No entanto, o art. 5º, LV, da CF assegura ás partes o direito ao contraditório e à ampla defesa. Assim, o indeferimento da prova testemunhal que o recorrente demonstrou ser apta a corroborar com suas alegações caracteriza cerceamento de defesa, sendo certo que a faculdade do Juiz em verificar a conveniência das provas não afasta o direito ao contraditório e à ampla de defesa, previsto no art. 5º, LV, CF.

4º) *Conclusão:* Dessa forma, requer seja declarada a nulidade acórdão recorrido, com a remessa dos autos à Vara de origem para oitiva da testemunha e prolação de nova decisão.

Importante lembrar que se a sua tese for de nulidade por algum vício ocorrido durante o processo, o pedido deverá ser de anulação e não de reforma da decisão.

### g) Requerimentos finais/pedido

Nesse item o examinando deverá ficar atento, pois o pedido do recurso dependerá de sua tese.

Assim, caso a tese seja de nulidade, o examinando deverá requerer o conhecimento e provimento do recurso para declarar a nulidade do acórdão, remetendo-se os autos para vara de origem para prolação de nova decisão.

Não existindo tese de nulidade o examinando deverá requerer a reforma do acórdão.

Em ambos os casos, o examinando não poderá deixar de pedir o conhecimento e o provimento do recurso, para declarar a nulidade ou reforma do acórdão.

### h) Encerramento

Nesse item o examinando irá encerrar a sua peça processual, colocando o local e a data e a assinatura do advogado. Importante lembrar que o examinando não poderá assinar a medida processual deverá mencionar apenas a expressão "advogado OAB".

### 3.6.9.6 Modelo de recurso de revista

OBS: O modelo abaixo foi feito com a empresa sendo a recorrente. Caso seja o recorrente seja o empregado, basta fazer a alteração dos nomes.

---

*Início da peça*

EXCELENTÍSSIMO SENHOR DOUTOR DESEMBARGADOR PRESIDENTE DO EGRÉGIO TRIBUNAL REGIONAL DO TRABALHO DA 2ª REGIÃO – SÃO PAULO

Processo nº 0100217-58.2023.5.02.001

EMPRESA X, já qualificada nos autos da Reclamação trabalhista que lhe move FULANO DE TAL, por seu advogado que esta subscreve (procuração anexa) vem à presença de Vossa Excelência, tempestivamente no prazo de 8 dias, não se conformando com o respeitável acórdão prolatado, interpor RECURSO DE REVISTA com fulcro no art. 896, alíneas a e c, da CLT, consubstanciado nas razões recursais anexas.

Informa o recorrente o recolhimento de custas processuais e depósito recursal, conforme guias de recolhimento anexas.

Requer, a intimação do recorrido para que apresente contrarrazões ao recurso, na forma do art. 900 da CLT.

Requer o recebimento e remessa do presente recurso ao Tribunal Superior do Trabalho.

Termos em que, pede deferimento.

Local e data:...

Advogado...

OAB...

### RAZÕES DE RECURSO DE REVISTA

RECORRENTE: EMPRESA X

RECORRIDO: FULANO DE TAL

Processo nº: 0100217-58.2023.5.02.001

Origem: Tribunal Regional do Trabalho da 2ª Região

Egrégio Tribunal, Colenda Turma, Ínclitos Ministros!

PRÁTICA TRABALHISTA – 10ª EDIÇÃO

## I – PRESSUPOSTOS RECURSAIS

Informa o recorrente que os pressupostos intrínsecos quais sejam: capacidade, legitimidade e interesse, bem como os pressupostos extrínsecos, quais sejam: regularidade formal, recurso interposto no prazo de 8 dias e o recolhimento de custas e depósito recursal, conforme guias de recolhimento anexas estão devidamente preenchidos.

Dessa forma, requer que o presente recurso seja conhecido e tenha o seu mérito apreciado.

## II – RESUMO DA CONTROVÉRSIA

O examinando deverá trazer um resumo dos fatos ocorridos, sem abordar nenhum fato estranho ao problema.

## III – DA TRANSCENDÊNCIA

Nos termos do art. 896-A, § 1º, IV, da CLT, a causa submetida a reexame à mais alta Corte dessa Justiça Especializada oferece transcendência com relação aos reflexos gerais de natureza jurídica, na medida em que traz questão nova em torno da interpretação da legislação trabalhista, em especial o art. 192 da CLT.

## IV – DO PRESQUESTIONAMENTO

Informa o recorrente que a questão matéria trazida a reexame foi expressamente ventilada no acórdão recorrido, restando atendido o pressuposto especial do prequestionamento, a ensejar a admissibilidade e o conhecimento do presente recurso, na forma da súmula 297 do TST. Em atendimento ao disposto no art. 896, § 1º-A, I, da CLT o recorrente indica o trecho do acórdão que consubstancia o prequestionamento da controvérsia objeto do recurso de revista.

## V – DA AFRONTA DIRETA E LITERAL À CONSTITUIÇÃO FEDERAL

O acórdão impugnado manteve a sentença proferida no recurso ordinário que indeferiu a oitiva de testemunha, entendendo ser faculdade do magistrado em verificar a pertinência das provas.

Em obediência ao art. 896, § 1º-A, I, da CLT o recorrente indica o trecho do acórdão que indica o prequestionamento objeto do presente recurso; *"...o Juiz possui a faculdade em verificar a pertinência das provas, não havendo, portanto, o cerceamento de defesa apontado."*

No entanto, o art. 5º, LV, da CF assegura as partes o direito ao contraditório e à ampla defesa. Assim, o indeferimento da prova testemunhal que o recorrente demonstrou ser apta a corroborar com suas alegações caracteriza cerceamento de defesa, sendo certo que a faculdade do Juiz em verificar a conveniência das provas não afasta o direito ao contraditório e à ampla de defesa, previsto no art. 5º, LV, CF.

Dessa forma, requer seja declarada a nulidade acórdão recorrido, com a remessa dos autos à Vara de origem para oitiva da testemunha e prolação de nova decisão.

## VI – DO CABIMENTO DO RECURSO DE REVISTA POR VIOLAÇÃO DE LEI FEDERAL

O acórdão impugnado manteve sentença proferida em grau de recurso ordinário que devido a concessão parcial do intervalo intrajornada mínimo, para repouso e alimentação condenou a recorrente ao pagamento total do período suprimido, com acréscimo de, no mínimo, 50% sobre o valor da remuneração da hora normal de trabalho, reconhecendo ainda natureza salarial para a verba.

## 141 ESTRUTURAS BÁSICAS E MODELOS DE PEÇAS

Em obediência ao art. 896, § 1º-A, I, da CLT o recorrente indica o trecho do acórdão que indica o prequestionamento objeto do presente recurso; *"a concessão parcial do intervalo intrajornada mínimo, para repouso e alimentação, implica o pagamento total do período correspondente, e não apenas daquele suprimido, com acréscimo de, no mínimo, 50% sobre o valor da remuneração da hora normal de trabalho (art. 71 da CLT), reconhecendo a natureza salarial da parcela."*

Ocorre que, nos termos do art. 71, § 4º, da CLT a concessão parcial do intervalo intrajornada mínimo implica o pagamento, de natureza indenizatória, apenas do período suprimido, com acréscimo de 50% (cinquenta por cento) sobre o valor da remuneração da hora normal de trabalho.

Ante a expressa violação à norma estabelecida no art. 71, § 4º, da CLT, requer a reforma do acórdão.

### VII – REQUERIMENTOS FINAIS

Diante do exposto, requer o conhecimento e provimento do presente recurso para:

a) acolher a preliminar de cerceamento de defesa, declarando a nulidade da decisão, remetendo os autos à vara de origem para oitiva da testemunha e prolação de nova decisão.

b) Caso não seja esse o entendimento desse Colendo Tribunal, no mérito, a reforma do acórdão.

Local e data: ...

Advogado

OAB...

*Fim da peça*

## 3.6.10  Embargos no TST

O recurso de embargos no TST trata do gênero, do qual são espécies os embargos infringentes e os embargos de divergência, de acordo com a redação do art. 894 da CLT dada pela Lei 11.496/2007 e as inovações da Lei 13.015/2014.

Sobre a natureza do recurso, importante ressaltar que os embargos infringentes possuem natureza ordinária, podendo ser apreciadas matérias fáticas e jurídicas. Já os embargos de divergência que objetivam a uniformização da jurisprudência interna do TST, possuem natureza extraordinária, não se sujeitando, portanto, à apreciação de matéria fática nas linhas da Súmula 126 do TST, necessitando, ainda, que a matéria esteja prequestionada.

### 3.6.10.1  Embargos infringentes

Previstos no art. 894, I, *a*, da CLT, são cabíveis das decisões não unânimes proferidas pela seção especializada em dissídios coletivos (SDC), no prazo de 8 (oito) dias, nos processos de dissídios coletivos de competência originária do tribunal, salvo se esta estiver em consonância com precedente (ou OJ da SDC) ou Súmula do TST.

Os embargos infringentes, possuem natureza ordinária, assim possui efeito devolutivo amplo, abrangendo matérias fáticas e jurídicas, desde que restritas à cláusula em que não tenha havido julgamento unânime. Além disso, esta modalidade recurso possui efeito meramente devolutivo, não possuindo efeito suspensivo.

### 3.6.10.2  Teses

Por possuir efeito devolutivo amplo, a tese dos Embargos Infringentes terá como linha de defesa a mesma tese adotada pelo voto divergente/voto vencido e a impugnação será contra as teses trazidas pelos votos vencedores.

PRÁTICA TRABALHISTA – 10ª EDIÇÃO          142

Não há necessidade de apontar divergência no julgamento, mas somente as razões de inconformismo com a decisão.

### 3.6.10.3 Interposição e julgamento

A peça de interposição deve ser endereçada ao Ministro Presidente da Seção de Dissídios Coletivos (órgão competente para julgamento dos Dissídios Coletivos de competência originária do TST, art. 77, I, alínea a, do RITST). A peça de razões recursais será direcionada/encaminhada à Seção de Dissídios Coletivos – SDC, órgão competente para o julgamento dos Embargos Infringentes, art. 77, II, alínea c, do RITST.

**ATENÇÃO!** A decisão recorrida em dissídio coletivo é proferida pela SDC, sendo que o recurso de embargos infringentes também é julgado por aquele órgão, art. 77, I, alínea *a* e art. 77, II, alínea *c*, do RITST.

Assim, os embargos infringentes serão julgados pela Seção de Dissídios Coletivos – SDC.

Os embargos infringentes objetivam atacar decisões não unânimes proferidas em dissídio coletivo de competência originária do TST.

### 3.6.10.4 Embargos de divergência

Previstos no art. 894, II, da CLT cabem embargos, por divergência jurisprudencial, das decisões das Turmas do Tribunal, em dissídios individuais, no prazo de 8 (oito) dias.

A decisão da Turma acima mencionada refere-se a decisão/acórdão que foi proferido por uma turma do TST no julgamento do recurso de revista interposto por seu cliente que teve negado o provimento.

3.6.10.4.1 Hipóteses de cabimento dos embargos de divergência

Serão cabíveis embargos de divergência em quatro situações:

**a) decisões das Turmas do TST que divergirem entre si (Turma x Turma)**

Nesse caso, o acórdão/decisão proferida pela Turma que julgou o recurso de revista diverge de uma decisão proferida por outra Turma do TST.

**b) por divergência entre decisões de uma Turma e a Seção Especializada em Dissídios Individuais (Turma x decisão da SDI)**

Nesse caso, o acórdão/decisão proferida pela Turma que julgou o recurso de revista diverge de uma decisão proferida pela SDI do TST.

**c) por divergência entre uma Turma do TST e Súmula do TST (Turma x Súmula TST)**

Nesse caso, o acórdão/decisão proferida pela Turma que julgou o recurso de revista diverge de uma súmula do TST.

**d) por divergência entre uma Turma do TST e Orientação Jurisprudencial do próprio TST (Turma x Orientação Jurisprudencial do TST)**

Nesse caso, o acórdão/decisão proferida pela Turma que julgou o recurso de revista diverge de Orientação Jurisprudencial da SDI ou SDC do TST.

143 ESTRUTURAS BÁSICAS E MODELOS DE PEÇAS

**e) se houver divergência entre uma Turma do TST e Súmula Vinculante do STF (Turma x Súmula vinculante STF)**

Nesse caso, o acórdão/decisão proferida pela Turma que julgou o recurso de revista diverge de uma súmula vinculante do STF.

**f) divergência entre as Subseções I e II da Seção Especializada em Dissídios Individuais**

Nesse caso, há divergência entre o acórdão/decisão proferida pela Turma que julgou o recurso de revista com as Subseções I e II da Seção Especializada em Dissídios Individuais quanto à aplicação de dispositivo de lei federal ou da Constituição da República.

### 3.6.10.4.2 Interposição e julgamento

A peça de interposição deve ser endereçada ao Ministro Presidente da Turma do TST (Turma que julgou o recurso de revista) que exercerá o 1° juízo de admissibilidade. A peça de razões recursais será direcionada/encaminhada ao Ministro Presidente da Seção de Dissídios Individuais (SDI) que exercerá o 2° juízo de admissibilidade.

Os Embargos de divergência serão julgados pela Subseção I de Dissídios Individuais – SbDI 1 do TST, nos termos do art. 78, II, RITST.

Contudo, na hipótese da alínea f supraestudada, os Embargos de Divergência serão julgados pela Seção Especializada em Dissídios Individuais, em sua composição plena, nos termos do art. 78, I, RITST

OBS: em resumo, será sempre o acórdão proferido no julgamento do recurso de revista que irá divergir ou violar decisão de outra Turma do TST, Súmula ou OJ do TST ou, ainda, Súmula Vinculante do STF.

Os embargos de divergência possuem efeito meramente devolutivo. No entanto, por ser recurso de natureza extraordinária a matéria discutida só pode ser de direito (material ou processual), não se admitindo a reapreciação de matéria fática ou de prova.

### 3.6.10.4.3 Preparo

O preparo compreende o recolhimento de custas processuais e depósito recursal.

Nos Embargos ao TST (Infringentes ou de Divergência), em regra, não há o recolhimento de custas processuais.

Dessa forma, haverá apenas recolhimento do depósito recursal por parte do empregador, na medida em que o empregado não efetua o recolhimento de depósito recursal.

---

**Como identificar a peça**

Em se tratando de Embargos de Divergência, o último ato processual será um acórdão proferido pelo TST no julgamento de um em recurso de revista.

Em se tratando de Embargos Infringentes, o último ato processual será um acórdão não unânime da SDC do TST no julgamento de um dissídio coletivo de competência originária do TST.

---

### 3.6.10.4.4 Estrutura dos embargos no TST (Infringentes e divergência)

A presente estrutura poderá ser utilizada como base para as duas espécies de embargos no TST.

**1 – Petição de interposição**

Inicialmente o examinando deverá elaborar a petição de interposição do recurso.

PRÁTICA TRABALHISTA – 10ª EDIÇÃO                    144

### a) Endereçamento

A petição de interposição dos embargos infringentes será endereçada ao Presidente da Turma que julgou o dissídio coletivo.

*Excelentíssimo Senhor Doutor Ministro Presidente da XXX Turma do Colendo Tribunal Superior do Trabalho.*

A petição de interposição dos embargos de divergência será endereçada ao Presidente da Turma que julgou o recurso de revista.

*Excelentíssimo Senhor Doutor Ministro Presidente da XXX Turma do Tribunal Superior do Trabalho.*

### b) Indicação do número do processo

Deverá indicar o número do processo abaixo do endereçamento.

Caso o problema forneça esse dado deverá constar na petição. Não sendo fornecido esse elemento, o examinando deverá optar por inserir reticências, conforme item 3.5.9 do Edital do Exame de Ordem. Por exemplo: "Processo nº..."

### c) Qualificação das partes

Recomenda-se que na peça de interposição do recurso que as partes sejam tratadas de acordo com os dados fornecidos no enunciado, considerando recorrente/embargante e recorrido/embargado.

### d) Indicação do advogado

*"por seu advogado que esta subscreve (procuração anexa), vem à presença de Vossa Excelência..."*

### e) Tempestividade

Informar que o recurso está sendo interposto no prazo de 8 dias.

### f) Inconformismo

*"não se conformando com a respeitável acórdão..."*

### g) Identificação da medida processual – nome da peça e fundamentos legais

O examinando deverá identificar a medida processual, indicando seus respectivos fundamentos legais.

Os embargos infringentes deverão ter como fundamento legal o art. 894, I, *a,* da CLT.

Os embargos de divergência terão como fundamento o art. 894, II, da CLT.

### h) Indicar as razões recursais anexas

*"...de acordo com as razões recursais anexas..."*

### i) Informar recolhimento de custas e depósito recursal

Como vimos, em regra, não há o recolhimento das custas processuais. Haverá, porém, o recolhimento do depósito recursal, quando o recorrente for a empresa. Nesse caso, utilizar o seguinte padrão:

*" Informa o recolhimento do depósito recursal conforme guia de recolhimento anexa."*

**ATENÇÃO!** Caso seja hipótese de isenção ou de recolhimento parcial de depósito recursal, o examinando deverá informar tal condição. Veja Item 3.5.2.5.2

"Informa o recolhimento do depósito recursal em 50%, por se tratar de microempresa, nos termos do art. 899, § 9º, da CLT."

### j) Prequestionamento

O prequestionamento é exigido apenas nos embargos de divergência.

Assim, recomendamos que o examinando informe que o recurso está devidamente prequestionado.

Caso o examinando esteja elaborando embargos infringentes não há necessidade dessa indicação.

### k) Intimação do recorrido para contrarrazões

Deverá requerer a intimação do recorrido para apresentar contrarrazões ao recurso, na forma do art. 900 da CLT.

### l) Recebimento e remessa

Os Embargos de divergência serão encaminhados à Seção de Dissídios Individuais – SDI.

Os Embargos de infringentes serão encaminhados à Seção de Dissídios Coletivos – SDC.

### m) Encerramento

Nesse item o examinando irá encerrar o recurso, colocando o local e a data e a assinatura do advogado. Importante lembrar que o examinando não poderá assinar a medida processual, devendo mencionar apenas a expressão "advogado OAB."

### 2 – Razões dos embargos

Após encerrar a petição de interposição, o examinando deverá elaborar a petição de razões recursais.

Importante lembrar que o examinando não precisa fazer as razões recursais em outra página. Recomenda-se que ao terminar a peça de interposição o examinando inicie, diretamente, a peça de razões recursais.

### a) Encaminhamento

O examinando deverá fazer o "encaminhamento padrão":

RAZÕES DOS EMBARGOS DE (DIVERGÊNCIA OU INFRINGENTES)

EMBARGANTE: XXX

EMBARGADO: XXX

ORIGEM: XXX

PROCESSO Nº: XXX

Egrégio Tribunal, Colenda Turma, Ínclitos Ministros!

PRÁTICA TRABALHISTA – 10ª EDIÇÃO     146

### b) Pressupostos recursais ou Requisitos de admissibilidade recursal

Mencionar, ainda que de forma sucinta, que no presente recurso estão preenchidos os pressupostos recursais objetivos (extrínsecos) e subjetivos (intrínsecos).

### c) Resumo da controvérsia

Nesse tópico o examinando deverá fazer um breve resumo dos fatos ocorridos no problema.

### d) Prequestionamento

Em se tratando de embargos de divergência, recomenda-se que o examinando abra um tópico específico apenas para informar que a matéria está devidamente prequestionada.

Nos Embargos Infringentes não há tal necessidade.

### e) Fundamentos jurídicos – Divergência jurisprudencial – Teses

Em se tratando de embargos de divergência, o examinando deverá demonstrar uma das hipóteses de divergência estudadas no item 3.5.10.2.1.

**ATENÇÃO!** Recomendamos ao examinando que transcreva nas razões recursais, as ementas e/ou trechos do acórdão recorrido trazido à configuração da divergência, bem como a transcrição do acórdão de outra turma, da orientação jurisprudencial ou da súmula divergente. O examinando deverá se utilizar do silogismo.

Em se tratando de Embargos Infringentes, basta impugnar a decisão. Nesse caso, a tese dos Embargos Infringentes terá como linha de defesa a mesma tese adotada pelo voto divergente/voto vencido e a impugnação será contra as teses trazidas pelos votos vencedores.

### f) Requerimentos finais/pedido

O examinando deverá pedir o conhecimento e provimento do recurso para reforma da decisão, unificando a interpretação jurisprudencial do TST.

### g) Encerramento

Nesse item o examinando irá encerrar a sua peça processual, colocando o local e a data e a assinatura do advogado. Importante lembrar que o examinando não poderá assinar a medida processual deverá mencionar apenas a expressão "advogado OAB".

### 3.6.10.5 Modelo de embargos de divergência

*Início da peça*

EXCELENTÍSSIMO SENHOR DOUTOR MINISTRO PRESIDENTE DA 1ª TURMA DO COLENDO TRIBUNAL SUPERIOR DO TRABALHO

Processo nº 0100217-58.2023.5.02.001

EMPRESA X, já qualificada nos autos da Reclamação trabalhista que lhe move FULANO DE TAL, por seu advogado que esta subscreve (procuração anexa) vem à presença de Vossa Excelência, tempestivamente no prazo de 8 dias, não se conformando com o respeitável acórdão prolatado, interpor EMBARGOS DE DIVERGÊNCIA com fulcro no art. 894, II, da CLT, consubstanciado nas razões recursais anexas.

Informa o recorrente o recolhimento do depósito recursal conforme guia de recolhimento anexa.

Requer, a intimação do recorrido para que apresente contrarrazões ao recurso, na forma do art. 900 da CLT.

Requer o recebimento e remessa do presente recurso à Subseção 1 da Seção Especializada em Dissídios Individuais do Tribunal Superior do Trabalho.

.

Termos em que, pede deferimento.

Local e data:...

Advogado...

OAB...

# RAZÕES DOS EMBARGOS DE DIVERGÊNCIA

EMBARGANTE: EMPRESA X

EMBARGADO: FULANO DE TAL

Processo nº 0100217-58.2023.5.02.001

Origem: 1ª Turma do Tribunal Superior do Trabalho

Egrégio Tribunal, Colenda Turma, Ínclitos Ministros!

## I – PRESSUPOSTOS RECURSAIS

Informa o recorrente que os pressupostos intrínsecos quais sejam: capacidade, legitimidade e interesse, bem como os pressupostos extrínsecos, quais sejam: regularidade formal, recurso interposto no prazo de 8 dias e o recolhimento do depósito recursal, conforme guia de recolhimento anexa estão devidamente preenchidos.

Dessa forma, requer que o presente recurso seja conhecido e tenha o seu mérito apreciado.

## II – RESUMO DA CONTROVÉRSIA

O examinando deverá trazer um resumo dos fatos ocorridos, sem abordar nenhum fato estranho no problema.

## III – PREQUESTIONAMENTO

Informa o embargante que a questão trazida a exame nessa sede recursal foi expressamente debatida no acórdão recorrido, na medida em que foi explicitamente adotada tese a respeito da questão ora impugnada, restando atendido o pressuposto específico do prequestionamento, a ensejar a admissibilidade e o conhecimento do presente recurso.

## IV – DA DIVERGÊNCIA JURISPRUDENCIAL

O acórdão ora guerreado proferido pela 1ª Turma do Colendo Tribunal Superior do Trabalho confirmou o entendimento proferido pela sentença de 1º e 2º graus, que determinou o pagamento do salário correspondente ao cargo exercido bem como o seu reenquadramento na função que passou a desempenhar companhia de saneamento básico, sociedade de economia mista.

PRÁTICA TRABALHISTA – 10ª EDIÇÃO                     148

Dispõe o acórdão: "o reclamante faz jus ao pagamento do salário correspondente ao cargo exercido bem como o seu reenquadramento na função que passou a desempenhar. "

Ocorre que a jurisprudência desse Colendo Tribunal Superior do Trabalho consubstanciada na Orientação Jurisprudencial 125 da SDI 1 do TST ensina que o simples desvio funcional do empregado não gera direito a novo enquadramento, mas apenas às diferenças salariais respectivas, mesmo que o desvio de função haja iniciado antes da vigência da CF.

Dessa forma, resta clara a divergência jurisprudencial existente entre o acórdão guerreado proferido pela 1ª Turma do Colendo Tribunal Superior do Trabalho e a Orientação Jurisprudencial 125 da SDI 1 do TST com relação ao reenquadramento do reclamante ora embargado.

**V – REQUERIMENTOS FINAIS**

Diante do exposto, requer o embargante o conhecimento e provimento dos embargos de divergência, para reforma da decisão, unificando a interpretação jurisprudencial do TST, acerca da matéria ora discutida.

Local e data:...

Nome do advogado

OAB/... n° ...

*Fim da peça*

## 3.6.11  Recurso extraordinário

### 3.6.11.1  Fundamento legal

O recurso extraordinário está previsto no art. 102, III, da CF que assim dispõe:

Art. 102. Compete ao Supremo Tribunal Federal, precipuamente, a guarda da Constituição, cabendo-lhe:

III – julgar, mediante recurso extraordinário, as causas decididas em única ou última instância, quando a decisão recorrida:

a) contrariar dispositivo desta Constituição;

b) declarar a inconstitucionalidade de tratado ou lei federal;

c) julgar válida lei ou ato de governo local contestado em face desta Constituição;

d) julgar válida lei local contestada em face de lei federal.

O recurso extraordinário vem esculpido nos arts. 1.029 a 1.035 do CPC/2015.

### 3.6.11.2  Hipóteses de cabimento

Nos termos do art. 102, III, CF compete ao Supremo Tribunal Federal, precipuamente, a guarda da Constituição, cabendo-lhe julgar, mediante recurso extraordinário, as causas decididas em única ou última instância, quando a decisão recorrida:

a) contrariar dispositivo da Constituição Federal de 1988;

b) declarar a inconstitucionalidade de tratado ou lei federal;

c) julgar válida lei ou ato de governo local contestado em face da Constituição Federal de 1988;

d) julgar válida lei local contestada em face de lei federal.

São decisões em única instância:

• as decisões proferidas pela SBDI-II do TST no julgamento de ação rescisória e mandado de segurança de sua competência originária;

149 ESTRUTURAS BÁSICAS E MODELOS DE PEÇAS

- as unânimes decisões proferidas pela SDC do TST no julgamento de dissídio coletivo, ação rescisória e em mandado de segurança de sua competência originária;
- sentenças da Vara do Trabalho em procedimento sumário (art. 2º, § 4º, da Lei 5.584/1970), desde que as decisões violem literalmente norma da Constituição Federal.

São decisões de última instância:

- as decisões proferidas pela SBDI-I do TST, em embargos de divergência;
- as decisões proferidas pela SDC, em recurso ordinário em dissídio coletivo e em embargos infringentes em dissídio coletivo;
- as decisões proferidas pela SBDI-II do TST, em recurso ordinário em mandado de segurança e em ação rescisória.

O STF já firmou posicionamento no sentido de que somente as decisões que contrariarem a CF são impugnáveis via recurso extraordinário, nos termos da Súmula 505 do STF.

Por possuir natureza extraordinária, não se admite a interposição de recurso extraordinário para o reexame de provas e fatos, nos termos da Súmula 279 do STF.

### 3.6.11.3 Prazo e processamento

Deverá ser interposto no prazo de 15 dias perante o juízo que proferiu a decisão.

Em se tratando de recurso extraordinário interposto em grau de recurso de revista ou de embargos no TST (divergência ou infringentes), deverá ser dirigido ao Vice-Presidente do TST (art. 42, IV, RITST).

Já o recurso extraordinário interposto no dissídio de alçada previsto no art. 2º, § 4º, da Lei 5.584/70 deverá ser dirigido ao Juiz da Vara do Trabalho.

Em ambos os casos, as razões recursais serão dirigidas ao Supremo Tribunal Federal.

Importante ressaltar que para interposição do Recurso Extraordinário não se admite o *jus postulandi* da parte (art. 791 da CLT) que se esgota no TRT em sede de recurso ordinário, nos termos da Súmula 425 do TST, necessitando que a parte constitua um advogado para a interposição deste recurso.

### 3.6.11.4 Juízo de admissibilidade

O recurso extraordinário se submete a dois juízos de admissibilidade. O primeiro será exercido pelo Vice-Presidente do TST (em caso de Recurso Extraordinário interposto contra acórdão de recurso de revista ou Embargos no TST), nos termos do art. 42, IV, RITST ou Juiz da Vara do Trabalho (em caso de Recurso Extraordinário interposto no procedimento sumário/alçada), juízo *a quo,* que poderá admitir ou negar seguimento ao recurso. Sendo negado seguimento ao recurso poderá a parte interessada interpor agravo interno, na primeira hipótese ou de instrumento na segunda hipótese, visando seu destrancamento. O segundo juízo de admissibilidade é exercido pelo próprio STF, juízo *ad quem.* Nesse momento processual, caso seja negado seguimento ao recurso, por decisão monocrática proferida pelo relator, o recurso adequado será o agravo regimental.

### 3.6.11.5 Preparo

Há somente o recolhimento de custas processuais para o STF. Não há pagamento de depósito recursal, tendo em vista a tese de repercussão geral (Tema 679) que entendeu incompatível com a Constituição Federal exigência de depósito prévio como condição de admissibilidade do recurso extraordinário de matéria trabalhista.

PRÁTICA TRABALHISTA – 10ª EDIÇÃO                    150

### 3.6.11.6 Pressupostos recursais específicos

No exame de admissibilidade além dos pressupostos genéricos o recorrente deve observar, ainda, os seguintes pressupostos específicos:

a) **existência de uma causa**: deve haver uma questão submetida à decisão judicial;

b) **decisão de única ou última instância**: no sentido de não é cabível nenhum outro recurso, desde que trate de matéria constitucional

Decisões de última instância são aquelas proferidas pelo TST por meio de suas seções especializadas ou órgão especial. Já as decisões de única instância são aquelas proferidas pelo TST em casos de sua competência originária, que não forem passíveis de embargos. Também são decisões de única instância aquelas proferidas nos dissídios de alçada, lei 5.584/70, admitindo, portanto, a interposição de recurso extraordinário.

#### Prequestionamento

O recurso extraordinário exige que a matéria esteja prequestionada, que pode ser entendida como sendo aquela matéria que foi amplamente debatida no processo. Dessa forma, deve existir no acórdão impugnado tese explícita acerca da matéria debatida, sob pena de não ficar configurado o prequestionamento, possibilitando à parte, nesse caso, a oposição de embargos de declaração com o fim de prequestionar a matéria.

#### Repercussão geral

O recorrente deve, por último, demonstrar repercussão geral das questões constitucionais discutidas no processo. Significa dizer que a decisão deve conter em seu bojo relevância geral, ou seja, por meio desse requisito a Suprema Corte passará analisar a existência ou não de questões relevantes do ponto de vista econômico, político, social ou jurídico que ultrapassem os interesses subjetivos do processo, na forma do art. 1.035, § 1º, CPC.

Os art. 1.035 do CPC/2015, regulamenta a questão da repercussão geral no recurso extraordinário.

### 3.6.11.7 Efeito devolutivo e efeito suspensivo

Por fim, vale dizer que o recurso extraordinário será recebido no efeito devolutivo, permitindo-se a execução provisória da sentença até o julgamento dos embargos à execução.

Contudo, nos termos do art. 1.029, § 5º, CPC poderá haver pedido de efeito suspensivo ao recurso extraordinário por requerimento dirigido:

I – ao tribunal superior respectivo, no período compreendido entre a publicação da decisão de admissão do recurso e sua distribuição, ficando o relator designado para seu exame prevento para julgá-lo;

II – ao relator, se já distribuído o recurso;

III – ao presidente ou ao vice-presidente do tribunal recorrido, no período compreendido entre a interposição do recurso e a publicação da decisão de admissão do recurso, assim como no caso de o recurso ter sido sobrestado, nos termos do art. 1.037 CPC

---

**Como identificar a peça**

O último ato processual será a decisão proferida em Embargos de divergência que violem a CF; ou decisão de turma do TST no julgamento de recurso de revista que violem a CF; ou Decisão de única instância proferida pela Vara do Trabalho nas causas submetidas ao procedimento sumário/procedimento de alçada (art. 2º, § 4º, Lei 5.584/70), que violem a CF.

---

### 3.6.11.8 Estrutura do recurso extraordinário

**1 – Petição de interposição**

Inicialmente o examinando deverá elaborar a petição de interposição do recurso.

**a) Endereçamento**

A peça de interposição do recurso extraordinário será dirigida ao Ministro Vice-Presidente do Colendo Tribunal Superior do Trabalho.

**b) Indicação do número do processo**

Deverá indicar o número do processo abaixo do endereçamento.

Caso o problema forneça esse dado deverá constar na petição. Não sendo fornecido esse elemento, o examinando deverá optar por inserir reticências, conforme item 3.5.9 do Edital do Exame de Ordem. Por exemplo: "Processo nº..."

**c) Qualificação das partes**

Recomenda-se que na peça de interposição do recurso que as partes sejam tratadas de acordo com os dados fornecidos no enunciado, considerando recorrente e recorrido.

**d) Indicação do advogado**

*"por seu advogado que esta subscreve (procuração anexa), vem à presença de Vossa Excelência..."*

**e) Tempestividade**

Informar que o recurso está sendo interposto no prazo de 15 dias.

**f) Inconformismo**

*"não se conformando com a respeitável acórdão (REXT contra recurso de revista ou embargos no TST) ou sentença (REXT no procedimento sumário/alçada)..."*

**g) Identificação da medida processual – nome da peça e fundamentos legais**

O examinando deverá identificar a medida processual, indicando seus respectivos fundamentos legais.

No recurso extraordinário o examinando deverá ficar atento para a correta indicação do fundamento legal. Isso porque o recurso poderá ter como fundamento as alíneas *a*, *b* ou *c* do art. 102, III, da CF. A petição deve ter como fundamento, ainda, o art. 1.029 do CPC/2015.

**h) Indicar as razões recursais anexas**

*"...de acordo com as razões recursais anexas..."*

PRÁTICA TRABALHISTA – 10ª EDIÇÃO      152

### i) Informar recolhimento de custas

Há somente o recolhimento de custas processuais para o STF. Não há pagamento de depósito recursal, tendo em vista a tese de repercussão geral (Tema 679) que entendeu incompatível com a Constituição Federal exigência de depósito prévio como condição de admissibilidade do recurso extraordinário de matéria trabalhista.

### j) Informar o prequestionamento e repercussão geral

Deverá informar que a matéria está prequestionada. Ver súmula 297 TST.

Assim, recomendamos que o examinando informe que o recurso está devidamente prequestionado.

Caso o examinando esteja elaborando embargos infringentes não há necessidade dessa indicação.

### k) Intimação do recorrido para contrarrazões

Deverá requerer a intimação do recorrido para apresentar contrarrazões ao recurso, na forma do art. 1.030 CPC.

### l) Recebimento e remessa

Requerer o recebimento e remessa do recurso ao Supremo Tribunal Federal – STF.

### m) Encerramento

Nesse item o examinando irá encerrar o recurso, colocando o local e a data e a assinatura do advogado. Importante lembrar que o examinando não poderá assinar a medida processual, devendo mencionar apenas a expressão "advogado OAB."

### 2 – Razões do recurso extraordinário

Após encerrar a petição de interposição, o examinando deverá elaborar a petição de razões recursais. Importante lembrar que o examinando não precisa fazer as razões recursais em outra página. Recomenda-se que ao terminar a peça de interposição o examinando inicie, diretamente, a peça de razões recursais.

### a) Encaminhamento

O examinando deverá fazer o "encaminhamento padrão":

RAZÕES DE RECURSO EXTRAORDINÁRIO

RECORRENTE: xxx

RECORRIDO: xxx

PROCESSO Nº :...

ORIGEM: ...

Excelso Supremo Tribunal Federal, Ínclitos Ministros!

### b) Pressupostos recursais ou Requisitos de admissibilidade recursal

Mencionar, ainda que de forma sucinta, que no presente recurso estão preenchidos os pressupostos recursais objetivos (extrínsecos) e subjetivos (intrínsecos).

## c) Resumo da controvérsia

Nesse tópico o examinando deverá fazer um breve resumo dos fatos ocorridos no problema. Não é recomendada a cópia *ipsis litteris* do texto do problema. Recomenda-se que o examinando traga a correta compreensão do problema apresentado.

## d) Repercussão geral

Recomenda-se que o examinando abra um tópico específico apenas para informar que a matéria impugnada oferece repercussão geral nos termos dos arts. 1.035 e 1.036 do CPC/2015.

## e) Prequestionamento

Como no item anterior, recomenda-se que o examinando abra um tópico específico apenas para informar que a matéria está devidamente prequestionada. Veja súmula 297 TST.

## f) Cabimento do recurso extraordinário

Em atendimento ao disposto no art. 1.029, II, do CPC o examinando deverá demonstrar o cabimento do recurso extraordinário, de acordo com alguma das alíneas do art. 102, III, CF.

## g) Fundamentos jurídicos – Mérito

Esse item deverá ser nomeado pelo examinando de acordo com o cabimento do recurso que estiver elaborando. O examinando que, por exemplo, for elaborar um recurso extraordinário com fundamento na alínea "a" do art. 102, III, da CF, deverá dar como nome ao tópico: "Da violação direta à Constituição Federal".

Caso o recurso tenha como fundamento duas alíneas, recomendamos que o examinando se utilize de tópicos distintos para cada uma delas.

O examinando deverá se utilizar do silogismo. Assim, deverá relatar os fatos (premissa menor); Indicar o trecho fazer referência ao direito aplicável (premissa maior) para depois concluir. Por exemplo:

1º)*Fato:* O acórdão recorrido condenou a recorrente ao reenquadramento de função e pagamento das diferenças salariais de todo período contratual.

2º)**Direito:** Ocorre que, nos termos do art. "x" da CF é assegurado o seguinte direito (explicar o dispositivo em debate);

3º)**Conclusão:** dessa forma, o acórdão deve ser reformado/anulado.

Importante lembrar que se a sua tese for de nulidade por algum vício ocorrido durante o processo, o pedido deverá ser de anulação e não de reforma da decisão.

### Requerimentos finais/pedido

Nesse item o examinando deverá ficar atento, pois o pedido do recurso dependerá de sua tese.

Assim, caso a tese seja de nulidade, o examinando deverá requerer a declaração de nulidade do acórdão, remetendo-se os autos para vara de origem para prolação de nova decisão.

Não existindo tese de nulidade o examinando deverá requerer a reforma do acórdão.

O examinando não poderá deixar de pedir o conhecimento e o provimento do recurso, para declarar a nulidade ou reforma do acórdão.

PRÁTICA TRABALHISTA – 10ª EDIÇÃO

**Encerramento**

Nesse item o examinando irá encerrar a sua peça processual, colocando o local e a data e a assinatura do advogado. Importante lembrar que o examinando não poderá assinar a medida processual deverá mencionar apenas a expressão "advogado OAB".

### 3.6.11.9 Modelo de recurso extraordinário

*Início da peça*

EXCELENTÍSSIMO SENHOR DOUTOR MINISTRO PRESIDENTE DO COLENDO TRIBUNAL SUPERIOR DO TRABALHO

Processo nº 0100217-58.2023.5.02.001

EMPRESA X, já qualificada nos autos da Reclamação trabalhista que lhe move FULANO DE TAL, por seu advogado que esta subscreve (procuração anexa) vem à presença de Vossa Excelência, tempestivamente no prazo de 15 dias, não se conformando com o respeitável acórdão prolatado, interpor RECURSO EXTRAORDINÁRIO com fulcro no art. 102, III, alínea a, da CF, combinado com o art. 1.029 e seguintes do CPC/2015, consubstanciado nas razões recursais anexas.

Informa o recorrente o recolhimento de custas processuais, conforme guia de recolhimento anexa. Deixa de efetuar o recolhimento do depósito recursal, com fundamento na tese de repercussão geral (Tema 679) que afasta sua obrigatoriedade.

Informa, ainda, que a matéria objeto do presente recurso está devidamente prequestionada, bem como oferece repercussão geral.

Requer a intimação do recorrido para que apresente contrarrazões ao recurso, na forma do art. 1.030 do CPC.

Requer o recebimento e remessa do presente recurso ao Supremo Tribunal Federal.

Termos em que, pede deferimento.

Local...data...

Nome do advogado

OAB/...nº...

## RAZÕES DE RECURSO EXTRAORDINÁRIO

RECORRENTE: EMPRESA X

RECORRIDO: FULANO DE TAL

Processo nº 0100217-58.2023.5.02.001

Origem: 1ª Turma do Tribunal Superior do Trabalho

Excelso Supremo Tribunal Federal, Ínclitos Ministros!

### I – PRESSUPOSTOS RECURSAIS

Informa o recorrente que os pressupostos intrínsecos quais sejam: capacidade, legitimidade e interesse, bem como os pressupostos extrínsecos, quais sejam: regularidade formal, recurso interposto no prazo de 15 dias e o recolhimento de custas processuais, conforme guia de recolhimento anexa estão devidamente preenchidos.

Dessa forma, requer que o presente recurso seja conhecido e tenha o seu mérito apreciado.

## II – BREVE SÍNTESE DA CONTROVÉRSIA

O examinando deverá trazer um resumo dos fatos ocorridos, sem abordar nenhum fato estranho no problema.

## III – DA REPERCUSSÃO GERAL

Informa a recorrente que, em obediência ao disposto no art. 1.035, § 1º, do CPC/2015, as questões discutidas no presente recurso ultrapassam os interesses subjetivos do processo sob o ponto de vista do ponto de vista econômico, político, social ou jurídico.

## IV – DO PREQUESTIONAMENTO

Informa o recorrente que a questão trazida a exame nessa sede recursal foi expressamente debatida no acórdão recorrido, na medida em que foi explicitamente adotada tese a respeito da questão ora impugnada, restando atendido o pressuposto específico do prequestionamento, a ensejar a admissibilidade e o conhecimento do presente recurso.

## V – DO CABIMENTO DO RECURSO EXTRAORDINÁRIO

Em atendimento ao disposto no art. 1.029, II, do CPC a recorrente informa que o presente recurso extraordinário é cabível, na medida em que contraria o art. 37, II, da Constituição Federal, na forma do art. 102, III, a, CF.

## VI – DA VIOLAÇÃO À CONSTITUIÇÃO FEDERAL

A 1ª Turma do TST confirmou acórdão prolatado pela 1ª Turma do TRT da 2ª Região que julgou totalmente procedente para condenar a recorrente, ao reenquadramento de função e pagamento das diferenças salariais, reclamação trabalhista na qual o reclamante/recorrido foi contratado pela recorrente/reclamada, companhia de saneamento básico, sociedade de economia mista, para exercer o cargo de auxiliar técnico. Ao iniciar suas atividades na empresa, passou a exercer as atribuições de cargo hierarquicamente superior ao daquele para o qual fora contratado.

O venerando acórdão recorrido afronta diretamente o art. 37, II, da CF, tendo em vista que ao conferir ao recorrido o direito ao reenquadramento na nova função, o art. 37, II, da CF determina a necessidade de submissão a concurso público para que se tenha acesso a cargo ou emprego público.

Desta forma, requer a reforma do acórdão.

## VII – REQUERIMENTOS FINAIS

Diante do exposto, requer o conhecimento e provimento do recurso extraordinário para a reforma acórdão, reconhecendo a impossibilidade de reenquadramento funcional do recorrido.

Local, data.
Nome do advogado
OAB/...nº...

*Fim da peça*

## 3.6.12 Recurso adesivo

### 3.6.12.1 Conceito

Não há previsão do recurso adesivo na CLT, sendo aplicado subsidiariamente o art. 997, § 1º, CPC/2015, aplicados por força do art. 769 da CLT e art. 15 CPC/2015, admitido no processo do trabalho de acordo com a súmula 283 do TST.

PRÁTICA TRABALHISTA – 10ª EDIÇÃO                          156

O recurso adesivo não é uma espécie de recurso propriamente dito, mas sim uma forma especial de interposição de recurso.

A título de exemplo, imaginemos que em uma reclamação trabalhista houve pedido de dano material e dano moral. Na sentença, o juiz deu parcial procedência ao pedido, julgando procedente o dano material e improcedente o dano moral. Nessa hipótese temos a denominada "sucumbência recíproca" ou "sucumbência parcial". Uma vez que o magistrado deferiu apenas um dentre os dois pedidos feitos pelo reclamante, temos que foi proferida uma sentença de parcial procedência.

Nesses casos de sucumbência recíproca, o prazo recursal é aberto para ambas as partes, ou seja, reclamante e reclamada poderão interpor seu recurso de forma independente, no prazo legal.

Imaginemos, portanto, que no prazo legal somente a reclamada interponha, nesse caso, o recurso ordinário. Nessa hipótese, o reclamante será intimado para apresentar as contrarrazões ao recurso ordinário, mas caso também tenha interesse em recorrer/impugnar a sentença, poderá, no prazo de contrarrazões, apresentar o recurso adesivo, nesse caso o recurso ordinário adesivo.

O TST por meio da Súmula 283 entendeu que o recurso adesivo é compatível com o processo do trabalho e cabe, no prazo de oito dias, nas hipóteses de interposição de recurso ordinário, de agravo de petição, de revista e de embargos, sendo desnecessário que a matéria nele veiculada esteja relacionada com a do recurso interposto pela parte contrária.

Uma vez interposto o recurso adesivo, deverá a parte contrária ser intimada para apresentação de contrarrazões ao recurso adesivo.

**DICA:** O recurso adesivo será cabível das decisões de procedência parcial, ou seja, sucumbência recíproca.

### 3.6.12.2 Previsão legal

O recurso adesivo está previsto no art. 997, § 1º, do CPC, admitido no processo do trabalho de acordo com o entendimento disposto na súmula 283 do TST.

### 3.6.12.3 Prazo

O recurso adesivo deverá ser interposto no mesmo prazo das contrarrazões ao recurso principal, art. 997, § 2º, I, CPC.

### 3.6.12.4 Aderência ao recurso principal

O recurso adesivo ficará vinculado ao recebimento do recurso principal. Assim, caso o recurso principal não seja aceito, o recurso adesivo também não será.

### 3.6.12.5 Preparo

O recurso adesivo se sujeita ao recolhimento de custas e depósito recursal.

### 3.6.12.6 Hipóteses de cabimento

Assim, admite-se a interposição de recurso adesivo em recurso ordinário, de agravo de petição, de revista e de embargos.

Dessa forma, para elaboração do recurso adesivo, o examinando deverá se utilizar do modelo do recurso que será apresentado na modalidade adesiva. A estrutura do recurso adesivo é a mesma do recurso principal, apenas com a indicação de que é feito de forma adesiva, com indicação do art. 997, §§ 1º e 2º, CPC.

### 3.6.12.7 Diferença entre contrarrazões e recurso adesivo

ESTRUTURAS BÁSICAS E MODELOS DE PEÇAS

Como no mesmo prazo a parte poderá apresentar contrarrazões ao recurso e recurso adesivo e sabendo que no Exame de Ordem o examinando deverá apresentar somente uma medida processual, é importante considerar a diferença entre essas duas medidas processuais.

Isso porque, nas contrarrazões ao recurso, o objetivo é se defender/responder ao recurso da parte contrária e não reformar o julgado. Já no recurso o objetivo é a reforma da decisão, ou seja, reverter o julgado.

Assim, o examinando deverá ficar atento para o que é pedido pelo enunciado. Caso esteja diante de uma sentença de parcial procedência que foi interposto recurso pela parte adversa, mas seja pedido pelo enunciado a medida apta para viabilizar o reexame da sentença ou sua reforma, a medida correta será o recurso adesivo. Porém, nesse mesmo caso, se o enunciado pedir a medida apta para responder ao recurso, a medida processual adequada será contrarrazões ao recurso.

---

**Como identificar a peça**

Diante de uma sentença de parcial procedência (sucumbência recíproca) o último ato processual será a interposição de recurso pela parte contrária, contendo o enunciado indicação que a intenção é a reforma ou reexame da decisão.

---

### 3.6.16.8 Modelo de recurso ordinário adesivo com tese de reforma da decisão

OBS: O modelo abaixo de recurso adesivo foi feito com base em um recurso ordinário. Caso seja necessário a elaboração de recurso adesivo em outra modalidade de recurso, indicamos seguir o modelo do recurso principal com as devidas alterações.

*Início da peça*

EXCELENTÍSSIMO SENHOR DOUTOR JUIZ DO TRABALHO DA 1ª VARA DO TRABALHO DE SÃO PAULO

PROCESSO Nº 0100217-58.2023.5.02.001

EMPRESA X, já qualificada nos autos da Reclamação trabalhista que lhe move FULANO DE TAL, por seu advogado que esta subscreve (procuração anexa) vem à presença de Vossa Excelência, tempestivamente no prazo de 8 dias das contrarrazões recursais, não se conformando com a respeitável sentença prolatada, interpor RECURSO ORDINÁRIO ADESIVO com fulcro no art. 895, I, da CLT e art. 997, § 1º, CPC, consubstanciado nas razões recursais anexas.

Informa o recorrente o recolhimento de custas processuais e depósito recursal, conforme guias de recolhimento anexas.

Requer a intimação do recorrido para que apresente contrarrazões ao recurso, na forma do art. 900 da CLT.

Requer o recebimento e remessa do presente recurso ao Tribunal Regional do Trabalho da 2ª Região.

Termos em que, pede deferimento.

Local e data:...
Advogado
OAB/... . nº ...

# RAZÕES DE RECURSO ORDINÁRIO ADESIVO

RECORRENTE: EMPRESA X
RECORRIDO: FULANO DE TAL
Processo: 0100217-58.2023.5.02.001
Origem: 1ª Vara do Trabalho de São Paulo

Nobres Julgadores! Colenda Turma! Egrégio Tribunal!

## I – PRESSUPOSTOS RECURSAIS

Informa o recorrente que os pressupostos intrínsecos quais sejam: capacidade, legitimidade e interesse, bem como os pressupostos extrínsecos, quais sejam: regularidade formal, recurso interposto no prazo de 8 dias e o recolhimento de custas processuais e depósito recursal, conforme guias de recolhimento anexas estão devidamente preenchidas.

Dessa forma, requer que o presente recurso seja conhecido e tenha o seu mérito apreciado.

## II – RESUMO DA CONTROVÉRSIA

O examinando deverá trazer um resumo dos fatos ocorridos, sem abordar nenhum fato estranho ao problema.

## III – DO CABIMENTO DO RECURSO ORDINÁRIO ADESIVO

Nos termos da súmula 283 do TST o recurso adesivo é compatível com o processo do trabalho e cabe, no prazo de 8 (oito) dias, nas hipóteses de interposição de recurso ordinário, de agravo de petição, de revista e de embargos, sendo desnecessário que a matéria nele veiculada esteja relacionada com a do recurso interposto pela parte contrária.

## IV – FUNDAMENTOS JURÍDICOS

## DO NÃO CABIMENTO DE DANOS MORAIS

Em sentença de parcial procedência a recorrente foi condenada a indenizar o reclamante por danos morais, em decorrência de exploração de imagem, pois o uniforme estampava logomarcas de fornecedores da empregadora.

Ocorre que, não há violação do direito de imagem, dado que cabe ao empregador definir a vestimenta no trabalho, nos termos do Art. 456-A da CLT, sendo lícita a inclusão de logo-marcas no uniforme da empresa.

Dessa forma, requer a reforma da sentença.

## IV – REQUERIMENTOS FINAIS

Diante do exposto, requer o conhecimento e provimento do presente recurso para reforma da sentença.

Local e data: ...
Nome do advogado
OAB/... nº ...

*Fim da peça*

ESTRUTURAS BÁSICAS E MODELOS DE PEÇAS

## 3.6.13 Recurso Ordinário Constitucional – ROC

### 3.6.13.1 Cabimento

Na Justiça do Trabalho o Recurso Ordinário Constitucional (ROC) é cabível contra acórdão denegatório de ação constitucional, ou seja, mandado de segurança, *habeas corpus, habeas data* ou mandado de injunção, desde que ajuizado originariamente no Tribunal Superior do Trabalho.

Também será admitido ROC em face da decisão denegatória que reconhece a ocorrência de decadência, bem como em face de acórdão na hipótese de concessão parcial do pedido/ordem.

Atenção! Somente caberá ROC contra decisão denegatória de tais ações. Em se tratando de decisão concessiva, não caberá ROC, mas sim Embargos do TST ou Recurso Extraordinário.

**ATENÇÃO!** O ROC não pode ser confundido com o recurso ordinário tradicional trabalhista previsto no art. 895 da CLT que é cabível em face das decisões definitivas ou terminativas das Varas do Trabalho e dos Tribunais Regionais do Trabalho, em sua competência originária.

A principal hipótese de cabimento é na hipótese de acórdão denegatório de Mandado de Segurança de competência originária do TST.

### 3.6.13.2 Fundamento legal

O ROC está previsto no art. 102, II, a da CF e arts. 1.027 e 1.028 do CPC.

### 3.6.13.3 Competência

Deverá ser interposto perante o Ministro Presidente do TST (juízo a quo) e deverá ser encaminhado ao STF (juízo ad quem) que terá competência para seu julgamento.

### 3.6.13.4 Prazo

Deverá ser interposto no prazo de 15 dias.

### 3.6.13.5 Preparo

Há somente o recolhimento de custas processuais para o STF.

### 3.6.13.6 Prequestionamento

O ROC não exige prequestionamento.

### 3.6.13.7 Fundamentação

Por possuir natureza ordinária, como o próprio nome sugere, é permitida ampla rediscussão de fatos e provas, ou seja, matéria fática e probatória.

---

**Como identificar a peça**

O último ato processual será um acórdão denegando a ordem de uma das seguintes ações constitucionais: mandado de segurança, *habeas corpus, habeas data* ou mandado de injunção, ajuizadas originariamente no Tribunal Superior do Trabalho.

---

### 3.6.13.8 Estrutura do Recurso Ordinário Constitucional – ROC

O recurso ordinário constitucional será elaborado em duas peças: peça de interposição e peça de razões recursais.

## 1 – Petição de interposição

### a) Endereçamento

A peça de interposição do recurso ordinário será dirigida ao juiz prolator da decisão impugnada (juízo *a quo*). Assim, será endereçada para o Ministro Presidente do TST, devendo ser elaborado em conformidade com o endereçamento padrão.

EXCELENTÍSSIMO SENHOR MINISTRO PRESIDENTE DO COLENDO TRIBUNAL SUPERIOR DO TRABALHO

### b) Indicação do número do processo

Deverá indicar o número do processo.

Caso o problema forneça esse dado deverá constar na petição. Não sendo fornecido esse elemento, o examinando deverá optar por inserir reticências ou "xxx", conforme item 3.5.9 do Edital do Exame de Ordem. Por exemplo: "Processo n°..."

### c) Qualificação das partes (recorrente e recorrido)

Recomenda-se que na peça de interposição do recurso que as partes sejam tratadas de acordo com os dados fornecidos no enunciado, considerando recorrente e recorrido.

No Recurso Ordinário Constitucional você será advogado do recorrente, portanto primeiramente deve ser feita sua qualificação e posteriormente a qualificação do recorrido.

### d) Indicação do advogado

*"por seu advogado que esta subscreve (procuração anexa), vem à presença de Vossa Excelência..."*

### e) Tempestividade

Informar que o recurso está sendo interposto no prazo de 15 dias.

### f) Inconformismo

*"não se conformando com o respeitável acórdão..."*

### g) Identificação da medida processual – nome da peça e fundamentos legais

O examinando deverá identificar a medida processual, indicando seus respectivos fundamentos legais.

No Recurso Ordinário Constitucional o examinando deverá usar como fundamento art. 102, II, a da CF e arts. 1.027 e 1.028 do CPC.

### h) Indicar as razões recursais anexas

*"...de acordo com as razões recursais anexas..."*

### i) Informar recolhimento de custas

O examinando deverá informar o recolhimento das custas processuais. Não há depósito recursal.

*"Informa o recorrente o recolhimento de custas processuais, conforme guiaa de recolhimento anexaa."*

### j) Intimação do recorrido para contrarrazões

Deverá requerer a intimação do recorrido para apresentar contrarrazões ao recurso, na forma do art. 1.028, § 2º, CPC.

### k) Recebimento e remessa ao Tribunal competente

Deverá requerer o recebimento e remessa do recurso ao STF.

### l) Encerramento

Nesse item o examinando irá encerrar o recurso, colocando o local e a data e a assinatura do advogado. Importante lembrar que o examinando não poderá assinar a medida processual deverá mencionar apenas a expressão "advogado OAB".

### 2 – Peça de razões do Recurso Ordinário Constitucional

Finalizada a peça de interposição, deverá o examinando iniciar a peça de razões recursais.

Importante lembrar que o examinando não precisa fazer as razões recursais em outra página. Recomenda-se que ao terminar a peça de interposição o examinando pule uma linha e inicie, diretamente, a peça de razões recursais, de acordo com o modelo proposto.

### a) Encaminhamento – Preâmbulo

Deverá fazer o seguinte "encaminhamento padrão":

*RAZÕES DE RECURSO ORDINÁRIO CONSTITUCIONAL*
*RECORRENTE: XXX*
*RECORRIDO: XXX*
*ORIGEM: Tribunal Superior do Trabalho*
*PROCESSO Nº: XXX*
*Nobres Julgadores, Colenda Turma, Colendo Tribunal.*

### b) Pressupostos recursais ou Requisitos de admissibilidade recursal

Mencionar que no recurso estão preenchidos os pressupostos recursais objetivos (extrínsecos) e subjetivos (intrínsecos).

*"Informa o recorrente que os pressupostos intrínsecos quais sejam: capacidade, legitimidade e interesse, bem como os pressupostos extrínsecos, quais sejam: regularidade formal, interposto no prazo de 15 dias e o recolhimento de custas processuais, conforme guia de recolhimento anexa estão devidamente preenchidos."*

### c) Resumo da controvérsia

Nesse tópico o examinando deverá fazer um breve resumo dos fatos ocorridos no problema.

PRÁTICA TRABALHISTA – 10ª EDIÇÃO  162

Não é recomendada a cópia *ipsis litteris* do texto do problema. Recomenda-se que o examinando traga a correta compreensão do problema apresentado.

**d) Fundamentos jurídicos**

Nesse trecho deverão ser tratadas as teses trazidas pelo enunciado.

Aqui o examinando deverá dar um título para cada tese que se pretende arguir.

**e) Requerimentos finais/Pedido**

O examinando SEMPRE deverá requerer o conhecimento e provimento do recurso para reforma do acórdão

**f) Encerramento**

Nesse item o examinando irá encerrar a sua peça processual, colocando o local e a data e a assinatura do advogado. Importante lembrar que o examinando não poderá assinar a medida processual, deverá mencionar apenas a expressão "advogado OAB".

### 6.3.13.9 Modelo de recurso ordinário constitucional

OBS: Os modelos abaixo foram feitos com a empresa recorrente. Caso seja o empregado recorrente, basta fazer a alteração dos nomes.

*Início da peça*

EXCELENTÍSSIMO SENHOR DOUTOR MINISTRO PRESIDENTE DO TRIBUNAL SUPERIOR DO TRABALHO

PROCESSO Nº 0100217-58.2023.5.02.001

EMPRESA X, já qualificada nos autos da Reclamação trabalhista que lhe move FULANO DE TAL, por seu advogado que esta subscreve (procuração anexa) vem à presença de Vossa Excelência, tempestivamente no prazo de 15 dias, não se conformando com o respeitável acórdão prolatado, interpor RECURSO ORDINÁRIO CONSTITUCIONAL com fulcro no art. 102, II, a da CF e arts. 1.027 e 1.028 do CPC, consubstanciado nas razões recursais anexas.

Informa o recorrente o recolhimento de custas processuais, conforme guia de recolhimento anexa.

Requer, a intimação do recorrido para que apresente contrarrazões ao recurso, na forma do art. 1.028, § 2º, do CPC.

Requer o recebimento e remessa do presente recurso ao Supremo Tribunal Federal.

Termos em que, pede deferimento.

Local e data:...

Advogado

OAB/... . nº ...

# RAZÕES DE RECURSO ORDINÁRIO CONSTITUCIONAL

RECORRENTE: EMPRESA X
RECORRIDO: FULANO DE TAL
Processo: 0100217-58.2023.5.02.001
Origem: Tribunal Superior do Trabalho

Nobres Julgadores! Colenda Turma! Egrégio Tribunal!

## I – PRESSUPOSTOS RECURSAIS

Informa o recorrente que os pressupostos intrínsecos quais sejam: capacidade, legitimidade e interesse, bem como os pressupostos extrínsecos, quais sejam: regularidade formal, recurso interposto no prazo de 15 dias e o recolhimento de custas processuais, conforme guia de recolhimento anexa estão devidamente preenchidos.

Dessa forma, requer que o presente recurso seja conhecido e tenha o seu mérito apreciado.

## II – RESUMO DA CONTROVÉRSIA

O examinando deverá trazer um resumo dos fatos ocorridos, sem abordar nenhum fato estranho ao problema.

## III – FUNDAMENTOS JURÍDICOS

### DA POSSIBILIDADE DE SUSTENTAÇÃO ORAL PELO ADVOGADO

Foi interposto Embargos de Divergência objetivando a unificação da jurisprudência em face de decisão do TST que contrariou súmula de jurisprudência daquela Corte. Em decisão monocrática o Ministro Relator da 1ª Turma do TST não conheceu do recurso por entender intempestivo. Em face de tal decisão foi interposto agravo interno/regimental. Em sessão de julgamento do referido agravo, o advogado do agravante requereu pedido de sustentação oral ao Ministro Relator da 1ª Turma do TST que indeferiu, sob a alegação de que o advogado não possui tal prerrogativa. Contra tal decisão foi impetrado Mandado de Segurança que ao final teve denegada a ordem, sob o mesmo argumento.

Contudo, nos termos do art. 7º, § 2º-B, inciso V, da Lei 8.906/94 (Estatuto da OAB) poderá o advogado realizar a sustentação oral no recurso interposto contra a decisão monocrática de relator que não conhecer de Embargos de Divergência.

Dessa forma, requer a reforma do acórdão que denegou a ordem de segurança, para assegurar ao advogado a possibilidade de realizar sustentação oral.

## IV – REQUERIMENTOS FINAIS

Diante do exposto, requer o conhecimento e provimento do presente recurso para reforma do acórdão.

Local e data: ...
Nome do advogado
OAB/... nº ...

*Fim da peça*

## 4. Execução

As sentenças na esfera laboral estão sujeitas à fase de execução, diferentemente do processo comum em que se tem a fase de cumprimento da sentença.

### FLUXOGRAMA DA EXECUÇÃO – MAPA EXECUÇÃO

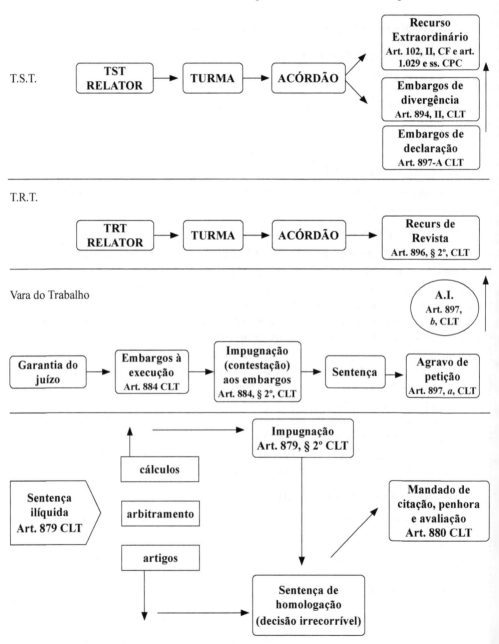

## 4.1 Conceito

É o meio pelo qual o cumprimento de uma obrigação é, voluntária ou involuntariamente, satisfeita. É a realização prática e satisfativa do direito do credor reconhecida na sentença ou acórdão.

## 4.2 Requisitos

É necessário a presença de 2 requisitos cumulativos:

Inadimplemento do devedor;

Existência de um título executivo (judicial ou extrajudicial). O título executivo constitui uma obrigação líquida certa e exigível.

## 4.3 Previsão legal

O processo de execução está previsto nos arts. 876 a 892 CLT.

Na fase de conhecimento, nas lacunas da norma consolidada aplicamos o Código de Processo Civil, em conformidade com o art. 769 da CLT. Na fase de execução a aplicação é diversa. Isso porque devemos aplicar a CLT, havendo omissão da norma consolidada aplica-se a Lei 5.584/1970, persistindo a omissão aplicaremos a lei de execução fiscal, Lei 6.830/1980, sendo esta também omissa aplicar-se-á o CPC.

## 4.4 Legitimidade

### 4.4.1 Legitimidade ativa

A legitimidade ativa vem disposta no art. 878 da CLT, segundo o qual a execução será promovida pelas partes, permitida a execução de ofício pelo juiz ou pelo Presidente do Tribunal apenas nos casos em que as partes não estiverem representadas por advogado.

Dessa forma, a execução se iniciará de ofício pelo juiz somente quando as partes não estiverem representadas por advogado, ou seja, fazendo uso do *jus postulandi*. No entanto, estando as partes representadas por advogado, deverão elas dar início à execução.

### 4.4.2 Legitimidade passiva

Poderá figurar no polo passivo da execução tanto empregador, o que é mais comum, como empregado, por exemplo nas hipóteses em que este causou dano ao seu empregador.

Podem figurar como sujeito passivo na execução o espólio, herdeiros e sucessores; fiador; novo devedor que assumiu a dívida, desde que com consentimento do credor e o responsável tributário.

## 4.5 Títulos executivos

O processo do trabalho admite os seguintes títulos executivos:

### 4.5.1 Títulos executivos judiciais

a) sentenças ou acórdãos transitados em julgado;

b) sentenças ou acórdãos condenatórios transitados em julgado ou que tenham sido impugnados com recurso no efeito devolutivo;

c) decisões que homologam acordo entre as partes;

d) sentença penal condenatória, transitada em julgado (art. 515, VI, CPC/2015).

PRÁTICA TRABALHISTA – 10ª EDIÇÃO                166

Importante lembrar que nos termos do art. 884, § 5º, da CLT é considerado inexigível o título judicial fundado em Lei ou ato normativo declarados inconstitucionais pelo Supremo Tribunal Federal ou em aplicação ou interpretação tidas por incompatíveis com a Constituição Federal.

### 4.5.2 Títulos executivos extrajudiciais

**a)** os termos de compromisso de ajuste de conduta com conteúdo obrigacional firmados perante o MPT;

**b)** os termos de conciliação celebrados perante a Comissão de Conciliação Prévia;

**c)** certidão de inscrição na dívida ativa da União, referente às penalidades impostas ao empregador pelos órgãos de fiscalização do trabalho, art. 114, VII, CF.

**d)** cheques e a notas promissórias emitidos em reconhecimento de dívida inequivocamente de natureza trabalhista – art. 13 da IN 39/2016.

## 4.6 Liquidação de sentença

### 4.6.1 Introdução

Trata-se da fase preparatória da execução, que tem como objetivo, apurar o valor devido. O artigo 879 da CLT, regulamenta a matéria e prevê no seu § 1º que na liquidação não se pode modificar ou inovar a sentença a ser liquidada. Consiste no Princípio da Fidelização do Título.

### 4.6.2 Modalidades de liquidação

A liquidação pode ser por cálculos, arbitramento ou pelo procedimento comum (antiga liquidação por artigos).

Na liquidação por cálculos, para apurar o valor basta a utilização da aritmética. Já na liquidação por arbitramento, para apuração do valor, é necessário um terceiro com conhecimento específico. Possui previsão no artigo 509, inciso I e 510 do CPC. Por fim, a liquidação pelo procedimento comum (antiga liquidação por artigos) ocorre quando necessário a prova de um fato novo. Possui previsão no artigo 509, inciso II e 511 do NCPC. Cabe citar como exemplo, a condenação da empresa ao pagamento de fisioterapia, sendo necessário a prova do fato novo, que é o gasto com o médico.

### 4.6.3 Procedimento da Liquidação por Cálculos

Transitada em julgada a decisão, a liquidação por cálculos pode ocorrer através de dois procedimentos a critério do magistrado, a saber:

1º Procedimento: o juiz determina ao calculista da Vara que elabore os cálculos. Após a apresentação dos cálculos, nos termos do § 2º do artigo 879 da CLT, o juiz deve dar prazo de 8 dias para a manifestação das partes. As partes poderão apresentar a impugnação a conta de liquidação. Trata-se de uma simples petição apresentada por ambas as partes antes da garantia do juízo. Após tal ato, o juiz irá proferir a sentença de liquidação, sendo que, se necessário, poderá antes solicitar a perícia contábil, conforme o artigo 879, § 6º da CLT. A sentença de liquidação é irrecorrível, por se tratar de uma decisão interlocutória.

2º Procedimento: neste procedimento, após transitado em julgado a decisão, o juiz intima as partes para a apresentação dos cálculos. Primeiro o exequente (reclamante) e depois a executada (reclamada). Trata-se de simples petição de apresentação de cálculos, antes da garantia do juízo. Isso porque, o art. 884 da CLT possibilita a homologação direta dos cálculos pelo magistrado, com possibilidade de eventual impugnação posterior, quando efetuado o depósito do valor em conta judicial ou realizada a penhora do bem de valor igual ou superior ao da execução, assim denominada

ESTRUTURAS BÁSICAS E MODELOS DE PEÇAS

garantia do Juízo. Após tais manifestações, o juiz profere a sentença de liquidação, sendo que se necessário, também poderá se utilizar da perícia contábil. A sentença de liquidação é irrecorrível, por se tratar de uma decisão interlocutória.

## 4.7 Impugnação à sentença de liquidação

A sentença de liquidação é irrecorrível. Proferida a sentença de liquidação, o juiz expedirá o MCPA (mandado de citação penhora e avaliação), para que o executado pague a quantia devida ou faça a garantia do juízo, depositando em juízo a quantia devida. Poderá, também, nomear bens à penhora ou até mesmo apresentar o seguro garantia judicial.

Uma vez garantido o juízo pelo executado, este poderá apresentar embargos à execução, no prazo de 5 dias e, se for o caso, impugnar a sentença de liquidação. Já o exequente poderá apresentar impugnação à sentença de liquidação, conforme artigo 884, § 3º da CLT. Tal peça é apresentada apenas pelo exequente (reclamante), no prazo de 5 dias, a partir da garantia do juízo pelo executado.

A matéria a ser alegada na impugnação se limita a cálculos, como por exemplo, a correção monetária e juros.

No tocante a correção monetária, deve-se aplicar a Súmula 381 do TST, salvo para o dano moral, que cabe a Súmula 439 do TST.

Importante lembrar que o § 7º do artigo 879 da CLT que prevê a possibilidade de correção pelo índice TR (taxa referencial), foi objeto da ADC 58, ADC 59, ADI 5867, ADI 5867 e ADI 6021 que ao final foi decidido pelo STF que na atualização deverá incidir sobre o IPCA-E na fase pré-judicial e, a partir do ajuizamento da ação, a incidência da taxa SELIC (art. 406 do Código Civil). Por isso, temos prejudicada a redação dada na OJ 300 da SDI do TST.

No tocante aos juros, o artigo 883 da CLT em conjunto com o o artigo 39 da Lei nº 8.177/1991, determinam a aplicação de 1% ao mês, a partir do ajuizamento da ação.

Para a Fazenda Pública, os juros são diferenciados, na forma da OJ nº 7 do Tribunal Pleno, salvo quando a devedora subsidiária, que se aplica 1% ao mês, conforme a OJ 382 da SDI-a do TST. Por fim, ler Súmulas 187, 200, 211 do TST, e OJ 400 da SDI-1 do TST.

OBS: Primeiro vem a correção monetária e depois os juros.

Por fim, nos termos do § 4º do artigo 884 da CLT, a impugnação de sentença e os embargos à execução serão julgados na mesma decisão, sendo cabível em face dela o recurso de agravo de petição.

## 4.8 Execução contra devedor solvente

Tem por objetivo expropriar bens do devedor, a fim de satisfazer o direito do credor.

Inicia-se com a expedição do mandado e citação. A citação deve ser pessoal e não apenas mera notificação como funciona na fase de conhecimento.

O executado será citado para no prazo de 48 (quarenta e oito) horas pegar ou nomear bens à penhora, sob pena de serem penhorados seus bens. Não encontrado por duas vezes, far-se-á a citação por edital.

Não pagando, não nomeando bens à penhora, nem depositando em juízo a importância executada, serão penhorados seus bens, tantos quanto bastarem para a garantia da execução.

### 4.8.1 Primeira fase da execução: Intimação e constrição de bens

*1º ato:* expedição de MCPA (Mandado de Citação, Penhora e Avaliação) artigo 880 da CLT, cumprido por oficiais de justiça.;

PRÁTICA TRABALHISTA – 10ª EDIÇÃO 168

OBS: possibilidade da citação por edital § 3º do art. 880 da CLT..

*2º ato:* no prazo de 48 horas o executado poderá adotar um dos cinco comportamentos:

Pagamento da dívida, art. 881 CLT. É feito termo de quitação e extinção da obrigação/extinção da execução.

OBS: A IN 39/2016 do TST, no artigo 3º, inciso XXI, autoriza a aplicação do parcelamento da execução prevista no artigo 916 do CPC.

Garantir a execução através do depósito da importância, art. 882 CLT;

Nomeação de bens à penhora, art. 882 CLT devendo seguir ordem de penhora do art. 835 CPC;

Garantir a execução com seguro-garantia judicial, art. 882 CLT;

Caso não adote nenhum dos comportamentos anteriores, sofrerá penhora forçada pelo oficial de justiça, art. 883 CLT.

*3º ato*: garantida a execução ou penhorados os bens, o executado poderá apresentar embargos à execução (embargos do executado ou embargos do devedor), art. 884 CLT no prazo de 5 dias.

**ATENÇÃO!** Os embargos à execução possuem natureza jurídica de ação.

**ATENÇÃO!** Nos termos do art. 884, § 6º, CLT a exigência da garantia ou penhora não se aplica às entidades filantrópicas e/ou àqueles que compõem ou compuseram a diretoria dessas instituições.

*4º ato:* o exequente poderá apresentar impugnação (contestação) aos embargos à execução, art. 884 da CLT no prazo de 5 dias;

*5º ato:* após apresentação dos embargos à execução e impugnação aos embargos à execução (contestação) o Juiz proferirá sentença (proferida na fase de execução);

6º ato: em face da sentença proferida, a parte interessada poderá interpor agravo de petição, previsto art. 897, alínea a, da CLT, que será julgado pelo TRT. Funciona como o Recurso Ordinário na fase de execução.

*7º ato:* Do acórdão que julgou o agravo de petição, caberá Recurso de Revista ao TST se houver ofensa direta e literal de norma da Constituição Federal, nos termos do art. 896, § 2º, CLT.

## 4.8.2 Segunda fase da execução – fase de expropriação dos bens

Aplicação do art. 889 CLT e art. 13 Lei 5.584/1970

Exaurida a fase recursal da fase de execução e reconhecido o valor exequendo, inicia-se a última etapa da execução, com as seguintes possibilidades:

*1. Adjudicação dos bens*: consiste na transferência do bem penhorado ao patrimônio do exequente.

Nesse caso, o exequente fica com o bem penhorado, abatendo o valor do seu crédito. O exequente poderá adjudicar o bem oferecendo preço não inferior ao da avaliação, art. 876 CPC.

*2. Arrematação:* é a alienação do bem em hasta pública; o bem será vendido pelo maior lance. Ocorre quando um terceiro adquire o bem em leilão, através do valor do maior lance, não se admitindo preço vil (conforme o art. 891, parágrafo único do CPC.

**ATENÇÃO!** *Art. 891. Não será aceito lance que ofereça preço vil.*

ESTRUTURAS BÁSICAS E MODELOS DE PEÇAS

*Parágrafo único. Considera-se vil o preço inferior ao mínimo estipulado pelo juiz e constante do edital, e, não tendo sido fixado preço mínimo, considera-se vil o preço inferior a cinquenta por cento do valor da avaliação.*

O art. 888 da CLT prevê que, o arrematante deve pagar 20% à vista e o saldo restante em 24 horas. Caso isso não ocorra, ele perde o valor oferecido como sinal.

Na vigência do CPC/1973, o antigo artigo 746, regulamentava os embargos à arrematação, no prazo de 5 dias do ato de expropriação para alegar alguma nulidade. Entretanto, o CPC/2015 não trouxe tal dispositivo, e nos termos da OJ 66, item II, da SDI-2 do TST, cabe o questionamento por simples petição, na forma do artigo 877, *caput* do CPC/2015, não sendo possível a impetração de Mandado de Segurança.

O art. 3º, inciso XX, da IN 39/2016 do TST autoriza a aplicação do parcelamento do lance, prevista no art. 895 do CPC.

*3. Remição*: com "Ç" significa pagamento, art. 13 da Lei 5.584/70 com preço igual ao valor da condenação.

**ATENÇÃO!** Não confundir com remissão com "SS" que é o perdão da dívida que em tese é incompatível com o processo do trabalho, pela natureza alimentar das verbas trabalhistas.

## 4.9 Penhora

A penhora deve obedecer a regra de nomeação imposta no art. 835 do CPC/2015 e será tida como ineficaz aquela que não obedecer a essa ordem, art. 848 do CPC/2015.

O exequente deve ser intimado para manifestar sua concordância ou não com o bem eventualmente oferecido à penhora. A não aceitação deverá ser fundamentada.

### 4.9.1 Bens impenhoráveis

São impenhoráveis os bens elencados no art. 833 do CPC/2015. Também são impenhoráveis os bens públicos.

Pela regra contida no art.834 do CPC/2015 na falta de outros bens, os frutos e rendimentos dos bens inalienáveis, salvo se destinados à satisfação de prestação alimentícia.

**ATENÇÃO!** Os vencimentos, os subsídios, os soldos, os salários, as remunerações, os proventos de aposentadoria, as pensões, os pecúlios e os montepios, bem como as quantias recebidas por liberalidade de terceiro e destinadas ao sustento do devedor e de sua família, os ganhos de trabalhador autônomo e os honorários de profissional liberal podem ser penhorado para satisfazer um crédito alimentar, na forma do Art. 833, inciso IV e § 2º, do CPC.

Também é impenhorável o bem de família, previstos na Lei 8.009/90, não se considerando como tal os veículos de transporte, obras de arte e os adornos suntuosos, ou seja, bens considerados de ostentação, desnecessários para sobrevivência da pessoa.

**ATENÇÃO!** Tendo a executada dois imóveis, a impenhorabilidade alcança o de menor valor, nos teros do art. 5º, parágrafo único, da Lei nº 8.009/90.

## 4.10 Embargos a execução

### 4.10.1 Conceito

Visa extinguir total ou parcialmente a execução, atacando o próprio conteúdo do título.

PRÁTICA TRABALHISTA – 10ª EDIÇÃO

## 4.10.2 Natureza jurídica

Trata-se de uma ação de conhecimento incidental na execução. Portanto, devemos seguir a estrutura de uma petição inicial, inclusive com atribuição de valor à causa.

## 4.10.3 Matérias arguíveis

As matérias arguíveis por meio dos embargos à execução estão elencadas no art. 884, § 1º, da CLT.

Contudo, esse rol não é exaustivo, aplicando-se subsidiariamente as matérias elencadas no art. 525, § 1º, do CPC/2015 e, ainda, aquelas matérias apontadas no art. 917 do CPC/2015.

## 4.10.4 Principais teses dos embargos à execução

### 4.10.4.1 Prescrição intercorrente

De acordo com o art. 884, § 1º, da CLT, o embargante pode alegar prescrição. Na fase de execução aplica-se a prescrição intercorrente, prevista no art. 11-A da CLT.

Importante lembrar que na fase de execução não se pode alegar prescrição bienal e/ou quinquenal tradicional aplicável na fase de conhecimento. Isso porque, nos termos da súmula 153 do TST esse tipo de prescrição deve ser alegado em instância ordinária.

A prescrição intercorrente no processo do trabalho ocorre no prazo de dois anos. A fluência do prazo prescricional intercorrente inicia-se quando o exequente deixa de cumprir determinação judicial no curso da execução.

Havendo tese de prescrição intercorrente, deverá ser feito pedido de acolhimento da prescrição intercorrente, com extinção da execução, art. 924, V, CPC.

**ATENÇÃO!** Diferentemente da prescrição bienal/quinquenal tradicional que não pode ser aplicada de ofício, a declaração da prescrição intercorrente pode ser requerida ou declarada de ofício em qualquer grau de jurisdição.

### 4.10.4.2 Ilegitimidade de parte

Nessa tese é sustentado pelo embargante não ter qualquer relação com a execução. Poderá, por exemplo, sustentar que a empresa não pertence ao mesmo grupo econômico. Da mesma forma, o sócio retirante, se chamado para participar do processo, poderá alegar que se retirou há mais de 2 anos, na forma do art. 10-A da CLT, portanto, é parte ilegítima.

### 4.10.4.3 Excesso de execução

Ocorre excesso de execução sempre que é executado valor maior que aquele deferido em juízo ao trabalhador.

O art. 917, § 2º, do CPC ensina:

§ 2º Há excesso de execução quando:

I – o exequente pleiteia quantia superior à do título;

II – ela recai sobre coisa diversa daquela declarada no título;

III – ela se processa de modo diferente do que foi determinado no título;

IV – o exequente, sem cumprir a prestação que lhe corresponde, exige o adimplemento da prestação do executado;

V – o exequente não prova que a condição se realizou.

§ 3º Quando alegar que o exequente, em excesso de execução, pleiteia quantia superior à do título, o embargante declarará na petição inicial o valor que entende correto, apresentando demonstrativo discriminado e atualizado de seu cálculo.

§ 4º Não apontado o valor correto ou não apresentado o demonstrativo, os embargos à execução:

I – serão liminarmente rejeitados, sem resolução de mérito, se o excesso de execução for o seu único fundamento;

II – serão processados, se houver outro fundamento, mas o juiz não examinará a alegação de excesso de execução.

### 4.10.4.4 Inexigibilidade do título por inconstitucionalidade do seu fundamento

O devedor alega que o título é inexigível, pois pautado em lei considerada inconstitucional pelo STF, na forma do art. 884, § 5º, CLT.

### 4.10.4.5 Penhora incorreta/Bens impenhoráveis

Nos termos do art. 917, II, do CPC poderá ser alegado nos embargos à execução a penhora incorreta. Nesse caso, poderá ser alegada a regra de impenhorabilidade de bens, indicada no art. 833 do CPC. Dentre elas podemos destacar:

**Bem de Família**

O art. 1º da Lei 8.009/90 ensina que, em regra, o Bem de Família não pode ser penhorado. A impenhorabilidade compreende o imóvel sobre o qual se assentam a construção, as plantações, as benfeitorias de qualquer natureza e todos os equipamentos, inclusive os de uso profissional, ou móveis que guarnecem a casa, desde que quitados.

Todavia, excluem-se da impenhorabilidade os veículos de transporte, obras de arte e adornos suntuosos, art. 2º da Lei 8.009/90.

**ATENÇÃO!** Tendo a executada dois imóveis, a impenhorabilidade alcança o de menor valor, nos termos do art. 5º, parágrafo único, da Lei nº 8.009/90.

**Bens impenhoráveis pelo CPC**

O art. 833 do CPC traz uma lista de bens que são considerados impenhoráveis.

Todavia, importante lembrar que os vencimentos, os subsídios, os soldos, os salários, as remunerações, os proventos de aposentadoria, as pensões, os pecúlios e os montepios, bem como as quantias recebidas por liberalidade de terceiro e destinadas ao sustento do devedor e de sua família, os ganhos de trabalhador autônomo e os honorários de profissional liberal podem ser penhorado para satisfazer um crédito alimentar, na forma do Art. 833, inciso IV e § 2º, ou Art. 833, § 2º, do CPC.

Havendo tese de impenhorabilidade do bem, deverá ser feito pedido de levantamento/liberação do bem penhorado.

## 4.10.5 Competência

A competência para julgamento dos embargos à execução será do juízo da execução.

Nos termos do art. 914, § 2º, do CPC na execução por carta, os embargos serão oferecidos no juízo deprecante ou no juízo deprecado, mas a competência para julgá-los é do juízo deprecante, salvo se versarem unicamente sobre vícios ou defeitos da penhora, da avaliação ou da alienação dos bens efetuadas no juízo deprecado.

PRÁTICA TRABALHISTA – 10ª EDIÇÃO

## 4.10.6 Processamento

Devem ser opostos no prazo de 5 (cinco) dias, contados da intimação da penhora ou do depósito da quantia devida. Assim, é condição *sine qua non* para a apresentação dos embargos à execução a prévia garantia do juízo, exceção feita à Fazenda Pública.

A Lei 13.467/2017 inseriu o § 6º no art. 884 da CLT para ensinar que a exigência da garantia ou penhora não se aplica às entidades filantrópicas e/ou àqueles que compõem ou compuseram a diretoria dessas instituições.

Os embargos à execução serão processados nos mesmos autos e serão liminarmente indeferidos nas hipóteses do art. 918 do CPC; quais sejam:

- quando intempestivos;
- nos casos de indeferimento da petição inicial e de improcedência liminar do pedido;
- quando manifestamente protelatórios.

## 4.10.7 Efeitos

Os embargos à execução, em regra, serão recebidos com efeito suspensivo. Entretanto, poderá o juiz, a requerimento do embargante, atribuir efeito suspensivo aos embargos quando, sendo relevantes seus fundamentos, o prosseguimento da execução manifestamente possa causar ao executado grave dano de difícil ou incerta reparação, e desde que a execução já esteja garantida por penhora, depósito ou caução suficientes.

---

**Como identificar a peça**

O enunciado demonstrará que o processo já se encontra na fase de execução e já houve garantia do juízo e você atuará como advogado do executado.

---

## 4.10.8 Estrutura dos embargos à execução

### a) Endereçamento

Os embargos à execução serão dirigidos ao juízo onde estiver tramitando a execução, devendo indicar o número da vara e a localidade apenas se o problema trouxer esses dados. Caso contrário, esses dados devem ser substituídos por reticências ou "xxx", conforme item 3.5.9 do Edital do Exame de Ordem. Por exemplo: "Excelentíssimo Senhor Doutor Juiz do Trabalho da ... Vara do Trabalho de ..."

O endereçamento deve ser feito por extenso e sem conter abreviaturas.

### b) Indicação do número do processo

Deverá indicar o número do processo.

Caso o problema forneça esse dado deverá constar na petição. Não sendo fornecido esse elemento, o examinando deverá optar por inserir reticências ou "xxx", conforme item 3.5.9 do Edital do Exame de Ordem. Por exemplo: "Processo nº..."

### c) Qualificação das partes (embargante e embargado)

Qualificação das partes/embargante e embargado

Embargante pessoa física, será sempre qualificado com 7 *itens*, são eles: 1. Nome, 2. nacionalidade, 3. estado civil, 4. profissão, 5. portador da cédula de identidade RG número..., 6. inscrito no CPF/MF sob o número..., 7. endereço completo com CEP.

Em se tratando de embargante pessoa jurídica a qualificação terá somente 4 *itens* a saber: "1. nome da empresa, 2. pessoa jurídica de direito privado, 3. inscrita no CNPJ/MF sob o nº..., 4. com sede na (endereço completo com CEP).

O embargado não necessita de qualificação completa, podendo constar "já qualificado"

### d) Indicação do advogado
*"por seu advogado que esta subscreve (procuração anexa), vem à presença de Vossa Excelência..."*

### e) Tempestividade
Informar que os embargos à execução estão sendo opostos no prazo de 5 dias.

### f) Identificação da medida processual
O examinando deverá identificar a medida processual, indicando seus respectivos fundamentos legais. Em se tratando de embargos à execução, o examinando deverá indicar o art. 884, *caput*, da CLT.

### g) Fatos
Nesse tópico o examinando deverá fazer um breve resumo dos fatos ocorridos no problema.

### h) Garantia do juízo
Nesse item o examinando deverá informar que o juízo está devidamente garantido, seja pelo depósito do valor discutido, seja por penhora, seja por algum bem indicado à penhora, ou, ainda, por seguro garantia judicial.

### i) Mérito
Nesse item o examinando deverá esgotar suas teses de defesa. As teses de defesa nos embargos à execução ficarão restritas às hipóteses do art. 884, § 1º, da CLT, art. 525, § 1º, do CPC/2015 e, ainda, aquelas matérias apontadas no art. 917 do CPC/2015.

Caso o examinando tenha mais de uma tese de defesa, recomenda-se que para cada uma delas seja utilizado um tópico, adotando o silogismo já estudado. Por exemplo:

*Fato:* Foi penhorado o único imóvel que o embargante possui e reside com sua Família.

*Fundamento:* Nos termos do art. 1º da Lei 8.009/1990 o imóvel é considerado impenhorável.

*Conclusão:* Desta forma, requer a liberação da penhora.

### j) Pedido
Deverá requerer a procedência dos embargos à execução.

PRÁTICA TRABALHISTA – 10ª EDIÇÃO

### k) Requerimentos finais

Nos requerimentos finais o examinando deverá requerer a intimação do exequente para apresentar defesa aos embargos à execução e a produção de provas por todos os meios em direito admitidos.

**ATENÇÃO!** Prevalece o entendimento que não há honorários advocatícios sucuimbenciais nos embargos à execução.

### l) Valor da causa

Por possuir natureza jurídica de ação, deverá ser atribuído valor à causa.

Se o embargante busca afastar a execução por inteira, o valor da causa dos embargos deve corresponder ao valor da execução, mas se os embargos atacam apenas parte da execução, o valor da causa deve corresponder a essa parte embargada.

### m) Encerramento

Nesse item o examinando irá encerrar a sua peça processual, colocando o local e a data e a assinatura do advogado. Importante lembrar que o examinando não poderá assinar a medida processual, deverá mencionar apenas a expressão "advogado OAB".

## 4.10.9 Modelo de embargos a execução

*Início da peça*

EXCELENTÍSSIMO SENHOR DOUTOR JUIZ DO TRABALHO DA 1ª VARA DO TRABALHO DE SÃO PAULO/SP

Processo nº 0100217-58.2023.5.02.001

EMPRESA X, pessoa jurídica de direito privado, inscrita no CNPJ sob o nº..., com endereço completo com CEP, por seu advogado que esta subscreve (procuração anexa), vem à presença de Vossa Excelência, nos autos da Reclamação trabalhista em fase de execução, proposta por FULANO DE TAL já qualificado nos autos, tempestivamente no prazo de 5 dias, opor EMBARGOS À EXECUÇÃO com fulcro no art. 884 da CLT, pelas razões de fato e de direito aduzidas a seguir.

### I – DOS FATOS

O examinando deverá trazer um resumo dos fatos ocorridos, sem abordar nenhum fato estranho no problema

### II – DA GARANTIA DO JUÍZO

Informa a embargante que, nos termos do art. 883 da CLT, foi penhorado o bem imóvel descrito na matrícula nº 12.345, de propriedade do executado, estando devidamente garantida a execução em favor do embargado.

### III – DO BEM IMPENHORÁVEL

Visando a satisfação de seu crédito reconhecido na presente reclamação trabalhista, o exequente cuidou de iniciar o processo de execução. Como não foram indicados bens o exequente, ora embargado, requereu a penhora do bem imóvel descrito na matrícula 12345, de propriedade do embargante.

Ocorre que, o imóvel indicado à penhora constitui bem de família, o que nos termos do art. 1º da Lei 8.009/1990 torna-se impenhorável.

Dessa forma, não pode prosperar a penhora realizada no bem imóvel descrito na matrícula 12.345, devendo ser declarada nula e insubsistente, liberando o bem penhorado.

**IV – DOS PEDIDOS**

Diante do exposto requer a procedência dos embargos à execução para declarar nula e insubsistente a penhora realizada, liberando-se o bem penhorado indevidamente.

**V – REQUERIMENTOS FINAIS**

Requer a intimação do embargado para apresentar defesa aos presentes embargos à execução. Protesta provar o alegado por todos os meios de prova em direito admitido.

Dá-se à causa o valor de R$...

Termos em que, pede deferimento.
Local e data:...
Nome do advogado
OAB/... nº...

*Fim da peça*

## 4.11 Embargos de terceiro

### 4.11.1 Conceito

Os embargos de terceiro, previstos nos arts. 674 a 681 do CPC/2015 possuem natureza jurídica de ação e podem ser opostos tanto no processo de conhecimento, a qualquer tempo antes do trânsito em julgado da sentença ou acórdão, como no processo de execução, até 5 (cinco) dias após a lavratura do termo de penhora com a assinatura do termo de compromisso. Uma vez opostos os embargos de terceiro, a execução será suspensa.

Serão utilizados para aquele que, não sendo parte no processo, sofrer turbação ou esbulho na posse de seus bens, por determinação judicial.

Objetivam, portanto, a proteção da posse ou a propriedade dos bens do terceiro que não é parte no processo.

### 4.11.2 Fundamento legal

Os embargos de terceiro estão previstos nos arts. 674 a 681 do CPC.

### 4.11.3 Prazos

Nos termos do art. 675 do CPC, "os embargos podem ser opostos a qualquer tempo no processo de conhecimento enquanto não transitada em julgado a sentença e, no cumprimento de sentença ou no processo de execução, até 5 (cinco) dias depois da adjudicação, da alienação por iniciativa particular ou da arrematação, mas sempre antes da assinatura da respectiva carta".

Contudo, o prazo para os embargos de terceiro serem contestados será de 15 (quinze) dias, na forma do art. 679 do CPC.

PRÁTICA TRABALHISTA – 10ª EDIÇÃO

## 4.11.4 Quem é considerado terceiro

Nos termos do art. 674 do CPC é considerado terceiro aquele que, não sendo parte no processo, sofrer constrição ou ameaça de constrição sobre bens que possua ou sobre os quais tenha direito incompatível com o ato constritivo.

Nos termos do art. 674, § 2º, CPC, considera-se terceiro, para ajuizamento dos embargos:

*I – o cônjuge ou companheiro, quando defende a posse de bens próprios ou de sua meação, ressalvado o disposto no art. 843 ;*

*II – o adquirente de bens cuja constrição decorreu de decisão que declara a ineficácia da alienação realizada em fraude à execução;*

*III – quem sofre constrição judicial de seus bens por força de desconsideração da personalidade jurídica, de cujo incidente não fez parte;*

*IV – o credor com garantia real para obstar expropriação judicial do objeto de direito real de garantia, caso não tenha sido intimado, nos termos legais dos atos expropriatórios respectivos.*

## 4.11.5 Distribuição por dependência

Por possuir natureza de ação incidental, serão distribuídos por dependência aos autos do processo de onde se originou o ato de constrição e por este será apreciado art. 676 do CPC.

## 4.11.6 Embargos de terceiro por carta precatória

Com relação aos embargos de terceiros realizados via carta precatória poderão ser oferecidos no juízo deprecante ou no juízo deprecado, mas a competência para julgá-los é do juízo deprecante, salvo se versarem, unicamente, sobre vícios ou irregularidades da penhora, avaliação ou alienação dos bens, praticados pelo juízo deprecado, em que a competência será deste último, nos termos da Súmula 419 do TST.

Os embargos de terceiro podem ser opostos tanto no processo de conhecimento, desde que não transitada em julgado a decisão, como na fase de execução, que somente poderão ser opostos até 5 (cinco) dias após a arrematação, adjudicação ou remição, antes da assinatura da respectiva carta.

## 4.11.7 Requisitos indispensáveis na petição de embargos de terceiro

Nos termos do art. 677 do CPC, "na petição inicial, o embargante fará a prova sumária de sua posse ou de seu domínio e da qualidade de terceiro, oferecendo documentos e rol de testemunhas".

## 4.11.8 Decisão dos embargos de terceiro

A decisão proferida nos embargos de terceiro ajuizados na fase de conhecimento será impugnável via recurso ordinário. Todavia, se ajuizados na fase de execução poderá ser impugnada via agravo de petição, art. 897, *a,* da CLT.

---

**Como identificar a peça**

O enunciado trará como último ato a indicação que houve constrição de bem de pessoa não relacionada ao processo, ou seja, um terceiro.

---

## 4.11.9 Estrutura dos embargos de terceiro

### a) Endereçamento

Os embargos de terceiro, serão distribuídos por dependência ao processo principal. Assim, deverá ser endereçado ao juízo da causa principal, devendo indicar o número da vara e a localidade

ESTRUTURAS BÁSICAS E MODELOS DE PEÇAS

apenas se o problema trouxer esses dados. Caso contrário, esses dados devem ser substituídos por reticências, conforme item 3.5.9 do Edital do Exame de Ordem. Por exemplo: "Excelentíssimo Senhor Doutor Juiz do Trabalho da ... Vara do Trabalho de ..."

O endereçamento deve ser feito por extenso e sem conter abreviaturas.

**b) Indicação do número do processo**

Deverá indicar o número do processo, seguido do termo "distribuído por dependência".

Caso o problema forneça esse dado deverá constar na petição. Não sendo fornecido esse elemento, o examinando deverá optar por inserir reticências ou "xxx", conforme item 3.5.9 do Edital do Exame de Ordem. Por exemplo: "Processo n°..."

**c) Qualificação das partes (embargante e embargado)**

Embargante pessoa física, será sempre qualificado com 7 *itens*, são eles: 1. Nome, 2. nacionalidade, 3. estado civil, 4. profissão, 5. portador da cédula de identidade RG número..., 6. inscrito no CPF/MF sob o número..., 7. endereço completo com CEP.

Em se tratando de embargante pessoa jurídica a qualificação terá somente 4 *itens* a saber: "1. nome da empresa, 2. pessoa jurídica de direito privado, 3. inscrita no CNPJ/MF sob o n°..., 4. com sede na (endereço completo com CEP).

O embargado não necessita de qualificação completa, podendo constar "já qualificado".

**d) Indicação do advogado**

*"por seu advogado que esta subscreve (procuração anexa), vem à presença de Vossa Excelência..."*

**e) Identificação da medida processual**

O examinando deverá identificar a medida processual, indicando seus respectivos fundamentos legais. Em se tratando de embargos e terceiro, o examinando deverá indicar o art. 674, *caput*, do CPC.

**f) Da distribuição por dependência**

Informar que nos termos do art. 676 do CPC a distribuição será feita por dependência aos autos da Reclamação Trabalhista, processo n°...(indicar número do processo)

**g) Tempestividade**

Nos termos do art. 675 do CPC, informar que os embargos à execução estão sendo opostos no prazo de 5 dias contados da adjudicação, da alienação por iniciativa particular ou da arrematação, a depender do caso proposto pelo examinador.

**h) Fatos**

Nesse tópico o examinando deverá fazer um breve resumo dos fatos ocorridos no problema.

PRÁTICA TRABALHISTA – 10ª EDIÇÃO 178

### i) Da qualidade de terceiro

Em cumprimento ao disposto no art. 677 do CPC, o examinando deverá informar de acordo com os dados trazidos pelo enunciado a qualidade de terceiro.

### j) Prova sumária da posse/domínio

O examinando deverá informar de acordo com os dados trazidos pelo enunciado prova sumária da posse ou domínio do bem penhorado.

### k) Mérito

Nesse item o examinando deverá esgotar suas teses de defesa.

As teses de defesa nos embargos de terceiro estarão relacionadas com a perda da posse ou propriedade por parte do terceiro.

O examinando deverá fazer prova robusta, demonstrando que não é parte no processo e, por isso a penhora não poderá prosperar. Por exemplo:

1°) foi determinada a penhorada do bem do embargante;

2°) o embargante deixou de pertencer ao quadro societário da empresa há 10 anos;

3°) logo deve ser desconstituída a penhora realizada.

### l) Pedido

Deverá o examinando pedir a procedência dos embargos de terceiro para que o ato de constrição judicial indevida seja cancelado de imediato, nos termos do art. 678 do CPC, com o reconhecimento do domínio, da manutenção da posse ou da reintegração definitiva do bem ou do direito ao embargante, na forma do art. 681 do CPC.

### m) Requerimentos finais

Deverá requerer a citação do embargado para que no prazo legal de 15 (quinze) dias, art. 679 do CPC/2015, apresente resposta, sob pena dos efeitos da revelia.

Outrossim, deverá requerer a produção de provas, por todos os meios em direito admitidos.

### n) Honorários advocatícios sucumbenciais

Requerer a condenação ao pagamento de honorários advocatícios sucumbenciais, na forma do art. 791-A da CLT.

### o) Valor da causa

O examinando deverá atribuir um valor à causa, que será o valor do bem penhorado indevidamente. Caso o problema traga informações acerca do valor do bem, recomendamos que seja utilizado esse valor como valor da causa. Caso contrário o examinando deverá se utilizar da expressão "valor do bem constrito", de maneira que fique da seguinte maneira: "Dá-se à causa o valor de R$... (valor do bem constrito)."

### p) Encerramento

Nesse item o examinando irá encerrar a sua peça processual, colocando o local e a data e a assinatura do advogado. Importante lembrar que o examinando não poderá assinar a medida processual deverá mencionar apenas a expressão "advogado OAB".

## 4.11.10 Modelo de embargos de terceiro

*Início da peça*

EXCELENTÍSSIMO SENHOR DOUTOR JUIZ DO TRABALHO DA 2ª VARA DO TRABALHO DE POÇOS DE CALDAS/MG

Processo nº 0101056-53.2022.5.03.0002 (Distribuição por dependência)

EVERTON SILVA, nacionalidade, profissão, estado civil, portador da cédula de identidade RG nº..., inscrito no CPF/MF sob o nº..., endereço completo com CEP, por seu advogado que esta subscreve (procuração anexa), vem à presença de Vossa Excelência, opor EMBARGOS DE TERCEIRO com fulcro no art. 674 do CPC, em face de RONALDO SANTOS, já qualificado, pelas razões de fato e de direito aduzidas a seguir.

### I – DA DISTRIBUIÇÃO POR DEPENDÊNCIA

Nos termos do art. 676 do CPC, a distribuição será feita por dependência aos autos da Reclamação Trabalhista, processo nº 0101056-53.2022.5.03.0002.

### II – TEMPESTIVIDADE

Nos termos do art. 675 do CPC, informar que os embargos de terceiro estão sendo opostos no prazo de 5 dias contados da arrematação.

### III – DOS FATOS

O examinando deverá trazer um resumo dos fatos ocorridos, sem abordar nenhum fato estranho no problema.

### IV – DA QUALIDADE DE TERCEIRO

Em cumprimento ao disposto no art. 677 do CPC, informa que que não é parte na reclamação trabalhista, que foi direcionada ao Sr. Bruno Dias e César Dias, mas, ainda assim, sofreu constrição de bem de sua propriedade.

### V – PROVA SUMÁRIA DA POSSE/DOMÍNIO

Em cumprimento ao disposto no art. 677 do CPC, informa o embargante ser o proprietário do veículo penhorado, de acordo com a documentação apresentada.

### VI – DA IMPOSSIBILIDADE DA PENHORA

Nos autos da presente reclamação trabalhista foi realizada a penhora do veículo importado de luxo, avaliado em R$ 200.000,00.

Ocorre que o veículo penhorado não pertence ao devedor. Isso porque o embargante sofreu constrição judicial de seu bem por força de desconsideração da personalidade jurídica, de cujo incidente não fez parte, na forma do art. 674, parágrafo 2º, inciso III, do CPC.

Dessa forma, não pode prosperar a penhora realizada no bem do embargante, devendo ser declarada nula e insubsistente, liberando o bem penhorado.

### VII – DO EXCESSO DE EXECUÇÃO

De acordo com a liquidação, o valor exequendo monta em R$ 10.000,00. Porém, foi penhorado um veículo de luxo avaliado em R$ 200.000,00.

Ocorre que, nos termos do art. 831 do CPC, a penhora deverá recair sobre tantos bens quantos bastem para o pagamento do principal atualizado, dos juros, das custas e dos honorários advocatícios. Nota-se, com isso, que o valor do bem é muito superior ao crédito exequendo, havendo, portanto, excesso de execução.

# PRÁTICA TRABALHISTA – 10ª EDIÇÃO

Dessa forma, requer seja reconhecido o excesso de penhora.

## VIII – DOS PEDIDOS

Diante do exposto, requer a procedência dos embargos de terceiro para:

a) determinar a suspensão imediata da penhora sobre o bem objeto dos embargos, nos termos do art. 678 do CPC;

b) declarar nula e insubsistente a penhora, com o cancelamento da penhora, liberando o bem penhorado, na forma do art. 681 do CPC;

c) reconhecido o excesso de execução.

## IX – DOS REQUERIMENTOS

Requer a citação do embargado para que responda ao presente embargo de terceiro no prazo de 15 dias, na forma do art. 679 do CPC, sob pena de revelia e confissão.

Requer, ainda, provar o alegado por todos os meios de prova em direito admitido.

Requerer a condenação ao pagamento de honorários advocatícios sucumbenciais, na forma do art. 791-A da CLT.

Dá-se à causa o valor de R$ 200.000,00 (valor do bem constrito).

Termos em que, pede deferimento.

Local e data:...

Nome do advogado

OAB/... nº...

*Fim da peça*

# PEÇAS
# PRÁTICO-PROFISSIONAIS

(OAB/Exame 41º – 2024.2) Jeferson Peres ajuizou reclamação trabalhista contra seu ex-empregador, a sociedade empresária Costela de Ouro Ltda., o restaurante mais conhecido do Distrito Federal. A ação foi ajuizada em 30 de janeiro de 2019, tramitou perante a 503ª Vara do Trabalho do Distrito Federal sob o número 0120813-35.2019.5.10.0503 e a sentença julgou procedentes os seus pedidos. A sociedade empresária recorreu, mas o TRT manteve a sentença. Advindo o trânsito em julgado iniciou-se a execução. A liquidação importou em R$ 72.000,00 (setenta e dois mil reais), mas a sociedade empresária não pagou voluntariamente a dívida, em que pese ter sido citada para tanto. Tentou-se fazer a execução forçada com as ferramentas existentes na Justiça do Trabalho, igualmente sem sucesso. Então, o Juiz, de ofício, sem suspensão do feito, instaurou um incidente de desconsideração da personalidade jurídica (IDPJ) e citou os sócios Pedro Serra e Maria Serra para a manifestação em 10 dias. Diante da inércia, o IDPJ foi julgado procedente. Maria Serra, três dias depois da decisão, procurou você, como advogado(a), dizendo que saiu da sociedade em março de 2015, em ato devidamente averbado perante a Junta Comercial, sendo que Jeferson Peres trabalhou na sociedade empresária de janeiro de 2018 a dezembro de 2018. O mal-entendido, segundo Maria Serra, foi que, na contestação, juntaram o contrato social antigo, no qual ainda constava o seu nome. Maria Serra afirmou ainda, e comprovou documentalmente, que é aposentada pelo INSS. O Juiz determinou de ofício tutela de urgência de natureza cautelar, daí porque foram retidos 100% de sua aposentadoria, no valor de R$ 1.500,00 (um mil e quinhentos reais), e que atualmente é a sua única fonte de renda, já havendo nos autos R$ 3.000,00 (três mil reais). Considerando os fatos narrados, a CLT e o CPC, e tendo em vista que você foi contratado(a) para defender os interesses de Maria Serra, como houve a intimação da decisão que julgou procedente o IDPJ, apresente a medida cabível para tentar reverter essa decisão. (Valor: 5,00) Obs.: a peça deve abranger todos os fundamentos de Direito que possam ser utilizados para dar respaldo à pretensão. A simples menção ou transcrição do dispositivo legal não confere pontuação. Nos casos em que a lei exigir liquidação de valores, o examinando deverá representá-los somente pela expressão "R$", admitindo-se que o escritório possui setor próprio ou contratado especificamente para tal fim.

## GABARITO COMENTADO

O candidato deverá apresentar agravo de petição, conforme o Art. 855-A, § 1º, inciso II, da CLT, endereçando a petição de rosto ao juízo da 503ª VT do Distrito Federal e a petição de mérito do recurso para o TRT da Região.

Deverá qualificar as partes, sendo agravante Maria Serra e agravado Jeferson Peres.

Deverá indicar que o recurso próprio é o agravo de petição, conforme Art. 855-A, § 1º, inciso II, da CLT, e que o prazo para este recurso é de oito dias, conforme o Art. 897, alínea a, da CLT.

Deverá informar que está delimitando justificadamente as matérias e os valores impugnados na forma do Art. 897, § 1º da CLT.

No mérito, deverá expor que o Juiz não poderia instaurar o IDPJ de ofício, conforme preconiza o Art. 133 do CPC.

PRÁTICA TRABALHISTA – 10ª EDIÇÃO

Deverá advogar que o processo deveria ser suspenso, na forma do Art. 134, § 3º, do CPC ou do Art. 855-A, § 2º, da CLT.

Deverá pugnar que o prazo para manifestação não respeitou o mínimo legal de 15 (quinze) dias, na forma do Art. 135 do CPC.

Deverá sustentar que a saída formal de Maria Serra do quadro social ocorreu dois anos antes do ajuizamento da ação, não havendo mais responsabilidade dela, na forma do Art. 10-A da CLT ou do Art. 1.032 do CC, sendo então parte ilegítima.

Deverá sustentar que o Juiz não poderia bloquear 100% da aposentadoria de Maria Serra, porque isso inviabilizaria a sua sobrevivência digna, na forma do Art. 833, inciso IV, do CPC.

Deverá postular a revogação da tutela de urgência e a devolução do valor retido.

Requerer o conhecimento e provimento do recurso para sanar as lesões perpetradas.

Fechar a peça indicando data, local, nome e OAB.

## DISTRIBUIÇÃO DOS PONTOS

| ITEM | PONTUAÇÃO |
|---|---|
| **Endereçamento** | |
| 1. Agravo de petição, sendo a peça dirigida ao Juízo da 503ª VT do Distrito Federal (0,10) e as razões recursais para o TRT (0,10). | 0,00/0,10/0,20 |
| **Partes e Fundamento Legal** | |
| 2. Indicar como agravante Maria Serra (0,10) e agravado Jeferson Peres (0,10). | 0,00/0,10/0,20 |
| 3. Indicação do Art. 855-A, § 1º, II, ou Art. 897, "a", ambos da CLT (0,10). | 0,00/0,10 |
| 4. Informar delimitação justificada das matérias impugnadas (0,10). Indicação Art. 897, § 1º, da CLT (0,10) | 0,00/0,10/0,20 |
| **Tempestividade** | |
| 5. Indicação do prazo de oito dias (0,10), Art. 897, caput, da CLT (0,10). | 0,00/0,10/0,20 |
| **Direitos lesados** | |
| 6. O Juiz não poderia instaurar o IDPJ de ofício (0,60). Indicação Art. 133 do CPC (0,10). | 0,00/0,60/0,70 |
| 7. O processo deveria ser suspenso (0,60). Indicação Art. 134, § 3º, do CPC ou Art. 855-A, § 2º, da CLT (0,10). | 0,00/0,60/0,70 |
| 8. O prazo para manifestação não respeitou os 15 (quinze) dias legais (0,60). Indicação Art. 135 do CPC (0,10). | 0,00/0,60/0,70 |
| 9. Maria é parte ilegítima porque saiu do quadro social há mais de 2 anos antes do ajuizamento da ação (0,70). Indicação Art. 10-A da CLT ou Art. 1.032 do CC (0,10). OU Maria Serra é parte ilegítima porque não era mais sócia quando da admissão/ contratação da exequente (0,70). Indicação Art. 10-A da CLT (0,10). | 0,00/0,70/0,80 |
| 10. A aposentadoria de Maria Serra é impenhorável (0,60). Indicação do Art. 833, IV ou Art. 529, § 3º, ambos do CPC (0,10). | 0,00/0,60/0,70 |

| | |
|---|---|
| 11. Postular a revogação da tutela de urgência/levantamento da penhora (0,10) e a devolução/desbloqueio do valor (0,10). | 0,00/0,10/0,20 |
| **Requerimentos** | |
| 12. Requerer o conhecimento/admissão do recurso (0,10) e o provimento do recurso/reforma da decisão (0,10). | 0,00/0,10/0,20 |
| **Fechamento** | |
| 13. Local, data, advogado e OAB (0,10). | 0,00/0,10 |

**(OAB/Exame 40º – 2024.1)** Julieta Safira, brasileira, viúva, dona de casa, procurou você, como advogado, em abril de 2024, ainda enlutada, afirmando que fora casada com Romeu Diamante por 27 anos e que não tiveram filhos. Explicou, ainda, que seu esposo falecera em consequência de um acidente de trabalho, em 25 de fevereiro de 2024, aos 60 anos de idade, dias após retornar de suas férias. O inquérito policial instaurado apontou negligência da sociedade empresária como causa da morte. Seu finado esposo era empregado da sociedade empresária Distribuidora Capuleto Ltda. desde 25 de janeiro de 2018, na qual exercia a função de estoquista e fazia a separação da carga que era transportada nos caminhões para os clientes. A sociedade empresária está localizada em Osasco, no Estado de São Paulo, mesmo Município onde o casal vivia.

Julieta explicou que seu finado marido recebia o equivalente a dois salários mínimos por mês e não teve a carteira profissional assinada, a despeito de trabalhar de segunda a sexta-feira e cumprir jornada das 9 às 18 horas, com intervalo de uma hora para refeição.

Depois do falecimento, nada foi pago a Julieta que até procurou a sociedade empresária para receber alguma importância, sem sucesso. Tentou ainda receber documentos de um seguro de vida que a sociedade empresária deveria fazer, mas foi comunicada que ela passava por dificuldades financeiras desde a pandemia e, por isso, não contratou o seguro. Além disso, Julieta não conseguiu se habilitar para receber a pensão por morte do INSS, em razão da ausência de oficialização do contrato de trabalho na CTPS e, consequentemente, do recolhimento da contribuição previdenciária. Julieta explica que teve de pegar dinheiro emprestado com familiares para pagar o enterro (total de R$ 1.000,00 (mil reais)) e agora está em franco desespero porque, com o falecimento de seu esposo, começou a passar dificuldades financeiras, uma vez que sempre foi dona de casa, tem 62 anos de idade, e todos os gastos eram arcados pelo falecido. Julieta lhe entregou os seguintes documentos: a certidão de óbito, na qual consta como declarante Julieta e que o falecido não deixou filhos; a cópia integral do inquérito policial, no qual a conclusão da autoridade policial é de que a sociedade empresária empilhou inadequadamente material pesado que tombou e vitimou Romeu, encontrado pelos bombeiros sem vida embaixo do entulho e vestindo o uniforme com o logotipo da sociedade empresária Distribuidora Capuleto Ltda.; o extrato bancário da conta do falecido dos últimos 12 meses, no qual consta, no dia 5 de todos os meses, transferência bancária correspondente a 2 salários mínimos feita pela Distribuidora Capuleto Ltda.; o recibo de R$ 1.000,00 (mil reais) relativo aos gastos com caixão, flores e missa em uma funerária local; a convenção coletiva da categoria do falecido, vigente de março de 2023 a fevereiro de 2025, na qual consta, na cláusula 37, a obrigação dos empregadores contratarem, às custas deles, seguro de vida e acidentes pessoais para seus empregados com prêmio de, no mínimo, R$ 25.000,00 (vinte e cinco mil reais) em caso de morte R$ 10.000,00 (dez mil reais) em caso de invalidez permanente; o termo de inventariante judicial assumido por Julieta no inventário aberto para adjudicação de um automóvel do ano 2012, único em deixado pelo falecido, cujo valor estimado é de R$ 18.000,00 (dezoito mil reais).

PRÁTICA TRABALHISTA – 10ª EDIÇÃO    184

Considerando que Julieta procurou você, como advogado(a), para pleitear os direitos lesados, informando que se encontra em precária situação financeira, elabore a peça processual pertinente. (Valor: 5,00)

Obs.: A peça deve abranger todos os fundamentos de Direito que possam ser utilizados para dar respaldo à pretensão. A simples menção ou transcrição do dispositivo legal não confere pontuação.

Nos casos em que a lei exigir liquidação de valores, o examinando deverá representá-los somente pela expressão "R$", admitindo-se que o escritório possui setor próprio ou contratado especificamente para tal fim.

## GABARITO COMENTADO

O(a) examinando(a) deverá formular uma peça no formato de uma petição Inicial de reclamação trabalhista, com base no Art. 840, § 1º, da CLT, dirigida ao juízo da Vara do Trabalho de Osasco/SP, qualificando as partes envolvidas, tendo como autor o Espólio de Romeu Diamante.

Deverá requerer gratuidade de justiça, pois a viúva é dona de casa e o espólio deixou bem de pequeno valor, na forma do Art. 790, § 3º, da CLT

Deverá postular o reconhecimento do vínculo empregatício e a anotação na CTPS, conforme prevê o Art. 29 da CLT.

Deverá requerer as verbas pela extinção do contrato (saldo salarial de fevereiro de 2024, proporcionais de 13º salário e férias com 1/3) e, ainda, o FGTS, multa do Art. 477 § 8º, da CLT, e seguro desemprego.

Deverá requerer indenização pelo dano material: o pagamento de indenização pelo gasto com o enterro (dano emergente); Indenização pelo seguro de vida, pela pensão por morte não recebida e pensão mensal pela sobrevida estimada ou vitalícia (lucro cessante), conforme os Arts. 186, o 927 e o 949, todos do CCB.

Deverá requerer o pagamento de indenização por dano moral pelo acidente do trabalho, conforme o Art. 186 e o Art. 927, ambos do CC, ou o Art. 223-B, o 223-C e o 223-G, todos da CLT.

Deverá requerer o pagamento de honorários advocatícios, conforme o Art. 791-A da CLT.

Formular o encerramento da peça, reiterando a procedência dos pedidos, com indicação de data, local, advogado(a) e OAB.

**Distribuição de pontos**

| ITEM | PONTUAÇÃO |
|---|---|
| 1. Peça no formato de reclamação trabalhista endereçada ao juízo da Vara do Trabalho de Osasco/SP (0,10). Indicação do Art. 840, § 1, da CLT (0,10). | 0,00/0,10/0,20 |
| **Partes** | |
| 2. Qualificação da parte autora - Espólio de Romeu Diamante **OU** Julieta Safira (0,10) e da reclamada Distribuidora Capuleto Ltda. (0,10). | 0,00/0,10/0,20 |
| **Gratuidade de justiça e prioridade** | |
| 3. Requerer gratuidade de justiça (0,10). Indicação Art. 790, § 3º, *ou* § 4º, da CLT (0,10). | 0,00/0,10/0,20 |
| 4. Requerer prioridade na tramitação por se tratar de idosa (0,10). Indicação do Art. 1048 do CPC ou Art. 71 da Lei 10.741/03 (0,10). | 0,00/0,10/0,20 |
| **Vínculo e verbas pela extinção** | |
| 5. Reconhecimento do vínculo empregatício **ou** anotação da CTPS (0,40). Indicação do Art. 3º **ou** Art. 29, ambos da CLT (0,10). | 0,00/0,40/0,50 |

| | |
|---|---|
| 6. Verbas devidas - saldo salarial (0,10), 13º salário proporcional (0,10), férias propor- cionais (0,10), FGTS (0,10) e multa do Art. 477, § 8º, da CLT (0,10). | 0,0/0,10/0,20/0,30/ 0,40/0,50 |
| **Dano Patrimonial (material)** | |
| 7. Indenização pelo gasto com o enterro (0,50). | 0,00/0,50 |
| 8. Indenização pelo seguro de vida (0,50). | 0,00/0,50 |
| 9. Indenização pela pensão previdenciária por morte (0,50). | 0,00/0,50 |
| 10. Pensão a cargo do empregador (mensal ou em parcela única) (0,50). | 0,00/0,50 |
| 11. Indicação do Art. 186, *ou* do Art. 927 *ou* 948, inciso I *ou* Art. 949, todos do CCB (0,10). | 0,00/0,10 |
| **Dano Extrapatrimonial** | |
| 12. Indenização por dano moral (pelo acidente do trabalho) (0,40). Indicação do Arts. 223-B, 223-C **ou** 223-G, todos da CLT **ou** 186 **ou** 927 ou 944 do CCB (0,10). | 0,00/0,40/0,50 |
| **Honorários advocatícios** | |
| 13. Requerer honorários advocatícios (0,30). Indicação do Art. 791-A da CLT (0,10). | 0,0/0,30/0,40 |
| **Encerramento** | |
| 14. Procedência dos pedidos, estimados com a indicação "R$" (0,10). | 0,00/0,10 |
| 15. Data, local, advogado(a) e OAB (0,10). | 0,00/0,10 |

**(OAB/Exame 39º – 2023.3)** Ronaldo Santos ajuizou reclamação trabalhista contra seu ex-empregador, a sociedade empresária *Bolos Caseiros Ltda.*, em 30/07/2022, tendo a sentença julgado procedentes, em parte, os seus pedidos.

O processo tramitou perante a 2ª Vara do Trabalho de Poços de Caldas, recebendo o número 0101056-53.2022.5.03.0002. Nenhuma das partes recorreu e, com o trânsito em julgado, iniciou-se a execução.

A liquidação importou em R$ 10.000,00 (dez mil reais), mas a sociedade empresária não pagou voluntariamente, a despeito de citada para tanto. Tentou-se fazer a execução forçada com as ferramentas existentes na Vara, igualmente sem sucesso. Ronaldo, então, instaurou um incidente de desconsideração da personalidade jurídica (IDPJ), que foi julgado procedente, sendo incluídos, no polo passivo, os sócios Bruno Dias e César Dias. Eles foram intimados a pagar a dívida, mas quedaram-se inertes.

Em razão disso, foi expedido mandado de penhora e avaliação para cumprimento, na forma da CLT. O oficial de justiça chegou à residência de Bruno Dias às 22 horas e verificou que havia um veículo importado de luxo na garagem da casa, que foi então penhorado e avaliado em R$ 200.000,00 (duzentos mil reais).

O oficial retirou-se do local e Bruno Dias recebeu depois o auto de penhora e a avaliação pelos Correios. Como a Vara em questão é ágil, foi marcado leilão e o veículo foi arrematado por R$ 42.000,00 (quarenta e dois mil reais), estando pendente a assinatura do juiz.

Munido da documentação hábil, Everton Silva o(a) procurou para contratá-lo(a) como advogado(a) no dia seguinte à arrematação, para informar que o veículo penhorado era dele, e não de Bruno Dias, sócio da executada. Naquele dia, Everton estava na casa, pois era aniversário de Bruno e

PRÁTICA TRABALHISTA – 10ª EDIÇÃO                    186

havia uma festa para a qual Bruno convidou alguns familiares e amigos. Como o veículo tinha alto valor, Bruno concordou que o amigo Everton Silva o guardasse na garagem para evitar que o bem ficasse exposto.

**Considerando esses dados e de acordo com a CLT e o CPC, apresente a medida destinada à defesa dos interesses de Everton Silva, sem criar dados nem fatos inexistentes.** (Valor: 5,00)

Obs.: *a peça deve abranger todos os fundamentos de Direito que possam ser utilizados para dar respaldo à pretensão. A simples menção ou transcrição do dispositivo legal não confere pontuação.*

*Nos casos em que a lei exigir liquidação de valores, o examinando deverá representá-los somente pela expressão "R$", admitindo-se que o escritório possui setor próprio ou contratado especificamente para tal fim.*

## GABARITO COMENTADO

O examinando deverá apresentar *embargos de terceiro*, endereçado à 2ª VT/Poços de Caldas. Deverá qualificar as partes, sendo o autor o terceiro (Everton Silva) e o réu, o exequente.

Deverá indicar o fundamento legal do art. 676 do CPC e requerer a distribuição por dependência à 2ª VT/ Poços de Caldas, onde tramitam os autos principais.

Deverá indicar o prazo dos embargos de terceiro, de 5 dias, conforme o Art. 675 do CPC.

Deverá indicar que faz prova sumária do domínio e da qualidade de terceiro, conforme o Art. 677 do CPC. No mérito, deverá expor que o ato foi praticado fora o prazo previsto na CLT, conforme o Art. 770 da CLT. Deverá sustentar que o veículo não pertence ao devedor, conforme o Art. 674, inciso III, do CPC.

Deverá advogar que o bem é muito superior ao crédito, conforme o Art. 831 do CPC.

Deverá pugnar que a arrematação foi vil porque não alcançou 50% do valor, conforme o Art. 891, parágrafo único, do CPC.

Nos requerimentos finais, o candidato deverá requerer a nulidade da penhora, com base no Art. 681 do CPC, a citação do exequente, indicar as provas que produzirá e o valor atribuído à causa.

**DISTRIBUIÇÃO DOS PONTOS**

| ITEM | PONTUAÇÃO |
|---|---|
| Endereçamento | |
| 1. Petição inicial no formato de embargos de terceiro dirigida ao Juízo da 2ª VT/Poços de Caldas (0,10) | 0,00/0,10 |
| Partes e Fundamento Legal | |
| 2. Qualificação das partes: autor/embargante Everton Silva (0,10) e, réu/embargado Ronaldo Santos (0,10). | 0,00/0,10/0,20 |
| 3. Indicação do Art. 674 / 674, *caput*, do CPC (0,10) | 0,00/0,10 |
| 4. Requerer a distribuição por dependência aos autos da RT 0101056- 53.2022.3.01.0002 (0,20). Indicação Art. 676 do CPC (0,10) | 0,00/0,20/0,30 |
| Tempestividade | |
| 5. Ajuizamento no prazo de 5 dias da arrematação (0,20), com base no Art. 675 do CPC (0,10). | 0,00/0,20/0,30 |
| Prova domínio e qualidade de terceiro | |

| | |
|---|---|
| 6. Indicar que faz prova sumária do domínio (posse OU propriedade) (0,20) e da qualidade de terceiro (0,20), segundo o Art. 677 do CPC (0,10) | 0,00/0,20/0,30/ 0,40/0,50 |
| **Direitos violados** | |
| 7. O oficial praticou o ato fora do horário previsto em Lei (0,60), com base no Art. 770 da CLT OU Art. 212 do CPC (0,10). | 0,00/0,60/0,70 |
| 8. O veículo penhorado não pertence ao devedor (0,60), conforme o Art. 674, parágrafo 2º, inciso III, do CPC (0,10). | 0,00/0,60/0,70 |
| 9. O valor do bem é muito superior ao crédito OU há excesso de execução (0,30), segundo o Art. 831 do CPC (0,10). | 0,00/0,30/0,40 |
| 10. O valor da arrematação é vil OU não alcançou 50% do valor da avaliação (0,30), com base no Art. 891, parágrafo único, do CPC (0,10). | 0,00/0,30/0,40 |
| **Requerimentos** | |
| 11. Honorários advocatícios (0,20). Indicação do Art. 85 do CPC OU Art. 791-A da CLT (0,10). | 0,00/0,20/0,30 |
| 12. A suspensão imediata/liminar da medida constritiva/penhora sobre o bem objeto dos embargos (0,30). Indicação do Art. 678 do CPC OU 300 do CPC (0,10). | 0,00/0,30/0,40 |
| 13. Cancelamento da penhora (0,10). Indicação do Art. 681 do CPC (0,10). | 0,00/0,10/0,20 |
| 14. Citação do embargado (0,10). | 0,00/0,10 |
| 15. Indicação das provas que produzirá (0,10). | 0,00/0,10 |
| 16. Indicação do valor da causa R$ 200.000,00 (0,10). | 0,00/0,10 |
| **Fechamento** | |
| 17. Local, data, advogado e OAB (0,10). | 0,00/0,10 |

**(OAB/Exame 38º – 2023.2)** Josefina Pires ajuizou reclamação trabalhista contra Larissa Barreto, em março de 2022, requerendo o reconhecimento de vínculo empregatício como empregada doméstica, no período de 10/09/2010 a 15/12/2021.

Afirmou que recebia, por último, o salário de R$ 2.000,00 mensais e que jamais recebeu 13º salário ou férias (que requereu por todo o período, sendo as férias calculadas sobre a última remuneração), FGTS e horas extras (a partir de quando tais direitos passaram a ser devidos ao empregado doméstico), assim como honorários advocatícios. A petição inicial indicou estimativa dos valores pretendidos e foi distribuída ao juízo da 100ª Vara do Trabalho de Petrópolis/RJ, recebendo o número 0050080.2022.5.01.0100. O rito adotado foi o ordinário, em razão do valor postulado.

Devidamente citada, a reclamada não apresentou contestação, daí porque o pedido foi julgado inteiramente procedente à revelia, sendo proferida sentença líquida, no valor de R$ 125.000,00.

Intimadas as partes, não houve interposição de recurso, foi certificado o trânsito em julgado e a executada foi citada por oficial de justiça, em maio de 2022, para pagamento voluntário, mas quedou-se inerte. Então, o juízo acionou o bloqueio de ativos financeiros (penhora on-line), conseguindo reter R$ 2.000,00 da executada. As novas tentativas de bloqueio foram infrutíferas, sendo

PRÁTICA TRABALHISTA – 10ª EDIÇÃO

188

então expedido mandado de penhora e avaliação de bens. Foi penhorado o imóvel em que vivia a executada, avaliado pelo oficial de justiça em R$ 123.000,00, sendo a penhora registrada no RGI.

Garantido o juízo, a executada ajuizou embargos à execução no 5º dia, no qual alegou que o imóvel penhorado era um bem de família, pois era proprietária de 2 imóveis e residia com sua família em ambos, alternadamente; suscitou prescrição parcial; afirmou que o valor retido de sua conta correspondia a parte do seu salário (10%), portanto impenhorável, juntando o extrato confirmando que o valor bloqueado era de salário depositado; requereu nova chance de defesa, porque teve pouco tempo para contestar, pois a audiência foi marcada para 14 dias após a citação; que, no cálculo das férias, o juiz não utilizou a evolução salarial durante o longevo contrato de trabalho, como deveria ser, mas, sim, a última remuneração paga por ocasião da extinção do contrato.

Após devidamente contestados, o juiz julgou procedente os embargos à execução, com os seguintes fundamentos: que apesar de a ex-empregadora possuir outro imóvel em bairro próximo, de menor valor (R$ 70.000,00) e onde também reside com sua família porque fica mais próximo ao seu emprego, o imóvel constritado é o de maior valor e, assim, impenhorável; acolheu a prescrição parcial para fixar os cálculos que devem considerar os 5 anos anteriores ao ajuizamento da ação, e não todo o período trabalhado; determinou a liberação dos R$ 2.000,00 porque salário jamais pode ser penhorado, ainda que parcialmente; deferiu nova chance para juntar defesa porque a executada teve prazo de apenas 2 semanas, o que o magistrado entendeu ser insuficiente para a separação dos documentos e contratação de advogado; deferiu o recálculo das férias para acompanhar o valor do salário pago ao longo do tempo, e não da última remuneração.

Publicada a decisão, e considerando que você é advogado(a) da trabalhadora, redija a peça prático-profissional para a defesa dos interesses da sua cliente em juízo, ciente de que na decisão não há vício ou falha estrutural que comprometa a sua integridade. (Valor: 5,00)

Obs.: a peça deve abranger todos os fundamentos de Direito que possam ser utilizados para dar respaldo à pretensão. A simples menção ou transcrição do dispositivo legal não confere pontuação.

Nos casos em que a lei exigir liquidação de valores, o examinando deverá representá-los somente pela expressão "R$", admitindo-se que o escritório possui setor próprio ou contratado especificamente para tal fim.

## GABARITO COMENTADO

O(A) examinando(a) deverá interpor o recurso de agravo de petição por parte da exequente, elaborando a petição de interposição ao juízo da 100ª Vara do Trabalho de Petrópolis/RJ e as razões recursais, ao TRT. Deverá indicar as partes (recorrente e recorrida) e indicar o Art. 897, alínea a, da CLT. Deverá informar que interpõe o recurso no prazo de 8 dias e delimita as matérias e os valores impugnados, na forma do Art. 897, § 1º, da CLT. Deverá sustentar que, tendo o executado mais de um imóvel, a impenhorabilidade legal alcança o de menor valor, conforme o Art. 5º, parágrafo único, da Lei nº 8.009/90. Sobre prescrição, deverá sustentar que o instituto não foi arguido em instância ordinária (preclusão / inovação processual) e, assim, agora não pode ser feito com sucesso na fase executória, na forma da Súmula 153 do TST ou Art. 507 do CPC. Que o salário pode ser penhorado, ainda mais parcialmente, para satisfação de um crédito de natureza alimentar, conforme o Art. 833, inciso IV e § 2º, do CPC. Quanto à chance de nova defesa, não pode prevalecer, porque o prazo legal de 5 dias úteis foi observado, na forma do Art. 841 da CLT. Quanto às férias, deverá insistir que elas serão calculadas pelo último salário, conforme Súmula 7 do TST. Requerimentos finais pela admissibilidade do recurso e, no mérito, pelo seu provimento e restabelecimento do cálculo original. Fechamento.

# Distribuição dos Pontos

| ITEM | PONTUAÇÃO |
|---|---|
| **1.** Peça com recurso de *agravo de petição* interposto perante o juízo da 100ª Vara do Trabalho de Petrópolis/RJ (0,10) e razões recursais ao TRT (0,10). | 0,00/0,10/0,20 |
| **2.** Indicação Art. 897, *a*, CLT (0,10). | 0,00/0,10 |
| **Partes** | |
| **3.** Indicação da exequente como agravante (0,10) e executada como agravada (0,10). | 0,00/0,10/0,20 |
| **Tempestividade, delimitação matérias e valores** | |
| **4.** Indicar interposição do recurso em 8 dias (0,10),com delimitação das matérias e dos valores impugnados (0,10). Indicação Art. 897, § 1º, CLT (0,10). | 0,00/0,10/0,20/0,30 |
| **Bem de família** | |
| **5.** Tendo a executada dois imóveis, a impenhorabilidade alcança o de menor valor (0,60). Indicação Art. 5º, parágrafo único, da Lei nº 8.009/90 (0,10). | 0,00/0,60/0,70 |
| **Prescrição parcial** | |
| **6.** Inaceitável porque não foi arguida em instância ordinária **ou** é inovação processual / preclusão (0,60). Indicação da Súmula 153 do TST **ou** do Art. 507 do CPC (0,10). | 0,00/0,60/0,70 |
| **Penhora de salário** | |
| **7.** O salário pode ser penhorado para satisfazer um crédito alimentar (0,60). Indicação do Art. 833, inciso IV **e** § 2º, ou Art. 833, § 2º, do CPC (0,10). | 0,00/0,60/0,70 |
| **Nova defesa** | |
| **8.** O prazo de 5 dias foi observado (0,60). Indicação do Art. 841 da CLT (0,10). | 0,00/0,60/0,70 |
| **Férias** | |
| **9.** Todas as férias deverão ser calculadas pela última remuneração (0,60). Indicação da Súmula 7 do TST (0,10). | 0,00/0,60/0,70 |
| **Requerimentos finais** | |
| **10.** Requerimento de admissibilidade/conhecimento do recurso (0,30). | 0,00/0,30 |
| **11.** Requerimento de provimento/reforma da decisão (0,30). | 0,00/0,30 |
| **Fechamento** | |
| **12.** Local, data, advogado(a) e inscrição OAB (0,10). | 0,00/0,10 |

**OAB/Exame 37º – 2023.1)** Ronaldo Lourenço, auxiliar de escritório, trabalhou nesta função para sociedade empresária *Inventários Empresariais Ltda.*, no período de 20/01/2018 a 08/03/2022. A ex-empregadora atualmente tem, na sua composição societária, dois sócios, Lúcio Gonçalves e Antônio Amarante, cada um com 50% das cotas, conforme modificação do contrato social averbada os órgãos competentes, em 30/01/2018. A modificação do contrato social deu-se em virtude da etirada da sociedade do sócio Jorge Machado, que alienou suas cotas para Antônio Amarante.

PRÁTICA TRABALHISTA – 10ª EDIÇÃO

Após ser dispensado Ronaldo Lourenço ingressou com reclamação trabalhista em face de *Inventários Empresariais Ltda., Lúcio* Gonçalves, Antônio Amarante e Jorge Machado, tendo juntado, com a petição inicial, os contratos sociais da sociedade empresária *Inventários Empresariais Ltda.* alegando receio de eventuais dificuldades em futura execução, já que o ramo de inventários comerciais passa por momento de dificuldades econômico financeiras, em razão das ferramentas tecnológicas disponíveis.

A ação foi distribuída no dia 15/03/2022 para a 85ª Vara do Trabalho do Rio de Janeiro/RJ sob o número 0123- 12.2022.5.01.0085. Na inicial Ronaldo Lourenço aduz que trabalhava de segunda a sexta-feira das 8h às 17h, quando trabalhava na sede da empresa. Porém, três vezes por semana, os inventários eram realizados em clientes de outros municípios. Nestes dias, Ronaldo apresentava-se às 8h na sede da empresa, horário em que saía um ônibus com vários funcionários para o destino final. O inventário era realizado em média das 10h às 14h, sendo certo que, às 17h, o ônibus já estava de volta à sede da empresa com os funcionários. Por conta destas situações, pretende adicional de transferência, em razão do trabalho em outros municípios.

Ronaldo residia e reside em local distante da sede da empresa, razão pela qual necessitava de dois ônibus para chegar ao centro da cidade, onde estava localizada a sede da empresa. Assim sendo, por residir em local de difícil acesso, requer o pagamento de horas *in itinere.*

O trabalho de Ronaldo consistia na coleta de dados, notadamente a quantidade de mercadorias, o que obtinha por informação pessoal e telefônica dos funcionários dos clientes. Munido dessas informações, Ronaldo lançava a quantidade em um programa específico, que comparava estes dados com os de anos anteriores. Por conta disso, aduziu que tinha, em parte da jornada, funções similares às de digitador, razão pela qual requereu intervalo de 10 minutos a cada 90 minutos trabalhados.

Pelas mesmas razões Ronaldo pleiteia receber um *plus* salarial de 30%, alegando acúmulo de função de auxiliar de escritório e digitador.

A audiência desta reclamação trabalhista foi designada para o dia 21/03/2022 e seu cliente recebeu a notificação citatória no dia 18/03/2022, sendo certo que na data da audiência seu cliente não poderá participar da audiência, dado que já tem compromisso profissional assumido para a mesma data e hora, sendo certo que em razão da proximidade da data não tem como nomear procurador ou alterar seu compromisso.

Você, como advogado(a), foi procurado por Jorge Machado para defendê-lo nessa ação trabalhista.

**Elabore a peça prático-profissional pertinente, de forma fundamentada, capaz de defender os interesses do seu cliente na demanda, ciente de que inexiste norma coletiva regente entre a sociedade empresária e seus empregados. (Valor: 5,00)**

*Obs.: a peça deve abranger todos os fundamentos de Direito que possam ser utilizados para dar respaldo à pretensão. A simples menção ou transcrição do dispositivo legal não confere pontuação.*

*Nos casos em que a lei exigir liquidação de valores, o examinando deverá representá-los somente pela expressão "R$", admitindo-se que o escritório possui setor próprio ou contratado especificamente para tal fim.*

## GABARITO COMENTADO

Deverá ser elaborada uma *contestação* em nome de Jorge Machado, fundamentada no Art. 847 da CLT, dirigida à 85ª Vara do Trabalho do Rio de Janeiro/RJ.

Deverá ser requerido o adiamento da audiência, tendo em vista que não decorreu o interstício mínimo de cinco dias entre a notificação e a audiência, como exige o Art. 841 da CLT.

191

PEÇAS PRÁTICO-PROFISSIONAIS

Deverá ser requerida em sede de preliminar a exclusão do ex- sócio Jorge Machado, já que este se retirou formalmente da sociedade há mais de dois anos antes do ajuizamento da ação, nos termos dos Arts. 10-A da CLT e 1.003, parágrafo único, do CCB.

Deverá ser requerida a improcedência do pedido de adicional de transferência, pois o autor não foi tecnicamente transferido, já que não houve mudança de domicílio, conforme exige o Art. 469 da CLT.

Deverá ser suscitada a improcedência do pedido de horas *in itinere,* pois o tempo de deslocamento entre a residência e o posto de trabalho não é mais considerado tempo à disposição do empregador, ou seja, não é computado na jornada de trabalho, na forma do Art. 58, § 2º, da CLT.

Deverá ser requerida a improcedência do pedido de intervalos equivalentes ao digitador, pois Ronaldo não realizava cálculos, tampouco digitava de forma contínua, razão pela qual improcede o pedido na forma do Art. 72 da CLT e da Súmula 346 do TST.

Deverá ser aduzida a improcedência do pedido de diferença salarial por acúmulo de função, já que a atividade de Ronaldo era realizar inventários e inserir dados nos programas de informática, não havendo na sua atividade a função de digitador, estando as tarefas inseridas na sua função, conforme Art. 456, parágrafo único, da CLT.

Deverá ser formulado o pedido de honorários advocatícios na forma do art. 791-A da CLT.

Deverá ser renovada a preliminar de exclusão do sócio Jorge Machado da lide com a extinção do processo sem resolução do mérito em relação a ele. Deverá requerer a improcedência dos pedidos. Deverá formular o requerimento de provas.

Local, data, advogado e OAB.

**Distribuição dos Pontos**

| ITEM | PONTUAÇÃO |
|---|---|
| **Endereçamento** | |
| 1. *Contestação* de Jorge Machado (0,10), endereçada à 85ª VT/RJ (0,10). Indicação Art. 847, CLT (0,10). | 0,00/0,10/0,20/0,30 |
| **Preliminares** | |
| 2. Adiamento da audiência por não se observar o prazo mínimo de 5 dias entre a notificação e a audiência (0,50). Indicação Art. 841, CLT (0,10). | 0,00/0,50/0,60 |
| 3. Ilegitimidade de Jorge Machado porque ele saiu da sociedade há mais de 2 anos antes do ajuizamento da ação (0,50). Indicação Art. 10-A, CLT **ou** Art. 1.003, parágrafo único, CCB (0,10). | 0,00/0,50/0,60 |
| **Mérito** | |
| 4. Improcedência do adicional de transferência por não haver mudança de domicílio (0,50). Indicação Art. 469, CLT (0,10). | 0,00/0,50/0,60 |
| 5. Improcedência das horas *in itinere* porque o deslocamento não é tempo à disposição **ou** não é computado na jornada de trabalho (0,50). Indicação Art. 58, § 2º, CLT (0,10). | 0,00/0,50/0,60 |
| 6. Improcedência do intervalo de digitador porque o autor não exercia essa função **ou** não digitava de forma contínua (0,50). Indicação Art. 72, CLT **ou** Súmula 346 TST (0,10). | 0,00/0,50/0,60 |
| 7. Improcedência do acúmulo porque as tarefas estavam inseridas na função do autor (0,50). Indicação Art. 456, parágrafo único, CLT (0,10). | 0,00/0,50/0,60 |

PRÁTICA TRABALHISTA – 10ª EDIÇÃO

| Pedidos | |
|---|---|
| 8. Renovação da preliminar de adiamento do feito (0,20) e de exclusão do ex-sócio (0,20), com extinção do feito sem resolução do mérito (0,10). | 0,20/0,30/0,40/0,50 |
| 9. Requerimento de improcedência dos pedidos (0,10). | 0,00/0,10 |
| 10. Requerimento de produção de provas (0,10). | 0,00/0,10 |
| 11. Requerimento de honorários advocatícios (0,20). Indicação Art. 791-A, CLT (0,10). | 0/0,20/0,30 |
| Fechamento | |
| 12. Local, data, advogado e OAB (0,10). | 0,00/0,10 |

**(OAB/Exame 36º – 2022.2)** Evelyn Calabresa ajuizou reclamação trabalhista contra a sociedade empresária *Pizzaria Chapa Quente Ltda.*, em 30 de janeiro de 2022, requerendo o pagamento do adicional de insalubridade em grau máximo.

Evelyn explicou, na petição inicial, que trabalhou como cozinheira da pizzaria, de 12/07/2019 a 05/10/2021, sendo submetida a calor excessivo porque preparava as pizzas em fornos que alcançavam altas temperaturas, não recebendo qualquer equipamento de proteção individual do ex-empregador. Devidamente citada, a sociedade empresária apresentou contestação, afirmando que a temperatura alcançada na cozinha estava dentro do limite de tolerância e que, apesar de ser uma empresa pequena e familiar, fornecia todos os equipamentos de proteção à empregada, requerendo assim a improcedência do pedido.

Em audiência não houve acordo e então o juiz, com base no Art. 195, § 2º, da CLT, determinou de ofício a realização de prova pericial, apresentando um único quesito do juízo, qual seja: *"diga o perito se havia agente insalubre no local de trabalho de Evelyn e, em caso positivo, em que grau"*. Além disso, o magistrado proibiu a apresentação de quesitos pelas partes, proibiu que os litigantes indicassem assistentes técnicos, nomeou um perito da sua confiança e fixou os honorários periciais dele em R$ 4.000,00, determinando que a empresa antecipasse a quantia em 10 dias, sob pena de execução forçada, e que a prova técnica somente tivesse início após o depósito.

A sociedade empresária protestou contra a decisão, ponderando que ela violaria normas jurídicas, mas o juiz consignou o protesto na ata e manteve intacta a decisão. Ainda na audiência, o titular da sociedade empresária pediu a palavra e, aflito, explicou que o seu negócio ainda sofria o efeito da pandemia, e que se precisasse dispor dos R$ 4.000,00 determinados pelo juiz, não teria como fechar a folha de pagamento dos funcionários naquele mês.

Sabe-se que a reclamação trabalhista em questão tramita perante a 80ª Vara do Trabalho de Criciúma/SC sob o número 0000728-84.2022.5.12.0080, e que a audiência em questão ocorreu há uma semana.

**Você, como advogado(a) da sociedade empresária, de acordo com o entendimento consolidado do TST, elabore a medida judicial adequada para tentar reverter a decisão. (Valor: 5,00)**

*Obs.: a peça deve abranger todos os fundamentos de Direito que possam ser utilizados para dar respaldo à pretensão. A simples menção ou transcrição do dispositivo legal não confere pontuação.*

*Nos casos em que a lei exigir liquidação de valores, o examinando deverá representá-los somente pela expressão "R$", admitindo-se que o escritório possui setor próprio ou contratado especificamente para tal fim.*

## PEÇAS PRÁTICO-PROFISSIONAIS

## GABARITO COMENTADO

O candidato deverá apresentar peça no formato de *mandado de segurança*, a ser impetrado porque a decisão judicial tem natureza interlocutória, não passível de recurso imediato, e violou direitos líquidos e certos da sociedade empresária. A peça deverá ser endereçada ao Presidente do TRT ou da SEDI, apontando a sociedade empresária como impetrante, o juízo 80ª Vara do Trabalho de Criciúma/SC como autoridade coatora e a reclamante como 3ª interessada.

Deverá ser indicada a Lei nº 12.016/09, o Art. 5º, inciso LXIX, da CRFB/88 **ou** o Art. 114, inciso IV, da CRFB/88 como base da medida, se manifestará sobre a tempestividade da medida, pois o mandado de segurança está sendo impetrado em 120 dias, como prevê o artigo 23 da Lei nº 12.016/09, requererá a revisão do ato que proibiu a quesitação e a indicação de assistente técnico, porque é direito da parte fazê-lo, conforme o Art. 465, § 1º, incisos II e III, do CPC **ou** o Art. 5º, inciso LV, CRFB/88, bem como a revisão da antecipação de honorários porque isso é vedado, conforme o Art. 790-B, § 3º, da CLT e a OJ 98 SDI-2 do TST. Uma vez que a manutenção da ordem judicial de 1º grau pode acarretar sério prejuízo para a sociedade empresária porque não poderá arcar com a folha de pagamento e que os demais direitos legais foram violados, deverá ser requerida tutela provisória/liminar para suspender o ato de bloqueio, prazo/direito para quesitar e prazo/direito de indicar assistente técnico, conforme prevê o Art. 7º, inciso III, da Lei nº 12.016/09.

Como requerimentos finais, a intimação da autoridade coatora para prestar informações, conforme o Art. 7º, inciso I, da Lei nº 12.016/09, a reiteração do pedido tutela/liminar imediata, a concessão final da ordem e a oitiva do MPT. Deverá ser indicada apenas a produção/juntada da prova documental, já que, no mandado de segurança, a prova deve ser pré-constituída e esta modalidade é a única presente no caso em exame.

Segue-se o fechamento com indicação do valor da causa, do local, data, advogado e inscrição na OAB.

## DISTRIBUIÇÃO DE PONTOS

| ITEM | PONTUAÇÃO |
|---|---|
| **Endereçamento** | |
| 1. Petição inicial dirigida ao Presidente do TRT **ou** TRT **ou** da SEDI (0,10) | 0,00/0,10 |
| **Partes e Fundamento Legal** | |
| 2. Qualificação do impetrante: *Pizzaria Chapa Quente Ltda.* (0,10) | 0,00/0,10 |
| 3. Apontar a autoridade coatora: juiz/juízo da 80ª VT de Criciúma/SC (0,10) | 0,00/0,10 |
| 4. Apontar como terceira interessada: Evelyn Calabresa (0,10) | 0,00/0,10 |
| 5. Indicação Lei nº 12.016/09 **ou** Art. 5º, LXIX, CRFB/88 **ou** 114, IV, CRFB/88 (0,10) | 0,00/0,10 |
| **Tempestividade** | |
| 6. Indicação do prazo de 120 dias (0,10). Indicação Art. 23, Lei nº 12.016/09 (0,10) | 0,00/0,10/0,20 |
| **Direitos líquidos e certos violados** | |
| 7. É direito da parte a apresentação de quesitos (0,70). Indicação Art. 465, § 1º, III, do CPC **ou** Art. 5º, LV, CRFB/88 (0,10) | 0,00/0,70/0,80 |
| 8. É direito da parte indicar assistente técnico (0,70). Indicação Art. 465, § 1º, II, CPC **ou** Art. 826 CLT **ou** Art. 3º, p. único, Lei nº 5584/70 **ou** Art. 5º, LV, CRFB/88 (0,10) | 0,00/0,70/0,80 |
| 9. É proibido exigir antecipação de honorários periciais (0,70). Indicação Art. 790-B, § 3º, CLT **ou** OJ 98 SDI-2 TST (0,10) | 0,00/0,70/0,80 |

PRÁTICA TRABALHISTA – 10ª EDIÇÃO 194

| Tutela liminar | |
| --- | --- |
| **10.** Requerer liminar/tutela provisória para suspensão da exigência de antecipação de honorários periciais (0,20), prazo/direito para quesitar (0,20) e prazo/direito de indicar assistente técnico (0,20). Indicação Art. 7º, III, Lei nº 12.016/09 (0,10) | 0,00/0,20/0,30/0,40 /0,50/0,60/0,70 |
| **Requerimentos** | |
| **11.** Notificação da autoridade coatora para prestar informações (0,10). Indicação Art. 7º, I, Lei nº 12.016/09 (0,10) | 0,00/0,10/0,20 |
| **12.** Reiteração da liminar/tutela provisória (0,10) | 0,00/0,10 |
| **13.** Requerimento de concessão da ordem (0,20). Indicação Art. 1º **ou** Art. 13, ambos da Lei nº 12.016/09 (0,10) | 0,00/0,20/0,30 |
| **14.** Oitiva do MPT (0,10). Indicação Art. 12, Lei nº 12.016/09 (0,10) | 0,00/0,10/0,20 |
| **15.** Produção/juntada de prova pré-constituída (0,20) | 0,00/0,20 |
| **16.** Indicar valor da causa (0,10) | 0,00/0,10 |
| **Fechamento** | |
| **17.** Local, data, advogado e OAB (0,10) | 0,00/0,10 |

**(OAB/Exame 35º – 2022.1)** Em sentença prolatada pela 89ª Vara do Trabalho de Floriano/PI, nos autos da reclamação trabalhista número 0101010-50.2021.5.22.0089, movida por Benício Pérolas contra a *Transportadora Rapidinha Ltda.*, o pedido foi julgado procedente em parte nos seguintes termos:

(i) não foi conhecida a prejudicial de prescrição parcial porque suscitada pela sociedade empresária em razões finais, e não na contestação, ocorrendo, na ótica do magistrado, preclusão;

(ii) foi indeferida a anulação do pedido de demissão feito pelo ex-empregado, em 10/02/2021, após 10 anos de trabalho, porque o autor não provou qualquer vício na sua manifestação de vontade;

(iii) foi deferido o pagamento de 1 hora extra diária, com adicional de 50% (cinquenta por cento), pelo intervalo interjornada desrespeitado, pois o juiz se convenceu que o autor trabalhava de segunda a sexta-feira, das 8 às 20 h, com intervalo de 1 hora para refeição;

(iv) foi indeferido o pagamento do 13º salário de 2019, porque a empresa comprovou documentalmente nos autos, a quitação regular deste direito;

(v) foi deferida a reintegração do autor ao emprego, porque ele comprovou ser, à época, dirigente, com mandato em vigor, de uma associação desportiva criada pelos empregados da Transportadora Rapidinha Ltda.;

(vi) foi deferido o depósito do FGTS na conta vinculada para o período de 5 meses no qual o autor ficou afastado pelo INSS em auxílio por incapacidade temporária previdenciária (antigo auxílio-doença comum, código B-31), período em que a empresa não recolheu o FGTS;

(vii) foi indeferido o pedido de férias 2018/2019, em razão da grande quantidade de faltas injustificadas que o trabalhador teve no período aquisitivo, comprovada documentalmente nos autos;

(viii) Çfoi deferida a integração da ajuda de custo à remuneração do autor, porque ela era paga mensalmente pela empresa, conforme se verificou dos contracheques que foram juntados aos autos;

# PEÇAS PRÁTICO-PROFISSIONAIS

(ix) foi deferida, de julho de 2020 a fevereiro de 2021, a equiparação salarial do autor com o empregado Raul Flores Raras, que exercia a mesma função do reclamante e atuava na filial da empresa localizada em Goiás;

(x) foi deferido o pagamento de insalubridade desde a sua supressão, porque, em que pese ter havido comprovadamente a reclassificação da atividade pelo órgão competente durante o contrato de trabalho, o juiz entendeu que havia direito adquirido porque o trabalhador já contava com essa verba no seu orçamento, além de ofensa ao princípio da irredutibilidade salarial; e

(xi) foram deferidos honorários advocatícios em favor do advogado do reclamante, na ordem de 30% (trinta por cento) sobre o valor da liquidação e de 15% (quinze por cento) em favor do advogado da empresa sobre os pedidos julgados improcedentes.

**Diante disso, como advogado(a) da ré, redija a peça prático-profissional para a defesa dos interesses do seu cliente em juízo, ciente de que a ação foi ajuizada em 28/06/2021 e que, na sentença, não havia vício ou falha estrutural que comprometesse a sua integridade. (Valor: 5,00)**

*Obs.: a peça deve abranger todos os fundamentos de Direito que possam ser utilizados para dar respaldo à pretensão. A simples menção ou transcrição do dispositivo legal não confere pontuação.*

*Nos casos em que a lei exigir liquidação de valores, o examinando deverá representá-los somente pela expressão "R$", admitindo-se que o escritório possui setor próprio ou contratado especificamente para tal fim.*

## GABARITO COMENTADO

O(A) examinando(a) deverá apresentar um *recurso ordinário*, elaborando a petição de interposição à 89ª Vara do Trabalho de Floriano/PI e as razões recursais ao TRT. Deverá indicar recorrente e recorrido, citar o Art. 895, inciso I, da CLT, e indicar o recolhimento das custas e do depósito recursal.

Em relação à prescrição parcial, deve ser sustentado que o instituto pode ser alegado, com sucesso, em razões finais, já que o processo ainda se encontra em instância ordinária, conforme preconiza a Súmula 153 do TST e o Art. 193 do CCB.

Em relação à hora extra pelo intervalo interjornada, deve ser sustentado que a pausa legal de 11 horas, prevista no Art. 66 da CLT, foi respeitada.

Em relação à reintegração, deve ser sustentado que somente o dirigente sindical tem estabilidade, na forma do Art. 543, § 3º, da CLT e do Art. 8º, inciso VIII, da CRFB/88, não se aplicando ao dirigente de associação, pois não há norma legal que ampare a estabilidade dele, devendo ser observado o Art. 5º, inciso II, da CRFB/88.

Em relação ao FGTS, deve ser sustentado que é indevido o depósito, porque o contrato estava suspenso, conforme o Art. 476 da CLT; alternativamente, a banca aceitará a tese de que somente seria devido o depósito se o afastamento tivesse sido por acidente de trabalho, na forma do Art. 15, § 5º, da Lei nº 8.036/90 e ou art. 28, III, Decreto 99.684/90 .

Em relação à integração da ajuda de custo, deve ser sustentado ser indevida a integração à remuneração, ainda que habitual, por expressa vedação legal, conforme o Art. 457, § 2º, da CLT.

Em relação à equiparação salarial, deve ser sustentado que é indevida porque autor e modelo não atuavam no mesmo estabelecimento, desatendendo, assim, a um dos requisitos previsto no Art. 461 da CLT, mesmo porque o período refere-se a um momento posterior à reforma trabalhista (Lei nº 13.467/17).

Em relação à insalubridade, deve ser sustentado que a reclassificação gera a perda do adicional de insalubridade, sem que se possa alegar direito adquirido, na forma da Súmula 248 do TST ou Art. 194 da CLT, já que esse adicional é pago em caráter precário.

Em relação aos honorários, deve ser sustentado que eles, se devidos porque se pugnará pela improcedência dos pedidos, são limitados, pela lei trabalhista, a 15%, conforme o Art. 791-A da CLT.

Fechamento com pedido de admissão do recurso, acolhimento da prescrição parcial e, no mérito em si, o provimento do recurso.

PRÁTICA TRABALHISTA – 10ª EDIÇÃO — 196

## DISTRIBUIÇÃO DE PONTOS

| ITEM | PONTUAÇÃO |
|---|---|
| **Endereçamento** | |
| **1.** *Recurso ordinário* ao juízo 89ª Vara do Trabalho de Floriano/PI (0,10) e razões recursais ao TRT (0,10). Indicação Art. 895, inciso I, da CLT (0,10). | 0,00/0,10/0,20/0,30 |
| **Partes** | |
| **2.** Indicação da recorrente – a sociedade empresária (0,10) e do recorrido – o empregado (0,10) | 0,00/0,10/0,20 |
| **Tempestividade e Preparo** | |
| **3.** Indicação da tempestividade de até 8 dias (0,10), e do recolhimento das custas **e** do depósito recursal (0,10) | 0,00/0,10/0,20 |
| **Prescrição parcial** | |
| **4.** Tempestiva a alegação de prescrição porque arguida em instância ordinária (0,40). Indicação Súmula 153, TST **ou** Art. 193, CCB (0,10) | 0,00/0,40/0,50 |
| **Hora extra** | |
| **5.** O intervalo interjornada de 11 horas foi observado (0,40). Indicação Art. 66, CLT (0,10) | 0,00/0,40/0,50 |
| **Reintegração** | |
| **6.** Indevida porque somente o dirigente sindical tem estabilidade (0,40). Indicação Art. 543, § 3º, da CLT **ou** Art. 8º, inciso VIII, da CRFB/88 (0,10) <br><br> **ou** <br><br> Não há amparo legal para a estabilidade do dirigente de associação (0,40). Indicação Art. 5º, inciso II, da CRFB/88 (0,10) | 0,00/0,40/0,50 |
| **FGTS** | |
| **7.** Indevido porque o contrato estava suspenso (0,40). Indicação Art. 476, CLT (0,10) <br><br> **ou** <br><br> Somente seria devido se o afastamento ocorresse por acidente do trabalho (0,40). Indicação Art. 15, § 5º, da Lei nº 8.036/90 **ou art. 28, III, Decreto 99.684/90** (0,10) | 0,00/0,40/0,50 |
| **Integração ajuda de custo** | |
| **8.** Indevida a integração por não ter natureza salarial **ou** por ter natureza indenizatória (0,40). Indicação Art. 457, § 2º, da CLT (0,10) | 0,00/0,40/0,50 |
| **Equiparação salarial** | |
| **9.** Indevida, porque autor e modelo não atuavam no mesmo estabelecimento (0,40). Indicação Art. 461 da CLT (0,10) | 0,00/0,40/0,50 |
| **Insalubridade** | |
| **10.** Indevida porque a reclassificação gera perda do adicional (0,40). Indicação Art. 194 da CLT **ou** Súmula 248 do TST (0,10) | 0,00/0,40/0,50 |

| Honorários advocatícios | |
|---|---|
| **11.** São indevidos pela improcedência dos pedidos **ou** se devidos, são limitados a 15% (0,30). Indicação do Art. 791-A da CLT (0,10) | 0,00/0,30/0,40 |
| **Requerimentos finais** | |
| **12.** Requerimento de admissibilidade/conhecimento do recurso (0,10) | 0,00/0,10 |
| **13.** Requerimento de acolhimento da prescrição parcial (0,10) e provimento/reforma da decisão (0,10). | 0,00/0,10/0,20 |
| **Fechamento** | |
| **14.** Local, data, advogado(a) e inscrição OAB (0,10) | 0,00/0,10 |

**(OAB/Exame 34º – 2021.2)** Heitor Agulhas trabalhava na sociedade empresária *Porcelanas Orientais Ltda.* desde 26/10/2020, exercendo a função de vendedor na unidade localizada em Linhares/ES e recebendo, em média, quantia equivalente a 1,5 salário-mínimo por mês, a título de comissão.

Em janeiro de 2022, o dono do estabelecimento resolveu instalar mais duas prateleiras na loja para poder expor mais produtos e, visando economizar dinheiro, fez a instalação pessoalmente. As prateleiras foram afixadas logo acima do balcão em que trabalhavam os vendedores. Ocorre que o dono da empresa tinha pouca habilidade manual, e, por isso, as prateleiras não foram fixadas adequadamente. No dia seguinte à instalação malfeita, com o peso dos produtos nelas colocadas, as prateleiras caíram com todo o material, acertando violentamente a cabeça de Heitor, que estava logo abaixo fazendo um atendimento. Heitor desmaiou com o impacto, foi socorrido e conduzido ao hospital público, onde recebeu atendimento e levou 50 pontos na cabeça, testa e face, resultando em uma grande cicatriz que, segundo Heitor, passou a despertar a atenção das pessoas, que reagiam negativamente ao vê-lo. Heitor teve o plano de saúde, que era concedido pela sociedade empresária, cancelado após o dia do incidente e teve de usar suas reservas financeiras para arcar com R$ 1.350,00 em medicamentos, para aliviar as dores físicas, além de R$ 2.500,00 em sessões de terapia, pois ficou fragilizado psicologicamente depois do evento.

Heitor ficou afastado em benefício previdenciário por acidente do trabalho (auxílio por incapacidade temporária acidentária, antigo auxílio doença acidentário, código B-91), teve alta médica após 3 meses e retornou à empresa com a capacidade laborativa preservada, mas foi dispensado, sem justa causa, no mesmo dia.

Heitor procura você, como advogado(a), querendo propor alguma medida judicial para defesa dos seus direitos, pois está desempregado, sem dinheiro para se manter e sentindo-se injustiçado porque ainda precisará de tratamento médico e suas reservas financeiras acabaram. Além dos documentos comprobatórios do atendimento hospitalar e gastos, Heitor exibe a CTPS devidamente assinada pela sociedade empresária e o extrato do FGTS, onde não constam depósitos nos 3 meses de afastamento pelo INSS.

**Como advogado de Heitor, elabore a medida judicial em defesa dos interesses dele. (Valor: 5,00)**

*Obs.: a peça deve abranger todos os fundamentos de Direito que possam ser utilizados para dar respaldo à pretensão. A simples menção ou transcrição do dispositivo legal não confere pontuação.*

*Nos casos em que a lei exigir liquidação de valores, o examinando deverá representá-los somente pela expressão "R$", admitindo-se que o escritório possui setor próprio ou contratado especificamente para tal fim.*

PRÁTICA TRABALHISTA – 10ª EDIÇÃO            198

## GABARITO COMENTADO

O(a) examinando(a) deve elaborar uma peça no formato de *Petição Inicial*, dirigida ao juízo de Linhares, com a devida qualificação das partes envolvidas.

Deverá requerer a gratuidade de justiça com base no Art. 790, §§ 3º ou 4º, da CLT, porque o trabalhador continua desempregado.

Deverá requerer a responsabilidade civil do empregador que agiu com culpa. Na hipótese apresentada, isso envolverá indenização pelos danos materiais quanto aos gastos (Art. 186, Art. 927 ou Art. 949, todos do CC), morais pelo constrangimento (Art. 223-B ou Art. 223-C, todos da CLT, e Art. 186 ou Art. 927, ambos do CC) e estéticos pela alteração da aparência/dano físico aparente (Art. 223-B ou Art. 223-C, ambos da CLT, ou Art. 186 ou Art. 927, ambos do CC).

Deverá requerer o FGTS dos três meses de afastamento porque o evento foi um acidente de trabalho, conforme Art. 15, § 5º, da Lei nº 8.036/90 e do Art. 28, III, do Decreto 99.684/90.

Deverá requerer a reintegração porque o ex-empregado possui estabilidade/garantia no emprego em virtude do acidente do trabalho, conforme o Art. 118 da Lei nº 8.213/91 ou a Súmula 378, inciso II, do TST.

Deverá requerer o restabelecimento do plano de saúde, conforme a Súmula 440 do TST.

Deverá requerer a concessão de tutela de urgência, evidência, provisória, antecipatória ou liminar para a reintegração imediata e restabelecimento incontinente do plano de saúde, conforme o Art. 294, *caput* ou parágrafo único, Art. 300, *caput* ou § 2º, ou ainda Art. 311, todos do CPC.

Deverá requerer honorários advocatícios, com base no Art. 791-A da CLT.

Deverá, ao final, renovar o pedido de tutela de urgência/evidência/provisória/antecipatória ou liminar, requerer a procedência dos pedidos, indicar as provas que pretende produzir e o valor da causa, bem como indicar a expressão econômica de cada pedido.

Fechamento com indicação de local, data, advogado e inscrição na OAB.

**Distribuição dos Pontos**

| ITEM | PONTUAÇÃO |
|---|---|
| **Endereçamento** | |
| 1. Reclamação trabalhista endereçada ao Juízo do Trabalho de Linhares/ES (0,10) | 0,00/0,10 |
| **Partes e Fundamento Legal** | |
| 2. Qualificação do reclamante (0,10) e da reclamada (0,10) | 0,00/0,10/0,20 |
| 3. Indicação do Art. 840, § 1º, CLT (0,10) | 0,00/0,10 |
| **Gratuidade de justiça** | |
| 4. Requerer gratuidade diante da situação financeira do reclamante (0,10). Indicação Art. 790, § 3º **ou** Art. 790, § 4º, ambos da CLT **ou** Art. 99, § 3º, CPC (0,10). | 0,00/0,10/0,20 |
| **Responsabilidade Civil** | |
| 5. Indenização por dano material pelos remédios (0,20) e pela terapia (0,20). Indicação Art. 186 **ou** Art. 927 **ou** Art. 949, todos do CC (0,10). | 0,00/0,20/0,30 0,40/0,50 |
| 6. Indenização por dano moral pelo constrangimento (0,40). Indicação Art. 223-B **ou** Art. 223-C ambos da CLT **ou** Art. 186 **ou** Art. 927, ambos do CC (0,10). | 0,00/0,40/0,50 |
| 7. Indenização por dano estético pela alteração da aparência/dano físico aparente (0,40). Indicação Art. 223-B **ou** Art. 223-C, ambos da CLT **ou** Art. 186 **ou** Art. 927, ambos do CC (0,10). | 0,00/0,40/0,50 |

| FGTS | |
|---|---|
| **8.** FGTS do período de afastamento por ser acidente do trabalho (0,40). Indicação Art. 15, § 5º, Lei 8.036/90 **ou** Art. 28, III, Decreto 99.684/90 (0,10). | 0,00/0,40/0,50 |
| **Garantia no emprego** | |
| **9.** Reintegração pelo acidente do trabalho (0,40). Indicação Art. 118 da Lei 8.213/91 **ou** Súmula 378, II, TST (0,10). | 0,00/0,40/0,50 |
| **Plano de saúde** | |
| **10.** Restabelecimento do plano de saúde (0,40). Indicação Súmula 440 TST (0,10) | 0,00/0,40/0,50 |
| **Tutela provisória** | |
| **11.** Concessão de tutela de urgência, de evidência, provisória, antecipatória **ou** liminar para a reintegração imediata (0,30) e para o restabelecimento do plano de saúde (0,30). Indicação Art. 294, *caput* ou parágrafo único, **ou** Art. 300, *caput* ou § 2º, **ou** Art. 311, todos do CPC (0,10). | 0,00/0,30/0,40/ 0,60/0,70 |
| **Honorários advocatícios** | |
| **12.** Requerimento de honorários advocatícios (0,10). Indicação Art. 791-A, CLT (0,10) | 0,00/0,10/0,20 |
| **Requerimentos finais** | |
| **13.** Reiterar o pedido de tutela de urgência, evidência, provisória, antecipatória **ou** liminar (0,10) e procedência dos pedidos (0,10). | 0,00/0,10/0,20 |
| **14.** Indicação das provas que pretende produzir (0,10). | 0,00/0,10 |
| **15.** Indicação do valor da causa **e** indicação da expressão econômica de cada pedido (0,10). | 0,00/0,10 |
| **Fechamento** | |
| **16.** Local, data, advogado e inscrição OAB (0,10). | 0,00/0,10 |

**(OAB/Exame 33º – 2021.1)** Sheila Melodia procura você, na condição de advogado(a), em 27/08/2021, relatando que é empregada da sociedade empresária Solução Ltda. desde 15/10/2019, recebendo 1 salário-mínimo por mês, estando com o contrato em vigor. Sheila informa que desde o início do contrato de trabalho atua como auxiliar de manutenção terceirizada nas dependências da sociedade empresária Tecnologia Ltda., localizada em Campinas/SP, pois existe contrato de prestação de serviços entre ambas as empresas. A empregada informa que jamais assinou qualquer documento ou autorização, sendo aprovada em processo seletivo para, logo após, ter a CTPS anotada. Diz que trabalha de 2ª a 6ª feira, das 9h às 15 horas, com intervalo de 15 minutos para refeição, e aos sábados, das 8h às 14 horas sem intervalo, marcando corretamente os cartões de ponto. Sheila explica que o supervisor da empregadora, alocado junto à sociedade empresária Tecnologia Ltda. para controlar a qualidade dos serviços, foi substituído há 2 meses, e o novo supervisor, de nome Carlos, tem o estranho e constrangedor hábito de enfileirar as empregadas no início do expediente e exigir que cada trabalhadora lhe dê um beijo no rosto. Carlos justifica esse procedimento dizendo que é uma forma de melhorar a relação da chefia com as subordinadas, e afirma que quem se negar sofrerá punição. Com receio de sofrer algo, Sheila se submete à vontade de Carlos, mesmo contrariada.

PRÁTICA TRABALHISTA – 10ª EDIÇÃO

Sheila lhe apresenta um extrato atual do FGTS, no qual se verifica um único depósito referente à competência de novembro de 2019, a certidão de nascimento do seu único filho, que tem 20 anos de idade, uma fotografia na qual aparece com o uniforme da sociedade empresária Solução Ltda., a cópia da ata de audiência de um processo anterior que ela ajuizou contra as empresas, com as mesmas pretensões, e que foi extinta sem resolução do mérito (arquivada) pela ausência da trabalhadora à 1ª audiência, tendo ela pago as custas processuais, com grande sacrifício (reclamação número 0100217-58.2021.5.15.0170, que tramitou perante a 170ª Vara do Trabalho de Campinas), os contracheques de todo o período, nos quais consta, na parte de créditos, o salário- mínimo e, na parte de descontos, a dedução de INSS, sendo que, no mês de março de 2020 consta uma dedução da contribuição sindical de R$ 40,00, sendo que Sheila nem sabia que havia um sindicato que a representava. A empregada afirma que, diante das irregularidades que sofre, não deseja continuar o contrato de trabalho, mas decidiu não pedir demissão porque foi alertada por familiares que, nesse caso, perderia vários direitos. Por fim, diz que sua situação financeira é periclitante, e não tem recurso financeiro para ajuizar a ação, caso seja necessário adiantar alguma quantia. Elabore, na condição de advogado(a), a peça prático-profissional que melhor defenda os interesses de Sheila, sem usar dados ou informações que não estejam no enunciado. (Valor: 5,00)

Obs: a peça deve abranger todos os fundamentos de Direito que possam ser utilizados para dar respaldo à pretensão. A simples menção ou transcrição do dispositivo legal não confere pontuação.

Nos casos em que a lei exigir liquidação de valores, não será necessário que o examinando a apresente, admitindo-se que o escritório possui setor próprio ou contratado especificamente para tal fim.

## GABARITO COMENTADO

O(a) examinando(a) deve elaborar uma peça no formato de Petição Inicial, dirigida ao juízo da 170ª Vara do Trabalho de Campinas, com a devida qualificação das partes envolvidas, incluindo o tomador dos serviços (contratante).

Deverá requerer a distribuição à 170ª VT de Campinas em razão da prevenção, com base no Art. 286, inciso II, do CPC.

Deverá requerer a gratuidade de justiça com base no artigo 790, §§ 3º e 4º, da CLT, pois a trabalhadora relata insuficiência financeira e aufere salário inferior a 40% do limite máximo dos benefícios do Regime Geral de Previdência Social.

Deverá requerer o pagamento de 15 minutos diários pelo intervalo desrespeitado nos sábados, com adicional de 50%, na forma do Art. 71, § 4º, da CLT.

Deverá requerer a devolução da contribuição sindical descontada, porque a autora não era sindicalizada e não autorizou o desconto, sendo então indevido, na forma do Art. 579 da CLT.

Deverá requerer a diferença de FGTS não depositado, conforme o Art. 15 da Lei nº 8.036/90.

Deverá requerer indenização por dano moral pela conduta do supervisor, na forma do Art. 223-B e do Art. 223-C, ambos da CLT.

Deverá requerer a resolução ou despedida indireta ou "rescisão indireta" do contrato, diante das irregularidades cometidas pelo empregador, conforme o Art. 483, alíneas d ou e, da CLT.

Deverá requerer as verbas do aviso- prévio, do 13º salário proporcional, das férias proporcionais + 1/3, acesso ao FGTS, indenização de 40% sobre o FGTS e acesso ao seguro-desemprego. Deverá requerer a responsabilidade subsidiária do tomador/contratante, conforme a Súmula 331, inciso IV, do TST e o Art. 5º-A, § 5º, da Lei nº 6.019/74.

Deverá requerer honorários advocatícios, com base no Art. 791-A da CLT.

Deverá requerer ao final a procedência dos pedidos, indicar as provas que pretende produzir e o valor da causa ou indicar a expressão econômica de cada pedido.

Fechamento com indicação de local, data, advogado e inscrição na OAB.

## PEÇAS PRÁTICO-PROFISSIONAIS

**Distribuição dos Pontos**

| ITEM | PONTUAÇÃO |
|---|---|
| **Endereçamento** | |
| 1. Reclamação trabalhista endereçada ao Juízo da 170ª Vara do Trabalho de Campinas (0,10) | 0,00/0,10 |
| **Partes e Fundamento Legal** | |
| 2. Qualificação da autora (0,10) e dos réus (0,10). Indicação do artigo 840, p. 1º, CLT (0,10) | 0,00/0,10/0,20/0,30 |
| **Prevenção** | |
| 3. Distribuição para a 170ª VT de Campinas em razão da dependência/prevenção (0,10). Indicação Art. 286, II, CPC (0,10) | 0,00/0,10/0,20 |
| **Gratuidade de justiça** | |
| 4. Requerer gratuidade diante da situação financeira da autora (0,10). Indicação art. 790, § 3º **ou** 790, § 4º, CLT (0,10) | 0,00/0,10/0,20 |
| **Hora intervalo** | |
| 5. 15 minutos pelo intervalo desrespeitado aos sábados, com adicional de 50% (0,40). Indicação Art. 71, § 4º, CLT (0,10) | 0,00/0,40/0,50 |
| **Devolução desconto** | |
| 6. Devolução de contribuição sindical porque não autorizada (0,40). Indicação Arts. 578 **ou** 579 **ou** 582 **ou** 545, CLT (0,10) | 0,00/0,40/0,50 |
| **FGTS** | |
| 7. Diferença de FGTS não depositado (0,40). Indicação Art. 15 Lei 8.036/90 **ou** Art. 27 Decreto 99.684/90 (0,10) | 0,00/0,40/0,50 |
| **Dano Moral** | |
| 8. Indenização por dano moral pela conduta do supervisor (0,40). Indicação Art. 223-B ou Art. 223-C, CLT **ou** 186, 187 ou 927, CCB **ou** 5º, V **ou** X, CF/88 (0,10) | 0,00/0,40/0,50 |
| **Extinção do contrato** | |
| 9. Resolução **ou** despedida indireta **ou** "rescisão indireta" do contrato (0,40). Indicação Art. 483, "d" **ou** "e", CLT (0,10) | 0,00/0,40/0,50 |
| **Verbas devidas** | |
| 10. Aviso-prévio (0,10), 13º salário (0,10), férias + 1/3 (0,10), saque/levantamento do FGTS (0,10), indenização de 40% sobre o FGTS (0,10) e acesso ao seguro-desemprego (0,10) | 0,00/0,10/0,20/0,30/ 0,40/0,50/0,60 |
| **Responsabilidade** | |
| 11. Responsabilidade subsidiária do tomador/contratante (0,40). Indicação Súmula 331, IV, TST **ou** Art. 5º-A, § 5º, Lei 6.019/74 (0,10) | 0,00/0,40/0,50 |
| **Honorários** | |
| 12. Requerimento de honorários advocatícios (0,10). Indicação Art. 791-A, CLT (0,10) | 0,00/0,10/0,20 |

PRÁTICA TRABALHISTA – 10ª EDIÇÃO

| Requerimentos finais | |
|---|---|
| 13. Requerimento de procedência dos pedidos (0,10) | 0,00/0,10 |
| 14. Indicação das provas que pretende produzir (0,10) | 0,00/0,10 |
| 15. Indicação do valor da causa e indicação da expressão econômica de cada pedido (0,10) | 0,00/0,10 |
| **Fechamento** | |
| 16. Local, data, advogado e inscrição OAB (0,10) | 0,00/0,10 |

**(OAB/Exame 32º – 2020.2)** Érica Grama Verde trabalhou para a sociedade empresária Auditoria Pente Fino S.A. de 29/09/2011 a 07/01/2020, exercendo, desde a admissão, a função de gerente do setor de auditoria de médias empresas. Na condição de gerente, Érica comandava 25 auditores, designando suas atividades junto aos clientes do empregador, bem como fiscalizando e validando as auditorias por eles realizadas. Érica recebia salário mensal de R$ 20.000,00 (vinte mil reais), acrescido de gratificação de função de R$ 10.000,00 (dez mil reais). Érica pediu demissão, em 07/01/2020, e ajuizou reclamação trabalhista em 30/01/2020, na qual postulou o pagamento de horas extras, alegando que trabalhava de segunda-feira a sábado, das 8h às 20h, com intervalo de 1 hora para refeição, sendo que não marcava folha de ponto. Érica requereu o pagamento da indenização de 40% sobre o FGTS, que não foi depositada na sua conta vinculada, conforme extrato analítico do FGTS, que juntou com a inicial. Ela afirmou, ainda, que a empresa não efetuou o recolhimento do INSS nos anos de 2018 e 2019, fazendo comprovação disso por meio do seu Cadastro Nacional de Informações Sociais (CNIS), juntado com a petição inicial, no qual se constata que, nos anos citados, não houve recolhimento previdenciário, pelo que requereu que a empresa fosse condenada a regularizar a situação. Érica explicou e comprovou com os contracheques que, a partir de 2018, passou a receber prêmios em pecúnia, em valores variados, pelo que requereu a integração do valor desses prêmios à sua remuneração, com reflexos nas demais verbas salariais e rescisórias, inclusive FGTS, e o pagamento das diferenças daí decorrentes. Érica informou que, desde o início de seu contrato, realizava as mesmas atividades que Silvana Céu Azul, outra gerente do setor de auditoria de médias empresas, admitida na Auditoria Pente Fino S.A. em 15/01/2009, já na função de gerente, mas que ganhava salário 10% superior ao da reclamante, conforme contracheques que foram juntados com a petição inicial e evidenciam o salário superior da modelo. Uma vez que as atividades de Érica eram desenvolvidas em prédio da sociedade empresária localizado ao lado de uma comunidade muito violenta, tendo a empregada ouvido diversas vezes disparos de arma de fogo e assistido, da janela de sua sala de trabalho, a várias operações policiais que combatiam o tráfico de drogas no local, requereu o pagamento de adicional de periculosidade. Por fim, Érica requereu o pagamento de honorários advocatícios de 20% sobre o valor da condenação, conforme o Art. 85, § 2º, do CPC. Diante da situação, você, como advogado(a) da sociedade empresária, deve elaborar a peça processual adequada à defesa dos interesses de seu cliente, sabendo que a demanda foi proposta perante a 200ª Vara do Trabalho de São Paulo sob o número 0101010-50.2020.5.02.0200. (Valor: 5,00)

Obs.: a peça deve abranger todos os fundamentos de Direito que possam ser utilizados para dar respaldo à pretensão. A simples menção ou transcrição do dispositivo legal não confere pontuação

Nos casos em que a lei exigir liquidação de valores, não será necessário que o(a) examinando(a) a apresente, admitindo-se que o escritório possui setor próprio ou contratado especificamente para tal fim.

# PEÇAS PRÁTICO-PROFISSIONAIS

## GABARITO COMENTADO

O examinando deve apresentar uma peça no formato de contestação, dirigida ao Juízo da 200ª Vara do Trabalho de São Paulo, com base no Art. 847 da CLT, identificando as partes envolvidas.

Deverá suscitar preliminar de incompetência material em relação ao recolhimento do INSS, na forma da Súmula Vinculante 53 do STF, Súmula 368, inciso I, do TST e art. 876, parágrafo único, da CLT.

Deverá suscitar preliminar de inépcia em relação à equiparação salarial porque há causa de pedir sem pedido, conforme Art. 330, § 1º, II, do CPC.

Deverá ser arguida a prejudicial de mérito de prescrição parcial, para ver declarado prescrito todo e qualquer suposto direito anterior a 30/01/2015 ou anteriores a cinco anos do ajuizamento da ação, conforme o Art. 7º, inciso XXIX, da CRFB/88, o Art. 11 da CLT e a Súmula 308, inciso I, do TST.

Deverá ser contestado o pedido de horas extras porque sendo a autora gerente e, efetivamente, tendo poder de gestão e salário diferenciado, com gratificação de função superior a 40%, ocupa cargo de confiança e, assim, não tem direito a limite de jornada. Consequentemente, não tem direito ao pagamento de horas extras, conforme o Art. 62, inciso II, da CLT.

Deverá ser sustentado que não há direito à indenização de 40% sobre o FGTS porque a autora pediu demissão, o que impede a pretensão, porque essa hipótese não é prevista na norma cogente, na forma do Art. 18, § 1º, da Lei nº 8.036/90 e Art. 9º, § 1º, do Decreto 99.684/90.

Deverá ser contestado o pedido de integração dos prêmios porque, ainda que habituais, eles não integram a remuneração conforme previsão legal expressa no Art. 457, § 2º, da CLT.

Deverá ser contestado, em razão princípio da eventualidade, o pedido de equiparação salarial porque a modelo tem mais de 2 anos na função, não implementando uma das condições legais, na forma do Art. 461, § 1º, da CLT.

Deverá ser contestado o pedido de periculosidade porque a situação retratada na petição inicial não autoriza tecnicamente o pagamento do adicional, pois a empregada não laborava em atividade ou operações perigosas segundo o Art. 193 da CLT.

Deverá ser contestado o pedido de honorários advocatícios porque limitam-se a 15%, além de postulados honorários sucumbenciais, na forma do Art. 791-A da CLT.

Por fim, o fechamento, indicando local, data, nome e inscrição OAB.

### Distribuição dos Pontos

| ITEM | PONTUAÇÃO |
|---|---|
| **Endereçamento** | |
| 1. Contestação dirigida ao juízo da 200ª Vara do Trabalho de São Paulo (0,10) | 0,00/0,10 |
| 2. Qualificação das partes: identificação do réu (0,10) e da autora (0,10) | 0,00/0,10/0,20 |
| 3. Indicação Art. 847, CLT (0,10) 0,00/0,10 | 0,00/0,10 |
| Preliminar | |
| 4. Incompetência material quanto ao recolhimento do INSS (0,20). Indicação Art. 114, VIII, CF/88 ou Súmula Vinculante 53 STF ou Súmula 368, I, TST ou art. 876, p. único, CLT (0,10) | 0,00/0,20/0,30 |
| 5. Inépcia da equiparação porque não há pedido (0,20). Indicação Art. 330, § 1º, I, CPC (0,10) | 0,00/0,20/0,30 |

PRÁTICA TRABALHISTA – 10ª EDIÇÃO

| ITEM | PONTUAÇÃO |
|---|---|
| Prescrição parcial | |
| 6. Prescrição das pretensões anteriores a 30/01/2015 ou prescrição das pretensões anteriores a cinco anos do ajuizamento da ação (0,40). Indicação Art. 7º, XXIX, CF/88, ou Art. 11, CLT ou Súmula 308, I, TST (0,10) | 0,00/0,40/0,50 |
| Horas extras | |
| 7. Indevida hora extra porque a autora ocupava cargo de confiança (0,40). Indicação Art. 62, II, CLT (0,10) | 0,00/0,40/0,50 |
| 40% FGTS | |
| 8. Indevida a indenização de 40% sobre o FGTS porque a autora pediu demissão (0,40). Indicação Art. 18, § 1º, Lei 8.036/90 OU art. 9º, § 1º, Decreto 99.684/90 (0,10) | 0,00/0,40/0,50 |
| Prêmios | |
| 9. Os prêmios, ainda que habituais, não integram a remuneração (0,40). Indicação Art. 457, § 2º, CLT (0,10) | 0,00/0,40/0,50 |
| Equiparação salarial | |
| 10. Pelo princípio da eventualidade, inviável a equiparação porque a modelo tem mais de 2 anos na função (0,30). Indicação Art. 461, § 1º, CLT (0,10) | 0,00/0,30/0,40 |
| Adicional de periculosidade | |
| 11. Indevido porque a situação não autoriza o pagamento da periculosidade OU porque a empregada não laborava em atividade ou operações perigosas (0,40). Indicação Art. 193, CLT (0,10) | 0,00/0,40/0,50 |
| Honorários | |
| 12. Os honorários limitam-se a 15% (0,20). Pedido de honorários sucumbenciais (0,20). Indicação Art. 791-A, CLT (0,10) | 0,00/0,20/0,30/0,40/0,50 |
| **Encerramento** | |
| 13. Renovação da(s) preliminar(es) (0,10) 0,00/0,10 | 0,00/0,10 |
| 14. Renovação da prejudicial de prescrição parcial (0,10) 0,00/0,10 | 0,00/0,10 |
| 15. Requerimento de improcedência dos pedidos (0,20) e indicação das provas a serem produzidas (0,10) | 0,00/0,10/0,20/0,30 |
| **Fechamento Peça** | |
| **16.** Data, local, advogado(a) e OAB (0,10) | 0,00/0,10 |

(**OAB/Exame 31º – 2020.1**) Débora Pimenta trabalhou como auxiliar de coveiro na sociedade empresária *Morada Eterna Ltda.*, de 30/03/2018 a 07/01/2019, quando foi dispensada sem justa causa, recebendo, por último, o salário de R$ 1.250,00 mensais, conforme anotado na CTPS. Em razão disso, ela ajuizou reclamação trabalhista em face da sociedade empresária. A ação foi distribuída ao juízo da 90ª Vara do Trabalho de Teresina/PI, recebendo o número 0050000-80.2019.5.22.0090.

205 PEÇAS PRÁTICO-PROFISSIONAIS

Débora formulou vários pedidos, que assim foram julgados: o juízo declarou a incompetência material da Justiça do Trabalho para apreciar o pedido de recolhimento do INSS do período trabalhado; foi reconhecido que a jornada se desenvolvia de 2ª a 6ª feira, das 10 às 16 horas, com intervalo de 10 minutos para refeição, conforme confessado pelo preposto em interrogatório, sendo, então, deferido o pagamento de 15 minutos com adicional de 50%, em razão do intervalo desrespeitado, e reflexos nas demais verbas salariais; não foi reconhecido o salário oficioso de mais R$ 2.000,00 alegado na petição inicial, já que o julgador entendeu não haver prova de qualquer pagamento "por fora"; foi deferido o pagamento de horas extras pelos feriados, conforme requerido pela trabalhadora na inicial, que pediu extraordinário em "todo e qualquer feriado brasileiro", sendo rejeitada a preliminar suscitada na defesa contra a forma desse pedido; foi deferida indenização de R$ 6.000,00 a título de dano moral por acidente do trabalho em razão de doença degenerativa da qual a trabalhadora foi vítima, conforme laudos médicos juntados aos autos; foi indeferido o pagamento de adicional noturno, já que a autora não comprovou que houvesse enterro, ou preparação para tal fim, no período compreendido entre 22 e 5 horas; foi deferido o pagamento do vale-transporte em todo o período trabalhado, sendo que, na instrução, o magistrado indeferiu a oitiva de duas testemunhas trazidas pela sociedade empresária, que seriam ouvidas para provar que ela entregava o valor da passagem em espécie diariamente à trabalhadora; foi julgado procedente o pedido de devolução em dobro, como requerido na exordial, de 5 dias de faltas justificadas por atestados médicos, pois a preposta reconheceu que a empresa se negou a aceitar os atestados porque não continham CID (*Classificação Internacional de Doenças*); foi deferido o pagamento correspondente a 1 cesta básica mensal, porque sua entrega era prevista na convenção coletiva que vigorou no ano anterior (de janeiro de 2017 a janeiro de 2018) e, no entendimento do julgador, uma vez que não houve estipulação de uma nova norma coletiva, a anterior foi, automaticamente, prorrogada no tempo; foram deferidos honorários advocatícios em favor do advogado da autora na razão de 20% da liquidação e, em favor do advogado da ré, no importe de 10% em relação aos pedidos julgados improcedentes.

Diante disso, na condição de advogado da ré, **redija a peça prático-profissional para a defesa dos interesses da sua cliente em juízo, ciente de que, na sentença, não havia vício ou falha estrutural que comprometesse sua integridade. (Valor: 5,00)**

*Obs.: a peça deve abranger todos os fundamentos de Direito que possam ser utilizados para dar respaldo à pretensão. A simples menção ou transcrição do dispositivo legal não confere pontuação.*

*Nos casos em que a lei exigir liquidação de valores, não será necessário que o examinando a apresente, admitindo-se que o escritório possui setor próprio ou contratado especificamente para tal fim.*

## GABARITO COMENTADO

O(A) examinando(a) deverá apresentar um *recurso ordinário* por parte da sociedade empresária, elaborando a petição de interposição ao juízo da 90ª Vara do Trabalho de Teresina/PI e as razões recursais, ao TRT. Deverá indicar as partes

(recorrente e recorrido), citar o Art. 895, inciso I, da CLT, e indicar o recolhimento das custas e do depósito recursal.

Deverá ser apresentada preliminar de cerceamento de defesa pelo indeferimento da oitiva das testemunhas da empresa, com a consequente anulação do processo e retorno à Vara de origem para oitiva delas e prolação de nova sentença, conforme o Art. 5º, inciso LV, da CRFB/88.

Deverá ser renovada a preliminar de inépcia em relação aos feriados, porque indicados de forma genérica, aplicando-se o Art. 330, inciso I, **ou** o Art. 330, § 1º, inciso II, do CPC, **ou** o Art. 840, § 1º, da CLT.

Em relação à pausa alimentar, deve ser sustentado ser indevido o pagamento integral do intervalo, mas apenas do tempo suprimido, e, ainda assim, com caráter indenizatório, sem repercussão em outras parcelas, na forma do Art. 71, § 4º, da CLT.

PRÁTICA TRABALHISTA – 10ª EDIÇÃO 206

Sobre a indenização por dano extrapatrimonial, deve ser sustentado que doença degenerativa não é considerada doença do trabalho, conforme previsto no Art. 20, § 1º, alínea *a*, da Lei nº 8.213/91, não gerando responsabilidade do empregador.

Quanto à devolução dos descontos em dobro, o candidato deverá se insurgir contra a determinação da dobra porque não existe previsão legal na CLT para tanto, sendo então de se observar o princípio da legalidade previsto no Art. 5º, inciso II, da CRFB/88.

Em relação à cesta básica, deve ser sustentado que a norma coletiva não tem ultratividade, na forma do Art. 614, § 3º, da CLT, daí porque ser indevida para a autora, pois ela foi admitida após o término da convenção coletiva anterior.

Em relação aos honorários advocatícios, deve ser sustentado que o percentual deferido em favor do advogado da autora suplanta o limite legal, que é de 15%, conforme o Art. 791-A, da CLT, pelo que deve ser reduzido.

Requerimentos finais pela admissibilidade do recurso, renovação das preliminares e, no mérito, pelo provimento do recurso.

Fechamento.

## Distribuição dos Pontos

| ITEM | PONTUAÇÃO |
|---|---|
| Estrutura | |
| 1. Petição com formato de recurso ordinário interposto perante o juízo da 90ª Vara do Trabalho de Teresina/PI (0,10) e com razões recursais ao TRT (0,10) | 0,00/0,10/0,20 |
| 2. Indicação do Art. 895, I, CLT (0,10) | 0,00/0,10 |
| Partes | |
| 3. Indicação da recorrente – a sociedade empresária (0,10) e da recorrida – a empregada (0,10) | 0,00/0,10/0,20 |
| Preparo | |
| 4. Indicação do recolhimento das custas e do depósito recursal (0,10) | 0,00/0,10 |
| Preliminares | |
| 5. Nulidade da sentença por cerceamento de defesa em relação às testemunhas (0,20). Indicação Art. 5º, LV, CRFB/88 OU Art. 369 CPC (0,10) | 0,00/0,20/0,30 |
| 6. Inépcia porque não identificados os feriados trabalhados OU por ser o pedido de feriados genérico (0,20). Indicação Art. 330, inciso I, OU Art. 330, § 1º, II, CPC OU Art. 840, § 1º, CLT (0,10) | 0,00/0,20/0,30 |
| Mérito | |
| Intervalo | |
| 7. Indevido o pagamento integral do intervalo, mas apenas do tempo suprimido (0,50). | 0,00/0,50 |
| 8. Indevidos os reflexos pela natureza indenizatória do tempo suprimido (0,40) | 0,00/0,40 |
| 9. Indicação Art. 71, § 4º, CLT (0,10), OBS.: pontuação condicionada à indicação correta dos itens 7 ou 8. | 0,00/0,10 |
| Indenização dano extrapatrimonial | |

# PEÇAS PRÁTICO-PROFISSIONAIS

| ITEM | PONTUAÇÃO |
|---|---|
| 10. Indevida porque doença degenerativa não é considerada doença do trabalho (0,50). Indicação Art. 20, § 1º, "a", Lei 8.213/91 (0,10) | 0,00/0,50/0,60 |
| Devolução desconto | |
| 11. Não há previsão legal para devolução em dobro de descontos efetuados (0,50). Indicação Art. 5º, II, CRFB/88 (0,10) | 0,00/0,50/0,60 |
| Cesta básica | |
| 12. Indevida porque a norma coletiva não tem ultratividade OU não mais vigorava quando da admissão da autora (0,50). Indicação Art. 614, § 3º, CLT (0,10) | 0,00/0,50/0,60 |
| Honorários advocatícios | |
| 13. Indevidos os 20%, porque a Lei limita a 15% (0,50). Indicação Art. 791-A da CLT (0,10) | 0,00/0,50/0,60 |
| Requerimentos finais | |
| 14. Requerimento de admissibilidade/conhecimento do recurso (0,10) | 0,00/0,10 |
| 15. Requerimento de acolhimento das preliminares (0,10) e provimento/reforma da decisão (0,10) | 0,00/0,10/0,20 |
| **Fechamento Peça** | |
| **16.** Data, local, advogado(a) e OAB (0,10) | 0,00/0,10 |

# QUESTÕES SUBJETIVAS

## 41º EXAME UNIFICADO

### QUESTÃO 1

Jandira e Marcela são irmãs e trabalham numa loja que vende celulares e acessórios, além de realizar conserto nos aparelhos. Jandira é vendedora e Marcela é técnica em conserto de celulares. Jandira recebe apenas comissões pelas vendas de celulares e acessórios, ao passo que Marcela recebe salário fixo mensal. Ambas foram alertadas por uma amiga, que não é advogada, de que teriam direito a receber também o repouso semanal remunerado à parte, nos seus contracheques. As irmãs foram à Caixa Econômica Federal (CEF) e pediram os extratos de suas contas vinculadas, verificando que faltavam diversos depósitos. Considerando esses fatos e o que dispõe a CLT, responda aos itens a seguir.

**A)** Alguma das irmãs teria direito a receber, no seu contracheque, o repouso semanal remunerado à parte, em título próprio? Justifique. (Valor: 0,65)

**B)** Caso a falta de recolhimento do FGTS tornasse desinteressante para as irmãs manter o contrato de trabalho, que providência judicial você, como advogado(a) delas, adotaria? Justifique. (Valor: 0,60) Obs.: o(a) examinando(a) deve fundamentar suas respostas. A mera citação do dispositivo legal não confere pontuação.

### GABARITO COMENTADO

**A)** Jandira teria direito porque ela é comissionista pura e, por isso, o repouso semanal remunerado não está embutido no seu salário, conforme o Art. 7º, § 2º, da Lei nº 605/1949 ou a Súmula 27 do TST.

**B)** Diante deste fato, deve ser ajuizada reclamação trabalhista requerendo a resolução contratual/rescisão indireta/despedida indireta, na forma do Art. 483, alínea d, da CLT.

#### Distribuição dos Pontos

| ITEM | PONTUAÇÃO |
|---|---|
| A. Jandira porque, sendo comissionista, o repouso semanal remunerado não está embutido no seu salário (0,55). Indicação Art. 7º, § 2º, Lei 605/1949 ou Súmula 27 do TST (0,10) | 0,00/0,55/0,65 |
| B. Ajuizar reclamação trabalhista requerendo a resolução contratual/rescisão indireta/despedida indireta (0,50). Indicação do Art. 483, "d", da CLT (0,10). | 0,00/0,50/0,60 |

PRÁTICA TRABALHISTA – 10ª EDIÇÃO                 210

## QUESTÃO 2

A sociedade empresária Estamos Juntos contratou você, como advogado(a) trabalhista, para orientá-la sobre uma questão específica.

Ela concedeu plano de saúde aos empregados, sem exigir qualquer participação dos trabalhadores no custo, e quer saber se o valor do plano deve ou não integrar a base de cálculo para o pagamento de outros direitos, como o 13º salário, as férias e o FGTS. Ela quer saber, ainda, se poderá cancelar o plano de saúde dos empregados que ficarem afastados pelo INSS, em razão de alguma incapacidade temporária. Considerando os termos da CLT e o entendimento consolidado do TST, responda às indagações a seguir.

**A)** O valor do plano de saúde deverá integrar a base de cálculo para o pagamento de outras verbas? Justifique. (Valor: 0,65)

**B)** Em caso de cancelamento do plano de saúde dos empregados afastados em benefício previdenciário, que medidas judiciais podem ser adotadas pelos advogados dos empregados para restabelecer o plano de forma urgente? Justifique. (Valor: 0,60)

Obs.: o(a) examinando(a) deve fundamentar suas respostas. A mera citação do dispositivo legal não confere pontuação.

| GABARITO COMENTADO |
|---|

**A)** O candidato deverá sustentar que o plano de saúde não gerará qualquer reflexo por expressa previsão legal, uma vez que, por lei, não é considerado salário, na forma do Art. 458, § 2º, inciso IV, da CLT.

**B)** O candidato deverá sustentar que é juridicamente inviável o cancelamento do plano de saúde dos empregados afastados em benefício previdenciário, porque o contrato de trabalho encontra-se suspenso, na forma da Súmula 440 do TST, logo poderá ser ajuizada reclamação trabalhista com pedido de tutela de urgência, na forma do Art. 840 da CLT e do Art. 300 do CPC.

**Distribuição dos Pontos**

| ITEM | PONTUAÇÃO |
|---|---|
| **A.** Não, pois não é considerado salário (0,55). Indicação do Art. 458, § 2º, IV, da CLT (0,10). | 0,00/0,55/0,65 |
| **B.** Ajuizar reclamação trabalhista com pedido de tutela de urgência (0,50). Indicação do Art. 300 ou do Art. 303, ambos do CPC (0,10). | 0,00/0,50/0,60 |

## QUESTÃO 3

Você advoga em uma reclamação trabalhista movida contra uma sociedade empresária, tendo comparecido à audiência de instrução na qual foram colhidos os depoimentos pessoais e de quatro testemunhas. As razões finais foram remissivas, fazendo-se a conclusão dos autos para sentença, sem data estipulada (sine die). No dia seguinte à audiência, você recebeu um e-mail anônimo com diversas fotos do Juiz que presidiu a audiência abraçado com o titular da sociedade empresária. Pesquisando nas redes sociais, você confirmou a veracidade das fotos e, mais que isso, constatou que o magistrado era muito amigo do dono da sociedade empresária, tanto assim que frequentavam as residências e as famílias saíam socialmente, chegando a realizar diversas viagens juntas, inclusive para o exterior.

Considerando a situação narrada e os termos da legislação em vigor, responda às indagações a seguir.

211 QUESTÕES SUBJETIVAS

**A)** Ciente desses fatos e com as provas em mão, na qualidade de advogado(a), que medida processual deve ser adotada em favor do seu cliente, nos autos do processo em curso, que está aguardando a prolação da sentença? Justifique. (Valor: 0,65)

**B)** Se o e-mail anônimo tivesse chegado ao seu conhecimento 20 (vinte) meses após o trânsito em julgado, quando o processo já estivesse arquivado com um resultado de improcedência total, na qualidade de advogado(a), que medida processual deveria ser adotada em favor do seu cliente? Justifique. (Valor: 0,60)

Obs.: o(a) examinando(a) deve fundamentar suas respostas. A mera citação do dispositivo legal não confere pontuação.

## GABARITO COMENTADO

**A)** Apresentar exceção de suspeição/ impedimento, conforme o Art. 802 da CLT.

**B)** (Anulada)

**Distribuição dos Pontos**

| ITEM | PONTUAÇÃO |
|---|---|
| A. Apresentar exceção de suspeição/impedimento (0,55). Indicação Art. 802 da CLT (0,10). | 0,00/0,55/0,65 |
| B. (Anulada) | 0,00/0,50/0,60 |

## QUESTÃO 4

Bernardo trabalhava como vigilante terceirizado, atuando, por meio do seu empregador, em uma agência bancária. Após ser dispensado sem justa causa e não receber sua indenização, Bernardo ajuizou ação apenas contra o ex-empregador e continuou em atividade na mesma agência bancária, mas agora com a nova prestadora de serviços. O pedido foi julgado procedente, mas o ex-empregador desapareceu. Nem mesmo direcionando a execução contra os sócios, Bernardo conseguiu receber o crédito. Então, o(a) advogado(a) de Bernardo requereu que a execução fosse direcionada contra o banco, tomador dos serviços, já que, por lei, o banco possui responsabilidade subsidiária. O juiz determinou a intimação do banco para se manifestar em cinco dias, permitindo o contraditório antes de decidir. Sabendo que você é o(a) advogado(a) do banco, responda às indagações a seguir com base nas normas de regência e no entendimento consolidado do TST.

**A)** Que tese você advogaria na manifestação contra a pretensão de Bernardo de direcionar a execução contra o banco? Justifique. (Valor 0,65)

**B)** Caso o juiz, após a sua manifestação, decidisse atender ao requerimento de Bernardo, que providência você adotaria? Justifique. (Valor 0,60)

Obs.: o(a) examinando(a) deve fundamentar suas respostas. A mera citação do dispositivo legal não confere pontuação.

## GABARITO COMENTADO

**A)** A tese de que não se pode executar quem não participou da relação processual ou não consta do título executivo judicial, na forma da Súmula 331, inciso IV, do TST ou do Art. 513 § 5º, do CPC.

PRÁTICA TRABALHISTA – 10ª EDIÇÃO

**B)** Interpor agravo de petição, na forma do Art. 897, alínea a, da CLT. Não seria cabível ajuizamento de embargos de terceiro porque o banco já foi incluído como executado (logo não pode mais intitular-se terceiro estranho à lide), nem exceção de pré-executividade porque a rigor o juiz repetiria a decisão de inclusão do banco e dela, por não ter natureza terminativa do feito, não caberia recurso ou acesso ao 2º grau.

**Distribuição dos Pontos**

| ITEM | PONTUAÇÃO |
|---|---|
| **A)** Que não se pode executar alguém que não participou da relação processual ou o banco não consta do título executivo judicial (0,55). Indicação Súmula 331, IV, do TST, ou Art. 513 § 5º, do CPC (0,10). | 0,00/0,55/0,65 |
| **B)** Interpor agravo de petição (0,50). Indicação do Art. 897, a, CLT (0,10). | 0,00/0,50/0,60 |

## 40º EXAME UNIFICADO
## QUESTÃO 01

**(OAB/Exame 40º – 2024.1)** Jorge da Silva ajuizou reclamação trabalhista e se valeu do Incidente de Desconsideração da Personalidade Jurídica (IDPJ) já na inicial, alegando que a sociedade empresária havia fechado de fato suas portas, fazendo prova do alegado. Citados os reclamados, um dos sócios se insurgiu, afirmando que o IDPJ somente poderia ocorrer na fase de execução.

Considerando esses fatos e o que dispõe a CLT, responda aos itens a seguir.

A) Concedida vista a você, advogado(a) de Jorge, sobre a alegação do sócio, como você defenderia processualmente o Incidente de Desconsideração da Personalidade Jurídica (IDPJ) utilizado? Justifique. (Valor: 0,65)

B) Caso o juiz rejeite o Incidente de Desconsideração da Personalidade Jurídica (IDPJ), caberá recurso imediato? Justifique. (Valor: 0,60)

Obs.: O(A) examinando(a) deve fundamentar suas respostas. A mera citação do dispositivo legal não confere pontuação.

### GABARITO COMENTADO

**A)** O candidato deve sustentar que é possível a instauração do incidente de desconsideração da personalidade jurídica (IDPJ) na fase de conhecimento/cognição, conforme o Art. 134 do CPC ou o Art. 855-A da CLT.

**B)** Não caberá recurso imediato, conforme o Art. 855-A, § 1º, inciso I, da CLT.

**Distribuição dos Pontos**

| ITEM | PONTUAÇÃO |
|---|---|
| **A.** É possível a instauração do IDPJ na fase de conhecimento (0,55). Indicação do Art. 134 do CPC, _**ou**_ do Art. 855-A da CLT (0,10). | 0,00/0,55/0,65 |
| **B.** Não caberá recurso imediato (0,50). Indicação do Art. 855-A, § 1º, inciso I, da CLT (0,10). | 0,00/0,50/0,60 |

## Questão 2

**(OAB/Exame 40° – 2024.1)** Filomena é empregada da indústria de laticínios Queijo Bom Ltda. desde janeiro de 2020. No período aquisitivo de férias 2022/2023, Filomena teve as seguintes ausências: três dias pela morte de um tio, um dia porque serviu de testemunha num processo de seu antigo empregador, quatro dias para fazer exames preventivos contra câncer, um dia para fazer a prova de um concurso público para o qual se inscreveu e dois dias para fazer alistamento eleitoral. Considerando os fatos e o que dispõe a CLT, responda às questões a seguir.

**A)** Qual será a quantidade de dias de férias a que Filomena terá direito? Justifique. (Valor: 0,65)

**B)** Caso Filomena queira converter 1/3 de suas férias em abono pecuniário e faça tal requerimento ao empregador 15 dias antes do início das férias, sua pretensão poderá ser juridicamente negada? Justifique. (Valor: 0,60)

*Obs.: O(A) examinando(a) deve fundamentar suas respostas. A mera citação do dispositivo legal não confere pontuação.*

### GABARITO COMENTADO

A) Filomena tem direito a trinta dias, porque a empregada teve até cinco faltas injustificadas, na forma do Art. 473 ou do Art. 130, inciso I, ambos da CLT.

B) Sim, pois o abono pecuniário deve ser requerido até 15 (quinze) dias antes do término do período aquisitivo, conforme o Art. 143, § 1°, da CLT.

**Distribuição dos Pontos**

| ITEM | PONTUAÇÃO |
|---|---|
| **A.** 30 dias, porque ela teve 5 faltas injustificadas (0,55). Indicação dos Arts. 473 **ou** 130, I, ambos da CLT (0,10). | 0,00/0,55/0,65 |
| **B.** Sim, pois deveria ser requerida até 15 dias antes do término do período aquisitivo **ou** foi requerida fora do prazo legal (0,50). Indicação do Art. 143, § 1°, da CLT (0,10). | 0,00/0,50/0,60 |

## QUESTÃO 03

**(OAB/Exame 40° – 2024.1)** Determinado empregado ajuizou reclamação trabalhista em face de uma sociedade empresária em 15/03/2023, aduzindo exclusivamente que, por trabalhar com aparelho de telefone celular fornecido pelo empregador em razão do trabalho, teria direito ao adicional de sobreaviso.

A sociedade empresária defendeu-se, mas o juiz julgou o pedido procedente. A parte ré interpôs recurso ordinário no último dia do prazo. O TRT considerou o recurso intempestivo por um dia. Ocorre que, todo o processo transcorreu em um Município em que o último dia do prazo recursal caiu em um feriado local. Você, apesar de informar esse fato expressamente no teor da petição de interposição, bem como nas razões recursais, havia entendido que era desnecessário comprovar isso no ato da interposição do recurso.

Diante disso, considerando a jurisprudência consolidada do TST, responda aos itens a seguir.

A) Na qualidade de advogado da sociedade empresária, qual a tese jurídica desenvolvida em contestação e recurso para rechaçar o pedido de sobreaviso? Justifique. (Valor: 0,60)

PRÁTICA TRABALHISTA – 10ª EDIÇÃO    214

**B)** Na qualidade de advogado da sociedade empresária, qual a tese jurídica processual a ser desenvolvida para defender a tempestividade na interposição do recurso ordinário? Justifique. (Valor: 0,65)

*Obs.: O(A) examinando(a) deve fundamentar suas respostas. A mera citação do dispositivo legal não conferepontuação.*

**Qualquer semelhança nominal e/ou situacional presente nos enunciados das questões é mera coincidência."**

## GABARITO COMENTADO

A) Deverá ser sustentado que, de acordo com a Súmula 428, item I do TST, o fornecimento ou uso de telefone celular, instrumentos telemáticos ou informatizados, por si só, não caracteriza sobreaviso.

B) Deverá ser sustentado que, sendo feriado local, deve ser concedido prazo de cinco dias para comprovação da tempestividade do recurso ordinário, conforme a Súmula 385, item I, do TST.

**Distribuição dos Pontos**

| ITEM | PONTUAÇÃO |
|---|---|
| **A.** O simples fornecimento/uso de telefone celular/instrumentos telemáticos ou informatizados não caracteriza sobreaviso (0,50). Indicação da Súmula 428, item I, do TST (0,10). | 0,00/0,50/0,60 |
| **B.** Que deveria ser concedido prazo para comprovar o feriado (0,55). Indicação da Súmula 385, item I, do TST (0,10). | 0,00/0,55/0,65 |

## QUESTÃO 04

**(OAB/Exame 40º – 2024.1)** Em sede de dissídio coletivo, o Tribunal Regional do Trabalho do Espírito Santo prolatou sentença normativa estabelecendo reajuste para a categoria dos metalúrgicos. O sindicato profissional, insatisfeito, interpôs o recurso cabível, cuja decisão do Tribunal Superior do Trabalho transitou em julgado há um mês, a qual acolheu os argumentos da parte recorrente.Diante disso, você, na qualidade de advogado(a) do sindicato profissional, deve responder às seguintes indagações à luz da jurisprudência consolidada do TST e da legislação trabalhista em vigor.

**A)** Não havendo cumprimento espontâneo da decisão normativa transitada em julgado, que medida jurídica processual você deverá adotar na defesa do interesse dos seus clientes? Justifique. (Valor: 0,65)

**B)** Caso a parte contrária suscite a prescrição do direito de ação em virtude do transcurso de mais de dois anos após a decisão do TRT/ES, qual tese jurídica específica para a hipótese você deverá desenvolver para rechaçar a alegação de prescrição? Justifique. (Valor: 0,60)

*Obs.: O(A) examinando(a) deve fundamentar suas respostas. A mera citação do dispositivo legal não confere pontuação.*

## GABARITO COMENTADO

A) Deverá ser ajuizada uma Ação de Cumprimento, nos termos do Art. 872 caput ou 872, parágrafo único, da CLT ou Art. 7º, § 6º, da Lei 7.701/88.

B) Deverá ser alegado que o curso do prazo prescricional só tem início com o trânsito em julgado da sentença normativa, conforme a Súmula 350 do TST.

**Distribuição dos Pontos**

| ITEM | PONTUAÇÃO |
|---|---|
| **A.** Ação de Cumprimento (0,55). Indicação do Art. 872 **ou** 872, parágrafo único, da CLT **ou** Art. 7º, § 6º, da Lei 7.701/88 (0,10). | 0,00/0,55/0,65 |
| **B.** Que a prescrição só se inicia com o trânsito em julgado da sentença normativa (0,50). Indicação da Súmula 350 do TST (0,10). | 0,00/0,50/0,60 |

## 39º EXAME UNIFICADO

**(OAB/Exame 39º – 2023.3)** Celso Pereira trabalha na empresa pública estadual *Águas Limpas*, desde 2001. Em janeiro de 2019, por força de lei estadual, os empregados públicos passaram a ser regidos pelo regime estatutário. Em março de 2022, Celso aposentou-se e ajuizou reclamação trabalhista pretendendo horas extras e adicional noturno do período em que era regido pelo regime celestista. Houve sentença de primeiro grau julgando o rol de pedidos procedente em parte, sentença contra a qual a parte ré pretende recorrer, principalmente porque, depois de o processo seguir concluso para sentença, foi obtido documento, antes desconhecido (ainda não incorporado aos autos), no qual o autor assinou recibo de quitação por haver recebido pagamento integral das horas extras, que foi objeto de condenação.

Diante disso, responda aos itens a seguir.

A) Como advogado da ré, qual tese jurídica você desenvolveria desde a contestação a fim de rechaçar, de plano, a pretensão de Celso? Justifique. (Valor: 0,65)

B) Como advogado da ré, qual a tese processual a ser defendida para ser usada a prova obtida após a conclusão do processo para sentença? Justifique. (Valor: 0,60)

Obs.: *o(a) examinando(a) deve fundamentar suas respostas. A mera citação do dispositivo legal não confere pontuação.*

### GABARITO COMENTADO

A) Deverá ser suscitada a tese de prescrição bienal, em razão da mudança de regime celetista para estatutário, pois isto implica na extinção do contrato de trabalho, nos termos da Súmula 382 do TST, ou do Art. 11 da CLT, ou do Art. 7º, inciso XXIX, da CRFB/88.

B) Deverá ser aduzido que foi obtido documento novo, a ser juntado com o recurso ordinário, na forma da Súmula 8 do TST.

### DISTRIBUIÇÃO DOS PONTOS

| ITEM | PONTUAÇÃO |
|---|---|
| **A.** Prescrição bienal (0,30) porque o contrato de trabalho foi extinto pela mudança de regime jurídico (0,25), nos termos da Súmula 382 do TST, **OU** do Art. 11 da CLT, **OU** do Art. 7º, inciso XXIX, da CRFB/88 (0,10). | 0,00/0,30/0,40/ 0,55/0,65 |
| **B.** Trata-se de documento novo (0,30) que pode ser juntado no recurso (0,20), nos termos da Súmula 8 do TST **OU** Art. 435 do CPC (0,10). | 0,00/0,30/0,40/ 0,50/0,60 |

PRÁTICA TRABALHISTA – 10ª EDIÇÃO

## QUESTÃO 02

**(OAB/Exame 39° – 2023.3)** Cleonice é empregada da sociedade empresária *Café Quentinho Ltda.*, tendo sido contratada em janeiro de 2022 na condição de vendedora.

Em fevereiro de 2023, Cleonice sofreu um grave acidente, no qual *Café Quentinho Ltda.* não teve culpa nem responsabilidade. No acidente, Cleonice sofreu politraumatismo e foi atendida pelo plano de saúde fornecido pela sociedade empresária.

Cleonice foi submetida à avaliação de uma junta médica e foi declarada sua total incapacidade para o trabalho, por tempo indeterminado. Assim, Cleonice foi encaminhada ao INSS no prazo legal, que lhe concedeu aposentadoria por incapacidade permanente (antiga aposentadoria por invalidez). Diante disso, a sociedade empresária determinou o cancelamento do plano de saúde de Cleonice.

Considerando esses fatos e o que dispõe a CLT e a legislação processual civil em vigor, responda aos itens a seguir.

A) Qual é o efeito jurídico da aposentadoria por incapacidade permanente no contrato de trabalho de Cleonice? Justifique. (Valor: 0,65)

B) Qual medida deverá ser adotada a fim de buscar imediatamente o restabelecimento do plano de saúde de Cleonice? Justifique. (Valor: 0,60)

Obs.: *o(a) examinando(a) deve fundamentar suas respostas. A mera citação do dispositivo legal não confere pontuação.*

### GABARITO COMENTADO

A) O contrato de trabalho de Cleonice será suspenso em razão da concessão do benefício previdenciário, conforme o Art. 475 da CLT.

B) Deverá ser ajuizada reclamação trabalhista com pedido de tutela de urgência/evidência, na forma do Art. 300 do CPC.

**DISTRIBUIÇÃO DOS PONTOS**

| ITEM | PONTUAÇÃO |
|---|---|
| **A.** O contrato será suspenso (0,55), conforme o Art. 475/475, *caput*, da CLT **OU** a Súmula 440 TST (0,10). | 0,00/0,55/0,65 |
| **B.** Reclamação trabalhista com pedido de tutela provisória **OU** de urgência **OU** de evidência **OU** cautelar **OU** liminar (0,50), na forma do Art. 300 do CPC (0,10). | 0,00/0,50/0,60 |

## QUESTÃO 03

**(OAB/Exame 39° – 2023.3)** Você advoga para uma rede de supermercados e deverá defender os interesses de seu cliente em duas situações:

– na primeira, a sociedade empresária pretende dispensar um dirigente sindical, faltando 1 (um) mês para o término do mandato, por entender que ele praticou falta grave. A sociedade empresária possui documentos, inclusive com provas de áudio, vídeo e testemunhas;

– na segunda, o empregado já foi dispensado, teve seu aviso prévio indenizado, mas registrou sua candidatura a dirigente sindical no mesmo período e foi eleito. Agora ajuizou ação trabalhista requerendo reintegração.

Diante disso, à luz da CLT e do entendimento consolidado do TST, responda aos itens a seguir.

217 QUESTÕES SUBJETIVAS

A) Em relação ao dirigente sindical da primeira situação, que medida jurídico-processual você deverá adotar para implementar sua dispensa? Justifique. (Valor: 0,65)

B) Na segunda situação, que tese jurídica você deverá sustentar em contestação para rechaçar o pedido de reintegração? Justifique. (Valor: 0,60)

Obs.: *o(a) examinando(a) deve fundamentar suas respostas. A mera citação do dispositivo legal não confere pontuação.*

## GABARITO COMENTADO

A) Deverá ser ajuizado um inquérito para apuração de falta grave, conforme a Súmula 379 do TST ou o Art. 853 da CLT.

B) Na hipótese não há estabilidade, porque o registro da candidatura ocorreu após a dispensa, conforme a Súmula 369, inciso V, do TST.

### DISTRIBUIÇÃO DOS PONTOS

| ITEM | PONTUAÇÃO |
|---|---|
| **A.** Ajuizar inquérito **OU** inquérito judicial **OU** inquérito para apuração de falta grave (0,30) porque ele tem estabilidade/garantia no emprego (0,25), conforme a Súmula 379 do TST **OU** Art. 853 da CLT (0,10). | 0,00/0,30/0,40/ 0,55/ 0,65 |
| **B.** Não há estabilidade (0,30) porque o registro da candidatura foi realizado após a dispensa **OU** durante o aviso prévio (0,20), conforme Súmula 369, V, do TST (0,10). | 0,00/0,30/0,40/ 0,50/ 0,60 |

## QUESTÃO 04

**(OAB/Exame 39º – 2023.3)** Laura Pedroso é membro do conselho fiscal do sindicato de sua categoria profissional e foi dispensada, imotivadamente, tendo ingressado com reclamação trabalhista, com pedido de tutela de urgência, requerendo a reintegração.

O pedido de tutela de urgência foi deferido, e aguarda-se o cumprimento do mandado de reintegração. O processo encontra- se aguardando audiência.

Você, na condição de advogado(a) da sociedade empresária ré, observada a legislação pertinente e o entendimento jurisprudencial consolidado do TST, responda às indagações a seguir.

A) Que tese jurídica específica deverá ser sustentada para defender a inexistência da estabilidade na hipótese? Justifique.

(Valor: 0,65)

B) Visando sustar imediatamente a decisão que deferiu a tutela de urgência, qual a medida processual passível de ser adotada? Justifique. (Valor: 0,60)

Obs.: *o(a) examinando(a) deve fundamentar as respostas. A mera citação do dispositivo legal não confere pontuação.*

## GABARITO COMENTADO

A) Deve ser aduzido que membro de conselho fiscal não goza da estabilidade de dirigente sindical, pois não atua diretamente na defesa dos interesses da categoria, conforme entendimento da OJ 365 da SDI I do TST.

B) Deverá ser interposto mandado de segurança, na forma da Súmula 414, inciso II, do TST.

PRÁTICA TRABALHISTA – 10ª EDIÇÃO

## DISTRIBUIÇÃO DOS PONTOS

| ITEM | PONTUAÇÃO |
|---|---|
| **A.** Membro de conselho fiscal não tem estabilidade (0,25) porque não atua na defesa dos interesses diretos da categoria **OU** porque tem competência limitada para a fiscalização da gestão financeira do sindicato (0,30), conforme entendimento da OJ 365 da SDI I do TST (0,10). | 0,00/0,25/0,30/ 0,35/0,40/ 0,55/0,65 |
| **B.** Impetrar mandado de segurança (0,30) porque desta decisão não cabe recurso imediato **OU** próprio (0,20), na forma da Súmula 414, inciso II, do TST (0,10). | 0,00/0,30/0,40/ 0,50/0,60 |

## 38º EXAME UNIFICADO

### Questão 1

**(OAB/Exame 38º – 2023.2)** Douglas ajuizou, em 2022, ação contra seu ex-empregador, a sociedade empresária *Serralheria Milenar Ltda.*, postulando FGTS não depositado, adicional noturno, indenização por dano moral e horas extras.

Designada audiência, as partes conciliaram no valor de R$ 60.000,00, a ser pago em 10 parcelas de R$ 6.000,00, com a 1ª parcela para 30 dias após. O acordo foi homologado em ata pela juíza que presidiu os trabalhos.

A pedido da sociedade empresária, foi estipulado que todo valor pago seria a título de indenização por dano moral. Cinco dias após, o autor peticionou nos autos dizendo que se arrependeu do acordo, manifestando desistência da conciliação, porque um colega em situação semelhante havia recebido valor muito superior. Como ainda não havia recebido nenhuma parcela, requereu a remarcação da audiência para instrução ou, caso o juízo se negasse, que recebesse a petição como recurso ordinário.

Diante da situação retratada e dos termos da CLT, responda aos itens a seguir.

A) Caso a magistrada concedesse vista da petição à reclamada, que tese jurídica processual você, na condição de advogado(a), sustentaria em defesa da sociedade empresária? Justifique. (Valor: 0,65)

B) No caso apresentado, alguma entidade pública precisa ser intimada do acordo homologado judicialmente? Justifique. (Valor: 0,60)

*Obs.: o(a) examinando(a) deve fundamentar suas respostas. A mera citação do dispositivo legal não confere pontuação.*

*"Qualquer semelhança nominal e/ou situacional presente nos enunciados das questões é mera coincidência."*

### GABARITO COMENTADO

A) Deverá ser sustentado que o acordo homologado em juízo vale como decisão irrecorrível, fazendo coisa julgada material para as partes, na forma do Art. 831, parágrafo único, da CLT ou Súmula 259 ou Súmula 100, V, ambas do TST.

B) Sim, por haver verba de natureza indenizatória indicada no acordo, a União deverá ser intimada, na forma do Art. 832, § 4º, da CLT.

# QUESTÕES SUBJETIVAS

**Distribuição dos Pontos**

| ITEM | PONTUAÇÃO |
|---|---|
| **A.** Que o acordo homologado em juízo vale como decisão irrecorrível **ou** que faz coisa julgada material para as partes (0,55). Indicação do Art. 831, parágrafo único, da CLT, **ou** da Súmula 259, **ou** da Súmula 100, inciso V, ambas do TST (0,10). | 0,00/0,55/0,65 |
| **B.** A União (INSS) (0,30), por haver verba de natureza indenizatória (0,20). Indicação do Art. 832, § 4º, da CLT (0,10). | 0,00/0,30/0,40/0,50/0,60 |

## QUESTÃO 02

**(OAB/Exame 38º – 2023.2)** Uma determinada categoria profissional acertou, em convenção coletiva com a categoria econômica, que a jornada de trabalho dos empregados passaria a ser, a partir de fevereiro de 2023, de 4 horas diárias durante os 7 dias da semana. Em contrapartida, os trabalhadores não teriam repouso semanal remunerado, pois mesmo sem o repouso, a jornada seria de 28 horas semanais, inferior ao módulo constitucional.

Considerando esses fatos e o que dispõe a CLT, responda às indagações a seguir.

A) Quanto à supressão do repouso semanal remunerado, a norma coletiva é válida? Justifique. (Valor: 0,65)

B) Se seu cliente, empregado dessa sociedade empresária, considerasse injusta a cláusula e quisesse anulá-la judicialmente, contra quem deveria ajuizar a ação? Justifique. (Valor: 0,60)

*Obs.: o(a) examinando(a) deve fundamentar suas respostas. A mera citação do dispositivo legal não confere pontuação.*

*"Qualquer semelhança nominal e/ou situacional presente nos enunciados das questões é mera coincidência."*

### GABARITO COMENTADO

A) Não, por se tratar de objeto ilícito, constituindo direito indisponível para efeito de negociação. Indicação Art. 611-B, IX, CLT ou Tema 1046, STF.

B) A ação deve ser movida contra a sociedade empresária e os sindicatos de classe dos empregados e do empregador em litisconsórcio passivo necessário, conforme prevê o Art. 611-A, § 5º, da CLT

**Distribuição dos Pontos**

| ITEM | PONTUAÇÃO |
|---|---|
| **A.** Não, por se tratar de objeto ilícito **ou** de direito indisponível / inegociável **OU** por vedação legal (0,55). Indicação do Art. 611-B, IX, da CLT **ou** Tema 1046, STF (0,10). | 0,00/0,55/0,65 |
| **B.** Contra a sociedade empresária e os sindicatos de classe dos empregados e do empregador/ sindicatos subscritores (0,50). Indicação Art. 611-A, § 5º, CLT (0,10). | 0,00/0,50/0,60 |

PRÁTICA TRABALHISTA – 10ª EDIÇÃO

## QUESTÃO 03

**(OAB/Exame 38º – 2023.2)** Você advoga para um médico que ajuizou reclamação trabalhista em face de uma organização social da saúde, empregadora, *Hospital Brasileiro de Bons Cuidados*, o qual prestou serviços para a União, também ré nesta reclamação trabalhista, sendo que, além de contestar sua legitimidade no polo passivo, aduz serem indevidos honorários advocatícios em caso de sucumbência por se tratar de ente de direito público. Seu cliente foi dispensado enquanto o contrato entre os réus ainda estava ativo.

Ao longo de todo o contrato, a União jamais efetuou qualquer tipo de fiscalização do cumprimento de direitos trabalhistas, o que foi admitido em sede de defesa como fato incontroverso, portanto.

Com base na hipótese apresentada, responda aos itens a seguir.

A) Que tese jurídica você deverá sustentar na ação para obter a condenação da União? Justifique. (Valor: 0,65)

B) Que tese jurídica você deverá sustentar para o seu pleito de honorários de advogado em relação à segunda ré? Justifique. (Valor: 0,60)

*Obs.: o(a) examinando(a) deve fundamentar suas respostas. A mera citação do dispositivo legal não confere pontuação.*

*"Qualquer semelhança nominal e/ou situacional presente nos enunciados das questões é mera coincidência."*

### GABARITO COMENTADO

A) Deverá ser sustentado que a União responde subsidiariamente, porque demonstrada a culpa in vigilando pela falta de fiscalização, conforme a Súmula 331, inciso V, do TST e Tema 246 da tabela de repercussão geral do STF.

B) Deverá ser sustentado que, nas ações contra a Fazenda Pública, são devidos honorários advocatícios, na forma do Art. 791-A, § 1º, da CLT.

**Distribuição dos Pontos**

| ITEM | PONTUAÇÃO |
|---|---|
| **A.** A União responde subsidiariamente (0,35), porque demonstrada a culpa *in vigilando/* por falta de fiscalização (0,20). Indicação da Súmula 331, inciso V, do TST **ou** Tema 246 do STF (0,10). | 0,00/0,20/0,30/0,35 0,45/0,55/0,65 |
| **B.** São devidos honorários advocatícios nas ações contra a Fazenda Pública (União) (0,50). Indicação do Art. 791-A, § 1º, da CLT (0,10). | 0,00/0,50/0,60 |

## QUESTÃO 04

**(OAB/Exame 38º – 2023.2)** Um decreto municipal determinou que a rua em que funcionava uma oficina mecânica deveria ser fechada para a circulação de veículos, considerando-a como área de lazer. Essa medida tornou impossível a continuidade dos negócios da oficina e acarretou o encerramento das suas atividades.

O empregador quitou as rescisões dos contratos de trabalho dos empregados, sem, contudo, pagar a multa rescisória. Em razão disso, houve o ajuizamento de reclamação trabalhista de um ex-empregado requerendo o pagamento da multa rescisória e da multa do Art. 477 da CLT.

221

QUESTÕES SUBJETIVAS

A sentença julgou procedente o pedido da multa rescisória e improcedente o pedido da multa do Art. 477 da CLT. Inicialmente a parte ré se conformou com a decisão. Porém, a parte autora recorreu e o processo encontra-se no prazo de resposta deste recurso da parte autora.

Diante destes fatos, na qualidade de advogado da oficina mecânica ré, responda aos itens a seguir.

A) Qual a tese jurídica a ser defendida para o não pagamento da indenização rescisória dos contratos? Justifique. (Valor: 0,65)

B) Qual a medida processual a ser adotada para viabilizar o reexame da sentença de procedência quanto ao deferimento do pedido de pagamento da multa rescisória? Justifique. (Valor: 0,60)

*Obs.: o(a) examinando(a) deve fundamentar as respostas. A mera citação do dispositivo legal não confere pontuação.*

*"Qualquer semelhança nominal e/ou situacional presente nos enunciados das questões é mera coincidência."*

## GABARITO COMENTADO

A) Deverá ser alegado fato do príncipe (ato de Autoridade / ato de Governo), na forma do Art. 486 da CLT. B) Deverá ser interposto Recurso Adesivo ou Recurso Ordinário Adesivo, conforme o Art. 997, § 1º do CPC ou a Súmula 283 do TST.

**Distribuição dos Pontos**

| ITEM | PONTUAÇÃO |
|---|---|
| **A.** Fato do príncipe / Ato de Autoridade / Governo (0,55). Indicação do Art. 486 da CLT (0,10). | 0,00/0,55/0,65 |
| **B.** Recurso Adesivo ou Recurso Ordinário Adesivo (0,50). Indicação do Art. 997, § 1º, do CPC **ou** da Súmula 283 do TST (0,10). | 0,00/0,50/0,60 |

## 37º EXAME UNIFICADO
### QUESTÃO 01

**(OAB/Exame 37º – 2023.1)** Nelson era técnico de produção na sociedade empresária *Horta Saudável Ltda.*, ganhando o valor correspondente a 3 salários-mínimos mensais. Nelson, ao completar 1 ano de trabalho, acertou com o empregador o aproveitamento das suas férias 2018/2019 em 3 períodos de 10 dias cada, ficando acordado que a fruição desses períodos deveria ocorrer dentro do período concessivo.

O acerto foi observado, tendo Nelson recebido integralmente o terço constitucional das férias, dois dias antes de aproveitar o primeiro período de 10 dias de férias. Em janeiro de 2020, ao retorno do terceiro e último período de férias, Nelson foi dispensado, sem justa causa, mas não recebeu suas verbas rescisórias. Por essa razão, ajuizou reclamação trabalhista pelo rito ordinário, requerendo o pagamento das verbas rescisórias devidas, mas não apresentou os valores respectivos pretendidos.

Diante da narrativa apresentada e dos termos da CLT, responda às indagações a seguir.

A) O fracionamento das férias, no caso apresentado, é válido? Justifique. (Valor: 0,65)

B) Na qualidade de advogado(a) da sociedade empresária, indique a preliminar que você suscitaria pelo fato de não haver liquidação nem indicação de valores. Justifique. (Valor: 0,60)

*Obs.: o(a) examinando(a) deve fundamentar suas respostas. A mera citação do dispositivo legal não confere pontuação.*

PRÁTICA TRABALHISTA – 10ª EDIÇÃO

## GABARITO COMENTADO

A) O fracionamento realizado é inválido porque a CLT determina que no caso de as férias serem aproveitadas em 3 períodos, 1 deles não pode ser inferior a 14 dias, conforme o Art. 134, § 1º, da CLT.

B) Em defesa dos interesses da sociedade empresária, deverá ser suscitada a inépcia do pedido, já que não foi indicado o valor, não atendendo ao que prevê o Art. 840, §§ 1º ou 3º, da CLT, ou ainda do Art. 330, § 1º, II, do CPC.

**Distribuição dos Pontos**

| ITEM | PONTUAÇÃO |
|---|---|
| A. É inválido porque um dos períodos não pode ser inferior a 14 dias (0,55). Indicação Art. 134, § 1º, CLT (0,10). | 0,00/0,55/0,65 |
| B. Inépcia (0,50). Indicação Art. 840, § 1º **ou** § 3º, CLT OU Art. 330, § 1º, II, do CPC (0,10). | 0,00/0,50/0,60 |

## QUESTÃO 02

**(OAB/Exame 37º – 2023.1)** O sindicato dos empregados na indústria têxtil e o sindicato dos empregadores não chegaram a um acordo em sede de negociação coletiva, e estão de comum acordo em judicializar a questão. Assim, encontra-se ainda em vigor a convenção coletiva anterior, cujo termo final se aproxima.

O sindicato dos empregados, desejando ver mantidas as conquistas da categoria sem solução de continuidade e com previsão em eventual nova norma coletiva, consulta você, como advogado(a), sobre os itens a seguir.

A) A fim de atender ao interesse da categoria dos empregados, admitindo a hipótese de total inviabilidade de consenso na negociação coletiva, nos termos do enunciado, afastada a possibilidade de Protesto Judicial, qual a medida judicial a ser adotada, esclarecendo o prazo para tanto? Justifique. (Valor: 0,65)

B) Caso o sindicato dos empregadores desejasse incluir cláusula na convenção coletiva por meio da qual haveria redução do número de dias de férias em casos de licença não remunerada, observados os termos da CLT em vigor, que tese jurídica você desenvolveria para defesa da classe trabalhadora? Justifique. (Valor: 0,60)

*Obs.: o(a) examinando(a) deve fundamentar suas respostas. A mera citação do dispositivo legal não confere pontuação.*

## GABARITO COMENTADO

A) Deverá ser instaurado dissídio coletivo dentro dos 60 dias que antecedem o termo final da norma em vigor, conforme os artigos 616, § 3º, da CLT e 114, § 2º, da CRFB/88.

B) Nos termos dos artigos 611-B, inciso XI, da CLT e 7º, XVII da CRFB/898, deverá ser alegado que é vedado à norma coletiva dispor acerca da redução do número de dias de férias, tratando-se de direito indisponível.

**QUESTÕES SUBJETIVAS**

**Distribuição dos Pontos**

| ITEM | PONTUAÇÃO |
|---|---|
| A. Instaurar dissídio coletivo (0,35) nos 60 dias anteriores ao término da vigência da norma/convenção coletiva (0,20). Indicação Art. 616, § 3º, CLT **ou** Art. 114, § 2º, CRFB/88 (0,10). | 0,00/0,35/0,45/0,55/0,65 |
| B. Que é vedado à norma/convenção coletiva reduzir a quantidade de férias **ou** ilegal porque se trata de direito indisponível (0,50). Indicação Art. 611-B, XI, CLT **ou** Art. 7º, XVII, CRFB/88 (0,10). | 0,00/0,50/0,60 |

## QUESTÃO 03

**(OAB/Exame 37º – 2023.1)** Em determinada reclamação trabalhista, o juiz julgou procedente, em parte, o pedido e, atendendo a requerimento do autor, formulado na petição inicial, concedeu, na sentença, o bloqueio imediato de patrimônio da sociedade empresária até o limite de R$ 50.000,00 para garantir o resultado útil do processo. Dessa sentença ambas as partes interpuseram recurso.

Considerando a situação retratada, as normas da CLT e o entendimento consolidado do TST, responda aos itens a seguir.

A) Que medida você, como advogado(a) da sociedade empresária, utilizaria para tentar evitar o bloqueio imediato do numerário determinado na sentença? Justifique. (Valor: 0.65)

B) Considerando que ambas as partes recorreram da sentença, que prazo a sociedade empresária teria para apresentar contrarrazões ao recurso do reclamante? Justifique. (Valor: 0,60)

*Obs.: o(a) examinando(a) deve fundamentar suas respostas. A mera citação do dispositivo legal não confere pontuação.*

### GABARITO COMENTADO

A) A sociedade empresária deverá dirigir requerimento de efeito suspensivo ao recurso ordinário, na forma da Súmula 414, inciso I, do TST.

B) O prazo de contrarrazões é de 8 dias, na forma dos artigos 900 da CLT e 6º da Lei 5.584/70.

**Distribuição dos Pontos**

| ITEM | PONTUAÇÃO |
|---|---|
| A. Requerimento de efeito suspensivo ao recurso ordinário (0,55). Indicação da Súmula 414, inciso I, do TST (0,10). | 0,00/0,55/0,65 |
| B. O prazo de contrarrazões é de 8 dias (0,50). Indicação do Art. 900 da CLT **ou** Art. 6º da Lei 5.584/70 (0,10). | 0,00/0,50/0,60 |

## QUESTÃO 04

**(OAB/Exame 37º – 2023.1)** O magistrado, em determinada execução trabalhista, ativou todas as ferramentas eletrônicas requeridas pelo exequente, mas não teve sucesso no bloqueio de patrimônio. Assim, o magistrado intimou o credor a dar andamento ao feito, mas este quedou-se inerte, e, por isso, o juiz determinou a remessa dos autos ao arquivo provisório (arquivo sem baixa). Um ano

PRÁTICA TRABALHISTA – 10ª EDIÇÃO  224

depois, o magistrado declarou de ofício a prescrição intercorrente, declarando extinta a execução pela inércia do credor.

Considerando a situação retratada e os termos da CLT, como advogado(a) do exequente responda aos itens a seguir.

A) Que medida judicial você utilizaria para tentar reverter a decisão? Justifique. (Valor: 0,65)

B) Na medida judicial a ser utilizada, que tese você apresentaria para tentar afastar a prescrição intercorrente? Justifique. (Valor: 0,60)

*Obs.: o(a) examinando(a) deve fundamentar suas respostas. A mera citação do dispositivo legal não confere pontuação.*

## GABARITO COMENTADO

A) O recurso a ser interposto pelo exequente é o agravo de petição, porque a decisão foi tomada no bojo de uma execução, na forma do Art. 897, alínea a, da CLT.

B) A tese a ser advogada é de que a prescrição intercorrente só fica caracterizada quando há paralisação do processo por 2 anos, conforme o Art. 11-A da CLT e o Art. 2º da Instrução Normativa 41/18 do TST, o que não foi o caso porque o feito permaneceu paralisado por 1 ano.

**Distribuição dos Pontos**

| ITEM | PONTUAÇÃO |
|---|---|
| A.  Agravo de petição (0,55). Indicação Art. 897, *"a"*, CLT (0,10). | 0,00/0,55/0,65 |
| B.  Que a prescrição intercorrente exige que a execução fique paralisada por 2 anos (0,50). Indicação Art. 11-A, CLT **ou** Art. 2º, IN 41/18 TST (0,10). | 0,00/0,50/0,60 |

## 36º EXAME UNIFICADO
### QUESTÃO 01

**(OAB/Exame 36º – 2022.2)** Napoleão é bancário e estava desempregado. Recentemente, foi contratado como caixa pelo Banco Nosso Dinheiro, com salário de R$ 4.000,00, mais uma gratificação fixa de R$ 1.000,00 para remunerar duas horas extras diárias de trabalho.

Napoleão, no curso do contrato de trabalho, em 21/02/2020, ajuizou uma ação trabalhista em face do banco. Na audiência, o banco foi representado por preposto não empregado, tendo sido requerido pela parte autora a confissão da parte ré.

Sobre o fato narrado, considerando a legislação trabalhista em vigor e o entendimento jurisprudencial consolidado, responda aos itens a seguir.

A) Que implicações jurídicas de caráter de direito material do trabalho decorrem do contrato de trabalho entre o Banco e Napoleão, no que concerne ao pagamento das horas extras? Justifique. (Valor: 0,65)

B) Na audiência da ação trabalhista, como advogado(a) da parte ré, qual tese jurídica você sustentaria para rechaçar o requerimento da parte autora de confissão em razão do preposto do Banco não ser empregado? Justifique. (Valor: 0,60)

*Obs.: o(a) examinando(a) deve fundamentar suas respostas. A mera citação do dispositivo legal não confere pontuação.*

## GABARITO COMENTADO

A) Estará caracterizada a pré-contratação de horas extras, logo, será nula. Indicação da Súmula 199, inciso I, do TST.

B) Deverá sustentar que não há mais a exigência de o preposto ser empregado da ré, nos termos do Art. 843, § 3º, da CLT.

**Distribuição dos Pontos**

| ITEM | PONTUAÇÃO |
|---|---|
| A. A pré-contratação de horas extras é nula (0,55). Indicação Súmula 199, inciso I, TST (0,10). | 0,00/0,55/0,65 |
| B. O preposto não precisa ser empregado (0,50). Indicação Art. 843, § 3º, CLT (0,10). | 0,00/0,50/0,60 |

## QUESTÃO 02

**(OAB/Exame 36º – 2022.2)** Marcelo Pereira, residente e domiciliado em Vitória/ES, trabalhou na sociedade empresária *Caminhos Futuros Ltda.*, situada em Vitória/ES, como auxiliar do departamento de pessoal, composto inicialmente por 3 pessoas: João, colega que fazia o mesmo serviço, Lúcio, o gerente, e ele, Marcelo.

Durante o contrato de trabalho, Lúcio foi dispensado e, somente seis meses depois, outro gerente foi contratado. Neste período de ausência de gerente específico, as funções do cargo ficaram sendo desempenhadas por Marcelo. Após a dispensa de Marcelo, outro gerente foi contratado.

Após ser dispensado, Marcelo contratou advogado de São Paulo, o qual ajuizou reclamação trabalhista distribuída a 200ª Vara do Trabalho de São Paulo/SP, requerendo que lhe fossem pagas as diferenças salariais entre o seu salário e o de gerente de RH (departamento de pessoal) no período de seis meses, por haver permanecido no lugar do gerente Lúcio.

Diante disso, considerando a legislação trabalhista em vigor e o entendimento jurisprudencial consolidado, na qualidade de advogado(a) da sociedade empresária, responda aos itens a seguir.

A) A fim de rebater o pedido de Marcelo, qual a tese jurídica a ser desenvolvida? Justifique. (Valor: 0,65)

B) Considerando os interesses do seu cliente, sendo que a sociedade empresária foi citada na data de hoje e a audiência ocorrerá daqui a 60 dias, qual a medida jurídica deverá ser apresentada de imediato, a fim de evitar o deslocamento para São Paulo? Justifique. (Valor: 0,60)

*Obs.: o(a) examinando(a) deve fundamentar suas respostas. A mera citação do dispositivo legal não confere pontuação.*

## GABARITO COMENTADO

A) Deverá ser sustentada a improcedência do pedido porque não houve substituição efetiva, mas sim vacância do cargo, não tendo ocorrido substituição interina, eventual ou temporária, na forma do Art. 450 da CLT ou da Súmula 159, inciso II, do TST.

B) Deverá ser apresentada exceção de incompetência territorial, em até 05 dias, nos termos do Art. 800 da CLT.

PRÁTICA TRABALHISTA – 10ª EDIÇÃO

**Distribuição dos Pontos**

| ITEM | PONTUAÇÃO |
|---|---|
| A. Não há diferença salarial por se tratar de cargo vago (0,55). Indicação Art. 450, CLT **ou** Súmula 159, II, TST (0,10). | 0,00/0,55/0,65 |
| B. Apresentar exceção de incompetência territorial (0,50). Indicação Art. 800, CLT (0,10). | 0,00/0,50/0,60 |

## QUESTÃO 03

**(OAB/Exame 36º – 2022.2)** Em sede de reclamação trabalhista, na qual você defende os interesses da sociedade empresária, sua cliente foi condenada em primeira instância a indenizar o autor da ação por danos morais, em decorrência de exploração de imagem, pois o uniforme estampava logomarcas de fornecedores da empregadora.

A ação fora ajuizada em 31/04/2022, sendo certo que o contrato de trabalho durou de 07/07/2018 a 20/12/2021.

Você apresentou o recurso pertinente no 9º dia útil após a publicação da sentença, porém este teve o seguimento negado sob a alegação de intempestividade. Ocorre que o recurso era tempestivo, pois o último dia do prazo foi feriado nacional, o que não foi observado pelo juízo de origem.

Diante disso, à luz do que dispõe a CLT, responda aos itens a seguir.

A) Qual a tese jurídica a ser sustentada acerca da improcedência do pedido de indenização por dano moral? Justifique. (Valor: 0,65)

B) Qual a medida processual a ser adotada de modo a fazer com que o recurso pertinente seja conhecido e julgado? Justifique. (Valor: 0,60)

*Obs.: o(a) examinando(a) deve fundamentar suas respostas. A mera citação do dispositivo legal não confere pontuação.*

### GABARITO COMENTADO

A) Deverá ser sustentado que é lícita a inclusão de logomarcas no uniforme, ou não há violação do direito de imagem, dado que cabe ao empregador definir a vestimenta no trabalho, nos termos do Art. 456-A da CLT.

B) Deverá ser interposto agravo de instrumento, na forma do Art. 897, alínea b, da CLT ou embargos de declaração, na forma do Art. 897-A da CLT, por manifesto equívoco no exame dos pressupostos extrínsecos do recurso.

**Distribuição dos Pontos**

| ITEM | PONTUAÇÃO |
|---|---|
| A. O uso de logomarcas no uniforme é lícito **ou** não há violação do direito de imagem **ou** cabe ao empregador definir a vestimenta (0,55). Indicação Art. 456-A, CLT (0,10). | 0,00/0,55/0,65 |
| B. Deverá ser interposto agravo de instrumento (0,50). Indicação Art. 897, "*b*", CLT (0,10). **ou** embargos de declaração (0,50). Indicação Art. 897-A, CLT (0,10). | 0,00/0,50/0,60 |

# QUESTÃO 04

**(OAB/Exame 36° – 2022.2)** Em sede de convenção coletiva, as categorias profissional e econômica fixaram cláusula que previa direito à garantia de emprego quando o empregado completasse 20 anos na empresa e estivesse a um ano de se aposentar pelo INSS. A vigência desta norma coletiva foi fixada em dois anos, tendo durado de 2019 a 2021. Decorrido este prazo e sem que outra convenção coletiva tenha sobrevindo, um empregado foi dispensado na referida condição. Sendo assim, foi ajuizada ação trabalhista pleiteando os benefícios da cláusula, aduzindo que esta permaneceria íntegra com seus efeitos até que outra convenção coletiva substituisse ou revogasse.

Diante disso, com base na legislação trabalhista em vigor, na qualidade de advogado da sociedade empresária, responda aos itens a seguir.

A) Qual tese jurídica você deverá desenvolver a fim de afastar o pedido do autor? Justifique. (Valor: 0,65)

B) Admitindo que a ação teve o pedido julgado improcedente em primeiro grau, mas em sede de acórdão no Tribunal Regional a decisão que lhe era favorável foi revertida, considerando que a publicação da decisão deu-se na data de hoje e não contém vícios processuais, qual a medida processual a ser adotada? Justifique. (Valor: 0,60)

*Obs.: o(a) examinando(a) deve fundamentar suas respostas. A mera citação do dispositivo legal não confere pontuação.*

## GABARITO COMENTADO

A) Deverá ser aduzido que não é admitida a ultratividade da norma coletiva, na forma do Art. 614, § 3°, da CLT.

B) Deverá ser interposto Recurso de Revista, com fulcro no Art. 896, alínea c, da CLT.

**Distribuição dos Pontos**

| ITEM | PONTUAÇÃO |
|---|---|
| A. Não há ultratividade da norma coletiva (0,55). Indicação Art. 614, § 3°, CLT (0,10). | 0,00/0,55/0,65 |
| B. Interpor Recurso de Revista (0,50). Indicação Art. 896, alínea c, da CLT (0,10). | 0,00/0,50/0,60 |

# 35° EXAME UNIFICADO
## QUESTÃO 01

**(OAB/Exame 35° – 2022.1)** Cleuza, que trabalha na *Ótica Vista Longa Ltda.* há 3 anos, engravidou e teve seu bebê em 5 de janeiro de 2020. Ela aproveitou regularmente a licença-maternidade, retornou à sociedade empresária e foi dispensada, sem justa causa, pelo empregador, em 12 de junho de 2021.

Inconformada com a dispensa, porque entende ter garantia no emprego, Cleuza ajuizou reclamação trabalhista em 18 de junho de 2021, com pedido de reintegração, inclusive requerendo tutela provisória para retorno imediato.

Considerando os fatos narrados, a previsão legal e o entendimento consolidado do TST, responda aos itens a seguir.

A) Que tese de mérito você, contratado(a) como advogado(a) da sociedade empresária, sustentaria na defesa? Justifique. (Valor: 0,65)

PRÁTICA TRABALHISTA – 10ª EDIÇÃO

B) Caso a tutela provisória determinando a reintegração imediata de Cleuza fosse deferida antes da sentença, que medida jurídica você, como advogado(a) da sociedade empresária, adotaria para tentar reverter a situação? Justifique. (Valor: 0,60)

*Obs.: o(a) examinando(a) deve fundamentar suas respostas. A mera citação do dispositivo legal não confere pontuação.*

## GABARITO COMENTADO

A) Que o período de garantia no emprego, que vigora por toda a gravidez e até 5 meses após o parto, já terminou, não havendo empecilho jurídico à dispensa sem justa causa, conforme Art. 10, inciso II, alínea b, do ADCT ou Art. 391-A da CLT.

B) Impetraria mandado de segurança, conforme previsto na Súmula 414, inciso II, do TST.

**Distribuição dos Pontos**

| ITEM | PONTUAÇÃO |
|---|---|
| A. O período de garantia no emprego, até 5 meses após o parto, já terminou (0,55). Indicação do Art. 10, inciso II, alinea *b*, do ADCT **ou** Art. 391-A da CLT (0,10) | 0,00/0,55/0,65 |
| B. Impetrar mandado de segurança (0,50). Indicação da Súmula 414, inciso II, do TST (0,10) | 0,00/0,50/0,60 |

## QUESTÃO 02

**(OAB/Exame 35º – 2022.1)** Uma grande empresa multinacional, pretendendo reduzir em 15% (quinze por cento) o seu quadro de funcionários, lançou unilateralmente um programa de desligamento incentivado em outubro de 2021. Por meio dele, o empregado que aderisse ao plano receberia, além da indenização normal prevista na Lei, mais 1,5 salários por cada ano trabalhado na empresa.

Nelson, empregado da multinacional há 14 anos, se interessou pela oferta e aderiu ao programa em novembro de 2021, tendo seu contrato rompido. Após receber corretamente a indenização prometida, ajuizou reclamação trabalhista, em dezembro de 2021, alegando que teve redução salarial unilateral em março de 2012, pois até fevereiro de 2012 ganhava R$ 5.200,00 (cinco mil e duzentos reais) e, no mês seguinte, o salário foi reduzido para R$ 4.800,00 (quatro mil e oitocentos reais), sem nenhuma justificativa. Requereu, então, a diferença salarial de abril de 2012 até o término do seu contrato.

Considerando os fatos narrados, a previsão da CLT e o entendimento consolidado do TST, responda aos itens a seguir.

A) Como advogado(a) de Nelson, caso a empresa trouxesse na contestação a preliminar de quitação pela adesão ao programa de desligamento, que alegação você sustentaria em réplica sobre essa preliminar? Justifique. (Valor: 0,65)

B) Em relação à redução salarial, se a empresa apresentasse a tese de prescrição total (ato único do empregador), que alegação você sustentaria em réplica para viabilizar o pedido? Justifique. (Valor: 0,60)

*Obs.: o(a) examinando(a) deve fundamentar suas respostas. A mera citação do dispositivo legal não confere pontuação.*

## GABARITO COMENTADO

A) Para a defesa do reclamante em relação à preliminar de quitação, o examinando deverá sustentar que o plano não foi previsto em norma coletiva, motivo pelo qual não terá o efeito de liberação total do ex-empregador, na forma do Art. 477-B da CLT.

229  QUESTÕES SUBJETIVAS

B)  Contra a tese de prescrição por ato único do empregador, o candidato deverá sustentar que a irredutibilidade salarial está assegurada por preceito de Lei, não cabendo, por isso, a tese de prescrição total, conforme o Art. 11, § 2º, da CLT e a Súmula 294 do TST.

**Distribuição dos Pontos**

| ITEM | PONTUAÇÃO |
|---|---|
| A.  O plano não foi previsto em norma coletiva (0,55). Indicação do Art. 477-B da CLT (0,10) | 0,00/0,55/0,65 |
| B.  A parcela está assegurada por preceito de Lei (0,50). Indicação do Art. 11, § 2º, da CLT **ou** Súmula 294 do TST (0,10) | 0,00/0,50/0,60 |

## QUESTÃO 03

**(OAB/Exame 35º – 2022.1)** Diego era sócio minoritário da sociedade empresária *Bicicletas Aro Dourado Ltda.*, na qual permaneceu de 2005 a 2010, quando vendeu sua participação societária e registrou a alteração contratual perante a Junta Comercial.

Em julho de 2021, Diego foi surpreendido com uma citação para se manifestar acerca de uma dívida trabalhista da ex-empregada Josefina, que trabalhou na empresa de 2008 a 2018, venceu a causa que ajuizou em 2019, mas não conseguiu receber seu crédito da empresa nem dos sócios atuais, daí requereu ao juiz o direcionamento da execução em desfavor de Diego como ex-sócio.

Considerando os fatos narrados, a previsão da CLT e o entendimento consolidado do TST, responda aos itens a seguir.

A)  Como advogado(a) de Diego, que tese você apresentaria para evitar que a execução recaísse sobre ele? Justifique. (Valor: 0,65)

B)  Caso a tese não tivesse sucesso perante o juiz de 1º grau, que medida judicial você adotaria para tentar reverter a decisão contrária aos interesses de Diego? Justifique. (Valor: 0,60)

*Obs.: o(a) examinando(a) deve fundamentar suas respostas. A mera citação do dispositivo legal não confere pontuação.*

### GABARITO COMENTADO

A)  Na defesa dos interesses de Diego, o examinando deverá sustentar que entre a saída do ex-sócio e o ajuizamento da ação transcorreram mais de 2 anos, liberando-o de qualquer passivo, na forma do Art. 10-A da CLT e Art. 1003, parágrafo único, do CCB.

B)  Diante da decisão tomada já em sede de execução, o recurso cabível será o agravo de petição, na forma do Art. 897, alínea a, da CLT.

**Distribuição dos Pontos**

| ITEM | PONTUAÇÃO |
|---|---|
| A.  Que entre a saída do ex-sócio e o ajuizamento da ação transcorreram mais de 2 anos (0,55). Indicação do Art. 10-A, da CLT **ou** do Art. 1003, parágrafo único, do CCB (0,10) | 0,00/0,55/0,65 |
| B.  Interpor agravo de petição (0,50). Indicação do Art. 897, alínea *a*, da CLT (0,10) | 0,00/0,50/0,60 |

PRÁTICA TRABALHISTA – 10ª EDIÇÃO

## QUESTÃO 04

**(OAB/Exame 35º – 2022.1)** Ênio, metalúrgico na sociedade empresária *Metal Pesado Ltda.*, candidatou-se e foi eleito diretor do sindicato dos metalúrgicos de sua categoria em 2021. Ênio foi empossado no mesmo ano para cumprir mandato de 2 anos e participava de reuniões no sindicato quando chamado.

Por descuido, o sindicato não avisou ao empregador de Ênio acerca da sua eleição como dirigente sindical, somente vindo a fazê-lo 1 ano após, em 2022. Na semana seguinte a essa comunicação do sindicato, o contrato de Ênio foi rompido sem maiores explicações.

Ênio, então, ajuizou reclamação trabalhista postulando sua reintegração. Em defesa, a sociedade empresária sustentou ser indevido o retorno porque a comunicação acerca da eleição acontecera fora do prazo legal (Art. 543, § 5º, da CLT) e pelo fato de a sociedade empresária ignorar o fato da eleição até então. Ademais, sustentou que a dispensa se deu por justa causa, porque o empregado utilizava grande parte do seu tempo na empresa para vender roupas, perfumes e outros acessórios, sem autorização do empregador, incidindo nos termos do Art. 482, alínea *c*, da CLT.

Considerando os fatos narrados, a previsão legal e o entendimento consolidado do TST, como advogado(a) de Ênio, responda aos itens a seguir.

A) Que argumento jurídico você apresentaria em réplica acerca da alegação da empresa de comunicação intempestiva da eleição? Justifique. (Valor: 0,65)

B) Acerca da alegada dispensa por justa causa, que argumento jurídico de natureza processual você apresentaria em réplica? Justifique. (Valor: 0,60)

*Obs.: o(a) examinando(a) deve fundamentar suas respostas. A mera citação do dispositivo legal não confere pontuação.*

### GABARITO COMENTADO

A) Na defesa de Ênio, a alegação será a de que, mesmo fora do prazo, a ciência ao empregador ocorreu na vigência do contrato de trabalho, garantindo, assim, a estabilidade do dirigente, na forma da Súmula 369, inciso I, do TST.

B) Na defesa de Ênio, a alegação é que seria necessário instaurar inquérito (judicial ou para apuração de falta grave) prévio para ensejar, em caso de sucesso, a dispensa por justa causa do dirigente sindical, na forma do Art. 8º, inciso VIII, da CRFB/88, ou da Súmula 379 do TST, ou do Art. 543, § 3º, da CLT, ou do Art. 853 ou Art. 494, também da CLT ou ainda da Súmula 197 do STF.

**Distribuição dos Pontos**

| ITEM | PONTUAÇÃO |
|---|---|
| A. Que a ciência do empregador ocorreu na vigência do contrato de trabalho (0,55). Indicação da Súmula 369, inciso I, do TST (0,10) | 0,00/0,55/0,65 |
| B. Que seria necessário inquérito (judicial ou para apuração de falta grave) (0,50). Indicação do Art. 8º, inciso VIII, da CRFB/88 **ou** Súmula 379 do TST **ou** Art. 543, § 3º, da CLT **ou** Art. 853 da CLT **ou** Art. 494 da CLT **ou** Súmula 197 do STF (0,10) | 0,00/0,50/0,60 |

# 34° EXAME UNIFICADO
## QUESTÃO 01

**(OAB/Exame 34° – 2021.2)** Cícero é piloto da aviação comercial. Após deixar de trabalhar para uma determinada companhia aérea brasileira, porque seus salários estavam atrasados e já contava com cinco anos sem desfrutar férias, foi contratado por uma companhia aérea chinesa, que faz apenas voos locais.

Cícero ajuizou reclamação trabalhista em face da ex-empregadora, mas, no dia e na hora designados para a audiência, ele não poderia estar presente, pois estava a trabalho na China, em voo de longa duração, sem a possibilidade de acesso à Internet. Ocorre que Cícero tem pressa na solução do processo.

Com base na hipótese apresentada, com fundamento na CLT, responda, como advogado(a) de Cícero, aos itens a seguir.

A) Considerando que a Vara do Trabalho para qual o processo foi distribuído utiliza o sistema de audiência fracionada, que medida você deverá adotar para evitar o adiamento da audiência ou o arquivamento do processo? Fundamente. (Valor: 0,65)

B) Acerca da ruptura do contrato de trabalho, que tese jurídica você sustentaria na reclamação trabalhista? Fundamente. (Valor: 0,60)

*Obs.: o(a) examinando(a) deve fundamentar suas respostas. A mera citação do dispositivo legal não confere pontuação.*

### GABARITO COMENTADO

A) Deve ser requerida a representação do autor por outro empregado de mesma profissão ou pelo sindicato de classe, na forma do Art. 843, § 2°, da CLT.

B) Deve ser sustentada a rescisão indireta por mora salarial e descumprimento contratual, na forma do Art. 483, alínea d, da CLT.

#### Distribuição dos Pontos

| ITEM | PONTUAÇÃO |
|---|---|
| A. Requerer a representação do autor por outro empregado de mesma profissão **OU** pelo sindicato de classe (0,55). Indicação Art. 843, § 2°, CLT (0,10) | 0,00/0,55/0,65 |
| B. A rescisão indireta (0,50). Indicação Art. 483, "d", CLT (0,10) | 0,00/0,50/0,60 |

## QUESTÃO 2

**(OAB/Exame 34° – 2021.2)** Jorge Souza atua como auxiliar de produção em uma indústria alimentícia, recebendo dois salários-mínimos mensais. Ainda com o contrato em vigor, Jorge ajuizou, no ano de 2020, reclamação trabalhista contra o empregador, requerendo o pagamento de insalubridade em grau mínimo, pois afirmou existir, no seu local de trabalho, um agente agressor à sua saúde.

Designada audiência, as partes compareceram, e o juiz verificou que não era possível a conciliação. Então, o magistrado determinou de ofício a realização de prova pericial e que a sociedade empresária antecipasse os honorários do perito, afirmando que não reconsideraria tal comando.

Considerando a situação retratada, os ditames da CLT e o entendimento consolidado do TST, responda às indagações a seguir.

PRÁTICA TRABALHISTA – 10ª EDIÇÃO     232

A) Como advogado da sociedade empresária, que medida imediata você adotaria para evitar a antecipação dos honorários periciais? Justifique. (Valor: 0,65)

B) Se a perícia confirmasse a insalubridade e, na sentença, o juiz condenasse a reclamada ao pagamento do adicional desejado, na razão de 10% sobre o salário contratual do reclamante, que tese jurídica você adotaria no recurso, em defesa da empresa, para diminuir a condenação? Justifique. (Valor: 0,60)

*Obs.: o(a) examinando(a) deve fundamentar suas respostas. A mera citação do dispositivo legal não confere pontuação.*

## GABARITO COMENTADO

A) A sociedade empresária deve impetrar mandado de segurança porque a CLT prevê, expressamente, que não haverá antecipação de honorários periciais, conforme o Art. 790-B, § 3º, da CLT, OJ 98 da SDI-2 do TST ou Art. 5º, inciso LXIX, CF/88 ou Art. 1º da Lei 12.016/09.

B) A tese a ser defendida é a de que o adicional de insalubridade deve ter como base de cálculo o salário-mínimo, e não o salário-base do empregado, na forma do Art. 192 da CLT ou Súmula Vinculante nº 4 do STF.

**Distribuição dos Pontos**

| ITEM | PONTUAÇÃO |
|---|---|
| A. Impetrar mandado de segurança (0,55). Indicação Art. 790-B, § 3º, CLT, **ou** OJ 98 SDI-2 TST **ou** Art. 5º, LXIX, CF/88 **ou** Art. 1º Lei 12.016/09 (0,10). | 0,00/0,55/0,65 |
| B. Que o adicional de insalubridade deve ser calculado sobre o salário-mínimo (0,50). Indicação Art. 192, CLT **ou** Súmula Vinculante 4 STF(0,10) | 0,00/0,50/0,60 |

## QUESTÃO 3

**(OAB/Exame 34º – 2021.2)** Você foi procurado, como advogado(a), por Hernani Gomes, que afirmou, em resumo, ter adquirido um imóvel da sociedade empresária X, em 2000, onde reside com sua família, e que, em setembro de 2021, recebeu a visita de um oficial de justiça informando a penhora do imóvel, avaliado no ato em R$ 200.000,00, para pagamento de uma dívida trabalhista de R$ 12.000,00.

Hernani, que nunca foi proprietário ou sócio de empresa, e sequer sabia da existência de qualquer processo, procurou, pela Internet, informação pelo número do processo que estava no mandado e constatou que a penhora foi feita no bojo da execução trabalhista de uma empregada que se ativou na sociedade empresária X de 2019 a 2020. Pelo fato de o imóvel ter sido anteriormente da sociedade empresária X, o juiz deferiu a penhora sobre ele.

Sobre a hipótese apresentada, e considerando que Hernani jamais integrou o quadro societário da executada, responda aos itens a seguir.

A) Que medida judicial você, agora contratado(a) por Hernani, adotaria para tentar levantar a penhora sobre o bem imóvel? (Valor: 0,65)

B) Caso a medida judicial por você adotada fosse indeferida, que recurso você interporia para tentar reverter a situação? (Valor: 0,60)

*Obs.: o(a) examinando(a) deve fundamentar suas respostas. A mera citação do dispositivo legal não confere pontuação.*

233                QUESTÕES SUBJETIVAS

## GABARITO COMENTADO

A) A medida a ser adotada são os embargos de terceiro, conforme previsto no Art. 674 do CPC, utilizado, subsidiariamente, na seara trabalhista, por força do Art. 769 da CLT.

B) Interpor recurso de agravo de petição, previsto no Art. 897, alínea a, da CLT.

**Distribuição dos Pontos**

| ITEM | PONTUAÇÃO |
| --- | --- |
| A. Embargos de terceiro (0,55). Indicação Art. 674, CPC (0,10) | 0,00/0,55/0,65 |
| B. Agravo de petição (0,50). Indicação Art. 897, "a", CLT (0,10) | 0,00/0,50/0,60 |

## QUESTÕ 04

**(OAB/Exame 34º – 2021.2)** Ribamar trabalhou como atendente de loja na sociedade empresária Rei do Super Açaí Ltda., de 06/02/2019 a 03/11/2021, quando foi desligado da sociedade. Ribamar não recebeu qualquer indenização e, em razão disso, ele procurou você, como advogado(a), para requerer judicialmente o pagamento das verbas da saída e horas extras.

Ajuizada a reclamação trabalhista, a sociedade empresária apresentou contestação, afirmando que o motivo da extinção do contrato foi força maior, pois ela sofreu muito com a pandemia de Covid-19, de modo que a indenização, se cabível, deveria ser paga pela metade. Para ilustrar a situação, a ré informou que, dos 12 empregados que a sociedade empresária possuía à época dos fatos, atualmente, só restavam 5 funcionários. Para provar a alegação, exibiu as fichas de registro de seus empregados, que confirmam o alegado, mas não juntou controles de ponto do reclamante.

Considerando os fatos narrados, a previsão legal e o entendimento consolidado do TST, responda aos itens a seguir.

A) Que argumento você apresentaria, em réplica, para tentar descaracterizar a tese de força maior? Justifique. (Valor: 0,65)

B) De quem seria o ônus da prova de comprovar a jornada de trabalho e por qual razão? Justifique. (Valor: 0,60)

*Obs.: o(a) examinando(a) deve fundamentar suas respostas. A mera citação do dispositivo legal não confere pontuação.*

## GABARITO COMENTADO

A) Na defesa dos interesses do reclamante, o candidato deverá sustentar que não se aplica a tese de força maior porque não houve extinção do estabelecimento ou da empresa, como exige o Art. 502 da CLT.

B) O ônus da prova será do empregado porque a reclamada contava com menos de 20 empregados, sendo, então, desnecessário que ela mantivesse controle escrito dos horários de entrada e saída deles, conforme o Art. 74, § 2º, da CLT. Considerando que a questão envolve direito intertemporal, se a resposta especificar que se refere ao período compreendido entre a admissão e a vigência da Lei 13.874/19 (19/09/2019), será aceito que o ônus da prova pertencerá ao empregador porque o estabelecimento tinha mais de 10 empregados, e à época esse quantitativo exigia a manutenção de controle de horário, conforme Art. 74, § 2º, CLT e Súmula 338, I, TST.

PRÁTICA TRABALHISTA – 10ª EDIÇÃO　　　234

**Distribuição dos Pontos**

| ITEM | PONTUAÇÃO |
|---|---|
| **A.** Que não houve extinção do(a) estabelecimento/empresa (0,55). Indicação Art. 502, CLT (0,10) | 0,00/0,55/0,65 |
| **B.** Do empregado, porque o estabelecimento tinha menos de 20 empregados (0,50). Indicação Art. 74, § 2º ou Art. 818, I, ambos da CLT (0,10) **OU** Do empregador, até a vigência da Lei 13.874/19 (19/9/2019), porque o estabelecimento tinha mais de 10 empregados e, desta data em diante, do empregado porque o estabelecimento tinha menos de 20 empregados (0,50). Indicação Art. 74, § 2º, CLT ou Art. 818 da CLT ou Súmula 338, I, TST (0,10) | 0,00/0,50/0,60 |

## XXXIII EXAME UNIFICADO
## QUESTÃO 01

**(OAB/Exame 33º – 2021.1)** Flávio era auxiliar de limpeza em uma empresa terceirizada, trabalhando no aeroporto internacional da cidade. Ele era encarregado da limpeza de 5 banheiros, sendo que cada um deles deveria ser limpo pelo menos 4 vezes no turno de cada empregado, em razão do intenso uso pela grande circulação de passageiros. Logo após ter sido dispensado, Flávio ajuizou reclamação trabalhista postulando adicional de insalubridade. Em defesa, a empresa reconheceu que o número de banheiros sob a responsabilidade de Flávio e a quantidade de vezes que eles deveriam ser limpos estava corretamente informado na petição inicial, mas negou o direito ao adicional desejado por não haver agente agressor à saúde do empregado. Em audiência, as partes declararam expressamente que não teriam outras provas a produzir, o que foi acatado pelo juiz, que encerrou a instrução processual e concedeu, a pedido dos advogados, prazo para razões finais escritas (memoriais). Nesse interregno, o(a) advogado(a) de Flávio faleceu e você, como advogado(a), foi procurado(a) para assumir a causa.

Diante da situação retratada, dos ditames da CLT e do entendimento consolidado pelo TST, responda aos itens a seguir.

A) Para o deferimento do adicional postulado por Flávio, e já nas razões finais escritas, que argumento jurídico você apresentaria? (Valor: 0,65)

B) Alguma entidade privada poderia ajuizar ação como substituto processual, com efetiva chance de sucesso, para postular o adicional de insalubridade em favor de todos os auxiliares de limpeza que trabalham no aeroporto? Indique-a, se for o caso. (Valor: 0,60)

Obs.: o(a) examinando(a) deve fundamentar suas respostas. A mera citação do dispositivo legal não confere pontuação.

### GABARITO COMENTADO

A) O argumento adequado é o de que a higienização de instalações sanitárias de uso público ou coletivo de grande circulação enseja o pagamento de adicional de insalubridade, na forma da Súmula 448, inciso II, do TST.

B) Sim. A ação poderia ser ajuizada pelo sindicato de classe como substituto processual, na forma da OJ 121 do TST, ou do Art. 8º, inciso III, da CRFB/88, ou do Art. 195, § 2º, da CLT, ou do Art. 18 do CPC.

QUESTÕES SUBJETIVAS

## QUESTÃO 02

**(OAB/Exame 33º – 2021.1)** Enunciado Kleber é motorista rodoviário da Viação Canela Ltda. e atua na área urbana do Município do Recife. Quando da sua admissão, em outubro de 2021, Kleber não assinou qualquer documento, mas teve a CTPS regularmente assinada. Após realizar duas semanas de ambientação na empresa e se submeter a exame toxicológico, Kleber iniciou suas atividades profissionais. Em determinado dia, por desatenção, Kleber avançou um sinal luminoso de trânsito vermelho e, dias depois, seu empregador recebeu uma multa por essa razão. Apurado de forma criteriosa que Kleber era o condutor do veículo no momento do fato, o empregador descontou o valor integral da multa no mês seguinte, o que correspondia a 10% do salário do empregado. Irresignado, Kleber procurou você, como advogado(a), para ajuizamento de reclamação trabalhista envolvendo os fatos narrados. Considerando a situação retratada e os ditames da CLT, responda às indagações a seguir.

A) Como advogado(a) de Kleber, que tese jurídica você adotaria contra o desconto efetuado, para assim justificar a sua devolução? Justifique. (Valor: 0,65)

B) Caso Kleber quisesse postular indenização por dano moral por ter sido obrigado a se submeter a exame toxicológico, o que no entender dele violaria a intimidade e a privacidade, o que você, advogado(a) de Kleber, recomendaria? Justifique. (Valor: 0,60)

Obs.: o(a) examinando(a) deve fundamentar suas respostas. A mera citação do dispositivo legal não confere pontuação.

### GABARITO COMENTADO

A) Apesar de haver culpa do empregado, a possibilidade de desconto no seu salário por dano causado pelo empregado não foi acordada no contrato, daí não poderia ser efetuada, conforme o Art. 462, § 1º, da CLT.

B) Nada deve ser feito a respeito, porque a realização do exame toxicológico para motoristas profissionais é prevista em Lei, conforme o Art. 168, § 6º, e o Art. 235-B, inciso VII, ambos da CLT.

## QUESTÃO 03

**(OAB/Exame 33º – 2021.1)** Rosalina era empregada da sociedade empresária Entregas Rápidas Ltda. há 2 anos, e, no mês de agosto de 2021, apresentou ao empregador um atestado médico falso para abono de 3 dias de faltas, e logo após um segundo atestado adulterado para abono de outros 2 dias de ausência. A sociedade empresária, após desconfiar de ambos os atestados, oficiou ao diretor do hospital público onde supostamente teriam ocorrido os atendimentos médicos, e obteve a resposta oficial de que ambos os atestados não traduziam a realidade. Considerando os fatos narrados e a previsão legal, responda aos itens a seguir.

A) Se você fosse consultado(a) como advogado(a) da sociedade empresária, cujo desejo é dispensar Rosalina por justa causa, como enquadraria a conduta da empregada na CLT? (Valor: 0,65)

B) Se Rosalina fosse dispensada por justa causa e não comparecesse à empresa, no prazo legal, para receber o saldo salarial devido, que medida judicial você adotaria na defesa dos interesses do ex-empregador? (Valor: 0,60)

Obs.: o(a) examinando(a) deve fundamentar suas respostas. A mera citação do dispositivo legal não confere pontuação.

PRÁTICA TRABALHISTA – 10ª EDIÇÃO

## GABARITO COMENTADO

A) O enquadramento deve ser de improbidade, ato de desonestidade, conforme o Art. 482, alínea a, da CLT.

B) Ajuizar ação de consignação em pagamento, conforme o Art. 539 do CPC ou o Art. 335, inciso I, do CCB.

## QUESTÃO 04

**(OAB/Exame 33º – 2021.1)** Você é advogado(a) de Rodrigo, que ajuizou reclamação trabalhista contra o ex-empregador. Depois de regularmente contestado e instruído o feito, a sentença foi publicada, julgando improcedentes os pedidos formulados, fixando as custas em R$ 200,00 e indeferindo a gratuidade de justiça requerida, porque Rodrigo está trabalhando em outra empresa e recebe alto salário. Diante da improcedência, você interpôs recurso ordinário no prazo legal, mas por descuido no preenchimento da guia própria, recolheu apenas R$ 20,00 de custas (em vez dos R$ 200,00 fixados na sentença). Em contrarrazões, a sociedade empresária requereu ao juiz de 1º grau que fosse negado seguimento ao recurso porque deserto, haja vista a insuficiência do preparo. Considerando os fatos narrados, a previsão legal e o entendimento consolidado do TST, responda aos itens a seguir.

A) Que requerimento você apresentaria para tentar viabilizar o recurso? (Valor: 0,65)

B) Caso o requerimento fosse indeferido e o juiz de 1º grau negasse seguimento ao recurso por deserto, acatando a tese da sociedade empresária, que medida judicial você utilizaria? (Valor: 0,60)

Obs.: o(a) examinando(a) deve fundamentar suas respostas. A mera citação do dispositivo legal não confere pontuação.

## GABARITO COMENTADO

A) O pedido seria de complementação das custas no prazo de 5 dias, conforme OJ 140 do TST e o Art. 1.007, § 2º, do CPC.

B) Interpor recurso de agravo de instrumento, previsto no Art. 897, alínea b, da CLT.

## XXXII EXAME UNIFICADO
## QUESTÃO 01

**(OAB/Exame 32º – 2020.2)** Jéssica trabalha como operadora de telemarketing em uma sociedade empresária, oferecendo vários produtos, por telefone (seguro de vida, seguro saúde e plano de capitalização, entre outros). A empregadora de Jéssica propôs que ela trabalhasse de sua residência, a partir de fevereiro de 2018, o que foi aceito. Então, a sociedade empresária montou a estrutura de um home office na casa de Jéssica, e o trabalho passou a ser feito do próprio domicílio da empregada. Passados 7 (sete) meses, a sociedade empresária convocou Jéssica para voltar a trabalhar na sede, a partir do mês seguinte, concedendo prazo de 30 (trinta) dias para as adaptações necessárias. A empregada não concordou, argumentando que já havia se acostumado ao conforto e à segurança de trabalhar em casa, além de, nessa situação, poder dar mais atenção aos dois filhos menores. Ela ponderou que, para que a situação voltasse a ser como antes, seria necessário haver consenso, mas que, no seu caso, não concordava com esse retrocesso. Diante da situação retratada e dos ditames da CLT, responda aos itens a seguir.

## QUESTÕES SUBJETIVAS

A) Analise se a empregada tem razão em negar-se a voltar a trabalhar fisicamente nas dependências da sociedade empresária. Justifique. (Valor: 0,65)

B) Se Jéssica ajuizasse ação postulando horas extras no período em que atuou em seu domicílio, que tese você, contratado(a) pela sociedade empresária, sustentaria? Justifique. (Valor: 0,60)

Obs.: o(a) examinando(a) deve fundamentar suas respostas. A mera citação do dispositivo legal não confere pontuação.

### GABARITO COMENTADO

A) A empregada não tem razão, pois é direito do empregador retornar do trabalho realizado em domicílio para o presencial, sendo desnecessária a concordância do empregado para mudança do regime de teletrabalho para o presencial, conforme o Art. 75-C, § 2º, da CLT.

B) A tese a ser apresentada é a de que o teletrabalho não enseja pagamento de horas extras, estando excluído do regime de duração horária, na forma do Artigo 62, inciso III, da CLT.

**Distribuição dos Pontos**

| ITEM | PONTUAÇÃO |
|---|---|
| A. A empregada não tem razão, porque é direito do empregador retornar do trabalho em domicílio para presencial ou é desnecessária a concordância para mudança do regime de teletrabalho para o presencial (0,55). Indicação Art. 75-C, § 2º, CLT (0,10) | 0,00/0,55/0,65 |
| B. O teletrabalho não gera horas extras ou está excluído do regime de duração horária (0,50). Indicação Art. 62, III, CLT (0,10) | 0,00/0,50/0,60 |

## QUESTÃO 02

**(OAB/Exame 32º – 2020.2)** A sociedade empresária Madeiras de Lei Ltda. contratou você, como advogado(a), para defendê-la em uma reclamação trabalhista proposta pelo ex-empregado Roberto. Após devidamente contestada e instruída a demanda, a sentença foi prolatada, julgando o pedido procedente em parte. A sociedade empresária pretende recorrer da sentença porque acha que nada deve ao ex-empregado e questiona o valor dos custos desse recurso. Cientificada por você do valor das custas e do depósito recursal, a sociedade empresária diz que está acumulando capital para abrir novas filiais e ampliar sua rede, de modo que, no momento, em razão de suas prioridades internas, só tem valor disponível para as custas. Considerando a narrativa dos fatos e os termos da CLT, responda às indagações a seguir.

A) Indique a alternativa jurídica que viabilizaria a interposição do recurso ordinário sem a necessidade de a sociedade empresária desembolsar o numerário do depósito recursal, considerando que, pela narrativa, ela não é beneficiária de gratuidade de justiça. Justifique. (Valor: 0,65)

B) Se a sociedade empresária tivesse a recuperação judicial deferida pela Justiça Comum antes da sentença, como ficaria a questão do depósito recursal para fins de interposição do recurso ordinário por ela desejado? Justifique. (Valor: 0,60)

Obs.: o(a) examinando(a) deve fundamentar suas respostas. A mera citação do dispositivo legal não confere pontuação.

### GABARITO COMENTADO

A) A substituição ou apresentação do depósito recursal em dinheiro por fiança bancária ou seguro garantia judicial, na forma do Art. 899, § 11, da CLT.

PRÁTICA TRABALHISTA – 10ª EDIÇÃO  238

B) Nesse caso, a sociedade empresária ficaria isenta do depósito recursal, na forma do Art. 899, § 10, da CLT.

**Distribuição dos Pontos**

| ITEM | PONTUAÇÃO |
|---|---|
| A  A substituição do depósito recursal por fiança bancária OU seguro garantia judicial (0,55). Indicação Art. 899, § 11, CLT (0,10) | 0,00/0,55/0,65 |
| B.  A sociedade empresária seria isenta do depósito recursal (0,50). Indicação do Art. 899, § 10, da CLT (0,10) | 0,00/0,50/0,60 |

## QUESTÃO 03

**(OAB/Exame 32º – 2020.2)** Rezende, contratado em 05/04/2019 como cozinheiro no restaurante Paladar Supremo Ltda., trabalhava de segunda à sexta-feira, das 16h às 00h, sem intervalo. Em 04/09/2019, Rezende foi dispensado sem justa causa e ajuizou reclamação trabalhista postulando o pagamento de 1 hora diária com adicional de 50%, em razão do intervalo para refeição não concedido, além da integração dessa hora com adicional de 50% ao 13º salário, às férias, ao FGTS e ao repouso semanal remunerado. Considerando a situação apresentada e os termos da CLT, responda aos itens a seguir.

A) Caso você fosse contratado pela empresa, que reconhece não ter concedido o intervalo para refeição, que tese jurídica você poderia advogar em defesa dos interesses da reclamada para reduzir eventual condenação? (Valor: 0,65)

B) Caso a reclamação trabalhista proposta por Rezende não identificasse nenhum valor, mas apenas a indicação dos direitos que ele postulava, que preliminar você advogaria em favor da empresa? (Valor: 0,60)

Obs.: o(a) examinando(a) deve fundamentar suas respostas. A mera citação do dispositivo legal não confere pontuação.

### GABARITO COMENTADO

A) A tese a ser apresentada é a de que o intervalo para refeição devido, após o advento da Lei nº 13.467/17, tem natureza indenizatória e, assim, não gera reflexo em outros direitos, conforme prevê o Art. 71, § 4º, da CLT.

B) Na defesa dos interesses da empresa, deverá ser suscitada preliminar de inépcia para extinção do processo sem resolução do mérito porque não houve indicação do valor na petição inicial, em desacordo com o que determina o Art. 840, §§ 1º ou 3º, da CLT, Art. 852-B, I ou § 1º, da CLT, Art. 330, I ou § 1º, I ou II, do CPC ou Art. 337, IV, do CPC.

**Distribuição dos Pontos**

| ITEM | PONTUAÇÃO |
|---|---|
| A.  O intervalo para refeição tem natureza indenizatória (0,55). Indicação Art. 71, § 4º, CLT (0,10) | 0,00/0,55/0,65 |
| B.  Inépcia da petição inicial (0,50). Indicação Art. 840, §§ 1º ou 3º, CLT, Art. 852-B, I ou § 1º, CLT ou Art. 330, I ou § 1º, I ou II, CPC ou Art. 337, IV, CPC (0,10) | 0,00/0,50/0,60 |

QUESTÕES SUBJETIVAS

## QUESTÃO 04

**(OAB/Exame 32° – 2020.2)** Clotilde foi contratada, em 10/12/2019, pela sociedade empresária Viação Pontual Ltda., a título de experiência, por 45 dias, recebendo o valor correspondente a 1,5 salário mínimo por mês. Passado o prazo de 45 dias e não tendo Clotilde mostrado um bom desempenho no serviço, a empregadora resolveu não dar prosseguimento ao contrato, que foi extinto no seu termo final. Ocorre que o ex-empregador não pagou à Clotilde as verbas relativas ao rompimento contratual, o que a levou a ajuizar reclamação trabalhista pedindo justamente essas verbas, que foram liquidadas na inicial e alcançaram o valor de R$ 4.000,00 (quatro mil reais). Na sentença, e seguindo os pedidos formulados, considerando, ainda, que a sociedade empresária reconheceu que não pagou qualquer verba por estar em dificuldades financeiras, o juiz julgou procedente o pedido e condenou a sociedade empresária ao pagamento de aviso-prévio, 13° salário proporcional, férias proporcionais acrescidas de 1/3, saldo salarial de 15 dias e honorários advocatícios de 10% sobre o valor da execução, conforme rol de pedidos formulados na demanda. Diante da narrativa apresentada e dos termos da CLT, responda às indagações a seguir.

A) Caso você fosse contratado(a) pela sociedade empresária, que tese de mérito apresentaria no recurso ordinário em relação ao objeto da condenação para tentar reduzi-lo? Justifique. (Valor: 0,65)

B) Caso fosse necessário, quantas testemunhas, no máximo, a sociedade empresária poderia conduzir à audiência na reclamação trabalhista de Clotilde? Justifique. (Valor: 0,60)

Obs.: o(a) examinando(a) deve fundamentar suas respostas. A mera citação do dispositivo legal não confere pontuação.

### GABARITO COMENTADO

A)  A tese defensiva é a de que na extinção de contrato a termo, como é o caso do contrato de experiência, não é devido o pagamento do aviso-prévio, conforme Art. 487 da CLT, pois o contrato foi encerrado no termo final previsto.

B)  Uma vez que o valor dos pedidos submete a causa ao procedimento sumaríssimo, a sociedade empresária poderia conduzir, no máximo, duas testemunhas, conforme o Art. 852-H, § 2°, da CLT.

**Distribuição dos Pontos**

| ITEM | PONTUAÇÃO |
|---|---|
| A.  No contrato de experiência não é devido o aviso prévio OU indevido o aviso prévio porque o contrato encerrado no termo final previsto (0,55). Indicação Art. 487, CLT (0,10) | 0,00/0,55/0,65 |
| B.  No máximo, duas testemunhas (0,50). Indicação Art. 852-H, § 2°, CLT (0,10) | 0,00/0,50/0,60 |


## XXXI EXAME UNIFICADO
## QUESTÃO 01

**(OAB/Exame 31° – 2020.1)** Carlos trabalha abastecendo veículos em um posto de gasolina. A norma coletiva de sua categoria, assim como o regulamento interno da empresa empregadora, preveem que o pagamento realizado por clientes por meio de cheques não é recomendável, mas, se isso for inevitável, o funcionário deverá anotar a placa do veículo, o número de telefone e a identidade do cliente.

PRÁTICA TRABALHISTA – 10ª EDIÇÃO 240

Ocorre que, em determinado dia, com o posto lotado, Carlos não procedeu dessa forma e abasteceu dois veículos de uma mesma família. Entretanto, o cheque utilizado para pagamento não tinha suficiência de fundos, razão pela qual o empregador descontou os valores, de forma parcelada, do salário de Carlos. Carlos ajuizou ação trabalhista pelo rito ordinário, cobrando os valores descontados. A ação foi julgada improcedente em primeira instância, mas, em grau de recurso, a decisão foi reformada e o pedido julgado procedente.

Admitindo-se que a última decisão não tenha qualquer vício formal, responda aos itens a seguir.

A) Na tentativa de restabelecer a decisão originária e manter a validade dos descontos, que medida jurídica você deverá adotar? (Valor: 0,65)

B) Na hipótese, que tese jurídica você, como advogado(a) da empresa, deve sustentar acerca dos descontos salariais? (Valor: 0,60)

*Obs.: o(a) examinando(a) deve fundamentar suas respostas. A mera citação do dispositivo legal não confere pontuação.*

## GABARITO COMENTADO

A) Deverá ser interposto recurso de revista, nos termos do Art. 896 da CLT.

B) Deverá ser sustentado que o desconto é lícito, nos termos da OJ 251 da SDI I, do TST, e/**ou** do Art. 7º, inciso XXVI da CRFB, uma vez que houve culpa do empregado ao não observar os comandos da norma coletiva.

**Distribuição dos Pontos**

| ITEM | PONTUAÇÃO |
|---|---|
| A. Recurso de revista (0,55). Indicação Art. 896 OU 893, III, CLT (0,10) | 0,00/0,55/0,65 |
| B. O desconto é lícito porque não observadas as recomendações da norma coletiva (0,50). Indicação OJ 251 SDI I, TST OU Art. 7º, XXVI, CRFB/88 OU art. 462, § 1º, CLT (0,10) | 0,00/0,50/0,60 |

## QUESTÃO 02

**(OAB/Exame 31º – 2020.1)** Érica é empregada da sociedade empresária Laticínios Leite Bom Ltda., na qual exerce a função de auxiliar de estoque e recebe a importância correspondente a 1,5 salário-mínimo por mês. Desejando tornar-se microempreendedora individual para realizar venda de bolos e tortas por conta própria, Érica pediu demissão e começou a fazer cursos de confeitaria.

Ocorre que, 30 dias após, Érica descobriu que estava grávida e, pelo laudo de ultrassonografia, verificou que já estava grávida antes mesmo de seu desligamento. Então, Érica ajuizou, de imediato, reclamação trabalhista pleiteando sua reintegração ao emprego, em razão da estabilidade, inclusive com pedido de tutela provisória.

Considerando a situação de fato e o que dispõe a CLT, responda às indagações a seguir.

A) Caso você fosse contratado pela sociedade empresária, que tese jurídica apresentaria na defesa contra o pedido de reintegração? (Valor: 0,65)

B) Caso Érica viesse a ser vencedora na causa e abandonasse o processo na fase de execução por 25 meses, mesmo tendo sido intimada pelo juízo a manifestar-se nos autos, que tese você, como advogado(a) da sociedade empresária, apresentaria em favor do seu cliente? (Valor: 0,60)

*Obs.: o(a) examinando(a) deve fundamentar suas respostas. A mera citação do dispositivo legal não confere pontuação.*

241 QUESTÕES SUBJETIVAS

## GABARITO COMENTADO

A) A tese a ser apresentada é a de que não houve dispensa sem justa causa, que é o ato do empregador vedado no caso da gravidez, mas, sim, pedido de demissão, que não encontra óbice no Art. 10, inciso II, alínea *b*, do ADCT.

B) Na defesa dos interesses da empresa deverá ser suscitada a prescrição intercorrente, pois o processo ficou paralisado por mais de 2 anos, na forma do Art. 11-A da CLT.

**Distribuição dos Pontos**

| ITEM | PONTUAÇÃO |
|---|---|
| A. Não houve dispensa sem justa causa, mas sim pedido de demissão (0,55). Indicação Arts. 391-A, CLT OU 10, II, "b", ADCT (0,10) | 0,00/0,55/0,65 |
| B. Prescrição intercorrente (0,50). Indicação Art. 11-A, CLT OU Súmula 327 STF (0,10) | 0,00/0,50/0,60 |

## QUESTÃO 03

**(OAB/Exame 31º – 2020.1)** Reginaldo trabalha como operador de *telemarketing* atendendo no número de telefone do Serviço de Atendimento ao Cliente (SAC) de seu empregador, tendo sido admitido em 22/03/2018. Uma vez que Reginaldo trabalha apenas com recepção de ligação telefônica, o empregador determinou, desde o início do contrato, que Reginaldo trabalhasse em seu próprio domicílio, local onde o empregador instalou uma pequena central para a recepção dos telefonemas, bem como um computador para que Reginaldo pudesse registrar, no sistema da empresa, as reclamações e sugestões dos clientes. Em janeiro de 2020, Reginaldo pediu demissão.

Diante da narrativa apresentada e dos termos da CLT, responda às indagações a seguir.

A) Se Reginaldo ajuizasse reclamação trabalhista logo após a ruptura contratual, postulando horas extras, alegando que trabalhava 10 horas diárias sem intervalo, que tese jurídica de mérito você, como advogado(a) da empresa, apresentaria em favor da reclamada? Justifique. (Valor: 0,65)

B) Caso você fosse contratado como advogado(a) por Reginaldo e o pedido de horas extras tivesse sido julgado totalmente improcedente, com imposição de custas e honorários advocatícios, sem que o juiz tivesse apreciado o pedido de gratuidade de justiça formulado na inicial, que medida você adotaria para sanar a omissão? Justifique. (Valor: 0,60)

*Obs.: o(a) examinando(a) deve fundamentar suas respostas. A mera citação do dispositivo legal não confere pontuação.*

## GABARITO COMENTADO

A) A tese a ser apresentada é a de que o teletrabalhador está excluído do limite de jornada e, consequentemente, não tem direito ao pagamento de horas extras, conforme previsão contida no Art. 62, inciso III, da CLT.

B) Diante da omissão do juiz na apreciação do pedido de gratuidade de justiça, a medida a ser adotada seria a oposição de embargos de declaração para supri-la, na forma do Art. 897-A da CLT.

PRÁTICA TRABALHISTA – 10ª EDIÇÃO

**Distribuição dos Pontos**

| ITEM | PONTUAÇÃO |
|---|---|
| A. O teletrabalhador está excluído do limite de jornada (0,55). Indicação Art. 62, III, CLT (0,10) | 0,00/0,55/0,65 |
| B. Embargos de declaração (0,50). Indicação Art. 897-A, CLT OU 1.022, II, CPC (0,10) | 0,00/0,50/0,60 |

## QUESTÃO 04

**(OAB/Exame 31º – 2020.1)** Roberto trabalhava em uma indústria de cigarros. Além do salário mensal, recebia cerca de 50 pacotes de cigarros variados por mês. Ao ser dispensado, Roberto ajuizou reclamação trabalhista pleiteando a integração do valor dos cigarros à sua remuneração, para todos os efeitos.

No dia e na hora designados para a audiência, o reclamante estava presente e assistido; já o preposto não compareceu, e apenas o advogado da ré estava presente. É certo que a procuração, a defesa e os documentos já estavam nos autos. O advogado do autor requereu a revelia e a exclusão da contestação e dos documentos do processo.

Diante do enunciado, na qualidade de advogado da ré, responda aos itens a seguir.

A) O que você deverá alegar acerca do requerimento formulado por seu ex adverso sobre a defesa e os documentos? Fundamente. (Valor: 0,65)

B) O que você deverá alegar na defesa da sua cliente quanto ao pedido de integração do valor da utilidade fornecida? Fundamente. (Valor: 0,60)

*Obs.: o(a) examinando(a) deve fundamentar suas respostas. A mera citação do dispositivo legal não confere pontuação.*

### GABARITO COMENTADO

A) Deverá ser alegado que a contestação e os documentos deverão ser aceitos mesmo na ausência do preposto, nos termos do Art. 844, § 5º, da CLT.

B) Deverá alegar que dada a nocividade à saúde, o cigarro não constitui salário utilidade, nos termos da Súmula 367, inciso II, do TST.

**Distribuição dos Pontos**

| ITEM | PONTUAÇÃO |
|---|---|
| A. A defesa e os documentos deverão ser aceitos (0,55). Indicação Art. 844, § 5º, CLT (0,10). | 0,00/0,55/0,65 |
| B Pela nocividade à saúde, o cigarro não constitui salário utilidade (0,50). Indicação Súmula 367, II, TST OU art. 458, CLT (0,10). | 0,00/0,50/0,60 |

# EXERCÍCIOS
# COMPLEMENTARES
## PEÇAS PROFISSIONAIS

## EXERCÍCIO 1

Por entender cabível e necessário, tendo em vista o teor da sentença de primeiro grau, a empresa apresentou Embargos de Declaração. O Juízo, ao decidir sobre os embargos, julgou a medida protelatória, rejeitou ditos embargos e impôs ao embargante a multa de 1% (um por cento) sobre o valor da causa. Interpondo Recurso Ordinário, foi o apelo liminarmente indeferido pelo magistrado, por intempestivo, sob o fundamento de que embargos declaratórios que o Juízo entenda protelatórios não têm o condão de interromper o prazo para a interposição de qualquer recurso e, ademais, entendeu deserto o mesmo recurso por falta de depósito do valor da mencionada multa.

QUESTÃO: Como advogado da empresa, elabore a medida cabível, apresentando os fundamentos que busquem a reversão do despacho que indeferiu o processamento do Recurso Ordinário.

## EXERCÍCIO 2

Determinada empresa demitiu vendedora de loja de roupas finas, alegando que, por ser estabelecimento de luxo, seriam mantidas apenas pessoas de boa aparência e que, ademais, apresentassem atestado de esterilização, "para que não houvesse riscos de afastamentos do serviço". Ao reclamar da situação, a trabalhadora foi bastante humilhada, em público, recebendo irônico "conselho" do Gerente da Loja para que fosse "procurar seus direitos". Despedida, socorreu-se da Justiça do Trabalho onde postulou as verbas rescisórias, a percepção em dobro da remuneração pelo período de afastamento, tudo acrescido de danos morais a serem arbitrados pelo Juízo, tendo em vista as graves humilhações sofridas. O Juízo de primeira instância julgou a ação procedente em parte, determinando a reintegração, contra a vontade da Reclamante que alegara em Juízo não ter nenhum ambiente para retornar àquele emprego, limitando-se, por fim, o julgado, a determinar o pagamento das remunerações, de forma simples, do período de afastamento.

QUESTÃO: Como advogado da Reclamante, apresente a medida processual adequada, postulando a reforma do julgado, apresentando, para tanto, o devido fundamento legal.

## EXERCÍCIO 3

Policial Militar, fora dos horários em que servia à Corporação, prestava serviços, em caráter permanente, para determinada empresa concessionária de veículos, onde ativava-se como Chefe de Segurança, percebendo remuneração fixa mensal. Naquele local, além de prestar serviços não eventuais, assinalava cartão ponto e cumpria ordens, ali laborando, também, quando em férias ou eventuais dispensas da atividade militar. Despedido pela aludida concessionária, postulou perante a Justiça do Trabalho o vínculo de emprego e consequentes. O Juízo de primeiro grau entendeu ine-

PRÁTICA TRABALHISTA - 10ª EDIÇÃO    244

xistir vínculo de emprego, tratando-se de mera relação de trabalho e, pois, a ação seria improcedente perante a Justiça do Trabalho, e, ademais, a situação dos autos configuraria violação disciplinar prevista no Estatuto Policial Militar.

QUESTÃO: Como advogado do Policial Militar, interponha a medida judicial cabível, apresentando a devida fundamentação.

## EXERCÍCIO 4

João da Silva, representante comercial, registrado no CORCESP, prestou serviços durante 05 (cinco) anos para determinada empresa, sendo que por exigência da representada, firmou, no início da pactuação, um "contrato de agência", com fundamento nos arts. 710 e segs. do Código Civil. Trabalhou com exclusividade para referida empresa, era supervisionado, elaborava relatórios diários e cumpria ordens que implicavam subordinação jurídica. Rescindido o contrato por ato da empresa, sem qualquer justificativa, nada foi pago ao representante. Este ajuizou reclamação perante a Justiça do Trabalho, sendo que a peça vestibular formulava pedidos sucessivos: a) em primeiro lugar, o reconhecimento de que a relação jurídica era, de fato, ante o princípio da primazia da realidade, um contrato de trabalho nos moldes do que dispõe a CLT e, pois, a anotação do tempo de serviço na CTPS, o pagamento de todos os consequentes daí derivados, inclusive as chamadas verbas rescisórias; b) sucessivamente, *ad argumentandum*, se porventura não se reconhecesse o vínculo empregatício, pleiteava que a empresa fosse condenada nos direitos decorrentes da Lei 4.886/1965, em especial, indenização e aviso-prévio. O Juízo indeferiu liminarmente a inicial, fundamentando-se em incompetência em razão da matéria e, ademais, entendendo inepta a inicial por formular pedidos sucessivos.

QUESTÃO: Como advogado do Reclamante, apresente a medida processual cabível, sustentando, fundamentadamente, a viabilidade do pedido como formulado.

## EXERCÍCIO 5

Determinada empresa dotava todos os locais de prestação de serviços de excessiva e ostensiva vigilância por câmeras de vídeo, a tal ponto de invadir a privacidade dos empregados, submetendo-os a constrangimentos. Como se não bastasse, resolveu, certo dia, num final de expediente, sem que houvesse qualquer razão plausível, submeter uma trabalhadora a revista pessoal íntima, a ser feita por seus seguranças, todos do sexo masculino. A trabalhadora recusou-se, alegando dupla violação de sua privacidade, quer pela ostensiva vigilância eletrônica já existente, quer pela desfundamentada tentativa de revista íntima. Foi, então, imediatamente despedida por justa causa, passando a empresa a alardear que a recusa no cumprimento da ordem constituía sério "indício" do cometimento de ato de improbidade pela trabalhadora.

QUESTÃO: Na condição de advogado da trabalhadora, promova a medida processual adequada, com os fundamentos legais específicos.

## EXERCÍCIO 6

Apreciando reclamação trabalhista de empregado demitido por justa causa, sob a alegação de troca de ofensas e início de vias de fato com colega de serviço (este não despedido), em decorrência de discussão sobre futebol às portas do Estádio do Pacaembu, em partida de final de campeonato o Juiz do Trabalho reconheceu a justa causa, fundamentando em briga com colega de trabalho e julgou a ação improcedente.

QUESTÃO: Como advogado do Reclamante, promova a medida processual adequada, apresentando os devidos fundamentos legais.

245 EXERCÍCIOS COMPLEMENTARES

# EXERCÍCIO 7

Após ter sido aprovado em concurso público, Marcos foi contratado por uma companhia de saneamento básico, sociedade de economia mista, para exercer o cargo de auxiliar técnico. Quando iniciou suas atividades na empresa, Marcos passou a exercer as atribuições de cargo hierarquicamente superior ao daquele para o qual fora contratado. Frente a tal situação, ele ingressou com ação na justiça do trabalho, pleiteando o pagamento do salário correspondente ao cargo exercido bem como o seu reenquadramento na função que passou a desempenhar. O juiz julgou integralmente procedentes os pedidos formulados pelo reclamante. A reclamada recorreu ao TRT, tendo sido o recurso improvido e mantida a decisão em seus exatos termos. Novamente a empregadora recorreu, dessa vez ao TST, para ver reformado o acórdão regional, tendo a primeira turma negado provimento, oportunidade em que enfrentou todos os argumentos contidos na peça recursal.

Em face da situação hipotética apresentada, na qualidade de advogado(a) da companhia de saneamento básico, redija a peça processual cabível, argumentando acerca do direito de o empregado de sociedade de economia mista ser reenquadrado no cargo cujas atribuições exercia na hipótese de desvio de função; e da existência, ou não, de direito do reclamante ao percebimento das diferenças salariais entre a atividade exercida e aquela para a qual originalmente havia sido contratado.

# EXERCÍCIO 8

João, após aposentar-se espontaneamente pelo INSS, continuou a trabalhar na empresa Autoelétrica XZ. Passado um ano, foi demitido, oportunidade em que ingressou com uma ação na ª Vara do Trabalho de São Paulo, solicitando o pagamento de diferença referente à multa de 40% sobre o FGTS de todo o contrato de trabalho, incluindo-se o período anterior à aposentadoria. A empresa, na defesa que apresentou em juízo, afirmou que o empregado não teria direito a essa diferença visto que, com a aposentadoria, teria ocorrido a extinção do primeiro contrato de trabalho. Os pedidos formulados na reclamação trabalhista foram julgados improcedentes.

Considerando a situação hipotética apresentada, na qualidade de advogado(a) contratado(a) por João, redija a peça processual cabível para a defesa dos interesses de seu cliente, expondo os fundamentos legais pertinentes e o entendimento da jurisprudência a respeito do fato.

# EXERCÍCIO 9

O secretário de Relações do Trabalho do Ministério do Trabalho e Emprego, com atuação em Brasília – DF, recusando-se à efetivação do registro sindical do Sindicato dos Trabalhadores da Educação Básica do Estado de São Paulo (SINTEB/SP) sob o argumento de que restaria desatendido o princípio da unicidade sindical, determinou o arquivamento do respectivo processo administrativo. O sindicato recorreu da decisão, demonstrando, por meio de documento, não haver outro sindicato a representar a referida categoria profissional no âmbito do mesmo município.

Em face da situação hipotética acima, na condição de advogado(a) contratado(a) pelo SINTEB/SP e considerando que a entidade teve seus estatutos registrados no cartório competente, redija a peça judicial cabível contra o arquivamento do processo de registro sindical, na qual sejam abordados, necessariamente, os seguintes aspectos:

a) princípio da unicidade sindical;

b) atuação do Ministério do Trabalho e Emprego no registro das organizações sindicais.

PRÁTICA TRABALHISTA – 10ª EDIÇÃO     246

# EXERCÍCIO 10

Joaquim foi admitido, em dezembro de 2012, mediante concurso público, pela Empresa Brasileira de Correios e Telégrafos (ECT), no cargo de operador de triagem e transbordo. Foi demitido, imotivadamente, em março de 2016. Em abril do mesmo ano, ajuizou ação trabalhista na ª Vara do Trabalho de São Paulo, pedindo sua reintegração na empresa pública, em razão da peculiar condição da ECT, que é equiparada à Fazenda Pública. O juiz do trabalho negou o pedido constante na reclamação trabalhista ajuizada por Francisco, argumentando que o vínculo jurídico com a ECT seria de natureza contratual, sujeito às normas determinadas na CLT, razão pela qual seria desnecessário exigir que a ECT se submetesse, para fins de demissão de seus funcionários, a processo administrativo em que constasse a motivação do ato.

Considerando a situação hipotética acima apresentada, na condição de advogado(a) contratado(a) por Joaquim, redija a peça judicial cabível em defesa do direito de seu cliente ser reintegrado no cargo.

# EXERCÍCIO 11

Raimundo e Pedro, propagandistas-vendedores da empresa Medicamentos Baixo Custo, foram demitidos, sem justa causa, em janeiro de 2016. Em abril do mesmo ano, ajuizaram ação na ª Vara do Trabalho de São Paulo, argumentando que foram dispensados imotivadamente, embora possuíssem estabilidade provisória por integrar, respectivamente, a ª e a ª suplência da diretoria do Sindicato dos Empregados Propagandistas, Propagandistas-Vendedores e Vendedores de Produtos Farmacêuticos do Estado de São Paulo. A empresa contestou a ação, alegando que a quantidade dos membros eleitos para a diretoria do sindicato teria ultrapassado o número legal. O juiz de º grau reconheceu que, embora o estatuto do sindicato estabeleça um número maior de membros efetivos e suplentes para a diretoria, ambos os vendedores estariam protegidos pela estabilidade, razão pela qual determinou a reintegração dos trabalhadores. Houve recurso por parte da empresa, tendo o TRT da ª Região mantido a decisão nos seus exatos termos.

Em face da situação hipotética acima, na condição de advogado(a) contratado(a) pela empresa Medicamentos Baixo Custo, redija a peça judicial cabível em defesa de sua cliente, apresentando os argumentos de fato e de direito pertinentes à matéria.

# EXERCÍCIO 12

Pedro ingressou com reclamação trabalhista contra o Estado de São Paulo para ver reconhecido o vínculo de emprego entre ambos, ainda que não tenha havido prévia aprovação em concurso público. A ação foi julgada improcedente pelo juiz do trabalho. Foi interposto recurso ordinário contra a sentença, repetindo-se os argumentos trazidos na petição inicial, e, sucessivamente, solicitando-se a condenação do reclamado ao pagamento das verbas decorrentes do contrato de trabalho havido entre as partes (aviso-prévio, 1° salário proporcional, férias em dobro e simples acrescidas de um terço, depósitos do FGTS e indenização de 40% sobre o saldo do FGTS).

O Tribunal Regional do Trabalho (TRT) deu provimento ao recurso, por entender caracterizada a existência de relação de emprego, na forma dos arts. 2° e 3° da CLT, mesmo diante da previsão do art. 37, inciso II e § 2°, da CF/1988, pois o serviço foi prestado de forma pessoal, onerosa e com subordinação, cabendo ao ente público arcar com as verbas decorrentes do contrato de trabalho. Ao reformar a sentença, o TRT reconheceu a existência do contrato nulo, mas entendeu ser ele capaz de gerar efeitos jurídicos, pelo que determinou o retorno dos autos à vara de origem para exame dos demais pedidos da inicial. Dessa decisão interpôs o Estado recurso de revista, cujo seguimento foi negado, sob o argumento de que as decisões interlocutórias são irrecorríveis (art. 893, § 1°, da CLT e Súmula 214/TST).

Em face da situação hipotética acima descrita, redija a medida cabível e apresente argumentos fundamentados, considerando que, em sua decisão, o TRT reconheceu ser devido o pagamento de todas as verbas trabalhistas em hipótese de contrato nulo.

## EXERCÍCIO 13

A 1ª Vara do Trabalho de São Paulo, analisando reclamação trabalhista ajuizada por Manuel, julgou improcedente a ação, por entender caracterizada hipótese de dispensa por justa causa, tomando por fundamento um único depoimento, prestado por testemunha arrolada pela reclamada. Essa testemunha, mesmo não tendo presenciado o ato de ter o empregado, Manuel, esmurrado o gerente da empresa, disse ter ouvido falar do ocorrido pelo próprio ofendido. Ficou evidenciado, na instrução processual, que: a) somente passados dois meses do fato, deu-se a demissão por justa causa, sem que tenha havido sequer uma advertência ao empregado; b) ninguém presenciou a agressão; c) a única testemunha do reclamado disse não trabalhar, nem nunca haver trabalhado, na empresa que este dirigia.

Considerando a situação hipotética apresentada, redija a medida cabível, argumentando sobre o fundamento da despedida de Manuel e sobre as provas produzidas em juízo. Analise a hipótese de a justa causa vir a ser descaracterizada, descrevendo quais serão as verbas e direitos devidos ao empregado.

## EXERCÍCIO 14

Maria ingressou com reclamação trabalhista contra a empresa Brasil S.A., argumentando ter exercido função de confiança, com o consequente pagamento da gratificação salarial correspondente, durante seis anos consecutivos, tendo o empregador, sem justa causa e por ato unilateral, promovido sua reversão ao posto antes ocupado, quando, então, foi reduzida sua remuneração. Maria pediu antecipação de tutela para que a reclamada procedesse à imediata incorporação da gratificação, bem como o pagamento das diferenças salariais correspondentes, desde a data da supressão da vantagem. Ao final, postulou a confirmação da medida liminar. Juntou prova documental para comprovar suas alegações. O juiz daª Vara do Trabalho de São Paulo, argumentando estarem satisfeitos os pressupostos autorizadores da medida, deferiu o pedido de antecipação dos efeitos da tutela.

Em face dessa situação hipotética, redija a medida cabível, argumentando a respeito da possibilidade de redução salarial na hipótese de reversão do empregado ao cargo efetivo, antes ocupado, quando este deixar de exercer função de confiança.

# EXERCÍCIOS COMPLEMENTARES
## GABARITOS – PEÇAS PROFISSIONAIS

## EXERCÍCIO 1

A medida cabível é o recurso de Agravo de Instrumento (Art. 897, b, da CLT). A matéria arguível é a de que os embargos de declaração interrompem o prazo para a interposição de outros recursos, por qualquer das partes (CPC, art. 1.026) e, ademais, na forma do § ° do mesmo dispositivo, somente na reiteração de embargos protelatórios em que a multa é elevada a até 10% (dez por cento) é que fica condicionada a interposição de qualquer outro recurso ao depósito do valor respectivo, exceção feita à Fazenda Pública e ao beneficiário de gratuidade da justiça, que a recolherão ao final. Assim, o Agravo de Instrumento postulará afastar o despacho denegatório de processamento, por ambos os motivos: o Recurso Ordinário não é intempestivo, tampouco deserto, devendo o Tribunal determinar seu regular processamento.

## EXERCÍCIO 2

A medida cabível será o Recurso Ordinário, em que a Recorrente arguirá o texto da Lei 9.029, de 12.04.1995, que veda e até define como tipo penal tais práticas, bem como, em seu art. °, defere à ofendida a opção entre a reintegração no emprego ou a percepção em dobro da remuneração como postulado na inicial, tudo sem prejuízo da composição dos danos morais, com fulcro no art. °, X da CF, c/c arts. 186 do Código Civil, e 927 do mesmo Estatuto.

## EXERCÍCIO 3

A medida processual seria o Recurso Ordinário, dirigido à própria Vara do Trabalho, requerendo remessa ao Tribunal Regional do Trabalho e postulando o reconhecimento do vínculo de emprego. A competência, de toda forma, seria mesmo da Justiça do Trabalho, consoante redação do art. 114 da CF, decorrente da Emenda Constitucional 45/2004, que ampliou a competência trabalhista, passando a abranger tanto relações de trabalho, quanto de emprego. Por seu turno, o vínculo de emprego, na espécie, decorre de matéria sumulada, estampada na Súmula 386 do TST.

## EXERCÍCIO 4

A medida processual adequada será o Recurso Ordinário. O Recorrente deverá arguir ser pessoa natural, ter havido relação de trabalho subordinado e que, ante os termos do art. 114 da Constituição Federal (após a Emenda Constitucional 45/2004), a competência será da Justiça do Trabalho,

EXERCÍCIOS COMPLEMENTARES

tanto para as hipóteses de relação de emprego, quanto para as de "relação de trabalho". Quanto ao pedido formulado de forma sucessiva, encontra fundamento expresso no art. 326 do CPC/2015, aqui aplicado de forma subsidiária. Assim, postulará a anulação da sentença, para que o feito seja regularmente conhecido, instruído e apreciado pela Vara do Trabalho, tal como formulado na inicial.

# EXERCÍCIO 5

A medida processual será uma petição inicial, pleiteando todos os direitos decorrentes da injusta despedida e invocando o art. 373-A, VI da CLT, além da postulação de danos morais a serem arbitrados pelo Juízo, pelo duplo constrangimento sofrido, fundamentando-se então, com o art. °, X, da Constituição Federal, c/c arts. 186 e 927 do Código Civil.

# EXERCÍCIO 6

A medida processual adequada será o Recurso Ordinário. O Recorrente analisará o art. 482, j, da CLT, que é taxativo ao considerar tal justa causa apenas se o fato ocorrer no local de trabalho ("...praticado no serviço contra qualquer pessoa, ou ofensas físicas, nas mesmas condições..."). Ademais, ao punir severamente um dos empregados e perdoar o outro, a empregadora agiu com notória discriminação, razões pelas quais, por ambos os motivos, o recurso postulará a reforma da sentença, julgando-se procedente a ação.

# EXERCÍCIO 7

A peça deve ser a de Embargos à SDI-1, dirigido ao Presidente da Turma do TST. A jurisprudência do TST segue orientação do Supremo Tribunal Federal a respeito da matéria, no sentido de ser clara a determinação constitucional quanto à necessidade de submissão a concurso público para que se tenha acesso a cargo ou a emprego público (art. 37, II, da CF/1988), não sendo possível que se interprete a referida condição como exigível apenas no ingresso na carreira. Por isso, há vedação constitucional de reenquadramento de servidor público. A Orientação Jurisprudencial 125 da SBDI-1 do Tribunal, no entanto, estabelece que "o simples desvio funcional do empregado não gera direito a novo enquadramento, mas apenas às diferenças salariais respectivas, mesmo que o desvio de função haja iniciado antes da vigência da Constituição Federal de 1988". Assim, não tem direito o reclamante ao reenquadramento, mas faz jus ao pagamento das diferenças salariais entre a atividade exercida e aquela para a qual originalmente havia sido contratado.

# EXERCÍCIO 8

Deve ser apresentado Recurso Ordinário dirigido ao presidente do TRT da ª Região. O STF (ADI 1.721-3/DF, rel. Min. Carlos Britto, j. em 11.10.2006) declarou inconstitucional o § ° do art. 453 da CLT – acrescido pelo art. ° da Medida Provisória 1.596-14-97, convertida na Lei 9.528/1997 –, que estabelece que o ato de concessão de benefício de aposentadoria a empregado que não tiver completado trinta e cinco anos de serviço, se homem, ou trinta, se mulher, importa em extinção do vínculo empregatício. Entendeu o Supremo Tribunal que a norma impugnada é inconstitucional por instituir modalidade de despedida arbitrária ou sem justa causa, sem indenização (CF, art. °, I), desconsiderando a própria eventual vontade do empregador de permanecer com seu empregado, bem como o fato de que o direito à aposentadoria previdenciária, uma vez objetivamente constituído, corre na relação jurídica entre o segurado do Sistema Geral de Previdência e o INSS, portanto, às expensas de um sistema atuarial-financeiro gerido por este. Observou, ainda, que o Ordenamento Constitucional não autoriza o legislador ordinário a criar modalidade de rompimento automático do vínculo de emprego, em desfavor do trabalhador, na situação em que este apenas exercita o seu

PRÁTICA TRABALHISTA – 10ª EDIÇÃO 250

direito de aposentadoria espontânea, sem cometer deslize algum e que a mera concessão da aposentadoria voluntária ao trabalhador não tem por efeito extinguir, instantânea e automaticamente, o seu vínculo de emprego.

## EXERCÍCIO 9

Deve ser impetrado Mandado de Segurança, dirigido ao juiz do trabalho do Distrito Federal, pois a autoridade coatora atua em Brasília/DF. Segundo a Súmula 677 do STF, compete ao Ministério do Trabalho o registro das entidades sindicais e o zelo pela observância do princípio da unicidade. O art. °, I, da CF/1988 dispõe não ser possível lei exigir autorização do Estado para a fundação de sindicato, ressalvada a hipótese do registro no órgão competente, que é o Ministério do Trabalho, sendo proibido ao Poder Público intervir ou interferir na organização sindical. O art. °, II, da CF/88, por sua vez, veda a criação de mais de um sindicato profissional na mesma base territorial, que não pode ser inferior à área de um município.

Assim, tem-se que a atuação ministerial é vinculada, de modo que o exame, pelo Ministério, da constituição de entidade sindical profissional ou econômica deve restringir-se ao exame da vedação da coexistência de mais de uma organização representativa de categoria na mesma base territorial. Por isso, o ato praticado pelo Secretário das Relações do Trabalho do Ministério do Trabalho é ilegal e abusivo quando determina o arquivamento do processo administrativo de registro sindical quando não há outra organização sindical na mesma base territorial, pelo que cabe ao juiz determinar a continuidade do ato, para que a autoridade coatora efetue o registro o sindicato.

## EXERCÍCIO 10

Deve ser interposto Recurso Ordinário (art. 895, I, CLT) dirigido ao juiz do Trabalho da ª Vara de São Paulo. O TST reformulou a Orientação Jurisprudencial 247, passando, no item II, a excepcionar a ECT da possibilidade de dispensa imotivada de seus funcionários. Assim, por conta da sua peculiar situação, por gozar a ECT do mesmo tratamento dispensado à Fazenda Pública em relação à imunidade tributária e à execução de precatório, além das prerrogativas de foro, prazos e custas processuais, fica ela condicionada à motivação do ato de despedida do empregado, sob pena de invalidade. Neste caso, Joaquim tem direito a reintegração a seu cargo, visto que sua despedida ocorreu sem a devida motivação em processo administrativo.

## EXERCÍCIO 11

Deve ser interposto Recurso de Revista, (art. 896, a e/ou c, CLT) dirigido ao Presidente do TRT da ª Região. De acordo com o art. 522, *caput*, da CLT, a administração do sindicato será exercida por uma diretoria constituída por, no máximo, sete membros, os quais possuirão estabilidade sindical. Segundo a Súmula 369, II, do TST, o art. 522 da CLT, que limita a sete o número de dirigentes sindicais, foi recepcionado pela Constituição Federal de 1988. Assim, os membros que excederem este limite não estarão protegidos pela garantia do emprego e os suplentes, qualquer que seja sua posição, também não serão atingidos por essa proteção legal.

## EXERCÍCIO 12

A medida cabível é Agravo de Instrumento, com base no art. 897, b, da CLT, endereçado ao Presidente do TRT, sob o argumento de que, ainda que o acórdão que prevê a determinação de retorno dos autos ao juiz de primeiro grau, possua natureza interlocutória, o Recurso de Revista deve ser admitido, pois o acórdão do TRT contrariou a Súmula 363 do TST, ao reconhecer ser possível

EXERCÍCIOS COMPLEMENTARES

pagamento de todas parcelas decorrentes do contrato de trabalho válido, em hipótese de contrato nulo, quando somente seria possível o pagamento dos dias trabalhados e do FGTS do período.

# EXERCÍCIO 13

A medida cabível é Recurso Ordinário, com base no art. 895, I, da CLT. Deve-se argumentar que a empregadora não comprovou a atitude ao justificar a dispensa por justa causa, pois o depoimento prestado por testemunha que não presenciou o ocorrido não teria sido suficiente a entender-se que o empregador se desincumbiu do ônus da prova que lhe cabia. Além disso, a própria falta de imediatidade na punição do empregado pelo empregador demonstraria não ter ocorrido o fato justificador da dispensa, sendo caso de perdão tácito. Assim, a justa causa estaria descaracterizada, devendo ser reconhecidos os direitos decorrentes da rescisão imotivada, sendo eles: multa indenizatória de 40% dos depósitos do FGTS, aviso-prévio, 1º salário proporcional e férias proporcionais, multa previsto no art. 477, § º, da CLT, créditos vencidos, se houverem e o direito de levantar os depósitos do FGTS.

# EXERCÍCIO 14

A medida cabível é Mandado de Segurança, com base no art. º, LXIX, da CF/1988, e na Lei 12.016/2009. Deve-se argumentar que não há recurso próprio a impugnar tutela antecipada concedida antes da sentença (Súmula 414, II, do TST). Após, que o art. 468, parágrafo único, da CLT permite a reversão do empregado ao cargo antes ocupado, quando deixar de exercer função de confiança, sendo que só não será possível haver redução salarial (art. º, VI, da CF/1988) quando esta for percebida por empregado, decorrente do exercício de função de confiança gratificada, por mais de dez anos, haja vista o princípio da estabilidade financeira, quando então incorporara ao seu salário (Súmula 372, I, do TST). Contudo, no caso, não será devida nem a incorporação da gratificação nem o pagamento das diferenças salariais correspondentes, a contar da data da supressão da vantagem, pois a empregada não satisfez os requisitos contidos na Súmula 372, I, do TST.

# EXERCÍCIOS COMPLEMENTARES
## QUESTÕES

## QUESTÃO 1

Em dissídio individual em que se discutia a ocorrência de justa causa pelo cometimento de ato de improbidade, a Reclamada fez-se representar por preposto devidamente credenciado (auxiliar de departamento pessoal), que tinha amplo conhecimento dos fatos. O magistrado, todavia, entendeu que, em tais hipóteses, o depoimento pessoal teria de ser prestado, obrigatoriamente, por Gerente ou Diretor. Considerou, pois, a Reclamada, confessa quanto à matéria de fato. O procedimento do Juízo está correto? Fundamente a resposta.

## QUESTÃO 2

Determinada empresa, ao ser executada, revelou-se insolvente. O Juízo promoveu a desconsideração da personalidade jurídica e efetivou a chamada penhora "on-line", bloqueando integralmente os ativos de conta bancária específica em que um dos sócios recebia apenas proventos de sua aposentadoria. Tal penhora tem amparo legal? Fundamente a resposta.

## QUESTÃO 3

Em dissídio individual plúrimo, grupo de empregados da empresa sediada em São Paulo apresentam reclamatória nesta Capital, postulando adicional de periculosidade. Argumentando com o princípio da economia processual, seus colegas da Filial de Santos resolveram promover cumulação subjetiva para a postulação de horas extras laboradas aos sábados e domingos. Tal situação processual é possível? Fundamente a resposta.

## QUESTÃO 4

A Reclamada teve, em primeira audiência, rejeitada a arguição de exceção de incompetência em razão do lugar. Como apresentara também a defesa de mérito, foi esta recebida, e adiada a audiência para instrução. A Reclamada entendeu ser necessário interpor, desde logo, no prazo de 8 (oito) dias, Recurso Ordinário, suscitando a questão da incompetência *ex ratione loci*. É acertada tal providência processual? Fundamente a resposta.

## QUESTÃO 5

Dias após encerrada a instrução processual, sem qualquer protesto, a parte Reclamada junta documentos (Ficha de Registro e Cartões-Ponto). A juntada foi aceita e não se abriu vista ao Reclamante. A ação foi julgada improcedente, sendo inteiramente fundamentada em suposta prova contida nos referidos documentos. Foi acertada tal deliberação do Juízo? Fundamente a resposta.

## QUESTÃO 6

Estagiário de engenharia, embora reconhecendo que executava tarefas próprias do estágio pactuado, postulou vínculo de emprego, na forma da CLT, sob o único fundamento de que o estágio era remunerado e, portanto, caracterizado o vínculo de emprego. Está correta ou equivocada a interpretação? Fundamente.

## QUESTÃO 7

Empregadora doméstica idosa e doente, solicitou que seu filho comparecesse, na condição de preposto, portando ordem escrita, à audiência trabalhista que lhe movia sua ex-empregada. O Juiz do Trabalho não aceitou a representação e considerou-a revel. Está correta a decisão? Fundamente.

## QUESTÃO 8

Empresa de confecções enviou máquina de costura à residência de certa pessoa e remetia, também, tecido para a confecção, retirando periodicamente o produto acabado, pagando por produção. Fiscalizava diretamente o trabalho, dava ordens e exigia produção mínima diária. Quando a costureira pleiteou, anos após, vínculo de emprego, a empresa negou a vinculação, alegando tratar-se de trabalho em domicílio, o que, por si, seria o suficiente para afastar a relação de emprego. Tal interpretação está correta? Fundamente.

## QUESTÃO 9

Empresa que fornecia ônibus executivo para o transporte dos empregados, que se deslocavam para local de fácil acesso e com disponibilidade de transporte público, recusou-se a considerar tal percurso como de horas *in itinere*. A posição da empresa está correta? Fundamente.

## QUESTÃO 10

Por ter recebido benefício da empregadora consistente em pagamento de mensalidade, livros e material didático durante todo o curso superior, empregado pretendeu considerar tais utilidades como salário, para todos os fins de direito. A pretensão está correta? Fundamente.

## QUESTÃO 11

Manuel, empregado da empresa Super Boa Ltda., após criticar seu superior hierárquico de forma contundente e com uso de expressões depreciativas, foi advertido por escrito. Tendo Manuel se recusado a assinar a referida penalidade, ele foi dispensado, por justa causa, da empresa, sob o argumento de prática de falta grave, por ato de indisciplina.

Na situação hipotética apresentada, foi correta a decisão da empresa de dispensar o empregado por justa causa? Fundamente sua resposta.

## QUESTÃO 12

Geraldo é gerente de vendas em uma sapataria e recebe, além do salário e das horas extras trabalhadas, um adicional pela função que exerce. Entretanto, no demonstrativo de pagamento entregue a Geraldo todos os meses, não há discriminação das verbas remuneratórias, sendo todas elas englobadas sob o título de salário.

PRÁTICA TRABALHISTA – 10ª EDIÇÃO 254

Considerando a situação hipotética apresentada, caracterize a forma de remuneração paga a Geraldo, explicitando, com a devida fundamentação jurídica, se ela é admitida no âmbito do direito do trabalho.

## QUESTÃO 13

Tereza, admitida, no ano de 2008, em uma empresa, para o exercício de atividades de serviços gerais de limpeza, foi dispensada em 2015. Em março do ano seguinte, ajuizou reclamação trabalhista na ª Vara do Trabalho de São Paulo, pleiteando adicional de insalubridade. A empregadora demonstrou que o Ministério do Trabalho e Emprego não classificava a referida atividade como insalubre. O juiz do trabalho acolheu o pedido formulado pela reclamante e condenou a reclamada a pagar o adicional de insalubridade em grau máximo – 40% sobre o salário mínimo da região —, nos termos da NR 15 da Portaria 3.214/1978 do MTE. O TRT da ª Região confirmou a sentença por entender que o laudo pericial havia demonstrado que a empregada, ao fazer a limpeza dos 11 banheiros do escritório e da área de produção da empresa, manuseava, sem qualquer equipamento de proteção, agentes biológicos nocivos à saúde, resíduos equiparáveis ao lixo urbano, sendo este fundamento suficiente, por si só, para a procedência da reclamação.

Considerando a situação hipotética apresentada, responda, de forma fundamentada, com base no entendimento atual do TST, se é devido à empregada o pagamento do adicional de insalubridade em face da constatação do laudo pericial, independentemente da classificação de tal atividade como insalubre pelo MTE.

## QUESTÃO 14

Considere que Maria, ao descobrir-se grávida, tenha utilizado as dependências do hospital onde trabalha como auxiliar de enfermagem, para interromper a gravidez e, em decorrência do fato, tenha sido processada e julgada por aborto criminoso. Nessa situação, com base no que prevê a CLT, caracteriza-se hipótese de suspensão de contrato de trabalho ou de interrupção do contrato de trabalho?

Fundamente sua resposta.

## QUESTÃO 15

João, em razão de acidente de trabalho, ficou afastado por mais de 15 dias de suas atividades, passando a receber o auxílio-doença acidentário. Após encerramento do gozo do auxílio-acidente, João teria direito a estabilidade provisória pelo período de 12 meses. Entretanto, a empresa, no curso da referida estabilidade, despediu-o imotivadamente. Passados 18 meses do decurso do período de estabilidade, o empregado ajuizou reclamação trabalhista, pleiteando o percebimento dos salários referentes ao período compreendido entre a data da despedida e a do ajuizamento da ação, bem como sua reintegração no cargo antes ocupado.

Em face dessa situação hipotética, responda, de forma fundamentada, à seguinte pergunta: João tem direito ao recebimento dos salários relativos ao período descrito, assim como o de ser reintegrado ao cargo antes ocupado?

## QUESTÃO 16

Maria, contratada como auxiliar de almoxarifado do Banco Brasileiro, trabalhou no departamento de telecomunicação, recebendo e expedindo materiais e atendendo às solicitações de material para manutenção de equipamentos das agências bancárias. Sua jornada de trabalho era de oito horas diárias. Ao final do contrato de trabalho, Maria ingressou com reclamação trabalhista na qual pleiteava a percepção da ª e da ª hora como extras, sob o argumento de que era bancária, razão pela qual sua jornada de trabalho não poderia ser superior a seis horas diárias. O banco contestou a ação, alegando que a empregada não desenvolvia a atividade-fim da instituição e que somente fariam jus à jornada especial os bancários e empregados que exercessem atividades de limpeza e de portaria.

Na situação hipotética apresentada, são devidas horas extras a Maria, ainda que não tenha ela exercido atividade típica de bancária? Fundamente sua resposta.

## QUESTÃO 17

Antônio, auxiliar técnico da Companhia de Águas do Estado de São Paulo, foi transferido da capital para o interior, onde passou a ter domicílio e a desenvolver sua atividade laboral. Inconformado com a transferência, ele ingressou com ação trabalhista, argumentando não exercer atividade de confiança nem ter sido consultado, em tempo algum, a respeito da movimentação, tendo esta, segundo ele, ocorrido como forma de pressioná-lo a pedir demissão. A empresa não rebateu os argumentos do empregado, mas justificou o ato de transferência sob a alegação de que, mesmo conservando sua sede na capital do Estado, no contrato de trabalho do empregado, havia expressa previsão quanto à possibilidade de sua transferência, sujeitando-se essa decisão ao critério discricionário e diretivo do empregador.

Na situação hipotética apresentada, Antônio tem direito de voltar a exercer suas atividades no local de sua lotação original ou a transferência está no âmbito do poder diretivo e discricionário do empregador? Fundamente sua resposta.

## QUESTÃO 18

É possível o reconhecimento da validade do contrato de trabalho de um apontador de jogo do bicho que pleiteie, na justiça do trabalho, vínculo empregatício com o tomador dos serviços? Fundamente sua resposta com base em jurisprudência do TST.

## QUESTÃO 19

É devida equiparação salarial entre dois empregados que, apesar de executarem idênticas funções, têm cargos diferentes na empresa, considerando-se que o equiparando atua no cargo de auxiliar administrativo e o paradigma, no cargo de técnico administrativo? Fundamente sua resposta.

## QUESTÃO 20

Suponha que Maurício trabalhe 8 horas diárias e usufrua apenas 20 minutos de intervalo para alimentação e descanso. Nessa situação, a não concessão parcial do intervalo intrajornada implica o pagamento total do período correspondente? Fundamente sua resposta.

## QUESTÃO 21

João, por dois anos, trabalhou na empresa Alfa, até que, por necessidade de especialização dos trabalhos, as atividades desta foram transferidas para a empresa Beta, integrante do mesmo grupo econômico. Por dois meses, período de transição da transferência das atividades de uma empresa para a outra, João prestou serviços para ambas, durante a mesma jornada de trabalho. Após, foi transferido, em definitivo, para a empresa Beta, quando, então, foi feita a anotação em sua CTPS, indicando a mudança do empregador. Passados nove meses da transferência, a empresa Beta encerrou suas atividades, por conta de dificuldades financeiras, oportunidade em que dispensou seus empregados, inclusive João, sem nada pagar-lhes.

PRÁTICA TRABALHISTA – 10ª EDIÇÃO 256

Considerando a situação hipotética descrita acima, responda às seguintes perguntas.

a) Contra qual das empresas João poderá propor reclamação trabalhista?

b) Terá João direito ao tempo de serviço prestado nas duas empresas, para efeito de pagamento de férias e 13º salário, ou somente quanto ao período trabalhado na empresa Beta?

c) João terá direito a mais de um salário por ter trabalhado nas duas empresas no período de transição das atividades?

## QUESTÃO 22

Considerando que, tanto no estágio quanto no contrato de trabalho, a prestação do serviço dá-se com pessoalidade, subordinação e continuidade, diferencie ambos os contratos, destacando as características específicas do contrato de estágio, no que diz respeito ao "termo de compromisso", à matrícula do aluno no curso, ao pagamento de bolsa e à finalidade do estágio.

## QUESTÃO 23

Diferencie gorjeta de gratificação, identificando quem é o responsável pelo pagamento de cada uma dessas parcelas e explicando se elas decorrem de obrigação, ou não, por parte de quem o faz, e se integram o salário ou a remuneração.

## QUESTÃO 24

João prestou serviços pessoalmente, como representante comercial devidamente inscrito no COR-CESP, para determinada empresa, pelo período de 10 anos. Rescindido o contrato por deliberação da representada no início de 2008, sem qualquer causa justificada, João postulou na justiça do trabalho os direitos decorrentes da lei que regulamenta a atividade dos representantes comerciais autônomos. O juízo do trabalho, em despacho liminar, deu-se por incompetente, sob o fundamento de tratar-se de mera prestação de serviços e não de vínculo de emprego.

Nessa situação, o posicionamento do juízo do trabalho está correto? Fundamente sua resposta.

## QUESTÃO 25

O banco Ômega, empresa pública federal, contratou a empresa Delta, prestadora de serviço, para que executasse, por meio dos empregados desta terceirizada, o serviço de limpeza das agências bancárias. Para uma dessas funções, foi designado Joaquim, que passou a fazer a limpeza da agência Gama. Passados três anos, a empresa Delta desligou Joaquim do seu quadro, deixando de pagar-lhe as verbas rescisórias, assim como de recolher seu FGTS.

Diante dessa situação hipotética, redija texto dissertativo, abordando a possibilidade de Joaquim ingressar com reclamação trabalhista diretamente contra o banco Ômega, ou contra este e a empresa Delta, considerando que seu vínculo de emprego ocorre somente com a tomadora do serviço, a quem ele estava subordinado. Caso entenda ser a instituição bancária a responsável, explicite se tal responsabilidade será, ou não, de modo solidário para com a empresa Delta.

# EXERCÍCIOS COMPLEMENTARES
## GABARITO – QUESTÕES

## QUESTÃO 1

Não. O art. 843, § °, da CLT, faculta, de forma expressa a representação, tal como o fez a Reclamada.

## QUESTÃO 2

Não. Trata-se de bem absolutamente impenhorável, consoante dispõe o art. 833, IV, do CPC/2015.

## QUESTÃO 3

Não, ante a absoluta inexistência de identidade de matéria, art. 842 CLT.

## QUESTÃO 4

Não. Tal matéria não é recorrível de imediato, ante os termos claros do art. 799, § °, da CLT.

## QUESTÃO 5

A decisão judicial foi equivocada: em primeiro lugar, porque a juntada de documentos foi intempestiva, ficando preclusa a matéria sobre a qual versava. Ademais, violaram-se, flagrantemente, os princípios do contraditório e da ampla defesa (art. °, LV, CF, bem como o art. 437, § °, do CPC/2015)

## QUESTÃO 6

Não. A Lei 11.788/2008, em seu art. °, dispõe expressamente que o estágio não cria vínculo empregatício e que, nos termos do art. 12 da lei, o estagiário poderá receber bolsa, ou outra forma de contraprestação.

## QUESTÃO 7

A decisão judicial é incorreta já que a jurisprudência é pacífica ao aceitar tal forma de representação, em se tratando de empregador doméstico. A própria Súmula 377 do TST dispõe no mesmo sentido.

## QUESTÃO 8

A interpretação da empresa está incorreta. O art. ° da CLT prevê que não se distingue o trabalho realizado no estabelecimento e o executado no domicílio do empregado, sendo relevante apenas os elementos que impliquem caracterização da relação de emprego.

PRÁTICA TRABALHISTA – 10ª EDIÇÃO                    258

## QUESTÃO 9

Sim, a posição da empresa está correta. A matéria foi objeto da Súmula 90 do TST, que culminou por ser incorporada no ordenamento por meio do art. 58, § ° da CLT, que estabelece de forma taxativa as condições para que o tempo de percurso seja computado na jornada de trabalho.

## QUESTÃO 10

A pretensão é improcedente. O art. 458, § °, II, da CLT, dispõe, de forma expressa, que tais utilidades fornecidas pelo empregador "não serão consideradas como salário".

## QUESTÃO 11

Não foi correta a decisão da empresa. A dispensa por justa causa depende da prática de falta grave prevista de forma taxativa na Legislação. A recusa do empregado em assinar a advertência é seu direito e não se configura falta grave. De fato, a infração laboral caracterizadora da falta grave caracteriza-se como comportamento do trabalhador que prejudique o cumprimento de suas obrigações contratuais trabalhistas. Como a ausência de assinatura do empregado não configurou falta grave, houve duplicidade de punição (*bis in idem*).

## QUESTÃO 12

Considera-se como salário complessivo aquele que pretende abranger várias verbas salariais, englobadamente; todos os pagamentos devidos pelo empregador devem ser claramente descritos nos recibos de pagamento, sob pena de configuração de salário complessivo, o que é repudiado pelo direito do trabalho, de modo que é vedado o pagamento de parcelas salariais distintas sob o mesmo título, sem que seja feita a discriminação isolada de cada uma delas nos demonstrativos de pagamento (Súmula 91 do TST).

É forma de remuneração que possibilita a fraude aos direitos trabalhistas, porque a indiscriminação das parcelas salariais não permite concluir se foram elas efetivamente pagas, podendo dar ensejo a renúncia prévia a direitos na fórmula de salário conjunto (art. 9° da CLT).

## QUESTÃO 13

A Súmula 448 do TST dispõe: "I - Não basta a constatação da insalubridade por meio de laudo pericial para que o empregado tenha direito ao respectivo adicional, sendo necessária a classificação da atividade insalubre na relação oficial elaborada pelo Ministério do Trabalho". Até porque "II - A higienização de instalações sanitárias de uso público ou coletivo de grande circulação, e a respectiva coleta de lixo, por não se equiparar à limpeza em residências e escritórios, enseja o pagamento de adicional de insalubridade em grau máximo, incidindo o disposto no Anexo 14 da NR-15 da Portaria do MTE ° 3.214/78 quanto à coleta e industrialização de lixo urbano. Em se tratando de mera limpeza e recolhimento de lixo doméstico em banheiros do escritório e da área de produção da empresa, o deferimento do adicional de insalubridade em grau máximo contraria a disposição contida na Súmula 448 do TST.

## QUESTÃO 14

O aborto quando não criminoso é hipótese de interrupção do contrato de trabalho, pois conta-se o tempo de serviço para todos os efeitos. Ademais, o art. 395 da CLT ensina que em caso de aborto não criminoso, comprovado por atestado médico oficial, a mulher terá um repouso remunerado de 2 (duas) semanas, ficando-lhe assegurado o direito de retornar à função que ocupava antes de seu afastamento.

Por sua vez, na hipótese de aborto criminoso, haverá a suspensão do contrato de trabalho, pois nenhum efeito gerará para a empregada.

## QUESTÃO 15

O art. 118 da Lei 8.213/1991 cuida da estabilidade provisória do empregado que sofre acidente do trabalho, garantindo-lhe a manutenção do contrato de trabalho pelo prazo mínimo de doze meses após a cessação do auxílio-doença, mas não dispõe quanto à medida a ser tomada pelo empregado no caso de inobservância por parte do empregador.

A demora no ajuizamento da ação trabalhista não retira a garantia constitucional de o reclamante, dentro do biênio prescricional, buscar o direito ao percebimento dos valores referentes ao período da estabilidade provisória. A Súmula 396, item I, do TST diz que "exaurido o período de estabilidade, são devidos ao empregado apenas os salários do período compreendido entre a data da despedida e o final do período de estabilidade, não lhe sendo assegurada a reintegração no emprego". Neste sentido tem sido o entendimento do TST (E-RR-788063/2001, rel. Min. Horácio Sena Pires, DJ 14.12.2007).

## QUESTÃO 16

Os empregados de bancos são considerados bancários, independentemente da atividade desenvolvida. A leitura que se deve fazer do art. 226, *caput*, da CLT é a de que ele traz elenco meramente exemplificativo, pelo que se permite albergar no conceito de bancário, para efeito de fixação de jornada diária de trabalho de seis horas, não só os que exercem as funções expressamente mencionadas, mas todo trabalhador de instituição bancária; O bancário que não exerça função de direção, gerência, fiscalização, chefia e equivalentes, tem jornada de trabalho diária de 06 (seis) horas (art. 224, *caput* e § 2º, da CLT); Só não serão considerados bancários os empregados integrantes de categoria profissional diferenciada, cuja definição e classificação são feitas em lei, e por estas serão regidas (Súmula 117 do TST); Maria, por não integrar categoria profissional diferenciada nem exercer atividade de confiança terá direito às horas que excederem a sexta diária, sendo enquadrada, portanto, como bancária (art. 226, *caput*, da CLT).

## QUESTÃO 17

O direito do trabalho protege a lotação original do empregado, sendo a transferência apenas possível quando o empregado exercer cargo de confiança, quando decorrer da real necessidade do serviço e quando houver a extinção do estabelecimento em que o trabalhador exerça sua atividade (art. 469 da CLT e parágrafos); A alteração do contrato individual do trabalho só pode ocorrer por mútuo consentimento, portanto, deve haver prévia anuência do empregado (arts. 468 e 469 da CLT);

Por ter a transferência ocorrido de modo irregular, o empregado deve voltar a exercer suas atividades no local de sua lotação original (reversão), nas mesmas condições anteriores à mudança, ou pleitear a rescisão contratual indireta com as indenizações cabíveis. Veja também o art. 659, IX, da CLT.

PRÁTICA TRABALHISTA – 10ª EDIÇÃO                260

## QUESTÃO 18

Segundo a Orientação Jurisprudencial 199 da SDI-1 do TST, não há contrato de trabalho em face da prestação de serviços em jogo do bicho, em razão da ilicitude do seu objeto, pelo que não poderá ele ser reconhecido (arts. 104, II, e 166, II e III, do CC/2002).

## QUESTÃO 19

O art. 461 da CLT estabeleceu que equiparando e paradigma têm direito ao mesmo salário quando exercerem atividades idênticas. Assim, nos termos do inc. III da Súmula 6 do TST — A equiparação salarial só é possível se o empregado e o paradigma exercerem a mesma função, desempenhando as mesmas tarefas, não importando se os cargos têm, ou não, a mesma denominação.

## QUESTÃO 20

Nos termos do § 4º do art. 71 da CLT, a não concessão total ou parcial do intervalo intrajornada mínimo, para repouso e alimentação, implica o pagamento total do período correspondente, com acréscimo de, no mínimo, 50% sobre o valor da remuneração da hora normal de trabalho. Veja também a súmula 437 do TST.

## QUESTÃO 21

a) Poderá propor a ação contra qualquer das empresas, ou ambas, pois se entende como havendo um único empregador (art. 2º, § 2º, da CLT);

b) Terá direito ao tempo de serviço prestado para as duas empresas, computando-se para efeitos de férias e 13º salário.

c) Súmula 129 do TST: não terá direito a mais de um salário.

## QUESTÃO 22

a) Existência do "termo de compromisso" (contrato escrito) entre o estagiário e a parte concedente, com a interveniência da instituição de ensino, é requisito obrigatório do ato jurídico;

b) Só se caracteriza o estágio se o estudante estiver matriculado e cursando, em instituição pública ou particular, o ensino médio ou superior;

c) Pode ou não, ser paga a bolsa, em dinheiro ou contraprestação, mas não é obrigatório;

d) O estágio tem como finalidade complementar o ensino e possibilitar a aprendizagem na prática.

Obs.: Veja Lei 11.788/2008.

## QUESTÃO 23

a) Gorjeta: paga pelo cliente, de forma espontânea ou decorrente da sua inclusão na nota de serviço (Súmula 354 do TST), sendo considerada forma de remuneração (a remuneração, por sua vez, é composta de salário e gorjeta);

b) Gratificação: paga por liberalidade do empregador, não se confundindo com 13º salário, que é compulsório, enquanto a gratificação é convencional.

# QUESTÃO 24

O posicionamento está incorreto, haja vista a Emenda Constitucional 45, que deu nova redação ao art. 114 do Constituição Federal, ampliando a competência da justiça do trabalho para questões de prestação de serviços em que o autor seja pessoa natural.

# QUESTÃO 25

a) A tomadora de serviço é responsável pelo inadimplemento das obrigações trabalhistas da prestadora, mesmo quando não haja vínculo de emprego entre ela e o empregado, respondendo de modo subsidiário, ou seja, quando a empregadora não arcar com suas obrigações ou seu patrimônio for insuficiente (Súmula 331, item IV, do TST) –, o fundamento da responsabilidade subsidiária é a culpa *in eligendo* (má-escolha) e *in vigilando* (falta de fiscalização);

b) O processo de conhecimento deve ser dirigido contra ambos (Ômega e Delta) para que possa haver a responsabilidade subsidiária do banco Ômega;

c) A subsidiariedade decorre da responsabilidade indireta da tomadora dos serviços, mesmo nos contratos de terceirização lícita, e independentemente da situação econômico-financeira da empresa prestadora dos serviços.

# ESTATÍSTICA
## DOS EXAMES UNIFICADOS OAB/FGV

### PEÇAS MAIS PEDIDAS – BANCA FGV

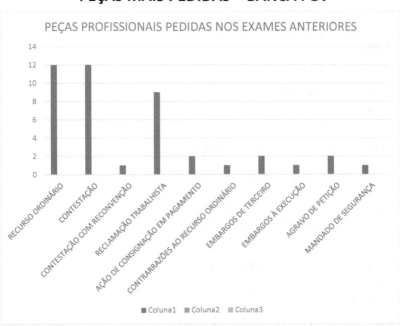

**EXAMES ANTERIORES – BANCA FGV**

**(OAB/Exame Unificado 40º – 2ª fase)**
Reclamação Trabalhista
Fundamento legal: art. 840, § 1º, CLT

**(OAB/Exame Unificado 39º – 2ª fase)**
Embargos de terceiro
Fundamento legal: art. 674 do CPC

**(OAB/Exame Unificado 38º – 2ª fase)**
Agravo de petição
Fundamento legal: art. 897, alínea a, da CLT

PRÁTICA TRABALHISTA – 10ª EDIÇÃO

**(OAB/Exame Unificado 37º – 2ª fase)**
Contestação
Fundamento legal: art. 847 da CLT

**(OAB/Exame Unificado 36º – 2ª fase)**
Mandado de Segurança
Fundamento legal: Lei nº 12.016/09, o Art. 5º, inciso LXIX, da CRFB/88

**(OAB/Exame Unificado 35º – 2ª fase)**
Recurso Ordinário
Fundamento legal: art. 895, I, da CLT

**(OAB/Exame Unificado 34º – 2ª fase)**
Reclamação Trabalhista
Fundamento legal: art. 840, § 1º, CLT

**(OAB/Exame Unificado XXXIII – 2020.1 – 2ª fase)**
Reclamação Trabalhista
Fundamento legal: art. 840, § 1º, CLT

**(OAB/Exame Unificado XXXII – 2020.1 – 2ª fase)**
Contestação
Fundamento legal: art. 847 CLT

**(OAB/Exame Unificado XXXI – 2020.1 – 2ª fase)**
Recurso ordinário
Fundamento legal: art. 895, I, CLT

**(OAB/Exame Unificado XXX – 2019.3 – 2ª fase)**
Reclamação trabalhista com tutela antecipada
Fundamento legal: art. 840, § 1º, da CLT

**(OAB/Exame Unificado XXIX – 2019.2 – 2ª fase)**
Consignação em pagamento
Fundamento legal: art. 539 do CPC

**(OAB/Exame Unificado XXVIII – 2019.1 – 2ª fase)**
Contestação
Fundamento legal: art. 847 da CLT

**(OAB/Exame Unificado XXVII – 2018.3 – 2ª fase))**
Reclamação trabalhista
Fundamento legal: art. 840, § 1º, da CLT

**(OAB/Exame Unificado XXVI – 2018.2 – 2ª fase)**
Recurso ordinário
Fundamento legal: art. 895, I, da CLT

**(OAB/Exame Unificado XXV – 2018.1 – 2ª fase (Reaplicação Porto Alegre/RS)**
Recurso ordinário
Fundamento legal: art. 895, I, CLT

## ESTATÍSTICA DOS EXAMES UNIFICADOS OAB/FGV

**(OAB/Exame Unificado XXV – 2018.1 – 2ª fase**
Contestação com reconvenção
Fundamento legal: Cart. 847 da CLT e art. 343 CPC/2015

**OAB/Exame Unificado XXIV – 2017.3 – 2ª fase**
Recurso ordinário
Fundamento legal: art. 895, I, CLT

**OAB/Exame Unificado XXIII – 2017.2 – 2ª fase**
Contestação
Fundamento legal: art. 847 CLT

**OAB/Exame Unificado XXII – 2017.1 – 2ª fase**
Reclamação Trabalhista (petição inicial)
Fundamento legal: art. 840, § 1º, CLT e art. 319 CPC/2015

**OAB/Exame Unificado XXI – 2016.3 – 2ª fase**
Recurso ordinário
Fundamento legal: art. 895, I, CLT

**(OAB/Exame Unificado XX – 2016.2 – 2ª fase - Reaplicação em Porto Velho/Rondônia)**
Contrarrazões ao recurso ordinário
Fundamento legal: art. 900 CLT.

**(OAB/Exame Unificado XX – 2016.2 – 2ª fase)**
Reclamação trabalhista (petição inicial)
Fundamento legal: art. 840, § 1º, CLT e art. 319 CPC/2015.

**(OAB/Exame Unificado XIX – 2016.1 – 2ª fase)**
Recurso ordinário.
Fundamento legal: art. 895, I, CLT.

**(OAB/Exame Unificado XVIII – 2015.3 – 2ª fase)**
Contestação.
Fundamento legal: art. 847 CLT.

**(OAB/Exame Unificado XVII – 2015.2 – 2ª fase)**
Contestação.
Fundamento legal: art. 847 CLT.

**(OAB/Exame Unificado XVI – 2015.1 – 2ª fase)**
Recurso ordinário.
Fundamento legal: art. 895, I, CLT.

**(OAB/Exame Unificado XV – 2014.3 – 2ª fase)**
Recurso ordinário.
Fundamento legal: art. 895, I, CLT.

**(OAB/Exame Unificado XIV – 2014.2 – 2ª fase)**
Reclamação trabalhista (petição inicial)
Fundamento legal: art. 840, § 1º, CLT e art. 319 CPC/2015.

PRÁTICA TRABALHISTA – 10ª EDIÇÃO 266

**(OAB/Exame Unificado XIII – 2014.1 – 2ª fase)**
Embargos à execução
Fundamento legal: art. 884 CLT ou
Embargos de terceiro
Fundamento legal: art. 674 CPC/2015.

**(OAB/Exame Unificado XII – 2013.3 – 2ª fase)**
Reclamação trabalhista (petição inicial)
Fundamento legal: art. 840, § 1º, CLT e art. 319 CPC/2015.

**(OAB/Exame Unificado XI – 2013.2 – 2ª fase)**
Contestação.
Fundamento legal: art. 847 CLT.

**(OAB/Exame Unificado X – 2013.1 – 2ª fase)**
Ação de consignação em pagamento (petição inicial)
Fundamento legal: arts. 539 a 549 CPC/2015.

**(OAB/Exame Unificado IX – 2012.3 – 2ª fase)**
Recurso ordinário.
Fundamento legal: art. 895, I, CLT.

**(OAB/Exame Unificado VIII – 2012.2 – 2ª fase)**
Contestação.
Fundamento legal: art. 847 CLT.

**(OAB/Exame Unificado VII – 2012.1 – 2ª fase)**
Recurso ordinário.
Fundamento legal: art. 895, I, CLT.

**(OAB/Exame Unificado VI – 2011.3 – 2ª fase)**
Contestação.
Fundamento legal: art. 847 CLT.

**(OAB/Exame Unificado V – 2011.2 – 2ª fase)**
Contestação.
Fundamento legal: art. 847 CLT.

**(OAB/Exame Unificado IV – 2011.1 – 2ª fase)**
Contestação.
Fundamento legal: art. 847 CLT.

**(OAB/Exame Unificado III – 2010.3 – 2ª fase)**
Recurso ordinário.
Fundamento legal: art. 895, I, CLT.

**(OAB/Exame Unificado II – 2010.2 – 2ª fase)**
Contestação.
Fundamento legal: art. 847 CLT.